ARON BOKS

NACKT IN DIE DDR

Mein Urgroßonkel Willi Sitte und was die ganze Geschichte mit mir zu tun hat

HarperCollins

1. Auflage 2022
Originalausgabe

Gesetzt aus der Dante
von GGP Media GmbH, Pößneck
Druck und Bindung von CPI books GmbH, Leck
Printed in Germany
ISBN 978-3-365-00310-7
www.harpercollins.de

Klimaneutral
Druckprodukt
ClimatePartner.com/15109-2009-1001

MIX
Papier
FSC® C083411

FÜR MEINE GROSSMUTTER, BARBARA MARIA

INHALT

VORBEMERKUNGEN

ERSTENS: Auf meiner Spurensuche nach Willi Sitte, der Reise quer durch die Geschichte meiner Familie und der DDR, ist mir vieles passiert, was ich – wie könnte es auch anders sein – nicht erwartet hätte. Und zwar das volle Programm: Seltsames, Schönes, Trauriges und Verrücktes. Ich möchte ohne große Vorrede davon erzählen. Nur wäre mir das gar nicht möglich ohne ein paar Werke, die mich dabei intensiv begleitet haben.

Ich danke den Autorinnen und Autoren, mit denen ich größtenteils persönlichen Kontakt pflegte, sehr für ihre Wissensvermittlung. Sofern ich aus diesen Werken nicht wörtlich zitiere, verzichte ich im Erzähltext auf eine Kennzeichnung und nenne die Publikationen, auf denen der Großteil des historischen Kontexts meiner Recherche aufbaut, an dieser Stelle:

- Gisela Schirmer, *Willi Sitte. Farben und Folgen. Eine Autobiographie. Mit Skizzen und Zeichnungen des Künstlers,* Leipzig 2003
- Thomas Bauer-Friedrich/Paul Kaiser, *Willi Sitte – Künstler und Funktionär: eine biografische Recherche,* Dresden/Halle 2021
- Christian Philipsen/Thomas Bauer-Friedrich/Paul Kaiser (Hrsg.), *Sittes Welt: Willi Sitte: Die Retrospektive,* Leipzig 2021
- Marina Farschid, *Auf weißem Grund. Der Maler Willi Sitte im Porträt,* Hörfunkfeature, MDR 2001
- Klaus Schroeder, *Die DDR. Geschichte und Strukturen,* Ditzingen 2011

- Sigrid Meuschel, *Legitimation und Parteiherrschaft in der DDR. Zum Paradox von Stabilität und Revolution in der DDR 1945–1989*, Frankfurt a. M. 1992
- Gunnar Decker, *1965. Der kurze Sommer der DDR*, München 2015
- Karsten Krampitz, *1976. Die DDR in der Krise*, Berlin 2016

Weitere Literaturangaben befinden sich in den Anmerkungen und im Literaturverzeichnis.

ZWEITENS: Willi Sittes ältester Bruder, mein Urgroßvater Franz, spielt eine zentrale Rolle in dieser Geschichte. Ich war sechs, als er starb. Durch Gespräche mit Familienangehörigen und vor allem durch seine handgeschriebenen Erinnerungen, Lebensläufe, persönlichen Notizen und Dienstakten war es mir möglich, sein Leben und das seiner Frau Marta, meiner Urgroßmutter, zu rekonstruieren. Wörtliche Zitate sind seinen nicht veröffentlichten Memoiren entnommen, sofern sie nicht anders gekennzeichnet sind. Dasselbe gilt für die unveröffentlichten Memoiren und Tagebücher anderer Familienmitglieder. Dialoge zwischen meinen Familienmitgliedern, die sich nicht aus einem im Text erwähnten Gespräch mit mir ergaben, entstammen der Überlieferung lebender involvierter Personen und beruhen vor allem auf ihren Erinnerungen.

Überhaupt darf man sich nicht nur bewegen lassen.
Man muss sich bewegen lassen,
um sich dadurch selbst bewegen zu können.

PETER UNFRIED

PROLOG

Meine Hand knallt gegen die Scheibe. Gleich geht's los.

Im Schaufenster eines Souvenirladens meiner Heimatstadt ist deren Miniaturdarstellung der Altstadt zu sehen. Das Highlight bildet eine Minidampflock, die auf Knopfdruck an der Glasscheibe losfährt. Zumindest funktionierte das so, als ich ein Kind war und begeistert vor dieser Scheibe stand. Wieso bewegt sich jetzt nichts? Noch einmal knalle ich gegen den Knopf und noch einmal.

Ich verziehe das Gesicht. So war das alles nicht geplant. Seit Wochen kehre ich meiner Wohnung in Berlin den Rücken und verkrieche mich zwischen Fachwerk und Harzer Wald. Die Straßen hier sind menschenleer. In der von Laternenlicht beleuchteten Scheibe sehe ich mein Spiegelbild. Ich trage die weiße Tennismütze, die ich mir vor einiger Zeit gekauft habe, um wie ein echter Reporter auszusehen. Schließlich wollte ich eine Geschichte schreiben. Eine über Willi Sitte, den wohl »umstrittensten Maler der DDR« – Sozialist, Funktionär, Künstler und – mein Urgroßonkel.

Da ich aber weder ihn noch die DDR kennengelernt habe, schien ich genau der richtige Mann zu sein, um *unvoreingenommen* über ihn zu schreiben. Er war zwar mit mir verwandt, aber in meinem engeren Familienkreis wurde bisher so gut wie gar nicht über ihn gesprochen, und dafür hatte ich auch eine überzeugende Erklärung: Genauso wenig wie er wirklich mit mir und meiner Familie zu tun hatte, war dieses Ostdeutschland und DDR-Ding zwar irgendwie Teil meiner Familie, aber eben: kein Thema.

Nicht für uns. Die vierzig Jahre DDR waren eine glücklicherweise überwundene Zeit, und was passiert ist, ist Stoff für die Geschichtsbücher. Wir sind glückliche Einheitsdeutsche. Das hatte ich zumindest immer gedacht und anlässlich des hundertsten Geburtstags Willi Sittes, meines »unbekannten Verwandten«, unbekümmert angefangen, über diese fremde Berühmtheit zu lesen und selbst einen Artikel zu schreiben. »Er ist mir lange ein Rätsel geblieben«, hatte ich eine Journalistin ganz am Anfang meiner Recherchen wissen lassen, die mich über meine »Beschäftigung« mit Willi Sitte befragte. Ich hatte das gesagt, weil es eben gut und passend klang, und doch bestand dieses Rätsel für mich aus nur wenigen Fragen und, ehrlich gesagt, keinen Unklarheiten. Damals. Ich bezog mein Wissen aus den bisher erzählten Geschichten seines Lebens, aus Feuilletonartikeln mit meist sehr ähnlichem Tonfall – »Großer Künstler, schwierige Person«. Einer, der erst für die Freiheit der Kunst kämpfte und später zum Staatsmaler einer Diktatur wurde. Zwei Leben in einem Satz ohne Fragezeichen.

Ich sehe auf die historische Dampflock im Fenster und das Schloss im Bergwald. Die Aushängeschilder dieser Stadt. Auf einem Foto, das sich inzwischen auf meinem Arbeitsplatz befindet, steht Willi Sitte neben anderen Familienmitgliedern. Es hatte nicht lang gedauert, bis ich beim Verfolgen seines Lebensweges tief in die Geschichte meiner Familie eingetaucht war. Das war's dann mit der »Draufsicht«.

Und nicht nur das. Je tiefer ich eintauchte, desto weniger Antworten, aber umso mehr Fragen fand ich. Wie auf einem unausgeschilderten Weg, bei dem man sich auf Ortskundige verlässt. Schließlich habe ich unzählige von ihnen interviewt. Menschen, die in der DDR gelebt und gewirkt haben. Aber immer, wenn ich geglaubt hatte, näher am Ziel zu sein, eröffnete jemand eine neue Abzweigung, und so ging das immer weiter. Ich fragte Künstler und Historiker nach der Richtung – ebenso

Freunde Willi Sittes, stieß dann auf Feinde, die mich wieder in eine ganz andere Richtung führten, und landete in einer verrauchten Spelunke in Rom, an einem Strand an der Côte d'Azur und dann wieder in einem biederen Café in Halle an der Saale oder einem kerkerähnlichen Atelier im tiefsten Thüringen. Aber was für ein Ziel war das denn, das ich da anstrebte? Was für ein Rätsel hatte ich überhaupt versucht zu lösen – das eines Lebens?

Ich drücke noch einmal etwas sanfter den Knopf in der Scheibe. Es funktioniert nicht. Harter Reality-Check. Immer wenn ich früher hier vorbeispazierte, drückte ich wieder und wieder gegen diesen Knopf, und die Bahn fuhr jedes Mal in verlässlicher Langsamkeit ihre Runden. Über Google Reviews erfahre ich später, dass ich nicht der Einzige bin, der sich darüber wundert: »Ein Stern Abzug, weil die Modelleisenbahn nicht fuhr.«

Seit Wochen habe ich mich im Keller meiner Eltern einquartiert. Die Akten, Dokumente und ausgedruckten Zeitungsartikel mit Fotos und dazugehörigen roten Verbindungsfäden an der Wand erwecken entweder den Eindruck, ich würde ein kompliziertes Verbrechen lösen oder eine Ostalgie-Kneipe im Oberharz ausstatten wollen. Überall hängen Wimpel und Abzeichen mit Hammer und Zirkel mit schwarz-rot-goldenen Farben und das Händedruck-Logo der Sozialistischen Einheitspartei Deutschlands. Es ist der Nachlass meiner Familie. Dazu gesellen sich Mappen und Kladden aus den Kellern und Dachböden von Angehörigen der Familie, mit denen ich bis vor Kurzem noch nie gesprochen hatte. Plötzlich stand ich in ihren Wohnstuben, bekam Kaffee und fühlte mich manchmal wie ein Eindringling, wenn ich später im Stillen die Tagebücher und Dokumente ihrer Vorfahren las. Aber wieso? Es waren doch auch meine und vor allem: Willi Sittes Vorfahren.

Ich lernte dadurch meinen Urgroßvater und seine Geschwister kennen und wie eng ihr Leben mit dem Willi Sittes verknüpft war. Etwas, das mir vorher nicht bewusst war. Dadurch erfuhr ich von ihrer kommunistischen Prägung und ihrer späteren grundlegenden Überzeugung, aus dem antifaschistischen Gedanken heraus ein neues, gutes Land aufzubauen. Um Missverständnissen gleich vorzubeugen: Die Memoiren meines Urgroßvaters sind dermaßen heroisch und ohne jegliche Selbstzweifel geschrieben, dass ich seinen Stolz, Teil einer ehemals dissidentischen, antifaschistischen Aufbaugeneration zu sein, nicht etwa erst hineininterpretieren musste. Alle Brüder von Willi Sitte gingen mit einer selbstverliebten Sturköpfigkeit voran, mit der sie dann auch in ihrer Partei aneckten, innerhalb derer sie diese wahnsinnige und manchmal komisch zu lesende Überzeugung vertraten, allein die richtige Lösung für eine glorreiche nationale Zukunft zu haben. Nachdem der eine von der Wehrmacht desertiert war, begab sich der andere in den Widerstand, und alle bekannten sich zur Partei bei der Staatsgründung der DDR. Sie wollten »sich einbringen«, nahmen Parteiaufträge wahr, kassierten Strafen, Demütigungen, kämpften jahrelang gegen Windmühlen und besaßen doch diese tiefe Treue gegenüber einer »gemeinsamen Sache«, für die sie irgendwann mit Macht, Einfluss und Erfolg belohnt wurden – bis zum Ende der DDR.

Willi Sitte ist da keine Ausnahme. Einige seiner Bilder wurden in dieser Zeit verboten, andere in DDR-Schulbüchern gezeigt oder zu Motiven für Briefmarken, weil sie dafür genug parteiliches Potenzial hatten. Und irgendwann malte er durchgehend Bilder, die mich gleichzeitig befremden und beeindrucken – genau wie die Menschen, die ihre Entstehung mitverfolgt und erlebt haben, während er es bis an die Spitze der DDR-Kulturpolitik schaffte.

Und an allen Ecken der Geschichte dieses Landes taucht immer wieder sein Name auf. Wenn auch in ganz unterschiedlicher Lesart. Einmal wird er dargestellt als einer, der gegen die Enge von Walter Ulbrichts Kulturpolitik protestiert und mit Margot Honecker tanzt. Einer, der ständig Westkontakte unterhält, aber mit dem Mann, der der Mauer mitsamt dem Todesstreifen den Namen »antifaschistischer Schutzwall« verpasste, beim Halleschen FC* auf der Tribüne sitzt. Dann ist er einer, der jahrelang die Hölle durchmacht, um seinen künstlerischen Stil durchzusetzen – während seine Kollegen reihenweise in den Westen gehen –, um später selbst Regeln einer parteikonformen Kunstrichtung zu bestimmen und damit Karrieren zu beenden. An anderer Stelle wieder ist Willi Sitte jemand, der wegen staatsfeindlicher Tendenzen überwacht wird und später öffentlich Wolf Biermanns Ausbürgerung gutheißt. Hier einer, der mit aller Kraft versucht, den Sozialismus anzutreiben und sich in seinen Bildern immer verbissener in eine Utopie hineinmalt. Und dort einer, der mit dem Einsturz dieses Staates und wegen all dieser Tatsachen als »ambivalente Persönlichkeit« von der Bühne verschwindet.

Und pünktlich zu seinem Geburtstag hielt ich es für eine gute Idee, diese Bühne zu betreten, um Einblicke hinter die Kulissen zu bekommen. Natürlich habe ich mich dann gewundert, wie gespalten sich die Protagonisten gegenüberstanden, sich meiner aber annahmen. Schließlich war ich der Neue. Sie erzählten mir von dem alten Rebellen Willi Sitte, von dem kritischen Künstler, dem gutmütigen Lehrer, der die Kunst voranbringen wollte. Diese Personen vermeiden gern das Wort Politiker – dabei hatte Willi Sitte mit Leidenschaft alles dafür getan, um als solcher dazustehen.

Doch kaum hatten die Lobessänger auserzählt, nahm mich jemand an die Brust und sprach über die Ungerechtigkeit und,

---

* Von 1966 bis 1991 Hallescher FC Chemie.

nicht zu vergessen, die Diktatur, an der Willi Sitte Zeit seines Lebens mitgewirkt hatte – oder etwa nicht?

Sie redeten und redeten, heiser von lang geführten Debatten, und irgendwann ging es darum, dass eben doch oder »nicht alles schlecht« war, und meist ging es schon nicht mehr um Willi Sitte, sondern um diese kurze Geschichte eines Landes, dessen Ende nun schon über drei Jahrzehnte zurückliegt und mit jedem weiteren Jahr neu erzählt wird. Ich bin immer weitergelaufen – geleitet von diesen Gesprächen, bis ich irgendwann einen eigenen Weg fand. Und nun sitze ich seit Wochen in dieser Kleinstadt im Harz.

Ich rücke meine Mütze zurecht. Mützen haben mir noch nie wirklich gestanden. Noch einmal drücke ich erfolglos gegen die Scheibe, bevor ich mich umdrehe und wieder in Richtung meines Arbeitskellers nach Hause gehe.

Darf ich das? Wie eines dieser Warnschilder auf einem Waldweg, das »Betreten auf eigene Gefahr!« sagt, vor dem man stehen bleibt und nachdenkt, wie wahrscheinlich es sein kann, beim Wandern tatsächlich von einem herunterstürzenden Ast erschlagen zu werden, drängt sich diese nervige Frage in meinen Text, wann immer ich beim Schreiben ins Stocken gerate oder innehalte. Nie war die Geschichte der DDR ein großes Thema für die jüngeren Familienmitglieder, die diese noch miterlebt haben. Und auf einmal begebe ich mich in diese Zeit und will so etwas wie Fußnoten zu meinem Leben erkennen. *Darf ich das?* Ich schüttele mich. Ich denke an mein Arbeitszimmer und die rot gespannten Fäden zwischen meinen Notizen, an die Anmerkungen, die Kritzeleien, zwischen den transkribierten Gesprächen, an alles, was mich während dieser Suche in eine Richtung führen sollte. Dabei ist es längst nicht allein die Neugier, die mich leitet. Vielleicht auch Faszination. Meist spreche ich das nicht laut aus. Doch klar geht Anziehungskraft von jemandem aus, der für ein Ideal lebte. Natürlich. Aber der

Sozialismus als Ideal? Jene Staatsform, die ich in meiner Schulzeit und Jugend vor allem als Diktatur kennengelernt hatte? Und überhaupt – bisher hatte ich meine engere Familie kaum mit Sozialismus und der Arbeiterklasse in Verbindung gebracht. Mein Vater ist zwar in der SPD, »aber kein Genosse, Aron! Dieses Wort existiert für mich nicht!« Meine Mutter und er waren Abijahrgang 1990, und in unserer Familie wurde jede Form positiver DDR-Erinnerung schon allein dadurch unterbunden, weil wir einfach nie über »damals« sprachen. Ich denke an den eigenartigen Blick meiner Mutter, als ich sie dann auf einmal fragte, wie sehr die Geschichte der DDR mit ihrem Leben zu tun hat. Sie sah verwundert aus. Wie so viele Zeitzeugen, denen ich Fragen über ihre erlebte DDR und die Zeit danach stellte. Ich habe schließlich nur eine der beiden Epochen erlebt. Und genauso wurde ich angesehen. Als wäre ich in diesem Moment ein unerwarteter Besucher aus einer längst vorangeschrittenen Zeit. Und immer, wenn ich dann in die Gegenwart zurückkehrte, hatte diese sich irgendwie verändert. So als wäre man auf einer Zeitreise gewesen. Vielleicht läuft das so ab, wenn man seiner Familiengeschichte nachgeht. Man muss dort in der Vergangenheit nur den kleinsten Stein versetzen, und schon verändert sich das, was man persönlich so gut zu kennen meinte, auch in dieser ständigen Gegenwart.

TEIL I

I. DIE HEILIGE FAMILIE

Fremde Verwandte

Alles fängt damit an, dass meine Großmutter dieses in Zeitungspapier verpackte Gemälde auf den Tisch legt:

Fünf altmeisterlich gemalte Figuren stehen dort auf einer Waldlichtung. Mutter, Vater, Großeltern und Kind mit Vieh, in naturalistisch nachmittäglichen Farben. Meine Großmutter blickt stolz in die Runde. Wir schauen gebannt zurück.

»Wo hast du das denn her?«, frage ich.

»Das ist von meinem Onkel.«

»Wem?«

»Na wem wohl? Willi!«

Und plötzlich gibt es »Willi«, einen Mann, der in meiner Familie bis zu diesem Tag nicht wie ein Verwandter, sondern wie ein Begriff aus einem kunsthistorischen Lexikon erwähnt wurde. »Willi Sitte« – DDR-Maler, Bruder meines Urgroßvaters, Onkel meiner Großmutter und bisher der rätselhafte Verwandte, der diese riesigen, fast immer nackten und vor Fleisch kraftvoll strotzenden Menschen malte und auf dem Bild seines Wikipedia-Eintrags Erich Honecker die Hand schüttelt.

Ich besuche meine Großmutter gemeinsam mit meinen Eltern und meinem Bruder an diesem Wintertag im Januar, und eigentlich sind wir schon wieder auf dem Sprung nach Hause. Und jetzt liegt da dieses Werk, das meine Großmutter bisher auf dem Dachboden aufbewahrt hatte. Willi Sitte war der Bruder ihres Vaters. In meiner Großmutter scheint in diesem Moment etwas aufzubrechen. Zum ersten Mal erzählt sie von ihrem Lieblingsonkel, der Übersiedlung ihrer Familie aus der Tschechoslowakei nach Deutschland und dass dieses Gemälde irgendwie in den Besitz ihrer Eltern gekommen war.

Meine Großmutter, meine Eltern, mein Bruder, ich – wir alle starren einfach nur auf das Gemälde, das immer noch auf dem Tisch liegt, wie ein regungsloses Tier auf der Straße, umringt von einer Gruppe Kinder, die es immer mal wieder mit spitzen Fingern betasten.

»Opa wollte das bis zu seinem Tod aufbewahren, um den Wert zu steigern. Was weiß ich«, sagt meine Großmutter, »ich habe das jetzt nach Ewigkeiten wiedergefunden …« Sie wird von meiner Mutter unterbrochen, die verwundert auf den rechten Rand der Leinwand tippt: »Da ist keine Unterschrift.« Mein Bruder und mein Vater nicken mit verschränkten Armen, als wüssten sie, dass Willi Sitte natürlich, wenn überhaupt, nur dort seine Unterschrift hätte setzen können.

»Ich weiß, warum!«, sagt meine Großmutter aufgeregt.

Mein Urgroßvater, Willi Sittes Bruder, setzte es in einen wirklich sehr schön anzusehenden bronzefarbenen Rahmen, der aber wohl etwas zu klein gewesen war – weswegen meine Urgroßmutter kurzerhand den »nicht brauchbaren« Teil des Gemäldes mit einer Schere abschnitt, der einen Teil der Schrift, die Signatur, leider verschwinden ließ und den Wert des Werkes mal eben um mindestens die Hälfte reduzierte. Willi Sitte war zu diesem Zeitpunkt erst neunzehn und hatte kaum Berührungspunkte mit dem Kunstmarkt. So schien diese »Größenkorrektur« eines seiner Bilder vermutlich vorteilhafter, als extra einen neuen Rahmen dafür kaufen zu müssen. Es war ja nur ein Bild vom Willi – den berühmten Künstler Willi Sitte gab es damals noch nicht.

All das sprudelt aus meiner Großmutter heraus, und ich bin erstaunt, dass ich zuvor noch nie etwas von dieser Geschichte gehört habe.

Nach einer Weile des Schweigens sage ich: »Vielleicht müssen wir die Unterschrift ganz einfach finden.«

Ein paar Tage später treffe ich meine Großmutter.

Ich habe inzwischen Willi Sittes Autobiografie gekauft und sämtliche Artikel über ihn mit einer regelrechten Wissensgier durchstudiert, sodass ich das seltsame Gefühl habe, *ich* könnte ihr inzwischen mehr über ihren Onkel erzählen als umgekehrt.

Aber irgendwie muss ich das Gespräch ja beginnen, denke ich.

»Wie geht es dir, seitdem du das Bild wiedergefunden hast?«, frage ich sie.

»Wie meinst du das?«

»Na, was genau hat dieses Gemälde in dir ausgelöst?«

»Aron, das hat gar nichts in mir ausgelöst.«

Das erwartet man natürlich nicht. Jedenfalls nicht, wenn man glaubt, seine Großmutter bei einer echten Erinnerungszeitreise beobachtet zu haben.

»Weil ich dieses Gemälde von Kind auf kannte«, sagt sie. »Das Gemälde war ganz wichtig für mich.«

»Aber du hast es nie aufgehängt«, sage ich.

»Na, würdest du dir das hinhängen?«

Guter Punkt. Ich denke wieder an diese gelangweilten Gesichter der Figuren. Nachmittägliche Ödnis. Die Familienmitglieder neben dem Vieh auf der Lichtung, die so barock-apathisch dreinschauen, als müssten sie dem Betrachter den ganzen Ärger der Vergänglichkeit entgegenstarren. Nichts gegen die Farbfeuerwerke von Bildern voller Erotik und Klassenkampf, für die Willi Sitte bekannt geworden war.

»Du hast nie so viel über ihn erzählt …«, beginne ich.

»Für mich war er einfach: mein Onkel.«

Ich schweige kurz.

»Liegt es daran, dass er so überzeugt von der SED war?«, frage ich forsch.

»Nein.«

»Oder weil er im Zentralkomitee der Partei saß?«*

»Ach was … das hat mich doch nicht interessiert«, sagt sie. »Wir hatten früher einmal ganz viel miteinander zu tun. Nur hat er sich nach der ›Wende‹ zurückgezogen.«

»Und jetzt gilt er als umstrittener Künstler …«

»Ja, das ist ärgerlich«, sagt sie schnell. »Das ist eine ziemlich komplexe Sache und schwer zu erklären. Wobei …«, sie schüttelt den Kopf.

»Es ist schwer?«

»Aron, ich glaube, in dieser damaligen politischen Situation hat er seine Kunst gebraucht. Und auch seine Position – um etwas auszusagen.«

»Mit seiner Kunst, als Maler?«

Sie nickt.

»Dafür musste er so weit aufsteigen als Politiker, in der DDR?«

»Keiner spricht hier von *müssen*. Das würde der Sache nicht gerecht. Und doch …«, sie verschränkt die Arme. »Es ist schwer zu erklären. Ich kann darüber reden. Aber ich kann nichts *erklären*. Es gibt bestimmt Künstler, bei denen es einfacher ist«, sagt sie, »aber um Willi kennenzulernen, musst du … nun ja … da musst du diesen Weg verstehen.«

Meine Großmutter sagt das weder zögerlich noch mysteriös, sondern als Selbstverständlichkeit: »Da musst du diesen Weg verstehen.«

Hatte sie seinen Weg vielleicht selbst nicht verstanden? Es muss doch einen Grund dafür geben, wieso meine Großmutter, die noch jeden so alltäglichen Einkaufsbesuch mit der Span-

---

* In der DDR bildete das Zentralkomitee (ZK) laut Parteistatut der Sozialistischen Einheitspartei (SED) das höchste Organ der Partei, die als allein herrschende Partei die Politik des Landes bestimmte. Willi Sitte war ab 1947 Mitglied der SED und ab 1986 Mitglied des ZKs.

nung eines Romans erzählen kann, nie wirklich über ihren Lieblingsonkel gesprochen hatte.

Dabei hat sie ihn aber auch nie verschwiegen, das muss ich einsehen. Ich denke an die Bilder an ihren Wänden. Willi Sittes Grafiken, die dort ohne Titel all die Jahre hingen. Sie waren alles andere als unauffällig, sondern Zeugnisse der Werke, die Willi Sittes Markenzeichen werden sollten.

Muskulöse korpulente, nackte Körper, die eng umschlungen ineinander verschmelzen. Mit verzogenen Fratzen. Voller Lust, Freude und Schmerz. »Was soll das bedeuten?«, hatte ich sie einmal vor Jahren schüchtern gefragt.

»Ich weiß es nicht«, hatte meine Großmutter gesagt und gelächelt. »Diese Kunst war ihrer Zeit voraus.«

Was ich jedenfalls zu Beginn meiner Recherchen, nachdem ich all diese Artikel und die Autobiografie gelesen hatte, schon weiß: Willi Sitte war einer, der »weiter nach oben« wollte. Genau wie es meine Großmutter sagt. Aber in dieser Partei, deren Macht und ihr Erhalt auf Verbrechen fußte? Und das alles, um Kunst zu schaffen? Zwischen dem altertümlichen Gemälde und den Bildern an der Wand meiner Großmutter liegen Jahrzehnte Geschichte. Eine Zeit, über die ich eigentlich nichts weiß. Außer, dass es gut ist, dass sie vorbei ist. Das war bisher eine Klarheit, mit der ich gut leben konnte. Und das soll die Zeit der Visionen und die der größten Schaffenskraft meines Urgroßonkels gewesen sein?

Kurz vor der großen Ausstellung anlässlich Willi Sittes einhundertstem Geburtstag hat meine Großmutter sich wieder an das alte Bild auf dem Dachboden erinnert. Unwahrscheinlich, dass das alles Zufall ist. Ich hatte gelesen, dass alle seine Bilder in Depots verbannt gewesen waren, nach der »Wende«. Mit Verweis auf den Staatsmaler und umstrittenen Künstler ist man sich in der Öffentlichkeit nun dennoch einig, dass diese Bilder »neu entdeckt werden« müssten.

Deswegen scheint es irgendwie so, als müsste ich mich beeilen, so schnell wie möglich loszugehen – als würde zwischen dieser alten und neuen Geschichte noch etwas anderes warten. Dieses Gemälde, der Weg dieser Familie und der Willi Sittes. Eine gemeinsame Geschichte.

Die Memoiren

Das Bild heißt *Die Heilige Familie,* und ich weiß inzwischen, wie es in den Besitz meiner Großmutter gekommen ist: Willi Sitte hatte es meinen Urgroßeltern, seinem Bruder Franz und dessen Frau Marta, zur Hochzeit geschenkt. Überhaupt wird mir erst jetzt wirklich klar, dass die Herkunft meiner Familie ihren Ursprung nicht in Wernigerode im Harz, nicht einmal in Deutschland, hat und dass mein Urgroßvater und all seine Geschwister noch zweisprachig aufgewachsen sind.

Meine Urgroßeltern haben 1940 geheiratet und lebten damals in mehreren Orten in Nordböhmen wie zum Beispiel in Gablonz an der Neiße und Lindenau. Immer nur wenige Kilometer von Franz und Willi Sittes Geburtsort entfernt, wo die beiden mit ihrer Schwester und drei weiteren Brüdern auch aufgewachsen sind. Damals hieß der Ort noch Kratzau. Die Tschechen, die dort nach Ende des Zweiten Weltkriegs in der Mehrzahl leben, nennen ihn Chrastava, und Gablonz und Lindenau heißen heute Jablonec und Lindava. All das erzählt mir meine Großtante Ulli, eine Schwester meiner Großmutter, am Telefon. Ich weiß nicht, wie viele Jahre wir nicht miteinander gesprochen haben. Spontane Anrufe wie diese bekomme ich in letzter Zeit häufiger von Familienmitgliedern, und meist beginnen sie mit dem Satz: »Deine Oma hat mir ja deine Nummer gegeben und …«

Ich erfahre, dass das Gemälde zusammen mit meiner Familie nach Deutschland gekommen und in Wernigerode gelandet ist.

Ein Ort, der meiner Familie so wichtig wurde, dass fast alle Mitglieder im örtlichen Rathaus heirateten und die letzten Wochen vor der Geburt ihrer Kinder dort verbringen mussten, damit in der Geburts- und Trauurkunde der Eheleute und Nachkommen kein anderer Ort als Wernigerode stand. Das war auch der Grund, weswegen meine Eltern sechs Wochen vor meiner Geburt ihre gemeinsame Wohnung in Hannover verließen und sich im Haus meiner Großeltern einquartierten – »um sicherzugehen«.

Die letzten drei der ehemals vier Sitte-Schwestern, ihre älteste Schwester Burgi (geboren 1940) starb bereits vor vielen Jahren, sind die Einzigen, die mir vermutlich noch irgendetwas über die Geschichte hinter dem Gemälde und – viel wichtiger – dessen Reise von Nordböhmen in den Harz erzählen können. Nur wurde meine Großmutter Bärbel erst 1952 geboren und hat diese Umsiedlung nie erlebt. Hanne, 1941 geboren, könne sich an gar nichts mehr erinnern. Und Ulli, Jahrgang 1944, zwar auch nicht, aber sie hätte »Material«. Also treffen wir uns in ihrem Bungalow, in einem Vorort von Oranienburg bei Berlin.

In der DDR war das Wort »Vertreibung« für die Abschiebung von den bis zu drei Millionen Deutschen aus der Tschechoslowakei, tabu.* Man sprach verharmlosend von »Umsiedlung«. Aber im Endeffekt bleibt die Szenerie vor meinem

---

* Seit dem 13. Jahrhundert besiedelten Deutsche die tschechischen Grenzgebiete. In der Zeit der Gründung der Tschechoslowakei, im Jahr 1918, betrug der Anteil der Deutschen an der Gesamtbevölkerung 23 Prozent. Zu diesem Zeitpunkt setzte sich auch der Begriff »Sudetendeutsche« durch, welcher die gesamte deutsche Minderheit des Landes einschloss. Im Anschluss an den Zweiten Weltkrieg wurden binnen kürzester Zeit, auf Grundlage der 1942 im englischen Exil verfassten Beneš-Dekrete, drei Millionen Deutsche in der Tschechoslowakei per Gesetz enteignet und aus den Gebieten Böhmens und Mährens mit einem hohen Maß an Brutalität und einem Bruchteil ihres Hab und Guts zu Fuß oder auf Lastwagen ins Ungewisse geschickt. Anfänglich fehlte eine Klassifizierung des »Deutschseins«. Alleine das Sprechen der deutschen Sprache machte einen zum Zielobjekt der Wut. (Erik K. Franzen, Hans Lemberg, *Die Vertriebenen – Hitlers letzte Opfer*, Berlin/München 2001, S. 156)

inneren Auge dieselbe: Menschen, die mit nichts außer ein paar Lumpen, einem Beutel und im besten Fall einem Viehwagen auf Landstraßen einen beschwerlichen, bitterkalten Weg in das verwüstete Deutschland gehen.

»Wir *mussten* nicht gehen«, sagt Ulli, »schon gar nicht zu Fuß.«

»Ihr durftet bleiben, weil eure Großmutter Tschechin war, das hat Oma zumindest vermutet.«

Sie seufzt. »Herrje. Wir waren Kommunisten, Aron.«

Sie erzählt mir die Geschichte auf ihrer Terrasse:

Ulli ist fast noch ein Säugling, gerade zwei Monate alt, als ihre Mutter das erste Mal auf russische Soldaten trifft und sie von ihnen Brot in den Kinderwagen gelegt bekommen. Meine Urgroßmutter Marta hatte sich während der Hausdurchsuchungen versteckt und damit die Weisung der SS ignoriert, die ihr befahl, sich, wie alle deutschen Frauen in Kratzau, dem Flüchtlingstrack anzuschließen und die Stadt zu verlassen. Zwar ist ihre Schwägerin, die Mutter meines Urgroßvaters und Willi Sittes, die einzige Tschechin in der Familie, Antifaschisten sind sie aber alle. Sie hätten nicht all die Jahre durchgehalten, um jetzt doch mit den anderen Deutschen einfach so ihre Heimat zu verlassen. Nein, sie hatten keine Angst. *Ihnen* hätten die Russen nichts getan.

Später wären sie dann in einem Auffanglager gelandet, im Osten. Daran könne sie sich bereits erinnern, erzählt Ulli. Und natürlich auch an das Gemälde.

»Nein, dass Bärbel nicht einmal den Namen des Bildes wusste …«, sagt sie nach einer Weile. »Na ja, na ja. Sie weiß zu wenig. So ist das. Bei mir ist es nur so, dass ich …«

»Dass du selbst noch viel zu jung warst?«, unterbreche ich sie.

Ullis Augen springen von einem Punkt in ihrem kleinen Garten zum nächsten, als würde sie hier nicht schon seit fünfzehn

Jahren leben. Und obwohl es Jahre her ist, dass ich sie das letzte Mal besucht habe, sieht alles noch so aus wie früher. Selbst ihr neuer Hund. Wieder ein schwarzer Labrador, eine treue Seele. Wenig später verschwindet sie im Haus und kommt mit zwei Koffern zurück. Historische Schatztruhen: voller Fotos, Kalender, Schnellhefter mit Briefen und Einladungskarten und einer Ledermappe mit brüchigem Pergamentpapier, auf dem in Schreibschrift *Franz Sitte, meine Memoiren* geschrieben steht. Das Archiv meiner Familie lag also die ganze Zeit in diesem kleinen Bungalow, in dem Ulli lebt. »Ich habe selbst überlegt, unsere Familiengeschichte aufzuschreiben, aber irgendwie konnte ich es nicht«, sagt sie.

II. KOMMUNISTEN IN NAZISCHULEN

Malen für die Reichskanzlei

Willi Sitte wird 1921 im damaligen Kratzau geboren und ist dort auch aufgewachsen. Wie mein Urgroßvater, sein ältester Bruder Franz, der neun Jahre vor ihm geboren wurde.

Während Franz erst im Erwachsenenalter seine Berufung in der Glasindustrie findet, ist Willi Sitte bereits mit sechs Jahren klar, was er werden will: Maler. Doch im Lebenskonzept seiner Eltern ist er damals vor allem eins: eine fest eingeplante Arbeitskraft auf dem heimischen Bauernhof. Also muss er sich sein künstlerisches Handwerk selbst beibringen. In jeder freien Minute, zwischen Schule und Feldarbeit – aber dazu später mehr.

Ich fahre nach Kronenburg, eine Kleinstadt in der Eifel. Das Gemälde ist sehr wahrscheinlich hier entstanden.

In Kronenburg besuchte Willi Sitte 1940 eine Meisterschule für Malerei. Ein paar Jahre zuvor hatte sein ältester Bruder Franz Kontakt zu einem Teppichfabrikanten aus der näheren Umgebung aufgenommen, der Willi Sitte als Musterzeichner einstellen sollte. Der Fabrikant finanzierte die dafür notwendige Ausbildung auf einer Privatschule, ohne ihn am Ende jedoch bei sich einzustellen. Er wollte ihn anderweitig fördern. Ein künstlerisches Talent wie er gehöre nicht in eine Fabrik, sondern auf eine Kunsthochschule. Seinem Vater Josef Sitte versicherte er, dass er sich um die Karriere seines Sohnes kümmern wird. Keiner aus der kommunistischen Familie Sitte hegt Bedenken. Auch nicht beim Namen der Kunsthochschule: der »Hermann Göring Meisterschule für Malerei« in Kronenburg.

Ein riesiges weißes Fachwerkgebäude mit kirchenartigen Bogenfenstern. Drum herum erstreckt sich das Dorf mit weiteren Fachwerkhäusern, die dicht aneinandergedrängt auf glänzendem Kopfsteinpflaster stehen.

Die ehemalige Schule, die Hermann Göring* gestiftet hatte, wird heute als »Haus für Lehrerfortbildung Kronenburg« des Landes Nordrhein-Westfalen genutzt. Früher hat hier Werner Peiner**, einer der höchstdekorierten Maler und »Gottbegnadeten«*** im Nationalsozialismus, Meisterschüler unterrichtet. Unter ihnen: Willi Sitte.

Ich bin mit Martin Schöddert, dem Einrichtungsleiter des Hauses, verabredet. Dass heute daran erinnert wird, dass dieses »Haus für Lehrerfortbildung« in diesem so friedlich pittoresk aussehenden Ort einmal ein beliebtes Ausflugsziel für Nazigrößen wie Heinrich Himmler und Joseph Goebbels war, ist ihm zu verdanken. So wurden unter seiner Leitung 2015 Infotafeln am und im Haus angebracht. Sie enthalten Informationen, mit denen Schödderts Vorgänger sich im Haus für Lehrerfortbildung nicht befassen wollten. »Auch die Einwoh-

---

* Hermann Göring (1893–1946) war unter Adolf Hitler ab 1935 Oberbefehlshaber der Luftwaffe und Chef des Reichswirtschaftsministeriums.

** Werner Peiner (1897–1984) konnte den Wunsch nach einer eigenen Meisterschule bei einem Tischgespräch mit Hermann Göring durchsetzen, welche sich als »Hermann Göring Meisterschule für Malerei« ab 1938 unter Peiners Leitung verselbstständigt hat. (Vgl. Nikola Doll: *Mäzenatentum und Kunstförderung im Nationalsozialismus. Werner Peiner und Hermann Göring*, Weimar 2010.)

*** Die Gottbegnadeten-Liste war eine von Adolf Hitler und Joseph Goebbels zusammengestellte Liste von Künstlern und Künstlerinnen, die für die NS-Ideologie wichtig schienen.

ner hätten das als *störend* empfunden«, sagt er, »aber was willste machen, ich mache hier meine Arbeit.«

Um die Mittagszeit wandere ich durch das hohe Gras rund um die Schule, bis ich auf eine Lichtung komme, die der des Gemäldes ähnlichsieht.

Ich blicke auf die Weite des Tals. Alles ist so still in diesem Ort, der noch heute ziemlich abgeschottet vom Weltgeschehen wirkt. Der Besuch der Meisterschule in Kronenburg bewahrt Willi Sitte vor der Einberufung in die Wehrmacht. Der Krieg umgibt ihn, doch erst als er 1940 mit seiner Klasse in das von den Deutschen eingenommene Frankreich reist, um zeichnerische Studien zu unternehmen, hat er ihn vermutlich direkt vor Augen. Seine linke Gesinnung muss er während seiner Zeit an der Meisterschule verbergen.

In dieser Zeit ist *Die Heilige Familie* entstanden. 1940. Fern von der Heimat – aus Sehnsucht heraus gemalt? Wieder im Gebäude, erzähle ich Martin Schöddert von Willi Sittes Zeit in Kronenburg und zeige ihm das Gemälde.

»Dazu kann ich Ihnen auch nicht mehr erzählen … Aber kommen Sie mal mit«, sagt er und führt mich in den heutigen Speisesaal. Eine Art Kapelle mit über sechs Meter hohen Wänden.

»Hier haben sie alle gemalt«, sagt Schöddert. »Das war das große Atelier … Aber das wissen Sie sicher … gelernt hat hier keiner was.«

Ich nicke. Der damalige Direktor, Werner Peiner, hatte nicht wirklich vor, seine Schüler zu unterrichten. Er brauchte »seine Meisterschüler« als billige Arbeitskräfte für die Umsetzung seiner eigenen Auftragsarbeiten, zu denen er lediglich Skizzen vorlegt. Werke, ganz nach den Wünschen seines Auftraggebers, Freundes und Namenspatrons der Schule: Hermann Göring. Und der forderte das Großformat, vermutlich sind die Decken der Schule deswegen auch so hoch.

»Schauen Sie … Ist das nicht irre?«, sagt Schöddert.

»Wohl eher riesig«, antworte ich.

»Das auch.«

Er deutet auf eine Abbildung an einer Infotafel, die einen riesigen Wandteppich zeigt, auf dem in altmeisterlich heroischer Weise eine Kriegsszene dargestellt ist: *Die Schlacht im Teutoburger Wald.*

Sieben Schicksalsschlachten des Deutschen Reiches sollen dargestellt werden. Natürlich monumental, als Wandteppiche. Mit der Zeit hegt Willi Sitte wohl eine Vermutung, wieso der Teppichfabrikant ihn so gönnerhaft ausgerechnet an diese Schule geschickt hat.

Doch viel Zeit zum Grübeln bleibt ihm nicht. Sieben Schicksalsschlachten für das Deutsche Reich. Jeden Tag im Großformat.

Träume aus Glas

Mein Urgroßvater Franz wird wie sein Bruder Willi Sitte im damaligen Kratzau geboren. 1912. Sein Vater Josef Sitte zieht bald als Soldat in den Ersten Weltkrieg. Als er wiederkommt, wird mein Urgroßvater gerade eingeschult und versteht sich schon bald als Kommunist. So wurde er erzogen.* Sein Vater ist ein sudetendeutscher Gemüsebauer und seine tschechische Mutter, Elisabeth Sitte, ein gelerntes Dienstmädchen. Franz Sittes Leben, ebenso wie das seiner älteren Schwester und das seiner drei jüngeren Brüder, beginnt in einer echten Bauern-

* Es wird sich ein gewisser Hang zur Rebellion durch die Memoiren meines Urgroßvaters ziehen. So erzählt er vom ersten Tag seiner Schulzeit Folgendes: »… ich weiss, dass viele Kinder geheult haben und nicht dortbleiben wollten. Ich war stolz, dass ich eben anders war.«

familie. Ihr Lebensmittelpunkt ist der heimische Hof und ihre Wohnstube ein Ort, in dem ständig benachbarte Kommunisten ein und aus gehen. Sein Vater hatte eine Ortsgruppe der KPČ in Kratzau gegründet – der Kommunistischen Partei der Tschechoslowakei.

Franz Sitte hat aber vor allem zwei große Leidenschaften, die sein Leben und das meiner Familie bestimmen sollen: Glas und Wintersport.

Im Spätsommer des Jahres 1938, kurz vor seinem sechsundzwanzigsten Geburtstag, ist er bereits Außenhandelsvertreter der in seiner Heimat boomenden Glasindustrie. Um die Interessen dieser Branche zu vertreten, spricht er Tschechisch, Deutsch, Englisch und auch Spanisch, und er korrespondiert mit Geschäftspartnern in der ganzen Welt, die er selbst so gern bereisen will. Nur bleibt bei der Arbeitsgeschwindigkeit seines Betriebs, die er von seinem Schreibtisch aus auf allen Flecken der Erde steuert, immer weniger Zeit für den Skisport, den er liebt. So scheint ein Inserat der Zeitung seines Vereins, dem *Deutschen Alpenverein*, wie für ihn gemacht: »Sektion Chile sucht deutschen Skilehrer für einen Deutschen Skiklub in Santiago de Chile.«

Er wäre schon einmal fast von zu Hause fortgegangen.

1936, zwei Jahre vor dieser Annonce, war der Spanische Bürgerkrieg* ausgebrochen. Ein dreijähriger Kampf, dem sich wiederum Kommunisten aus den verschiedensten Ländern Europas anschlossen, um gegen die Faschisten zu kämpfen. Franz Sitte hatte vor einer Entscheidung gestanden: Sollte er bleiben oder aus Überzeugung zusammen mit seinem besten Freund

* Drei Jahre lang kämpften faschistische Truppen unter Francisco Franco, dem späteren Diktator Spaniens, mit der Unterstützung des ebenso faschistischen Deutschlands und Italiens gegen die zweite Spanische Republik. Francisco Franco wird das Königreich Spanien bis zu seinem Tod 1975 als Diktator regieren.

Fritz, ebenfalls ein Kommunist, nach Spanien gehen, um dadurch, wie er schreibt, seiner Mutter »das Herz zu brechen«? Er blieb in Kratzau. Eigentlich war er auch froh darüber. Um ehrlich zu sein, hatte er nur wenig Lust, sein junges Leben aufs Spiel zu setzen. Aber das hätte er seinem Freund Fritz niemals so sagen können. Nicht als Sohn von Josef Sitte, dem überzeugtesten Kommunisten der Gegend. Aber allmählich wird es Zeit für ihn, aus Kratzau herauszukommen, und dieses Angebot in Südamerika scheint ihm die perfekte Gelegenheit. Er bewirbt sich, und seine Bewerbung wird angenommen. Das Tschechische Konsulat in Prag hat ihm bereits ein Visum ausgestellt, seine Familie ist angesichts der baldigen Trennung bekümmert, doch tröstet sie sich damit, dass wenigstens dort, wo er hingehen wird, Frieden herrscht. Doch auch dieses Mal kommt es anders:

»Als ich zurückkam, lag auf dem Tisch meines Zimmers die Einberufung auf Grund der Mobilmachung. Die Welt brach über mir zusammen. Anstelle dieser Reise reiste ich [...] zum Empfang der Waffen. Ohne einen Schuss abzugeben, liessen die Tschechen die deutschen Truppen ins Sudetenland einmarschieren.* Damit waren alle Zukunftspläne illusorisch. Wir gehörten nun zum Grossdeutschen Reich und gleich darauf kam ich mit vielen meiner Sportsfreunde zum RAD (Reichsarbeitsdienst), ohne an das zu glauben, was damals die ›Rote Fahne‹, unsere Parteizeitung, voraussagte. ›Hitler bedeutet Krieg!‹ Durch diese grossen politischen Veränderungen ging auch mein Leben in ganz andere Richtung.«

* Gemeint ist der Einmarsch der Wehrmacht in die sudetendeutschen Gebiete im Oktober 1938, welche die Tschechoslowakei an das Deutsche Reich abtreten sollte. Eine Folge des Münchner Abkommens, auf das an späterer Stelle eingegangen wird.

Während Willi Sitte Malerei studiert, ohne wirklich etwas zu lernen, erhält mein Urgroßvater, wie alle in der Familie Sitte ein »stadtbekannter Roter«, im Reichsarbeitsdienst eine »gewisse Ausbildung«.

Das bedeutet Arbeitslager mit »nationalsozialistischer Erziehungsarbeit.«* Eine Arbeit, die ihn vorbereiten soll für seine neue Stelle als Obertruppenführer eines Arbeitsdienstlagers in Wartenberg, gut fünfundzwanzig Kilometer von Kratzau entfernt. Franz Sitte ist auf dem besten Weg, ein Kommunist zu werden, der seiner Heimat bei der Verbreitung des Nationalsozialismus helfen soll. Will man dieser Begebenheit zumindest irgendeine positive Sache abgewinnen, dann wohl diese: »Lernte dort ein junges, blondes und hübsches Mädchen kennen, in das ich mich über beide Ohren verliebte. Sie hiess Martl Neumann und war aus Wartenberg. Auch ich blieb ihr nicht einerlei und so kam es, dass wir am 27.4.40 heirate[te]n.« – Meine spätere Urgroßmutter.

An diesem Tag feiert die gesamte Familie in der Heimat. Auch Willi Sitte ist dabei, und als Geschenk überreicht er seinem Bruder und Marta, Martl – das Gemälde.

Worüber werden sie sich unterhalten haben?

Dass Franz seine Mitbürger zu Nationalsozialisten ausbilden soll und Willi eigentlich den ganzen Tag dabei ist, die Neue Reichskanzlei zu verschönern? Es hätte sicher noch schlimmer kommen können, das schon. Unweit seiner Kunsthochschule, an der Kunstakademie Düsseldorf, wird inzwischen das Fach

---

* Diese sollte im Sinne der Volksgemeinschaft Standesunterschiede beseitigen und die Gesinnung fördern. Durch Baukolonnen, durch das Kultivieren von Äckern und die Trockenlegung von Mohren. Dadurch, dass das Gehalt der Arbeiter selten über das Arbeitslosengeld hinausging, wurde betont, dass es sich hierbei um einen »Ehrendienst am deutschen Volke« handele. (Vgl. Stephanie Becker, Christoph Studt: *Und sie werden nicht mehr frei sein ihr ganzes Leben. Funktion und Stellenwert der NSDAP, ihrer Gliederungen und angeschlossenen Verbände im »Dritten Reich«*, Münster 2013)

»Rassenkunde« unterrichtet. Germanische Schlachten zu malen, war da vielleicht noch das kleinere Übel. Aber lang wird es Willi Sitte in Kronenburg nicht mehr aushalten, nicht unter diesen Umständen. Er will endlich als Künstler weiterkommen und beschließt zu protestieren. Zusammen mit seinen Kommilitonen und der Unterstützung einer Sekretärin der Meisterschule schreibt er einen Beschwerdebrief an den Direktor Werner Peiner. Ein Schreiben mit Konsequenzen. Willi Sitte wird vor die Wahl gestellt: Entweder er überdenkt sein Verhalten, zieht den Brief zurück oder wird an die Front geschickt.

Kurz nachdem Willi Sitte nach der Heirat des Bruders Kratzau verlässt, macht das Gemälde seine erste Station. In Lindenau, wo meine Urgroßeltern ihre erste Wohnung beziehen. Franz bricht sich beim Sport das Becken und soll in der Zeit, während Hitler das Unternehmen Barbarossa* beginnt, in einer Kaserne seiner neuen Heimat das Wachkommando** übernehmen. Das trifft sich gut, schließlich ist er gerade Vater geworden. Die Geburt hatte nur seine Schwester Liesl miterleben können. Ihr Mann wurde ebenfalls eingezogen. Genau wie Franz' Brüder Ernst, Rudolf, Gustav und schließlich auch Willi Sitte.

»Inzwischen hatte sich einiges geändert. Willi wurde auch an die Front gesteckt, da sie bei ihm in der Zeit, in der er noch an der Kunsthochschule studierte, eine Serie Karikaturen von allen Nazigrößen gefunden hatten.«

---

* Unter diesem Decknamen lief die Aktion des Überfalls der Wehrmacht auf die Sowjetunion am 22. Juni 1941.

** Franz Sitte hatte tatsächlich die Aufgabe, tagein, tagaus die Kaserne von Lindenau zu bewachen, und war damit 1941 als einziger Sitte-Bruder vorläufig in Sicherheit.

III. ROTE STRASSEN

Kratzau

Mit dem Zug erreiche ich Willi Sittes Geburtsort Kratzau – Chrastava – in Tschechien, nahe der Oder-Neiße-Grenze.

Ich habe mich einem Team um den Filmemacher Reinhold Jaretzky angeschlossen, das mir helfen kann, ein Stück der Entwicklung des Lebens von Willi Sitte vor seiner Zeit in Kronenburg zu rekonstruieren. Reinhold Jaretzky und sein Team sind im Auftrag von ARTE unterwegs. Anlässlich Willi Sittes hundertsten Geburtstages untersuchen sie den Einfluss der europäischen Malerei auf sein Werk. Sie beginnen hier in Tschechien und sind bereit, mich mitzunehmen, sofern ich sie bei den Recherchen unterstütze. Ich hätte schließlich einen »biografischen Bezug«. Vermutlich habe ich im Vorgespräch ein paarmal zu oft betont, dass ich mit Willi Sitte verwandt sei. Ich war ziemlich aufgeregt.

In der Stadt soll ich Pawel treffen, der Teil des Filmteams ist. Reinhold selbst wartet bereits in Italien, einer weiteren wichtigen Station für Willi Sittes künstlerischen Werdegang.

Da ich trotz »biografischem Bezug« Chrastava zum allerersten Mal besuche und kein Wort Tschechisch spreche, treffe ich zuallererst Karin Cinibulková – die »Dolmetscherin der Stadt«. So hat sie sich mir vorgestellt.

Wir treffen uns an der Touristeninformation und warten auf Pawel.

»Kommen eigentlich viele Menschen seinetwegen hierher«,

frage ich und deute auf eine Messingtafel, auf der »Willi Sitte (geboren in Chrastava)« steht.

»Nicht wirklich, nein.«

Wenig später hebt jemand hinter der Touristeninformation die Hand: »Hello!«

Ein kräftiger Typ mit Brille trägt eine gelbe Basecap über den schulterlangen dünnen braunen Haaren, einen Sechs- oder Zehntagebart und sieht mit der Kamera in der Hand ein bisschen aus wie Michael Moore: Pawel. Er deutet auf die Sitte-Messingtafel. »That's our man, right?«, sagt er und zündet sich eine Camel an. Das wird alles richtig gut, denke ich.

»Wollen wir dann?«, fragt Cinibulková.

Sie führt uns aber nicht etwa in ein Sitte-Haus, sondern in das des wahren Superstars der Stadt Chrastava: dem des Malers Joseph Ritter von Führich (1800–1876) – Willi Sittes erster großer Inspiration und einem Vertreter der nazarenischen Kunst, einer kirchlich, stark am Katholizismus orientierten akademischen Malweise. Das erklärt diese sakralen Figuren auf dem Gemälde *Die Heilige Familie*. Über Willi Sitte weiß sie gar nicht so viel zu sagen, gibt Karin Cinibulková zu, *aber* sie hat mir und Pawel zwei Infobroschüren ausgedruckt – über Joseph von Führich.

Sie fragt uns, ob wir jetzt in die Stadtkirche gehen wollen, dort würde Führichs berühmtes Altarbild hängen.

»Aber wir sind doch wegen Willi Sitte hier«, sage ich.

»Ja, richtig.«

Auf einem kleinen Holztisch im Führich-Haus liegt neben einem ausgefransten Sessel ein Ausstellungskatalog mit dem Gemälde eines zerstörten Dorfes, gesichtslosen Wehrmachtssoldaten und weißen Leichenbergen auf dem Cover. *Willi Sitte 1945–1982* steht dort. Als Jugendlicher verbrachte Willi Sitte fast seine gesamte Freizeit in diesem Haus seines selbst gewählten Vorbilds, dessen ausgestellte Werke er hier studierte. Heute steht sein eigener Name neben ein paar anderen Künstlerpersönlichkeiten aus Chrastava auf einer Infotafel im obersten Stock. Gleich am Anfang der Tafel das Wort »Antifaschist«. Karin Cinibulková schenkt mir den Katalog, macht eine abwinkende Handbewegung, noch bevor ich etwas sagen kann, und sieht ungeduldig in Richtung Ausgang.

»Wir sind hier gleich fertig«, sage ich, während ich durch den Katalog blättere. Unweit des Führich-Hauses, in dem wir uns befinden, steht das ehemalige Wohngebäude der Familie Sitte. Ein mittlerweile verputztes, weiß gestrichenes Haus mit Tierfiguren aus Keramik um einen Springbrunnen im penibel gemähten Vorgarten. Lediglich das reparierte Scheunendach und ein paar freilaufende Hühner erinnern heute daran, dass es sich hier einmal um ein echtes Bauernhaus gehandelt hat. Dieses Haus war durch die Rolle von Willi Sittes Vater als Ortsgruppenführer der KPČ immer ein Ort für den kommunistischen Gedankenaustausch der Stadt und der Dachboden das erste Atelier des jungen Willi Sitte, in dem er aus Papiermangel auf den Einkaufstüten seiner Mutter im Geiste seines Meisters Führich und bald schon in dem eines neuen großen Idols malte: Albrecht Dürer.

Im Katalog ist eine Kohlezeichnung abgebildet. Willi Sittes Großvater auf dem Totenbett. Er hieß wie mein Urgroßvater auch Franz Sitte. Die dürren Hände, das dünne weiße Haar: ein Werk so detailgetreu akkurat gezeichnet, dass die Lehrjahre bei Dürer unverkennbar sind. Jedes von Willi Sittes frühen Werken wirkt wie ein Andachtsbild, genauso wie das *Heilige Familie*-Gemälde meiner Großmutter. Bilder, vor denen man immer das Gefühl hat, sich verbeugen zu müssen, bevor man sie betrachtet. Eigenartigerweise hatte *Die Heilige Familie* wohl jahrelang im Schlafzimmer meiner Urgroßeltern gehangen, direkt über ihrem Ehebett.

Meine Großmutter erzählte mir, dass die Sitte-Brüder gegen das Münchner Abkommen* demonstrierten und ihren Eltern Josef und Elisabeth gleichermaßen Stolz und Ärger bereiteten, als sie auf einem der höchsten Schornsteine der Stadt die Flagge »Es lebe Thälmann« platzierten und danach die Schornsteinleiterstufen mit Bohnerwachs einrieben, damit keiner im Ort sie so leicht einholen konnte.

Verlassene Wege

Seltsam, jetzt durch die Städte zu fahren, in denen fast alle meine Familienmitglieder vor gut fünfundsiebzig Jahren noch verstreut gelebt und gewirkt haben, und dabei so stumm neben Pawel zu sitzen.

Vor meiner Reise hatte meine Großmutter mir noch erzählt, dass sie zu DDR-Zeiten gern in die Tschechoslowakei gefahren sei. Zusammen mit meinem Großvater. Aber nicht in diese Gegend. Nicht dorthin. Lieber dorthin, wo man Ski fahren konnte. Oder nach Prag. Sie erzählte von Ferienerlebnissen, riesigen Wurst- und Käseplatten und Zeitschriften. Und von den Adrenalinschüben, die sie vor der Grenze ereilten, wenn sie an die vielen Schmuggelwaren dachte, die sie und mein Großvater im Auto und unter der Kleidung ihrer beiden Töchter versteckt hatten. Sie erzählt von Hütten im Riesen- oder Erzgebirge.

---

* Das Münchner Abkommen, welches im September 1938 ohne Beteiligung der tschechoslowakischen Regierung beschlossen wurde, gewährte Hitler das Recht, alle tschechoslowakischen Grenzgebiete mit mehr als 50 Prozent Deutschenanteil zu annektieren. Was folgte, waren die Vertreibung von circa 200 000 Tschechen, Juden wie auch deutschen Antifaschisten und Jahre der Terrorisierung dieser Bevölkerungsgruppen. Die deutsche Besetzung sollte vom 1. bis zum 10. Oktober stattfinden, die Grenzen waren noch nicht genau festgelegt. Im Gegenzug garantierten England und Frankreich den Bestand des tschechoslowakischen Reststaats. (Vgl. Claudia Prinz: *Das Münchner Abkommen 1938*, © Deutsches Historisches Museum, Berlin 14. September 2014)

Aber nicht von Kratzau, Gablonz, Liberec oder Lindenau – der Heimat ihrer Familie.

»Was sollte ich da? Das spielte für mich doch überhaupt keine Rolle!«

Nach der »Wende« sei sie dann lieber nach Österreich gefahren – das Lieblingsland meines Großvaters. Aber genau hier in diesem Gebiet hatte Willi Sittes *Heilige Familie* seine erste Station genommen, bevor es an Orte wanderte, die für meinen Urgroßvater zwar ein Zuhause bedeuten würden, aber nie wieder eine Heimat. Genauso wenig, wie Willi Sitte jemals Halle an der Saale als solche bezeichnen wird, obwohl er dort fast siebzig Jahre lebte.

Fahnenflucht

Dass Willi Sitte bei einem Einsatz an der Ostfront verwundet worden war, erfährt mein Urgroßvater per Feldpost. Ähnliche Meldungen hatte er aus Afrika oder anderen Teilen Europas erhalten – von seinen anderen Brüdern. Als Vater von zwei Kindern und durch seine Aufgabe als Skilehrer deutscher Soldaten hatte er sich bisher ganz gut von der Front fernhalten können. Doch angesichts des immer aussichtsloseren Kriegsgeschehens wird auch er eingezogen und 1943 in das besetzte Holland und wenig später nach Wien geschickt.*

Als ihm der Fronturlaub trotz der anstehenden Geburt seiner dritten Tochter Ulli verwehrt wird, beschließt er, von seiner Einheit zu flüchten, um pünktlich im Dezember 1944 bei seiner Familie zu sein:

* Franz Sitte versucht, diesen Kriegseinsatz zu umgehen, indem er einen Meniskusriss beklagt. Als sich bei der Untersuchung herausstellt, dass dieser seit bereits zwei Jahren verheilt ist, wird er in eine Strafkompanie versetzt.

»Ich empfand es als unmenschlich, dass man mir diese Tage nicht gewährte, man wollte mir was auswischen, da verschiedene Stellen wussten, dass es sich bei mir um einen ›Roten‹ handelte. Ich setzte mich trotz des Marschbefehls darüber hinweg und verlies wohl meine Einheit [...] fuhr nach Kratzau und blieb die Tage dort bis ich Gewissheit hatte, dass Ulli gesund geboren wurde und Martl wohlauf war.«

Danach gelingt es ihm, sich seiner Truppe wieder anzuschließen. Wie das alles funktioniert hat und wieso er dabei ungeschoren davonkommt, schreibt er nicht. Als seine Einheit den Befehl bekommt, 1944 von Wien nach Berlin zu marschieren, um die Rote Armee aufzuhalten, fälscht er seinen Marschbefehl und flieht ein zweites Mal. Nach Tagen der Flucht klopft er an die Tür des Hauses seiner Familie und flüstert schließlich: »Ich bin's!« Erst dann erkennt seine Frau Marta den inzwischen völlig verwahrlosten und abgemagerten Mann als den ihren und zerrt ihn ins Haus. Ob er denn völlig verrückt sei, fragt sie ihn. Auf »Entfernung von der Truppe« stehe das Todesurteil. Und in der Stadt hätte man Plakate angebracht, die drohen, dass Deserteure auf dem Marktplatz standrechtlich erschossen würden. Franz erklärt ihr, doch nur noch einmal Ulli und seine anderen Töchter sehen zu wollen und zu schauen, ob es allen gut gehe. Um dem Todesurteil noch einmal zu entgehen, meldet er sich bei einer Truppe als »Versprengter« zurück und kommt damit durch. Er wird in das nordböhmische Becken, ins Erzgebirge geschickt und ist fortan damit beschäftigt, des Nachts eine Endkampfbatterie mit Flakgeschützen zu bewachen.

»Ich meldete mich in der Stellung und wir waren in einer Schule untergebracht, gemeinsam mit ungarischen Kollaboranten, also auch Nazis. Immer wenn ich Nachtwache hatte, habe ich mit meinem Dietrich, den ich die ganzen Kriegsjahre bei mir trug, die Kanzlei aufgemacht und heimlich den engl. Sender BBS* abgehört und informierte mich über den Stand der herannahenden russischen und amerik. Truppen. Der Geschützdonner kam täglich näher. Ich erzähle das an dieser Stelle deswegen so ausführlich, da es für mich ganz entscheidende Wochen meines Denkens und Handelns zum Überleben ›5 Min. vor 12‹ waren. Ich war zu allem bereit. So kam es auch, dass ich von einem Kumpel, der mit mir abends Wache schob, und auch i. d. Gesprächen erfuhr, daß er ebenfalls solche Wünsche hatte. Unsere ›Entfernung v. d. Truppe‹ so hiess es bei der Todesstrafe, wurde vorbereitet. Ich holte mir eines Tags mein Fahrrad aus dem Ort und versteckte es im Gelände. Mein Kumpel, wollte ein Dienstfahrrad nehmen. Eines Nachts als wir wieder Wache hatten, öffneten wir mit meinem Dietrich das Magazin und rüsteten uns aus mit Schuhen, Wäsche und Verpflegung, packten es auf unsere Fahrräder und fuhren Richtung Eger davon, da wir durch den BBS Sender erfuhren, dass die Amis dort im Vormarsch sind und wir uns ihnen ergeben wollten. Doch je näher wir an Eger kamen und immer näher die Kampfhandlungen verspürten, desto problematischer wurde unser Vorhaben. Wir konnten uns nur in der Nacht fortbewegen, tagsüber lagen wir in Verstecken und beobachteten die Bewegungen und mussten zum Entsetzen feststellen, dass wir uns in SS-Verbänden befanden, so dass an ein Durchkommen nicht zu denken war. Zum Glück lag kein Schnee, obwohl es Winter war, die Kälte spürten wir vor Aufregung und angespannten Nerven nicht.«

* Gemeint ist sehr wahrscheinlich die britische Rundfunkanstalt BBC.

Winterende

Ich war sieben, als meine Urgroßmutter ein Jahr nach meinem Urgroßvater verstarb. In meinen Erinnerungen sind sie alte gutmütige Gestalten, die müde in der Ecke eines jeden Familientreffens sitzen. Aber an wirkliche Gespräche mit ihnen kann ich mich nicht erinnern. Über das, was sie im Krieg erlebt hatten, sprachen sie nicht. Auch nicht untereinander. Meine Mutter erinnert sich noch gut an das erstaunte Gesicht ihrer Großmutter, als deren Mann, mit dem sie damals bereits über vierzig Jahre verheiratet war, anfing, über seine Zeit als Soldat im Winter 1944 zu sprechen, die er auch in seinen Memoiren beschreibt:

»Eines Nachts, wir lagen im freien Gelände in einer Kuhle, hörten Panzer und Fahrzeuge etc. rasseln, unaufhörlich und stellten morgens fest, dass wir unweit einer Hauptverkehrsstraße liegen mussten und es sich um russische Truppen handelte, die in Richtung Prag im Vormarsch waren. Von dem Schrecken kaum erholt, sahen wir aus unserer Kuhle, weit und breit war ja zum Verstecken kein Gelände, einen Panjewagen* mit Pferden übers Feld auf uns zu kommen und beim Näherkommen sahen wir, dass es sich um einen Rotarmisten mit Schlitzaugen handelte, die Pistole auf uns gerichtet und uns in Russisch anschrie, vielleicht hatte er auch Angst und wollte uns gleich erledigen, denn wir sahen in unseren Klamotten, tagelang nicht gewaschen und rasiert, nicht sehr Vertrauen erweckend aus. In dem Bruchteil von Sekunden verstand ich die Worte ›Germania‹ und ich schrie ›Tschech‹, zeigte, dass wir keine Waffen haben und wir Arbeiter sind. Ich glaube, dieser Umstand und

* Ein kleiner hölzerner Pferdewagen.

meine tschechisch geschrienen Worte haben ihn überzeugt und er hatte von einem »Abknallen« Abstand genommen und damit uns am Leben gelassen. Den ganzen Tag haben wir uns aus der Kuhle nicht raus getraut. In der Nacht gelang es mir, die Straße zu überqueren und uns bei einem Gehöft in der Nähe eines Waldstückes zu verstecken.«

Ausgehungert treffen er und sein Weggefährte einen Tschechen, der sie verpflegt und vor einem weiteren Marsch warnt. In den Wäldern des Protektorats würden versprengte SS-Männer auf eigene Faust Krieg führen.

Meine Urgroßmutter versorgt meinen Urgroßvater drei Wochen lang heimlich mit Nahrung und Wasser, während er sich weiter im Wald aufhält. So lange, bis sein Vater Josef Sitte ihn wieder nach Kratzau holt. Dort sei es nun möglich, sich der Roten Armee zu ergeben. Ein paar Monate später, im Oktober 1945, erreicht sie ein Brief von Willi Sitte:

»Meine über Alles geliebten Eltern und Geschwister, Wie ein Traum lässt meine Hand die Feder über das Papier gleiten. Mit jener Anrede, die mir nun mehr als ein halbes Jahr versagt blieb. [...] Ende April vollzog sich die blutige Liberazione, wo sich besonders die deutsche SS durch beschämende Taten ausgezeichnet haben, daß mir bald zum Verhängnis geworden wäre. Aber nun ist es vorbei und der Nationalsozialistische Militärstiefel hat ausmarschiert. Und nun habe ich mich restlos und mit ganzer Kraft der Kunst selbst wiedergegeben. Ich arbeite und habe mein Studium wieder aufgenommen. Ein hartes Stück Weg liegt vor mir, das sein Opfer abverlangt, doch dieses Tal der Dunkelheit muß durchschritten werden, was mir auch gelingt. Voraussichtlich im Dezember steigt eine Personalausstellung des tschechoslowakischen Kunstmalers. Ich habe mit meinen Arbeiten schon guten Anklang gefunden, und Kunstkritiker sind der Meinung, daß diese Ausstellung großes Aufsehen erregen wird, da es den Plan der üblichen impressionistischen Ausstellungen durchbricht. Die Ausstellung wird in der »Galeria italiana d'Arte«* gezeigt werden. Bis dorthin muß ich ein zähes Stück Arbeit leisten, um etwa mit mindestens 20 Gemälden und ebenso viel Zeichnungen mich der Öffentlichkeit und der italienischen Kunstwelt vorstellen zu können. 6 Gemälde sind bereits vollendet und zum größten Teil verkauft, die aber erst nach der Ausstellung ausgehändigt werden. [...] Wie gerne würde ich dann nach Hause kommen zu Euch, um Euch wiederzusehen. Aber es ist mit Schwierigkeiten verbunden. Ich gedenke vorerst in Italien zu bleiben – doch möchte ich auf einen längeren Besuch heimkommen!!«

So viel wird für die Wahrheit erklärt

Obwohl Willi Sitte in Italien über Nacht berühmt werden soll, erreicht er dieses Land alles andere als freiwillig – wenngleich er es später als seine zweite Heimat bezeichnen wird. Als sein Bruder Franz Sitte 1944 in Nordböhmen desertiert, befindet er sich nach einem Einsatz an der Ostfront in einem Marschbataillon in Montecchio Maggiore in Norditalien, gut zwanzig Kilometer von Verona entfernt. Willi Sitte wird in dieser Gegend zum Ende des Krieges desertieren und in den Widerstand gehen. Kunsthistoriker führen zurzeit Debatten darüber, wie *genau* das ausgesehen haben könnte und inwieweit seine lebens-

* Gemeint ist zu diesem Zeitpunkt sehr wahrscheinlich die 1921 in Mailand gegründete *Galleria d'Arte Moderna di Milano*. In Willi Sittes Nachlass verweist jedoch ein Ausstellungsflyer auf eine Personalausstellung Willi Sittes in Italien: eine Personalausstellung im Frühjahr 1946 in der Galleria Dedalo in Mailand.

lange Erzählung einer Partisanenvergangenheit tatsächlich der Wahrheit entspricht. In jedem Fall wird Willi Sitte die letzten Wochen des Krieges in Montecchio Maggiore und in weiteren Regionen Italiens verbringen. Vor allem aber wird er zeichnen.

Pawel und ich treffen in Italien den Filmemacher Reinhold Jaretzky, der die ARTE-Dokumentation über Willi Sitte dreht. Reinhold Jaretzky, ein Mann mit lang gelocktem grauem Haar, Sonnenbrille und hohen Augenbrauen, die ständig zwischen Nervosität und Freude tanzen, erwartet uns auf einer Burgruine über der Stadt. Von hier aus kann man auf einzelne Häuser in den Hügeln des kleinen Bergortes sehen sowie auf das strahlend helle Stadtzentrum. »Da seid ihr ja!«, ruft Reinhold und klatscht in die Hände. »Eine herrliche Aussicht. Nicht wahr? Aber um Sitte zu finden, müssen wir in die Stadt!«, sagt er. Wenig später bietet er mir bereits das Du an. Wir seien schließlich »auf ähnlicher Mission«.

In Montecchio selbst gibt es nicht viele Hinweise auf Willi Sittes Wirken, außer einem ziemlich offensichtlichen: wieder einmal eine Plakette mit seinem Namen. Diesmal im Rathaus der Stadt. *Saletta Willi Sitte – der Willi-Sitte-Raum*. Dort hängen drei gerahmte Werke, die er hier mit Anfang zwanzig gemalt hat. Sie zeigen Paare und junge Frauenfiguren – Kohlezeichnungen auf braunem Grund.

Vielleicht erklären die Briefe Willi Sittes an eine Margit aus seiner Heimatstadt Kratzau aus dem Jahr 1942 diese Werke, die ich in seinem Nachlass gefunden habe. Die Hälfte von Willi Sittes an sie adressierten Briefe besteht aus Kinoeinladungen während seiner Fronturlaubstage: »Jedenfalls bestell ich eine Karte für Dich mit, deswegen mußt Du aber nicht wegen der Karte kommen, sondern frei, ganz nach Deinem inneren Gutdünken.«[1]

In weiteren Briefen zieht er manchmal ein glückliches Fazit, sofern es tatsächlich zu einem Treffen kam: es war für mich ein wunderbares Erlebnis, daß dieser Tag mit einem so verständigen Menschen wie Du es bist, zusammen gewesen zu sein, mir noch vergönnt gewesen ist.«[2] Und ansonsten versucht er sich seine Sehnsucht mit Zeilen wie »Ich bin nicht böse bzw. mache mir nicht solche Gedanken über Dich bezgl. des Nichtschreibens und dergleichen«[3] von der Seele zu schreiben, was ihm angesichts der Tatsache, dass er ihr Ähnliches in vier weiteren Briefen noch einmal versichert, nicht wirklich zu gelingen scheint.

Passenderweise heißen die Zeichnungen hier im Saletta Willi Sitte: *Liebe*, *Allegorie* und *Verzicht*.

Außer den Werken im Rathaus gibt es noch ein weiteres Dokument aus dieser Zeit, welches Willi Sitte mit Montecchio Maggiore verbindet. Es wurde vom *Comitato di Liberazione Nazionale*, dem Nationalen Befreiungskomitee von Italien*, ausgestellt:

»18. Mai 1945

Wir erklären, dass Vilem Sitte [...] geboren in Chrastaya u Liberec (Tschechoslowakei) am 28.2.1921, seit September 1944 als Soldat der Wehrmacht in Montecchio Maggiore ist [...]

Im Februar dieses Jahres wurde der oben erwähnte Vilem Sitte an die Front geschickt, vielleicht weil man ihn antinazistischer Gefühle verdächtigte.

Von der Wehrmacht desertierte er dann und kehrte am 2. April nach Montecchio Maggiore zurück, wo er im Haus des Unterzeichners unterkam. Auf der Rückreise von der Front

* Die damals verbotenen antifaschistischen Parteien Italiens gründeten dieses Komitee unmittelbar nach dem Kriegsaustritt Italiens im September 1943.

nahm ihm die deutsche Militärpolizei seine persönlichen Papiere ab und befahl ihm, mit der Eskorte eines Unteroffiziers die Stadt Brescia zu erreichen, aus der er floh, um stattdessen nach Montecchio zu kommen, wie oben erwähnt.

Seit Oktober letzten Jahres hielt Herr Vilem Sitte den Kontakt zu diesem Komitee aufrecht und arbeitete mit ihm für die Befreiung Italiens von den Nazifaschisten zusammen, indem er Waffen und militärische Nachrichten lieferte und lokalen Partisanenelementen half, die von der deutschen SS gefangen genommen wurden.

So viel wird für die Wahrheit erklärt.

Der Präsident
Muraro Giuseppe

Gesehen:

Der Bürgermeister
G. Giuliari«[4]

»So viel wird für die Wahrheit erklärt«, denke ich. Genau über diese Wahrheit herrscht gegenwärtig Uneinigkeit in der Kunstgeschichte. Obwohl in diesem Dokument, wenn auch ziemlich uneindeutig, zeitversetzt und auf wenige Sätze heruntergerafft, das steht, was ich bereits in Willi Sittes Memoiren gelesen hatte. Willi Sitte beschreibt sich in seiner Autobiografie zunächst als »Helfer« der Partisanen, die er mit Waffen und Plänen der Wehrmacht versorgt. Bis er auffliegt und aus dem ruhigen Montecchio an die Front geschickt wird – und flieht. Seine aktive Zeit im Widerstand skizziert er 1945, ein paar Monate nach Ende des Krieges, in einem Brief an seine Eltern:

»In Kürze will ich meinen Werdegang bis zum heutigen Tage Euch ausbreiten. Ihr werdet vielleicht noch eine Nachricht aus Bologna erhalten haben. Kurz darauf bin ich vom Wehrdienst desertiert und habe mich nach vielen Strapazen u. Gefahren vor allen Dingen von Seiten der deutschen Wehrmachtsgendarmerie bis in die Campagna von Vicenza durchgeschlagen, wo ich mich dort den italienischen Partisanen zur Verfügung stellte. Alles Freunde, die meine politische Einstellung kannten und mich als freiheitsliebenden Patrioten in ihre Mitte aufnahmen. Meine Aufgabe war es, ihnen Waffen zuzuführen und evtl. Antinazis ebenfalls zur Desertation vom deutschen Heer zu bewegen. So trat ich einmal als Zivilist auf und ein andermal als Soldat – kurz, wie es von Nöten war.«[5]

In seiner Autobiografie von 2003 findet sich zu diesen Informationen ein kurzes Resümee: »Zu meinen Aufgaben bei den Partisanen vor meiner Flucht hatte gehört, Antinazis zum Desertieren zu bewegen. Das ist mir nicht gelungen«[6], doch lässt sich nichts davon belegen.

Laut einigen Wissenschaftlern sei selbst der genaue Zeitpunkt seines Desertierens fragwürdig. Willi Sitte sei nicht sechs Monate lang Deserteur gewesen, obwohl er das später in der DDR behaupten wird, sondern nur etwas mehr als zwei Wochen[7] und in seiner Bescheinigung vom Nationalen Befreiungskomitee Italiens wieder ein anderer, wenn auch früherer Zeitpunkt vermerkt ist und dort ab Oktober 1944 von einer *Zusammenarbeit* gesprochen wird. Den Status eines Antifaschisten, der ihn sowohl in der Tschechoslowakei von den anderen Deutschen abgrenzte als auch in der DDR in ein ganz anderes Licht stellte, hätte er durch eine Desertation knapp zwei Wochen vor Ende des Krieges sicher nicht bekommen. Dazu hatte mir ein Schüler Willi Sittes bei einem Gespräch erzählt, dass er ihn selbst einmal gefragt hatte, ob er denn auch bei den Partisanen *gekämpft* habe.

»Ach was«, soll Willi Sitte gesagt haben. »Ich habe dort einfach nur das Essen gekocht.«

Dass eine weitere Geschichte über Willi Sittes Zeit in Montecchio ihren Weg in die Öffentlichkeit fand, ist Professor Luciano Chilese zu verdanken. Ein Historiker und Partisanenexperte, der diese Geschichte 2005 an einen Journalisten weitergegeben hatte. Drei Jahre später wurde Willi Sitte Ehrenbürger dieser Stadt.

Chilese, ein drahtiger Mann mit wachen Augen und grauem Schnurrbart, hat sich nach einem vierzigtägigen Krankenhausaufenthalt extra frühzeitig selbst entlassen, um mit uns zu sprechen. Und, um in seinen Gemüsegarten zu kommen. Die Auberginen seien fast überreif.

»Ihr Urgroßonkel war ein Held«, sagt Luciano Chilese und deutet mit einem Finger auf mich.

»Stopp, stopp!«, sagt Reinhold und stellt sich neben Pawel, der wie versteinert auf seine Kamera starrt.

Chilese räuspert sich: »Also: Willi Sitte half den Partisanen und vor allem ganz Montecchio!« Chilese hält für einen Moment inne, sieht auf Reinhold, um nicht in die Kamera zu sehen, und erzählt eine Geschichte aus Montecchio des Novembers 1944: Als eines Nachts eine Truppe Partisanen einen Kameraden zurückholen will, der im zivilen Krankenhaus von Montecchio Maggiore versorgt wird, entdecken sie eine Zweimann-Patrouille deutscher Soldaten, die sich immer weiter anzunähern droht. Die Deutschen werden aufgefordert stehen zu bleiben, einer hebt seine Hände, der andere greift zur Waffe und wird erschossen. Der andere Soldat gerät in Gefangenschaft.

Schnell ist sowohl den Partisanen, aber vor allem der Bevölkerung von Montecchio klar, was das Ganze zu bedeuten hat.

Ein deutscher Soldat wurde getötet, was Vergeltung heißt. Die Bürger von Montecchio erinnern sich noch mit Schaudern, wie vor wenigen Monaten im nahegelegenen Recoaro Terme wegen eines von Partisanen erschossenen Soldaten siebzehn unschuldige italienische Männer sterben mussten. Überall im Land reagierte die Wehrmacht mit Vergeltungsmassakern auf den harten Widerstand der Partisanen und der Zivilbevölkerung. Und auch in Montecchio wurden bereits Zivilisten bestimmt, die erschossen werden sollten.[8]

»Und hier kommt Willi Sitte ins Spiel!«, sagt Chilese. »Er stand damals schon mit der italienischen Bevölkerung in Kontakt und kannte auch die Mentalität der Deutschen seiner Kompanie. Die wollten eigentlich keine Partisanen erschießen, brauchten aber Gründe, um von den Wehrmachtsbefehlen abzuweichen. Also hat sich Willi Sitte blitzschnell eine Geschichte ausgedacht: Der Deutsche wurde jetzt nicht mehr von einem Partisanen umgebracht. Nein, er hätte es auf eine Krankenschwester abgesehen und starb durch ihren eifersüchtigen Verlobten. Eine Liebestat! Die Geschichte musste schnell verbreitet werden, da ja die Vergeltungsaktion bevorstand.«

Kurz habe ich geglaubt, etwas Klarheit in Willi Sittes Partisanenerzählung zu finden. Aber Fehlanzeige. Denn seltsamerweise ist diese Eifersuchtsstory genau die Geschichte, die Willi Sitte in seinen Memoiren* erzählt, ohne dabei zu erwähnen, dass sie offenbar von ihm selbst erfunden wurde. Professor

---

* In Willi Sittes Version handelt es sich zudem um zwei Soldaten, die eine italienische Krankenschwester begehren und von ihrem Verlobten erschossen werden. Auch sterben in seiner Version beide Soldaten. (Vgl. Gisela Schirmer, *Willi Sitte. Farben und Folgen*, S. 25–26)

Chilese arbeitet jedoch gegenwärtig an einem Buch, das die Jahre 1943 bis 1945 in Montecchio Maggiore beschreibt. Ich habe keine Ahnung, warum Willi Sitte die Geschichte anders erzählt, schließlich ist die recherchierte Version viel spannender: Dort wird anhand mehrerer Zeitzeugeninterviews erklärt, wie es wirklich gewesen sein soll und was Willi Sitte damit zu tun hatte, der damals in Montecchio schon längst als antifaschistischer Deutscher galt und bereits Italienisch sprach.

»Willi Sitte erklärte sich zudem bereit, mit dem Leiter der Kommandantur in Vicenza zu sprechen. Er hatte ja schon ständig Informationen der Deutschen an die Partisanen und die Bevölkerung weitergegeben. Und er wusste auch, wer für die bevorstehende Vergeltungsaktion verantwortlich sein würde«, fährt Chilese fort. »Zusammen mit dem Pfarrer und dem Bürgermeister der Stadt ging er bis zur Kommandantur nach Vicenza, um dort mit dem verantwortlichen Leutnant zu sprechen. Er hat versucht, ihn von der Geschichte zu überzeugen, und das trotz des Risikos, dafür als Kollaborateur bestraft zu werden! Ob es tatsächlich an seiner erzählten Geschichte oder der bewiesenen Tatsache lag, dass die Partisanen den Gefangenen freiließen und die Waffen zurückgaben[9], ist unklar – aber: Die Deutschen entschieden sich gegen die Vergeltung … Das Massaker wurde verhindert!«

In der Begründung zu Willi Sittes Ehrenbürgerschaft von Montecchio Maggiore heißt es: Willi Sitte hätte mitgewirkt, »dass Montecchio Maggiore den Krieg ohne die schrecklichen Spuren von Tod und Rache überstand; aber gleichzeitig hörte er nicht auf, sich durch seine ausgezeichnete Kunst auszudrücken, indem er in unserem Rathaus drei Werke hinterließ, die die tiefe Sehnsucht nach Gerechtigkeit, Freiheit und Frieden darstellen.«[10] Die vereitelte Vergeltungsaktion gilt als belegt, und die Bilder im Rathaus habe ich mit eigenen Augen gesehen.

Später zeigt Chilese auf ein Foto, das Willi Sitte mit Baron Walter zu Putlitz, seinem Zimmerkollegen, zeigt.

»Viele Deutsche waren verstreut in Wohnhäusern in Montecchio untergebracht. So auch Willi Sitte. Er hat dort seinen ersten antifaschistischen Zyklus *Totentanz des Dritten Reiches* und auch ein Porträt der Frau seines Gastgebers fertiggestellt. Sie hängen jetzt in dem Raum, in dem Willi Sitte sich um die Papier- und Telegrafenkorrespondenz kümmerte, wo er lebensgroße Zeichnungen hinterließ.«

Die Zeichnungen im Rathaus, im *Saletta Willi Sitte*!

»Willi Sitte ist jetzt Teil von Montecchio!«, sagt Chilese und lächelt zufrieden. Was für eine Geschichte, denke ich. Nur gibt es ein Problem: Außer dem Schreiben des Komitees gibt es kaum greifbare Anhaltspunkte für Willi Sittes Widerstandsgeschichte, und Chilese selbst hat den Zweiten Weltkrieg nicht miterlebt. Ein Zeitzeuge ist er also nicht.

»Lucia Muraro, eine Tochter des Präsidenten vom Komitee, ist noch am Leben. Sie hat Willi Sitte noch erlebt«, sagt Chilese schnell.

Nach dem Interview verabschiede ich mich von Pawel und Reinhold am Bahnhof von Montecchio. Pawel fährt mit dem Auto zurück nach Breslau, Reinhold mit dem Zug nach Rom. Für mich geht es nach Mailand, Willi Sittes letzter Station in Italien.

»Wie wirst du das eigentlich machen?«, fragt Reinhold, als wir Pawels Auto hinterhersehen. »Also, wie willst du dich deinem Urgroßonkel nähern?«

»Ich glaube, ich muss einfach erzählen, was ich erlebe.«

Er setzt sich neben mich auf eine der Sitzbänke vor dem Gebäude.

»Da ähnelst du vielleicht deinem Urgroßonkel! Sitte war ja keiner, der nach Modell gearbeitet hat. Der hat alles betrachtet. Sein Umfeld. Der musste immer dabei sein.

Und du willst das alles eben auch aus deiner Wirklichkeit heraus beschreiben.«

Das Versteck des Soldaten

Bevor ich abreise, besuche ich das Haus der Muraros. Professor Chilese hatte mir die Adresse verraten. Es ist das Haus, in dem Willi Sitte Kontakt zum *Nationalen Befreiungskomitee* aufgenommen haben soll. Ein damals zentraler Ort der Widerstandsbewegung und ein ständiges Versteck für Deserteure und Juden. Das zweistöckige Gebäude ist von Palmen umringt und liegt ein paar Kilometer vom Zentrum von Montecchio entfernt. Die grüne Farbe am breiten Eingangstor splittert ab. Auf dem Klingelschild steht Muraro, die Familie ist all die Jahre in diesem Haus wohnen geblieben.

Ich klingle, aber niemand öffnet. Ich klingle noch einmal und versuche schließlich, das Tor zu öffnen.

»Was machen Sie denn da?«, fragt mich eine Nachbarin.

»Ich suche Frau Lucia Muraro.«

»Wieso denn das?«

Ich erzähle ihr die Geschichte über Willi Sitte und dieses Versteck. Sie hebt die Augenbrauen und verschwindet in ihrem Haus. Als sie zurückkommt, drückt sie mir einen Zettel mit einer Telefonnummer in die Hand.

»Schreiben Sie eine Nachricht, glauben Sie mir: Das ist besser.«

Auf der Fahrt nach Mailand erreicht mich eine Antwort. Sie ist von Claudio Muraro, einem der zehn Geschwister von Lucia

Muraro, Tochter des damaligen Präsidenten des *Nationalen Befreiungskomitees von Montecchio Maggiore*. Es war offensichtlich seine Nummer auf dem Zettel. Seine Schwester Lucia sei inzwischen sehr krank und den Großteil in seiner Pflege. Sie ist siebzehn Jahre älter als er und inzwischen einundneunzig. Wenn Willi Sitte sich zum Ende des Krieges bei ihr versteckt haben sollte, war sie damals in der Pubertät. In meiner SMS hatte ich sie darum gebeten, mir etwas über ihre Erinnerungen an Willi Sitte und seine Zeit in ihrem Haus zu erzählen. Claudio hatte mit ihr gesprochen und ihre Antwort aufgenommen. Außerdem schickte er mir ein Bild von Lucia, wie sie mit grauer Strickjacke in seinem Wohnzimmer sitzt. Ihre Haut ist hellrosa und ihr Haar lang, grau und dünn.

Ich höre eine leise, etwas brüchige Stimme.

Leider spreche ich kein Italienisch und schicke die Aufnahme an Reinhold, der sie mir noch während seiner Zugfahrt übersetzt:

»Hallo Aron, Lucia Muraro sagt:

›Il padre si era molto affezionato a lui. Willi Sitte era sempre con noi. I due hanno subito condiviso simpatie per la resistenza … e simpatie reciproche.‹

Wörtlich übersetzt heißt das:

›Vater hatte ihn sehr liebgewonnen. Willi Sitte war ja ständig bei uns. Die beiden teilten sofort die Sympathien für den Widerstand … und Sympathien füreinander.‹«

Und kurz darauf schreibt Reinhold noch: »Sorry, Aron, viel ist das nicht.«

Zugegeben: Lucias Geschichte ist nicht gerade filmreif, aber irgendwie bringt sie mit ihrer Stimme Leben in diesen Mythos. Als wären da Fußspuren einer gesuchten Person, die deutlicher werden in den Leerstellen, der schnellen Geschichte, die aus Dokumenten besteht. Nur zarte Spuren, wie nach einem kurzen Auftritt. Was auch immer damals geschehen ist – Willi Sitte war damals so alt wie ich und ging in den Widerstand. Als ich einmal stadtbekannten Rechten im Harz auf Facebook geschrieben habe, dass ich ihre Meinung »scheiße« finde, hatte ich tagelang auf der Straße Angst.

»Wie kann das nicht viel sein?«, tippe ich. Jetzt bloß nicht emotional werden, denke ich schnell. Das verzerrt die Sicht.

»Der gute Deutsche«

Vor der Kathedrale am Piazza del Duomo in Mailand ist eines der letzten Fotos von Willi Sitte in Italien entstanden. Weiße Tauben umkreisen ihn darauf. Es ist 1955, und er lebt mittlerweile seit achtzehn Jahren in Halle. Doch Mitte der 1950er-Jahre gestattet man ihm, eine Italienreise zu unternehmen und sein altes Atelier zu besuchen, in dem er nach seiner Zeit in Montecchio untergekommen war. Fast zehn Jahre lang war es von niemand anderem betreten worden, und eigentlich hatte er es in den 1940er-Jahren gar nicht verlassen wollen. Willi Sitte lag in Italien damals die Kunstwelt zu Füßen. Er hatte plötzlich Geld, Anerkennung, hatte die Sprache gelernt und hätte nicht in ein völlig zerstörtes Land zurückkehren müssen.

Mein Zug zurück nach Berlin geht in ein paar Stunden. In einem Café nahe der Kathedrale klicke ich mich durch die Fotos von Willi Sittes Zeichnungen, die mir Professor Chilese geschickt hat. Willi Sitte hat sie im Haus der Muraros gezeichnet.

Unter anderem den antifaschistischen Zyklus, von dem Chilese sprach: *Danza funebre del terzo! – Totentanz des Dritten Reichs.* Es sind Zeichnungen von Nazis als detailliert gezeichneten Skeletten auf einem Leichenzug, als Kommandeur mit einem Einberufungsbescheid, in den Tod laufende Soldaten und ein Braunhemd vor einer blassen Steingravur: *Ein Volk, ein Reich, ein Führer.*

Die Bilder des Zyklus werden zusammen mit Liebespaarbildern und ein paar damals noch konventionell-akademischen Zeichnungen von April bis zum Mai 1946 in Mailand ausgestellt. In der ehemaligen Galleria Dedalo, ganz in der Nähe des Mailänder Doms. Viel ist von der Galerie, in der Willi Sitte zum ersten Mal über mehrere Wochen ausgestellt hatte, nicht mehr zu sehen. Heute befindet sich anstelle der Galerie eine Boutique, die Handtaschen ausstellt – daneben ein Juventus-Turin-Fanshop. Doch hier ist er tatsächlich zum ersten Mal im Begriff, als Künstler Karriere zu machen. Er gilt durch seine tschechischen Wurzeln und seine ständige Betonung, Antifaschist zu sein, in Italien als »ein guter Deutscher«, und seine Bilder, die sich in Windeseile verkaufen, zeigen seine klare politische Haltung, in dem sie die Schrecken des gerade vergangenen Krieges anklagen. Dazu diese zarten Beobachtungen der Liebe.

Nach einem ersten Brief vor der Eröffnung der Ausstellung schreibt er im Juli 1946 zwei weitere Briefe. Wieder sind sie an seine Eltern und seine Geschwister adressiert:

»Ja, Deutschland braucht starke Männer, selbsterkenntnisgeläutert durch Not und Leid, von einem potenten universalen Geiste durchdrungen, und mit einer sensiblen, naturverbundenen Seele bedacht. Politisch und wirtschaftlich sind Deutschland für weite Sicht Grenzen gesetzt worden – kulturell dagegen ist Deutschland frei – dies Faktum ist für die Zukunft nicht zu unterschätzen. Und glaubt mir, meine Lieben, ich wäre heute wer weiß Gott wo in diesem Lande, wenn ich nicht die Sprache der Kunst spräche, die keine nationalen Grenzen in gegenseitiger Achtung und Würdigung kennt – sie ist international und damit allbedeutend. Ich als Deutscher werde immer in Italien ein herzlich willkommener Gast sein. Ich dachte, Franzl* würde daheimbleiben, bis unsere Eigentumssache entschieden wäre. […]«[11]

Und nur einen Tag später:

»Nun folgendes, meine Lieben! Sollten die Ereigniße sich daheim in der Weise zuspitzen, daß evtl. vorauszusehen ist, daß Ihr nach Deutschland auswandern müßtet, dann schickt mir, wie ich Euch schon einmal vorschlug, ein Telegramm, damit ich sofort heim kommen könnte, und ich würde dann ganz einfach alles stehen und liegen lassen.

Aber ich will halt immer noch hoffen, daß Alles daheim in Ordnung gehen wird, und wir auf Haus und Hof bleiben dürfen.«[12]

Kurz darauf wird er Italien verlassen. Doch auch wenn er sein Atelier zurücklässt, trägt er seine zwei ersten künstlerischen Kernthemen mit sich im Reisegepäck: den Antifaschismus und die Liebe. Aber vor allem sein Ziel, egal wohin seine Reise gehen wird, nur noch eins zu sein: ein politischer Künstler. Dabei

---

* Gemeint ist mein Urgroßvater: Franz Sitte. Am Ende des Namens ein l zu setzen, war im Haus der Sittes üblich. So hießen alle Geschwister Josef (der noch vor seinem siebten Lebensjahr an Diphtherie verstarb), Franz, Gustav, Ernst, Rudolf und Schwester Elisabeth Josl, Franzl, Gustl, Rudl, Liesl – nur Willi hieß eben Willi; dem sollten die zwei L in der Mitte reichen.

ist ihm Folgendes klar: »Daß wir aber alle unser Ziel erreichen müssen, oder zumindest diesem nahe kommen, denn mein Ziel ist grenzenlos.«[13]

Aussiedlung

In den Monaten nach dem Krieg zieht das Gemälde *Die Heilige Familie* zusammen mit meinen Urgroßeltern gleich drei Mal um. Und das innerhalb eines Radius von zwanzig Kilometern. Es ruht in Kellern, auf dem Dachboden der Eltern und in Umzugskisten. Mein Urgroßvater Franz Sitte schläft schlecht, seitdem der Krieg vorbei ist. Seine Frau Marta ist mit den drei Töchtern fast ständig allein, während er arbeitet und sich um »die Angelegenheiten« kümmert, die auch Willi Sitte in Mailand umtreiben. Es gilt den heimischen Hof der Eltern vor der Konfiszierung zu retten. Nebenbei wurde die älteste Tochter Burgi gerade eingeschult und braucht Unterstützung, um schneller Tschechisch zu lernen. Sie alle, auch Willi Sitte im tschechischen Konsulat in Mailand, haben immerhin die vorläufige tschechische Staatsbürgerschaft erhalten. Das ist gut, das ist eine Perspektive. Überall im Ort müssen die Deutschen, die noch nicht aus ihren Häusern und der Stadt vertrieben wurden, sich mittels weißer Armbinden als Feinde zu erkennen geben.

Die Familie Sitte nicht. Anerkannte Antifaschisten konnten sich durch rote Binden von den restlichen Deutschen abgrenzen. Genau davon spricht Franz Sitte auch monatelang, während er auf den zuständigen Behörden in Kratzau, Reichenberg und Prag mit seinem gerade ausgestellten Antifa-Ausweis herumwedelt, immer energischer, je aussichtsloser es wird, den elterlichen Hof vor der Beschlagnahmung zu retten.

Sie gelten als Antifaschisten – mein Urgroßvater ist desertiert, und seine Frau hatte im Widerstand feindliche Radiosender abgehört und die Informationen in der Bevölkerung verstreut – das wurde ihnen bescheinigt. Ihr Widerstand, ihr Desertieren, die Arbeit des Vaters in der KPČ – das wurde alles anerkannt.

Sie müssten auch nicht wie die anderen Deutschen ausreisen, wird ihnen gesagt. Sie *müssten* überhaupt nicht ausreisen, nur ihren Hof abgeben.

»Der Krieg ging zu Ende und ein neues Leben mit vielseitigen Problemen und Aufgaben begann«, schreibt mein Urgroßvater. »Ausser unserem Gustl*, der als »vermisst« gemeldet war, trafen wir uns wieder in Kratzau bei unseren Eltern. Willi kam von Italien, der in den letzten Wochen bei den Partisanen gegen die Faschisten gekämpft hatte und danach wieder mit der Malerei begonnen hatte […]. Mit dem Flugzeug über die Schweiz bis nach Prag kam er noch zu unserer gemeinsamen Umsiedlung mit einem Antifatransport zu recht.«

Der Freund meines Urgroßvaters, der ohne ihn in den Spanischen Bürgerkrieg gezogen war, hatte überlebt und arbeitet bei der Antifa-Stelle von Kratzau, die für Antifaschisten nach dem Krieg deren »besondere« Umsiedlung regelt. Im Dauerverkehr fahren ab 1945 Züge, in dem jede antifaschistische Familie ein Viertel ihres Hab und Guts unterbringen kann, in die alliierten Besatzungszonen. Im Oktober 1946 verlässt der letzte Waggon dieser Art Kratzau. Mit an Bord: die ganze Familie Sitte, mit selbst gebackenem Brot, Kartoffeln, getrocknetem Gemüse und dem Gemälde *Die Heilige Familie.*

* Gustav – Gustl – Sitte wird als Einziger der Sitte-Brüder nicht aus dem Krieg zurückkehren. In der Familie wird er jedoch nie für tot erklärt. Noch in den 1970er-Jahren nennt ihn seine Mutter »vermisst« und zündet bei Familienfeiern eine Kerze für ihn an.

Neue Heimat

Das Gemälde erreicht die Sowjetische Besatzungszone (SBZ) zusammen mit meinen Urgroßeltern in einem Auffanglager in Wittenberge, im Nordwesten Brandenburgs. Im Oktober 1946. Kurz davor verabschieden sich alle Familienmitglieder, die während der Aussiedlung noch dicht an dicht in einem Waggon gesessen hatten, auf unbestimmte Zeit. Meine Urgroßeltern bleiben zusammen mit ihren drei Töchtern in Wittenberge. Willi Sitte und der Rest meiner Familie fährt weiter in das thüringische Heiligenstadt, im Dreiländereck neben Niedersachsen und Hessen, wo ihr Bruder Ernst auf sie wartet. Das Wetter in diesen Tagen passt zu den wüsten Zuständen, die sie in der Sowjetischen Besatzungszone vorfinden. Ständig regnet es, und die Temperaturen erreichen mal den Gefrierpunkt, mal fast 15 Grad. Mein Urgroßvater hatte schon immer ein Faible dafür, das Wetter genauestens zu beobachten und aufzuzeichnen. Seine älteste Schwester Liesl ist als Einzige der Geschwister in den Westen gegangen: ihrem Ehemann zuliebe. Dort wurden gerade die ersten Nürnberger Prozesse beendet, und zum ersten Mal seit Jahren hatten in Deutschland freie Wahlen stattgefunden. Auch im Osten. Zwar konnten diese aufgrund der zahlreichen Eingriffe der Sowjetischen Militäradministration (SMAD) kaum als wirklich *frei* bezeichnet werden, aber immerhin waren es bis zum März 1990 die ersten und letzten Wahlen in der SBZ/DDR, bei denen unterschiedliche Parteien* zumindest eine nominelle Chance hatten, eigenstän-

* Neben der SED existierten in der SBZ und später in der DDR: die Christlich-Demokratische Union (CDU), die Liberal-Demokratische Partei Deutschlands (LDPD) und ab 1948 die Nationaldemokratische Partei Deutschlands (NDPD) und die Demokratische Bauernpartei Deutschlands (DBD).

dig gewählt zu werden*, bevor sie im sogenannten demokratischen Block und seinen Einheitslisten auf- und damit als eigenständige demokratische Kraft untergingen.[14] All das geschah kurz vor der Ankunft meiner Familie in der SBZ, ihrer neuen Heimat. Stärkste Kraft wurde bei den Kreis- und Landtagswahlen die ein paar Monate zuvor aus KPD und SPD zusammengeschlossene Sozialistische Einheitspartei Deutschlands (SED).[15] Die Partei, die über dreiundvierzig Jahre über das Schicksal der späteren DDR entscheiden und jedes meiner Familienmitglieder bei sich aufnehmen, verpflegen und sofort mit Arbeit und Wohnraum versorgen wird. Mein Urgroßvater wird dort beim Rat des Kreises** der SED eingestellt. Die älteste Tochter Burgi kann wieder in die Schule gehen, und die zwei jüngeren, Hanne und Ulli, kommen in den Kindergarten.

Dass dafür allerdings ein paar Aufgaben erledigt werden müssen, ist selbstverständlich. Meine Urgroßmutter Marta stoppelt für eine Großküche Kartoffeln und Zuckerrüben, sammelt Obst und weckt Marmelade ein. Und die Arbeit meines Urgroßvaters besteht darin, »mit aufgepflanzten Bajonetten und MP*** bei den Gross- und Mittelbauern sowohl das Vieh wie auch Milch, Eier, Butter aus Verstecken aufzuspüren, um sie zur Ablieferung zu zwingen. Es waren böse Zeiten [...]«,

---

* Am 20. Oktober 1946 trat die Partei bei der Wahl zur Stadtverordnetenversammlung von Groß-Berlin zum einzigen und letzten Mal gegen den Teil der SPD an, der sich dem Zusammengehen mit der KPD zur SED widersetzte, was in Berlin allein durch das Viermächteabkommen möglich war. Die Wahlbeteiligung betrug 92,3 Prozent, und die SED unterlag selbst im sowjetischen Sektor der SPD haushoch, indem sie nur 29,8 Prozent der Stimmen gegenüber der 43,6 Prozent starken SPD erreichte. Klar war damit, dass die SED bei wirklich freien Wahlen niemals eine Chance besitzen würde, das Ziel eines neuen rein sozialistischen Deutschlands durchzusetzen, weswegen sie in der DDR bis 1990 auch nicht stattfinden werden.

** Der »Rat des Kreises« war das Exekutivorgan eines jeden Kreisgebiets der DDR. Das Machtzentrum bildete in jedem Kreis die SED-Kreisleitung.

*** Gemeint sind sehr wahrscheinlich Maschinenpistolen.

schreibt er. »Trotzdem lebten wir glücklich und zufrieden, keine Bomber und Tiefflieger mehr, das war die Hauptsache.«

Aber immer, wenn in diesen ersten Jahren zwischen 1946 und 1949 der Winter einbricht, überkommt Franz Sitte eine gewisse Melancholie. Das liegt weniger am Wetter noch an etwaigen Kriegstraumata, sondern an der verdammt flachen Landschaft seines derzeitigen Wohnortes Wittenberge. Gut zum Spazierengehen, Tierebeobachten und für Sonntagsaktivitäten. Aber für einen Wintersportler wie ihn ist das nichts. Er will in die Berge, in den Thüringer Wald oder eben in den Harz. Hauptsache, raus aus Brandenburg. Nur wie? In diesem Jahr, 1949, werden überall in der DDR Volkseigene Betriebe (VEB)* gegründet, die neue Leiter suchen. Und als er herausfindet, in welchen Parteibüros ehemalige Freunde aus Kratzau arbeiten, schickt er seine Bewerbung an den SED-Landesvorstand nach Halle – zusammen mit einer Kopie seines Antifa-Ausweises und einem Fragebogen zu seinen Aktivitäten in der Wehrmacht. Ein paar Monate später wird er in Wernigerode eingesetzt werden, mit dem Parteiauftrag, einen Betrieb aufzubauen und monatlich mindestens zwei Männer für halbjährige Arbeitseinsätze in der Wismut AG zu werben. Jenes Bergbauunternehmen, welches der DDR bis 1990 den vierten Platz auf der Weltrangliste** der Uranexporte sicherte. Im Harz soll nach Stoff gesucht werden, um die sowjetische Atomindustrie zu

---

* Bis 1990 handelte es sich dabei in der DDR um Dienstleistungs- und Industriebetriebe, die zum Staatseigentum der DDR gehörten. Ab 1948 wurden auf Befehl der Sowjetischen Militäradministration (SMAD) 200 Großbetriebe verstaatlicht. Später wurden fast alle Industrie- und Baubetriebe, die noch privat oder halbprivat organisiert waren, in Volkseigene Betriebe umgewandelt. (Vgl. Klaus Schubert, Martina Klein: *Das Politiklexikon*, Bonn 2020)

** Vor der DDR lagen die Sowjetunion, die USA und Kanada.

beliefern.* Meine Urgroßeltern, und damit auch *Die Heilige Familie*, bekommen wieder eine Wohnung gestellt, eine größere als die davor, und Franz Sitte kann 1950 endlich bei der ersten DDR-Meisterschaft als Skiläufer antreten. Sie findet in Schierke statt, gut zwanzig Kilometer von Wernigerode entfernt.

* Von 1948 bis 1952 werden unter strikter Geheimhaltung im Berggebiet des Harzer Waldes Erkundungen unter massivem körperlichem Arbeitsaufwand durchgeführt. Jedoch wird sich herausstellen, dass die gefundenen Mengen Uran zu gering ausfallen, um die Sowjetunion zu beliefern. (Vgl. Dr. Friedhart Knolle und Dieter Schultz, »Uran, Wismut, Wernigerode und Nationalpark Harz«, *Volksstimme* vom 13.02.2014)

IV. KULTURKAMPF

Gemalte Staatsfeindlichkeit

Ich sitze im Archiv des Germanischen Nationalmuseums in Nürnberg. Hier befindet sich der gesamte literarische Fonds von Willi Sitte. Korrespondenzen, Interviews, Notizen, Selbstzeugnisse. Gerade die zeigen, wie er im Alter von sechsundzwanzig Jahren voller Idealismus in Halle an der Saale den Boden der Stadt betritt, in der er bis zu seinem Lebensende bleiben wird. Es ist das Jahr 1947, er will sich einbringen in das sich gerade im Aufbau befindende sozialistische System – als Künstler mit einem neuen Stil.

Nur wie genau dieser aussehen soll, weiß er noch nicht. Aber er hat immerhin eine Idee, wo er Inspiration herbekommen könnte, und erzählt später, »daß ich ja schon seit siebenundvierzig in die Betriebe gelatscht bin [...] Ich hab' gedacht du gehst dahin, zeichnest viel, und dann wird schon irgendwas draus werden«. Er arbeitet wie ein Reporter, immer mit dem Ziel, sein neues Sujet, den Geist der Arbeiterklasse, in den Fabriken und Industriewerken des Landes aufzunehmen und in seinen Werken darzustellen. Nur formuliert er dabei zwei Probleme, die bei jeder Reportage hinderlich sind: 1. »Mir fehlten die Mittel«[1] 2. »Außerdem wußte ich ja im Grunde genommen gar nicht richtig, was ich dort überhaupt wollte.«[2]

Er ist sich bewusst, »perfekt« akademisch zeichnen zu können. Sein früher Ruhm in Italien und der damit verbundene Erfolg sind in ihm verankert, wirken jetzt in Halle aber weit entfernt. Denn diese fußen vor allem auf dem Stil, der sich in dem Gemälde zeigt, mit dem meine Suche nach Willi Sitte begonnen hatte. Genau diese besonders detailgetreue und altmeisterliche Malerei scheint ihm plötzlich nicht mehr zeitgemäß, unangemessen. Die Arbeiter und das, was sie umgibt, das, was Willi Sitte an ihnen interessiert und ihn berührt, ist nun einmal nicht perfekt. Er weiß nur nicht, wie man das darstellen soll. Probiert es aber immer wieder. Er läuft in die Betriebe, fertigt dort Skizzen an, verwirft sie im Atelier und macht sich erneut auf in die Fabriken, zu den Arbeitern: »Das ist bei mir einfach nur ein emotionales Element gewesen, daß ich mir sagte: Du gehörst irgendwie dahin, du mußt da hingehen und zeigen, ich gehöre zu euch. Ja, ich bin da.«[3]

In dieser Zeit arbeitet Willi Sitte in einem zum Atelier umfunktionierten Toilettenhäuschen, das er mit Ratten und Ungeziefer teilt. Außerdem ist er nicht allein in Halle angekommen. An seiner Seite hat er Irmgard Kindler. Für ein unverheiratetes Paar ist es damals schier unmöglich, überhaupt eine Wohnung zu bekommen. Wie in vielen anderen Fällen auch, führt dieser Umstand zu rascher Heirat. Viel zu überstürzt, wie Willi Sitte später einmal anmerken wird. Sie haben sich im thüringischen Eichsfeld kennengelernt, wo auch Willi Sittes Bruder, der Landwirt Ernst, mit den Eltern lebt. Das Eichsfeld ist die wohl katholischste Gegend der DDR, und seine Bewohner finden es gar nicht gut, dass sie mit der Familie Sitte seit ihrer Umsiedlung einen Haufen engagierter Kommunisten in der Nachbarschaft haben. So auch nicht die Familie von Irmgard Kindler. Um es mit den Worten meiner Großmutter zu sagen: »Tante Irmgards Familie mochte uns nicht. Wir mochten ihre Familie nicht. Das waren wohl Glaubensfragen.« Aber das spielt für Willi Sitte zum Zeitpunkt seiner Hochzeit im Jahr 1947 noch keine Rolle.

Er hat inzwischen angefangen zu rauchen, aber nur, um den ständigen Hunger zu unterdrücken. Seine Lektüre in diesen

Tagen ist Theodor Plieviers *Stalingrad*. Er zeichnet fast nur graue Bilder, und seine Tage sind von Mängeln und Nöten geprägt, was sich erst im Jahr 1950 wieder ändern soll.

Dann nämlich wird Willi Sitte Dozent für das Naturstudium an der Kunsthochschule Burg Giebichenstein in Halle und ist damit dem Künstler und zukünftigen langjährigen Freund Ulrich Knispel unterstellt. Der bemerkt schnell, dass es zu dieser Zeit in Halle keinen Zeichner wie Willi Sitte gibt. Neben seiner Lehrtätigkeit bekommt Willi Sitte jetzt auch Auftragsarbeiten.

Gerade seine herausragende Fähigkeit für das Gestalten von Transparenten und Großflächen – jene Fähigkeiten also, die ihm schon in die Kronenburger Kunsthochschule unter Werner Peiner Einlass gewährten – führen auch hier wieder zu Beachtung. Nur sind es in Halle keine Darstellungen von germanisch-heroischen Schlachten, sondern Porträts von Stalin, Thälmann und Pieck, die Willi Sitte zusammen mit anderen Künstlern im großen Stil übersetzen soll.

Wenige Tage nachdem ich Nürnberg verlassen habe, besuche ich die Hochschule Burg Giebichenstein. Die Burganlage existierte bereits im 10. Jahrhundert, und die dicken Burgmauern wurden im Dreißigjährigen Krieg ausgebessert und schützen seither das märchenhafte Ansehen der »Burg«. Das Herzstück bildet der barocke Rosengarten. Er bietet mit all seinen Blumenhecken, die jetzt im Frühjahr an Metallkonstruktionen über Bänke ragen, noch heute die perfekte Umgebung für Kunststudierende. Er wird sich hier in diesem Hof trotz seines immer noch andauernden künstlerischen Haderns wohlgefühlt haben. Sein mittlerweile festes Gehalt von 450 Mark sichert das Überleben seiner jungen Familie, zu der seit dem Oktober 1949 auch sein Sohn Volkmar gehört.

An der Burg weilt er unter seinen Studenten, die in den meisten Fällen gerade aus Kriegsgefangenenlagern oder dem Exil wiedergekommen waren und kaum jünger sind als er. Immer noch ist er auf der Suche nach einer geeigneten Ausdrucksform für die Themen, die sein künstlerisches Bestreben ansprechen: die Gestaltung einer neuen Gesellschaft in einer zerstörten, sich gerade wiederaufbauenden Welt nach dem Zweiten Weltkrieg.

Willi Sitte findet in dieser Zeit einen neuen Meister: Pablo Picasso. Ein Bruder im Geiste. Schließlich ist Picasso Mitglied der Kommunistischen Partei Frankreichs und, genau wie Willi Sitte, auch im Widerstand gegen den Faschismus gewesen. Neben der politischen Inspiration ist es aber vor allem Picassos künstlerische Methodik, die für Willi Sitte wegweisend sein soll. Es ist die dargestellte Dynamik, die Fähigkeit, Zeichen und Symbole zu verdichten und Formen hart aufeinandertreffen zu lassen. »Man kann nicht einfach die Natur abbilden«, sagt Willi Sitte selbst in einem späteren Rückblick, »was in der Wirklichkeit wirklich ist. Was sich bewegt. Was sich entwickelt. Das kann man im Bild nicht […] abspiegeln, wie man damals sagte. Also musste man nach Möglichkeiten suchen, wie man diese Wirklichkeit in eine bildhafte Wirklichkeit, in eine neue Realität, […] umsetzen konnte.«[4]

Er malt jetzt längst nicht mehr so, wie es der Stil »unseres« Gemäldes suggeriert, und auch nicht mehr so wie ein paar Jahre zuvor noch in Italien. Weg mit der Detailverliebtheit. 180-Grad-Wende. Er tastet sich durch die Europäische Moderne und probiert sich etwa in der Abstraktion, aber auch im Kubismus und Tubismus. »Meinen eigenen Stil habe ich natürlich erst nach und nach gefunden«[5], bemerkt er rückblickend in den 1990ern.

Mit neuem Ideenstoff ausgestattet, pendelt er zwischen der Burg und Berlin, wo er vor allem die Verbindung zu den Künstlern der Akademie der Künste sucht und findet. Er bringt

Werke wie den *Kindermord in Bethlehem* (1951) hervor und will neben seinen von Picasso beeinflussten Arbeiten auch, wie die italienischen Realisten Renato Guttuso und Gabriele Mucchi, politisch ambitionierte Bilder schaffen.

In der sich gerade neu orientierenden Künstlerszene trifft er neben Ulrich Knispel schnell gleichgesinnte Künstler wie Hermann Bachmann, Kurt Bunge oder Fritz Rübbert. Die Künstler tauschen Ideen, Arbeitsaufträge und Ansichten aus. Bei ihren gegenseitigen Atelierbesuchen wird gleichermaßen gefeiert und diskutiert – und Willi Sitte ist endlich davon zu überzeugen, dass sein Toilettenhäuschen keine angemessene Werkstatt ist.

Doch die SED beäugt mit Argwohn, was die Genossen da treiben. Die Parteifunktionäre sehen die Gefahr einer sich unkontrolliert ausbreitenden Tendenz, die in der DDR ordentlich von der Sowjetunion abgepausten Kunstideale zu verseuchen und sie zu freiheitlich herumschwirrenden Ideen werden zu lassen. Zeitgleich überträgt sich der Kalte Krieg zwischen West und Ost auch auf die Kulturpolitik der BRD und der DDR. Während im Westen die abstrakte Kunst als »Weltsprache Abstraktion« die Botschaft der Freiheit gegenüber den Verhältnissen im Osten propagieren soll, sieht die SED im klar eindeutigen sozialistischen Realismus ein politisches Werkzeug und erklärt ihn zur Staatskunst.[6]

Willi Sitte agiert in seiner Naivität frei und ist der festen Überzeugung, doch genug auf Parteilinie zu sein, um seine Kunst ganz nach seinen Vorstellungen praktizieren zu können. So ist er über das Nicht-Erscheinen einer seiner Auftragsarbeiten zunächst nur verwundert. Schließlich wird die komplette Auflage des von ihm für das Jahr 1951 fertiggestellten Arbeiterkalenders eingestampft. Wirkliche Empörung aber verspürt er erst, als im selben Jahr die von ihm, Hermann Bachmann und Fritz Rübbert angefertigten Wandmalereien zur Entstehungsgeschichte der LPG mit dem Stempel »Formalismus«* abgelehnt werden.

Damit fallen aus DDR-Perspektive auch solcherart Arbeiten in die Kategorie der staatszersetzenden, gefährlichen, dekadenten Kunst, die von den Idealen des Sozialismus wegführen. Denn der Formalismus konzentriert sich im Gegensatz zum noch sehr starren sozialistischen Realismus nach Sowjetvorbild mehr auf die Form als auf den Inhalt und arbeitet damit gegen die Ideale der Arbeiterklasse. So sehen es zumindest die Parteifunktionäre. Willi Sitte wird vorgeworfen, sich seit seinen Anfängen an der Burg mit seinen Werken der feindlich westlichen Avantgarde anzubiedern und damit für den Klassenfeind und gegen die Partei zu arbeiten. Damit steht er nicht allein; auch andere Maler, Grafiker und Bildhauer, Schriftsteller und weitere Kulturschaffende bekommen diesen Vorwurf zu spüren.

In der ganzen DDR bilden sich von Beginn an Kreise von kommunistischen Künstlern und Intellektuellen, die allesamt aus dem Exil oder dem Krieg, der Nazirepression, entkommen waren und nun ihre künstlerischen wie ideellen Vorstellungen in Werke, Diskussionen und Experimenten unterbringen wollen. Und so richtig weiß keiner der Parteifunktionäre, was sich da zusammenbraut, wenn plötzlich diese Künstler in den Kulturhochburgen Dresden, Halle und Berlin zusammenkommen, des Nachts diskutieren und anfangen, »anstößige, dekadente«

---

* Formalisten leugnen, dass die entscheidende Bedeutung im Inhalt, in der Idee, im Gedanken des Werkes liegt. Nach ihrer Auffassung besteht die Bedeutung eines Kunstwerkes nicht in seinem Inhalt, sondern in seiner Form. Der »Kampf gegen den Formalismus« in der DDR war der Versuch, unter dem Vorwand, Kunst müsse dem Volke dienen, sie gänzlich den Forderungen der Sozialistischen Einheitspartei zu unterwerfen. (Vgl. Hartmut Pätzke, Von »Auftragskunst« bis »Zentrum für Kunstausstellungen«. Lexikon zur Kunst und Kunstpolitik in der DDR, in: Eugen Blume, Roland März (Hrsg.), *Kunst in der DDR. Eine Retrospektive der Nationalgalerie*, Berlin 2003, S. 318 f.)

Kunst zu schaffen. Doch sie sind alarmiert. In Wirklichkeit sind diese – keinesfalls politisch abtrünnigen – Künstler, wie Willi Sitte, hungrig nach einem neuen Stil, der sich von dem pathetischen, unmodernen Sowjetideal des sozialistischen Realismus entfernen soll. Sie wollen eine eigene, freie Neuorientierung.

Willi Sitte schreibt in dieser Zeit neben dem ungeheuren Output an stilistisch neuartigen Werken auch surrealistische Texte, illustrierte 1950 bereits Wladimir Majakowskis Satire *Die auf Sitzungen Versessenen* und karikiert damit die Kulturfunktionäre der DDR in aller Öffentlichkeit.

Hinter der Tür einer der kleinen Fachwerkhütten, die sich unter die Burg drängen, befindet sich die ehemalige Werkstatt Buchkunst. In den 1950er-Jahren arbeitet hier die Sektion Textil. Eine Sektion, die Willi Sitte später einmal leiten wird. Nein, vielmehr wird er sie »mit Leidenschaft dominieren«, wie es unter Studierenden heißt. Aber 1951 hat man es hier erst mal noch mit ein paar nervigen Meinungsverschiedenheiten zu tun. Willi Sitte hat mit seinen Formalismus-Experimenten an der Burg ein Chaos mitangezettelt, aus dem er sich mehr als zehn Jahre lang wird herausfinden müssen.

Die Burg Giebichenstein war bis 1958 eine Fachhochschule und unterstand ab 1951 neben sieben anderen Fachhochschulen in der DDR der damals erst frisch gegründeten *Staatlichen Kommission für Kunstangelegenheiten* (Stakuko).* Ein verblüffend ähnlicher Name wie das *Staatliche Komitee für Kunstangelegenheiten* der Sowjetunion, was kein Zufall war, und so übertrug die Kommission die gleichen Ziele auf die DDR. Diese Kommis-

* Die *Staatliche Kommission für Kunstangelegenheiten*, nach dem 17. Juni 1953 [Anmerkung: Volksaufstand in der DDR] in heftige Kritik geraten, wurde ersetzt durch das Ministerium für Kultur der DDR, das im Lauf des Jahres 1953 geplant und im Januar 1954 gebildet wurde. (Felice Fey, »Kunst in Künstler im Dienst der Partei«, *Zeitschrift des Forschungsverbundes SED-Staat,* Ausgabe Nr. 39/2016, S. 48)

sion war laut Gesetzblatt der Deutschen Demokratischen Republik von 1951 dafür zuständig, eine realistische Kunst zu entwickeln, dem »friedlichen Neuaufbau, Fortschritt, Frieden und nationale Einheit« zu dienen und vor allem »Kosmopolitismus, Kitsch und Gangsterliteratur« zu bekämpfen. Jene Kräfte also, die sich aus Sicht der Funktionäre im Westen verbreiteten, um das »deutsche Nationalbewusstsein zu vergiften«.[7]

Leider verbringt Wilhelm Girnus, eines der Mitglieder der Stakuko, während einer Ausstellung von Willi Sittes Vorgesetztem Ulrich Knispel seine Ferien am beliebten Strand von Ahrenshoop. Gezeigt werden dort Werke, die locker mit der Kunst der westlichen Moderne mithalten können. Es sind Studienarbeiten der Studierenden der Kunsthochschule in Halle: Vor-Ort-Beobachtungen, meist Strandgut und tote Fische. Girnus lässt es sich bei dieser Gelegenheit nicht nehmen, einen Zeitungsartikel über diese Ausstellung zu schreiben, und übertitelt ihn mit *Lebensfeindliche Kunstdiktatur in Giebichenstein*.

»In einer öffentlichen Aussprache mit den jungen Künstlern und ihrem Leiter, dem Professor Knispel, versuchte man uns überheblich zu beweisen, daß wir mit vorgefaßten Meinungen an diese Dinge herangingen, daß wir ›amusische‹ Menschen seien, von Kunst nichts verstünden und daß eben in dieser Darstellung der Fäulnis, des Toten und in der willkürlichen Verzerrung und Deformierung der Natur gerade die eigentliche ›künstlerische Freiheit‹ bestünde.«

Und wenig später wird in diesem Artikel klar, welche Sorge tatsächlich von diesen ausgestellten neuartigen Strandbildern in den Köpfen der Kulturfunktionäre aufflammt:

»Hier aber handelt es sich darum, daß im Jahre 1951, mitten in unserer demokratischen Republik, mitten in einer Zeit, wo wir einen Kampf auf Leben und Tod gegen die amerikanischen Zerstörer unserer nationalen Kultur führen und die Keime des neuen Lebens sorgsam pflegen und entwickeln müssen, in einem auf Kosten des Volkes finanzierten Institut die amerikanische Fäulnis-Ideologie als künstlerische Richtung ganz bewußt kultiviert wird.

Der Dozentenbestand dieses Instituts muß überprüft werden. Mit Dozenten, die ernsthafte Fähigkeiten besitzen – unter Fähigkeiten sind nicht die formalistischen Faxen zu verstehen –, muß ernsthaft gesprochen werden. Dozenten dagegen, die das Wort »formalistisch« mit »musisch« gleichsetzen und auf Gedeih und Verderb auf den dekadenten Dreck des Westens eingeschworen sind, müssen kurzerhand an die frische Luft gesetzt werden, damit sie nicht unsere Arbeiter- und Bauernstudenten vergiften können.«[8]

Mit Willi Sitte wird also ab sofort häufiger ernst gesprochen. Der ideologische Dogmatismus der Partei wird sich lange halten, auch nach Stalins Tod 1953. Da helfen auch keine Erklärungen oder Rechtfertigungen der Künstler. Willi Sitte bekennt sich immer wieder als überzeugtes Parteimitglied und will trotzdem nicht, wie von Mitgliedern der SED gefordert, nach sowjetischem Vorbild malen, sondern autonom bleiben. Nur scheint diese Strategie nicht so recht aufzugehen. Sein kommunistischer Künstlerkollege und Vorgesetzter Ulrich Knispel wäre, wenn er nicht aus der DDR in die BRD geflohen wäre, wegen dieser »Fisch-Bilder« beinahe als Staatsfeind ins Gefängnis gegangen – nur weil er damit nicht die geforderte sozialistische Lebensfreude repräsentierte. Willi Sitte besetzt bald Knispels Posten. Ich frage mich, was er sich damit erhoffte, an derselben Hochschule zu bleiben, an der man seinen Freund für Ansichten, die er auch vertrat, abgesägt hatte. Was erwartete er da noch von der kulturellen Zukunft »seines Landes«?

Zumindest muss er doch den Anspruch gescheitert sehen, dass man sich angesichts der Freiheit der Kunst keine Sorgen machen müsse, wie er es zum Ende des Krieges im italienischen Sommer an seine Eltern geschrieben hatte. Das parteiliche DDR-Feuilleton reagiert jedenfalls alles andere als begeistert auf seinen Anspruch auf Kunstfreiheit und seine damit verbundenen neumodischen Werkexperimente. So schreibt etwa der damalige Chefredakteur der SED-Zeitung *Freiheit* Horst Sindermann, 1951:

»Maler wie Willi Sitte leisten den Kriegstreibern einen großen Gefallen. Wenn sie sich vom Volk abwenden und Träger der schmutzigen, kosmopolitischen Schmuddeleien werden. Für Sitte existieren die schöpferischen Kräfte aus dem werktätigen Volk nicht. So landet man im Lager der Antisowjethetze und das äußert sich bei ihm in bürgerlicher Ablehnung der sowjetischen Kunstwerke und den dummen Bemerkungen über die in sowjetischem Besitz befindlichen Kunstwerke deutscher Meister.«[9]

Diese »dummen Bemerkungen« meinen wahrscheinlich Willi Sittes öffentliche Forderungen, Werke deutscher Künstler zurückzugeben. Millionen von Kunstwerken, Büchern und unzähligen Archivdokumenten, die unmittelbar nach dem Zweiten Weltkrieg als Beutekunst von sogenannten Trophäenkommissionen der Roten Armee in die UdSSR gebracht wurden.[10] Er geht sogar so weit, sich über die Kunstideale des großen Bruders zu amüsieren und die Vorstellung der Kulturfunktionäre zu kritisieren. »Unsere Kunstdiskussionen [...] verglich er [...] mit der Kampagne der Nazis gegen die ›entartete‹ Kunst, die sowjetische Kunst bezeichnete er als Kitsch«[11], schreibt ein empörter Student.

Die sozialistisch-realistischen Erwartungen an Gemälde gleichen in Willi Sittes Augen doch sehr denen der Blut-und-Boden-Ästhetik des Dritten Reiches mit ihren penibel detailgetreu dargestellten Arbeitern und Bauern, voller Heroik und ohne Schmerz oder das kleinste Anzeichen menschlicher Verletzbarkeit.

Auf irgendeine Art von möglicher Veränderung scheint Willi Sitte jedoch zu hoffen. Er bietet den Kulturfunktionären den Dialog an, ohne seine Kritik an deren Kunstvorstellungen zurückzuziehen. Im Gegenteil: Er hält einen Vortrag, in dem er Bilder aus Nazi-Zeitschriften sowjetischen Kunstwerken gegenüberstellt, um fachlich zu belegen, wie sehr sich die Arbeiten ähneln. Wie so viele kommunistische Künstler rechnet Willi Sitte nicht mit dem Ausmaß an Misstrauen, das ihm entgegengebracht wird. Doch während fast alle seine früheren Künstlerfreunde in die BRD auswandern, bleibt er und wird ab 1952 gezielt vom Ministerium für Staatssicherheit (MfS) überwacht. Anfangs konkret durch den Inoffiziellen Mitarbeiter (IM) »Asta«*.[12] Der protokolliert Willi Sittes Äußerungen, die offenbar besonders bedenklich klingen: Willi Sitte fordere »endlich wieder frei arbeiten zu können ohne Bevormundung der Funktionäre, die ja doch nichts davon verstehen.«[13] Es folgen unzählige Berichte unterschiedlichster IM. Und in einem Bericht gilt Willi Sitte bald als »ein ganz gefährlicher Feind«.[14]

* Die Inoffiziellen Mitarbeiter des MfS wurden mit Decknamen versehen.

Volksaufstand

Keiner in Wernigerode hat so richtig Lust, freiwillig nach Uran zu bohren.

Franz Sitte kann das verstehen, steckt aber in der Zwickmühle: Er muss der Partei in diesen anfänglichen 1950er-Jahren monatlich zwei Männer zum Dienst melden, so der Parteiauftrag. Als die Bezirksleitung der SED ihn aber an einem Tag im Jahr 1952 zu einem ganz anderen Anlass vorlädt, traut er seinen Ohren nicht: Er, Franz Sitte, soll Offizier in der Wehrmacht gewesen sein. Eine Unterstellung – und er weiß schnell, wer ihn denunziert hat. Ein Parteisekretär, den er zuvor mehrmals unter vier Augen persönlich ermahnt hatte wegen seiner ihm »zu Ohren [gekommenen] Schwarzgeschäfte mit Grossbauern«.

Dass er in diesem Fall der Rangniedrige ist, bedeutet für Franz Sitte keinen Unterschied. Wer zusieht, wie jemand mit der Bourgeoisie liebäugelt, muss sich nicht wundern, wenn die Weltrevolution niemals zustande kommt. Außerdem findet gerade in diesem Jahr die II. Parteikonferenz der SED* statt, die eine Sowjetisierung der Gesellschaft und eine Stärkung der Staatsmacht nach sowjetischem Vorbild anstrebt. Zudem soll die verbliebene Mittelschicht beseitigt werden, indem insbesondere Bauern und kleine Handels- und Gewerbebetriebe durch erhöhte Abgaben dazu gebracht werden, ihre Selbstständigkeit aufzugeben. Und unter diesen Umständen scheint es

---

* Auf der II. Parteikonferenz der SED im Juli 1952 wurde unter Zustimmung der Sowjetunion der »Aufbau des Sozialismus« offiziell von Walter Ulbricht, dem damaligen Vorsitzenden des ZK der SED, ausgerufen. (Vgl. »Steigende Preise, Mangel an Konsumwaren. Wie die schlechte wirtschaftliche Situation in der DDR 1952/53 die Unzufriedenheit in der Bevölkerung schürte«, *Berliner Zeitung*, 14./15. Juni 2003, S. 32)

Franz Sitte auch reichlich seltsam, dass er plötzlich derjenige sein muss, der einen Genossen – und dann auch noch den eigenen Parteisekretär – daran erinnern muss, dass nicht das Wohl des Einzelnen, sondern erst mal das Gelingen der gemeinsamen Sache Vorrang hat.

Die Sache verläuft glimpflich. Damals war es üblich, im Zuge einer Parteistrafe in die Produktion, in den Bergbau oder in die Schwerindustrie geschickt zu werden. Franz Sitte bleibt das erspart. Aber nach dieser Demütigung besteht er darauf, selbst die Arbeit auszuführen, für die er bisher Arbeiter anwerben sollte, »um meinen Leuten beweisen zu können, dass ich mich vor schwerer Arbeit nicht fürchtete«. Doch bald braucht ihn die SED schon wieder woanders. Unweit von Wernigerode in einem Bergwerk, einer Grube, galt es, eine »Abteilung Arbeit« aufzubauen. »Den Parteiauftrag musste ich also ausführen.«

Dort erlebt er den Tag X. Oder wie andere außer ihm den ersten »beinahe Zusammenbruch« der SED nennen: den Volksaufstand vom 17. Juni 1953. An diesem Tag legen in mehr als 700 Orten der DDR über eine Million Menschen jeden Alters und jedes Berufszweigs die Arbeit nieder.* Sie streiken und protestieren gegen die fortwährende Ignoranz der Partei gegenüber den Bedürfnissen der Arbeiterklasse und gegen den stattfindenden beschleunigten Aufbau des Sozialismus, der vor allem zu Lasten der Werktätigen geht, nämlich dadurch, dass eine Erhöhung der Arbeitsnormen durchgesetzt werden soll, ohne dafür mehr zu zahlen.[15] Sie demonstrieren, bis die SED-Regierung das Kriegsrecht ausruft, die Sowjetunion für die

---

* Bereits in den Vortagen des Volksaufstandes, dem 15. und 16. Juni 1953, ereigneten sich Protestaktionen auf Großbaustellen in Ost-Berlin, die am nächsten Tag überall in der DDR verteilt fortgesetzt wurden. (Vgl.: https://www.hdg.de/lemo/kapitel/geteiltes-deutschland-gruenderjahre/weg-nach-osten/17-juni-1953-volksaufstand.html)

Zeit des Ausnahmezustands die Regierungsgewalt in der DDR übernimmt und die Aufstände durch Einsatz ihres Militärs und auch mit Hilfe der Kasernierten Volkspolizei blutig niederschlägt. Es kommt im ganzen Land zu mehr als 10 000 Festnahmen und mehr als fünfzig Toten in Folge des Aufstands. Im Stasi-Unterlagen-Archiv befindet sich ein Ton-Mitschnitt einer Kundgebung der Belegschaft des VEB Elektromotorenwerks in Wernigerode vom 18. Juni 1953, dem Morgen danach. Unter ständigem Jubel und Beifall erklärt sich der Redner mit den Arbeitern Berlins solidarisch und fordert Rechenschaft »über die Schüsse in und Opfer von Berlin und in anderen Städten«, zudem »freie und geheime Wahlen […], Aufhebung der Zonengrenzen und einen Friedensvertrag mit ganz Deutschland«. Vom Jubel angeheizt merkt er noch an: »Sollten sich durch unsere Arbeitsniederlegung Verhaftungen oder Repressalien ergeben, ruht die Arbeit so lange bis die Kollegen wieder in Freiheit sind!«[16] In Wernigerode streiken über 7300 Beschäftigte in mehr als zwanzig Betrieben.[17] Aber Franz Sitte denkt an diesem Tag und an den darauffolgenden gar nicht erst daran, sich dem anzuschließen, und arbeitet weiter. Denn »in der Grube lernte man sondieren, wer Genosse war und wer es vorher sein wollte«.

Irgendwie wirkt das etwas seltsam, denke ich. Während rund eine Million aufgebrachter DDR-Bürger für ihre Rechte einstehen, will mein ansonsten angeblich ständig mit der SED aneckender Urgroßvater ausgerechnet an diesem Tag in seiner Grube der Partei die Treue halten? Das Bild von ihm aus dieser Zeit wird nicht unbedingt eindeutiger, als ich erfahre, was es mit diesem Tag-X-Begriff auf sich hat, den er in seinen Memoiren festhält. Dabei handelt es sich um einen gezielten Propaganda-Begriff der SED, um den Volksaufstand weder in den Köpfen der Bevölkerung festzusetzen noch um die damit verbundene Unzufriedenheit der Bevölkerung auf die fatale Politik zurückführen zu können, sondern um klarzustellen, dass es sich dabei um eine gezielte Aktion faschistischer Kräfte und des Westens handelt.[18] Franz Sitte hat sich diesen Begriff in seinen Memoiren kommentarlos angeeignet.

Sein Bruder Willi Sitte befindet sich an diesem Tag ebenfalls an seinem Arbeitsplatz in Halle und nicht auf der Straße. Das erfahre ich durch ein Telefonat mit einem seiner ehemaligen Studenten. Am 17. Juni 1953 war er bei Willi Sitte im Unterricht, und viel mehr, als dass dieser an dem Tag die Türen verschlossen hielt und mit seinem Lehrplan fortfuhr, kann er mir auch nicht sagen. Aber vielleicht fällt ihm noch irgendetwas ein, das mir helfen könnte, das Bild eines sich damals schon zwischen Parteilichkeit und Eigensinn tänzelnden Künstlers zu schärfen.

»Wie haben Sie Willi Sitte denn an der Burg erlebt?«

»Das wollen Sie wissen … nun, das ist überraschend …«

»Also?«

»Drei Dinge fallen mir sofort ein: Brille, Mantel und diese Wahnsinnsüberzeugung.«

»Überzeugung? Sie meinen die eines Kommunisten? Eines ausgewiesenen Marxisten, wie er sich selbst nannte – wovon war er in diesen Jahren so überzeugt?«

»Na, von sich selbst!«

V. DER GEIST DER ARBEITERKLASSE

Betriebsgeheimnis

Willi Sitte geht Anfang der 1950er-Jahre weiter in die Betriebe, um den Arbeitern näher zu kommen, und je öfter er dort seine Feldstudien vornimmt, desto mehr zweifelt er an seinem neu gefundenen künstlerischen Vorbild.

»Die Allgemeinheit der Picasso'schen Symbole hatte nicht mehr ausgereicht, unseren neuen Gegenstand, der ja vor allem in der Gestaltung der Arbeiterklasse besteht, zu erfassen. Neue konkrete bildkünstlerische Symbole zu entwickeln, wurde notwendig. Hier konnte Picasso mir nichts mehr geben«[1], wird er in den 1970er-Jahren sagen, als er seinen Stil bereits gefunden hatte. Und dabei hatte ihm »der französische Maler Léger, der die Arbeiterklasse zum Gegenstand seiner Kunst machte«,[2] geholfen.

Fernand Léger (1881–1955) – ein Kommunist, ein Künstler des Kubismus, des Tubismus* und Maler von Arbeitermenschen, deren Körperteile wie Rohre aussehen. Genau wie manche von Willi Sittes Figuren Mitte der 1950er-Jahre.** Den Funktio-

---

* Fernand Léger wandte sich künstlerisch ebenfalls von Picasso ab und entwickelte mit dem Tubismus zeitweise seinen eigenen figürlichen Stil aus dem Kubismus, der in diesem Fall vor allem aus Röhren und Zylindern bestand.

** Ein perfektes Beispiel bietet dafür Willi Sittes *Mädchen mit Liegestuhl* aus den 1950er-Jahren, dessen tubenförmige graue Arme über ihrem sonst reduziert gehaltenen Körper und riesigen kantigen Liegestuhl zu fließen scheinen.

nären konnte er seine neuen Bilder nicht zeigen, das war nicht möglich damals. Sie waren zu formalistisch. Ja, Willi Sittes Bilder dieser Zeit sehen aus wie Kopien, aber zum ersten Mal scheinen sie mit ihrer Umwelt zu interagieren. Ein Zusammenwirken von Gegenständen, Maschinen und Menschen. Aber was an Léger fasziniert Willi Sitte so sehr und würde zugleich die Partei zur Weißglut bringen?

Im südfranzösischen Biot, achtzehn Kilometer von Cannes entfernt, befindet sich das Museé Fernand Léger, das beinahe das gesamte Werk von Fernand Léger zeigt. Dort bin ich mit Julie Guiteriez, einer Kuratorin des Museums, verabredet.

Eine zierliche Frau mit schulterlangem dunklem Haar, aus dem ein paar sonnenblonde Strähnen fallen, die sie sich eilig hinter ihr rundes Brillengestell schiebt, bevor sie mir bedeutet geradeaus zu gehen. Im Eiltempo geht es durch das Museum. »Alors, Sie müssen hier schon *alles* gesehen haben. On y va!« – vorbei an den Farben, Formen, Abstraktionen und Röhren auf Leinwänden, Gliedmaßen oder eben an Gegenständen, die mit Julies rhythmischer Wortführung fließend ineinander übergehen.

»Was ist das da für ein Gemälde?«, frage ich.

Julie wechselt dankenswerterweise ins Englische, und wir sehen auf das Werk *Les Constructeurs (Die Monteure)* aus dem Jahr 1950. Darauf Légers klassische Röhrenmänner, die auf schwarzen, weißen, blauen und roten Stahlbalken arbeiten.

»Léger wollte Kontraste zwischen Formen und geraden Linien haben. Er war besessen von Kontrasten. Das war der kommunistischen Partei in Frankreich zu abstrakt!«, sagt Julie. Auf Légers Wunsch hin wird das Gemälde in der Kantine der Renault-Fabrik in Boulonge-Billancourt, südwestlich von Paris, ausgestellt. Die Reaktionen der Arbeiter vor Ort hält er wie folgt fest: »Meine Bilder kamen ihnen komisch vor, sie verstanden nichts. Ich hörte ihnen zu und löffelte traurig meine Suppe.«[3]

»Die Partei kritisierte ihn?«

»Ganz genau!«

»Aber er war doch Kommunist?«, frage ich.

»Natürlich!«, ruft Julie. »Es zeigt die arbeitenden Personen, aber nicht vordergründig, sondern etwas anderes. Ich glaube, dass Léger die Arbeit als Symbol verwenden wollte, um Charakter zu zeigen, und der wird oft in einem Bild erst durch Kontraste sichtbar.«

Willi Sitte stellt 1959 das Bild *Arbeitspause* fertig.

Wie bei Léger sitzt dort ein Mann auf einem Stahlgerüst. Ein Arbeiter, der in seinen straffen Konturen fast eins wird mit dem Gerüst. Er schlägt die Beine übereinander, hält eine brennende Zigarette in der Hand, und sein Blick zeugt von Zufriedenheit. Ein Vorläufer für noch zwei weitere Arbeiterbilder. Und irgendwann fehlt das Gerüst, fehlt Léger und seine aufgequollenen geometrischen Formen. Dafür malt er zerknitterte, bewegte Kleidung und scharfe Gesichtszüge. Willi Sittes Figuren besitzen zum ersten Mal so etwas wie eine eigene Bildsprache. Sie zeigen keine Produktionsheroik, sondern wir sehen einen Arbeiter, der Pause macht; in seiner Müdigkeit, versunken in selbstbestimmter Ablenkung und mit einer unbestimmten Sehnsucht, all das zwischen dem harten Werksalltag. Seine Arbeiter bekommen einen eigenen Charakter, einen eigenen Willen.

Lebensfremde Kunst

Ende der 1950er- und Anfang der 1960er-Jahre scheint für Willi Sitte endlich alles klar: Den Weg, den »Geist der Arbeit« darzustellen, glaubt er nach jahrelanger Suche endlich gefunden zu haben. Seine Werke bestehen nicht aus starrer Abstraktion – sondern aus einer neuen Form von Bewegung und Inhalt, sie zeigen die sozialistische Arbeitswelt und den Menschen dahinter. Es regnet haufenweise Anerkennung von seinen Kollegen. »Für Dich selber ein doller Schritt«[4], sagt man ihm, und auch die Kulturwissenschaftler sind sich sicher: »In Ihrer Malerei steckt Verallgemeinerung, stecken Ideen … so etwas brauchen wir!«[5*]

Aber die Parteifunktionäre sind noch immer nicht einverstanden. Die Bilder knüpfen zu sehr an die künstlerischen Prinzipien der Moderne an und seien deswegen abzulehnen.

Und nicht nur das. Wie sein kommunistisches Künstlervorbild Fernand Léger, der mit seinem Arbeiterbild im Renault-Werk nahe Paris von den Werktätigen mit Geringschätzung gestraft wurde, muss Willi Sitte auf einer Ausstellung zum Jahreswechsel 1957/58 im Bezirk Halle erkennen, ebenfalls an seinem proletarischen Zielpublikum vorbeigemalt zu haben.

Für die Parteipresse ist die Ausstellung mit den 308 vorrangig frei formal experimentierten Werken eine »ästhetische Selbstbefriedigung ohne jeden Anspruch, eine Idee auszudrücken«, und bedeute nicht zuletzt eine »Degradierung der Menschen und ihrer sinnlich wahrnehmbaren Umwelt zu Dekorationsstücken und Inventar einer Traumwelt«.[6] Aber davor warnt sie bereits seit Jahren. Nun sollen die urteilen, auf die es wirklich ankommt: die Arbeiter. Die SED lädt also eine ganze Reihe von ihnen ein, um zu ermessen, ob es Willi Sitte und den Genossen Künstlern gelungen ist, wie es im Ausstellungskata-

---

* Beide Kommentare sind Briefen des Karikaturisten Herbert Sandberg und des Kulturwissenschaftlers Lothar Lang entnommen anlässlich deren Besuch einer Ausstellung zum 15. Jahrestag der SED im Jahre 1961 in Ost-Berlin, in denen Willi Sittes Bilder aushingen. Ihre begeisterten Zeilen werden noch dadurch verstärkt, dass sie diese am 20. und 21.04.1961, also noch am selben Tag der Ausstellungseröffnung und am Folgetag, verfassten und Willi Sitte zuschickten. (Vgl. Thomas Bauer-Friedrich: Das Ideal des sozialistischen Arbeiters, in: Christian Philipsen (Hrsg.) in Verbindung mit Thomas Bauer-Friedrich und Paul Kaiser, *Sittes Welt: Willi Sitte: Die Retrospektive, Leipzig 2021*, S. 396)

log angekündigt wurde, »die Öffentlichkeit an die künstlerischen Probleme der Zeit heranzuführen, ihr Empfinden und Denken anzuregen und zu erweitern«.[7] Wirklich weit gehen die Meinungen nach einem Rundgang vorbei an den gezeigten Werken nicht auseinander.

»Ich habe meine Heimat und die Menschen nie so trostlos gesehen wie in dieser Ausstellung«[8], sagt ein geladener Leiter eines Stickstoffwerkes.

Neben dieser Missbilligung werden weitere Kritiken in Zeitungen veröffentlicht. Und einige der Arbeiter meinen sogar, die Schuld an der Verquertheit ihrer Genossen Künstler zu tragen: »[…] weil wir in den Künstlern immer ›etwas Besonderes‹ sahen.«[9]

Vielleicht ist die Verwirrung auch verständlich, wenn man sich als Arbeiter in dieser Ausstellung vor einem Haufen Karneval-, Tier- und abstrakter Naturbilder befindet. Immerhin wurde man doch an diesem von der Partei angeordneten Betriebsausflug – egal ob man wollte oder nicht – zusammen mit den Kollegen in einen Bus gesteckt* und dabei ständig von der Obrigkeit mit dem Versprechen motiviert, die dort ausgestellten Werke spiegelten die eigene Wirklichkeit wider. Und wenn ihnen dann immer wieder von der SED klargemacht wird, dass die sozialistischen Künstler nur deswegen nicht wie sie von 5 Uhr morgens

---

* Ausstellungsbesuche waren zu dieser Zeit der DDR oftmals von der SED angeordnet, wohl um zu beweisen, wie eng Kunst und zum Beispiel Fabrikarbeit im Sozialismus in einer gesellschaftlichen Einheit verschmolzen sind. Durch eine Heranführung an Kunst und Kultur sollte das kulturelle Niveau und die Allgemeinbildung gehoben (S.A. Rumjanzewa, Zu einigen Fragen der Entwicklung des künstlerischen Volksschaffens in der UdSSR, in: Zentralhaus für Kulturarbeit der DDR (Hrsg.), *Die deutsch sowjetische Freundschaft und das künstlerische Volksschaffen* (Wissenschaftliche Beiträge Heft 3), Leipzig 1972, S. 65) und die Ausbildung einer sozialistischen Persönlichkeit unterstützt werden. (U. a.: Löden 2002, *Volkskunst in der DDR*, S. 335. Sowie Normann 2008, *Kultur als politisches Werkzeug*, zit. n. *Sarah Wassermann, Textilzirkel in der DDR*, Berlin 2021, S. 39–40)

bis in den frühen Nachmittag schuften müssen, um dann völlig erschöpft den Tagesrest geschehen zu lassen, weil sie das große ausgemachte Ziel der Kulturpolitik der DDR erfüllen sollen, nämlich die »Erziehung zum neuen, sozialistisch geprägten und allseitig gebildeten Menschen[10]«, ist es vielleicht auch verständlich, dass die Arbeiter ein Wörtchen mitreden wollen. Sie haben, wie sie sagen, den Eindruck, die Künstler »isolieren sich künstlich von der Außenwelt und schaffen sich eine eigene Scheinwelt«.[11] Ein Austausch zwischen Arbeitern und den Parteivorständen der bildenden Künstler wird letztlich als Eingeständnis honoriert und führt zur Manifestation der Sicht, dass der Großteil dieser Arbeiten der Ausstellung »lebensfremd« und eine »Vergewaltigung der Natur«[12] sei, die nicht wenig Anlass zur Vermutung böten, dass die Künstler »mit dem Hintern in der DDR und mit dem Kopf im Westen«[13] säßen.

In einem Interview in der SED-Zeitschrift *Freiheit* äußern sich Willi Sitte und sein Malerfreund Kurt Bunge* stellvertretend und schlichtend.

Als er darin mit der Kritik gegenüber seinen Werken, die sich nicht auf die Themenstellung, sondern auf seine bildkünstlerische Darstellung bezieht, konfrontiert wird, antwortet er, dass er sich immer noch, wie alles sich Erneuernde, in der Entwicklung befände. Er animiert das Publikum, sich künftig aktiver mit den Werken auseinanderzusetzen, und beteuert, sich in jedem Fall an eine große Masse wenden zu wollen. Darüber hinaus würde er natürlich die Kritik der Arbeiter ernst nehmen, aber er könne doch nicht akzeptieren, dass er nur dann Parteilichkeit und Klassenzugehörigkeit bewiese, wenn er die Natur eins zu eins kopieren und jegliche Kreativität auslassen würde.

* Kurt Bunge (1911–1998) wird 1959 aus der DDR in die BRD, nach Kassel übersiedeln und noch jahrzehntelang Kontakt zu Willi Sitte halten.

Und trotzdem bedankt sich Willi Sitte für die Kritik der Arbeiter, schließlich bedeute diese »eine Erweiterung der künstlerischen Möglichkeiten jedes Einzelnen«.[14]

Höchstwahrscheinlich fühlt er sich dabei komplett miss- und unverstanden: Er, der Arbeitersohn, gilt in den Augen seines Publikums als einer, der einfach keinen Plan von der Realität »seiner Leute« hat und im dekadenten Elfenbeinturm lebt. Und als überzeugter Kommunist muss er seiner Partei zu allem Überfluss auch noch beweisen, kein Konterrevolutionär zu sein, indem er roboterähnliche Beteuerungen herunterbeten muss, wie: »ich möchte meine Entwicklung nicht unterbrechen und nicht aufhören. Das kann ich nicht verantworten. Ich möchte um jeden Preis viel enger mit der Partei mein Werk fortsetzen.«[15] Es könne alles anders sein, wenn er seine eigene Stilsuche beenden und endlich, wie sozialistisch erwünscht, malen würde, wiederholt die Partei immerzu. Die Strategie, die ihm einige der Arbeiter anbieten, in ihre Betriebe zu kommen und »aus dem reichen Reservoir, das Ihnen der Kampf und die Erfahrung der Arbeiterklasse bieten« [16], zu schöpfen, fährt Willi Sitte bereits seit über zehn Jahren. In die Betriebe gehen, Arbeiter beobachten, Arbeiter zeichnen, Arbeiter malen. Immer im Bestreben, den besten Ausdruck für die Arbeiterklasse zu finden.

Noch in den 1970er-Jahren sagt er in der Tageszeitung *Neues Deutschland*, dem Zentralorgan der SED: »Mein Verhältnis zur Arbeiterklasse ist etwas Konstantes, etwas, das durch nichts in seiner Grundlage verändert werden könnte. Dieses Verhältnis ist nichts Abstraktes. Es enthält nichts, was auf einen anonymen Begriff zu reduzieren wäre. Die Arbeiterklasse hat für mich Gesichter und Namen.«[17]

Meine Arbeiterfamilie

Ich versuche, mir das einmal vorzustellen: Man steht tage-, wochen- oder monatelang in seinem Atelier, feilt an Werken, die einzig der Meinung irgendwelcher Laienkunstkritiker standhalten müssen, die sich wiederum abgearbeitet nach der Schicht am Hochofen regelmäßig darüber echauffieren, lässt sich beleidigen und arbeitet weiter, bis das Spiel von vorn beginnt. Willi Sitte ließ sich von der proletarischen Kritik jedoch nicht unterkriegen – im Gegenteil. Die Arbeiterklasse, deren Vertreter ihm noch so unverblümte Beleidigungen an den Kopf warfen, wollte er befrieden. Er wollte mit ihnen Kontakt halten, ihnen, denen sie doch gewidmet sind, seine Werke näherbringen. Nur: Woher kommt diese fast schon heilige Verbundenheit mit ihr?

Die Arbeiterklasse, denke ich.

In meinem Umfeld gibt es zumindest so gut wie keine Verbindungen. Dort spricht man auch nicht von Klassen, sondern von Milieus – besonders wenn man das gerade im Soziologiestudium gelernt oder Didier Eribons *Rückkehr nach Reims* gelesen hat. Aber Willi Sittes Eltern und vor allem sein Vater gehörten als Kommunisten der 1920er-Jahre des vergangenen Jahrhunderts zur richtigen Arbeiterklasse. Davon sind ich und mein Milieu weit entfernt.

Ein paar sehr vage Annäherungen, sofern man das überhaupt so nennen kann, gab es in meinem Leben: Einmal hatte ich mich mit fünfzehn als Aushilfe bei einem Landschaftsgärtner versucht. Als ich meinen Lohn einforderte, hatte er mich ausgelacht und höchstens eine Praktikumsbescheinigung in

Aussicht gestellt. »Fürs Dummherumstehen, Colatrinken und Stundenlangspazierengehen.«

Anders hätte ich aber diese quälenden Stunden in den Gärten irgendwelcher Reihenhäuser, immer umgeben vom Geruch von Rindenmulch und Wurstbroten, nicht ausgehalten. Ein Jahr später wollte ich es dann richtig wissen: in der Getränkeindustrie der Region, in einer echten Fabrik. Acht Stunden lang Flaschen sortieren, Kästen stapeln, eine halbe Stunde Mittagspause mit Stechuhr und Gemüsebrühe im Pausenraum für fünfzig Cent aus dem Automaten. Pausen, die ich jedoch gerne durch ewiges Ausharren auf vermeintlichen Toilettengängen ausreizte, bis ich schließlich rausgeschmissen wurde. Nein, ein Arbeiterkind wie Willi Sitte, welches sich den Weg zur Kunst suchen musste, bin ich sicher nicht. Mein Weg war von Anfang an geebnet: Meine Eltern hatten mich zum Musik- und Kunstunterricht und zum Theater geschickt. Willi Sitte wiederum konnte nur kreativ sein, wenn seine Geschwister seine Arbeit übernahmen und er dafür wenigstens für alle anderen in der Familie kochte. Überhaupt war ihre ganze Kindheit von Feldarbeit und Handwerk geprägt, während ich bei meinem Umzug in eine erste eigene Wohnung nicht einmal einen Inbus- von einem Schraubenschlüssel unterscheiden konnte.

Willi Sittes Eltern fanden auch nach der Umsiedlung in die SBZ ein neues Land, auf dem sie mit ihrem Sohn Ernst, dem einzigen Landwirt der Sitte-Brüder, leben konnten. Oberorschel, im besagten thüringischen Eichsfeld, wurde zum Ort monatlicher Familientreffpunkte, und Lieschen, die Tochter von Ernst, lebt immer noch dort. Meine Großtante Ulli hatte mir ihre Telefonnummer und den Hinweis gegeben, dass sie etwas *speziell* sei – wie alle in dieser Familie.

»Ich weiß nicht, was Sie da vorhaben, und ich kenne Sie nicht!«, sagt eine zitternde Stimme durch das Telefon. Lieschen.

»Ich würde gern etwas mehr über meine, also unsere Familiengeschichte erfahren«, sage ich. »Es ist schließlich *unsere* Familiengeschichte. Wir können uns doch duzen, oder?«

»Ich kenne Sie nicht!«

Das Telefonat endet ohne eine Zu- oder Absage, also bitte ich meine Großmutter um Hilfe.

»Aron, du verstehst das nicht, das ist alles ein wenig speziell in unserer Familie«, sagt sie.

»Du bist nicht die Erste, die das sagt.«

»Willst du jetzt, dass ich dir helfe oder nicht?«

»Ich will. Natürlich.«

»Dann gib mir mal Lieschens Nummer!«

Einen Tag und einen Anruf später sitze ich neben meiner Großmutter im Auto. Lieschen erwartet uns.

»Das bringt mich ja auch alles selbst weiter«, sagt meine Oma, als wir im Auto sitzen.

»Aron, das wird schön. Ein bisschen komisch vielleicht, schließlich habe ich Lieschen seit dem Tod meines Großvaters nicht mehr gesehen.«

»Moment, das war 1976 … du hast Lieschen fünfundvierzig Jahre nicht gesehen?«

Sie nickt und deutet auf eine Würstchenbude am Straßenrand mit dem Namen *Schnellimbiss.* »Hat sich aber kaum etwas geändert«, sagt sie, »ich glaube den Weg werde ich sowieso niemals vergessen.«

Wir fahren entlang des Weges der Harzquerbahn, die meine Großmutter damals von Wernigerode über Drei-Annen-Hohne bis nach Nordhausen in Thüringen gebracht hatte. In den Serpentinen, die sich wie eine einzige Schlangenlinie durch den Oberharz bis nach Thüringen ziehen, gewinnt man zwar immer mehr an Höhe, die Aussicht auf Fichten und Schotterwege verändert sich jedoch kaum. Bis wieder eine Kreuzung, eine Ausfahrt nach Niedersachsen oder eben Thüringen vorschlägt oder daran erinnert, dass Deutschland hier über vierzig Jahre lang geteilt war.

Bis zum Mauerbau 1961 teilte sich die Zugverbindung auf dem Bahnhof Drei-Annen-Hohne in Schmalspurbahn und Brockenbahn. Danach war der gesamte Brocken Sperrgebiet und die dazugehörige Grenzzone, eine der mit am schärfsten bewachten in der ganzen DDR. Bis dahin war die Gegend ein berüchtigter Standort für organisierte Republikfluchten.

Die Schwester meiner Urgroßmutter Marta fuhr deswegen von ihrem Wohnort Rostock nach Wernigerode, um Ende der 1950er-Jahre mit ihrer Familie in den Westen zu fliehen. Das dichte Unterholz, die steinigen Berghänge und vielen Höhlen machten es schwer, den Überblick zu behalten, sodass nach dem Mauerbau 1961 gerade hier Selbstschussanlagen, Hunde und Minen eine Flucht so gut wie aussichtslos machen sollten. Ein Museum erinnert heute daran. Es liegt im Harzer Dorf Sorge unweit der Ortschaft Elend.

Auf einem der höchsten Hügel von Oberorschel, unweit von Niederorschel, im Dreiländereck Thüringen, Niedersachsen und Hessen, steht ein riesiger Aluminiumstall in der Nähe von Lieschens gelbem Wohnhaus. Ich kenne ihn aus Willi Sittes erstem Elternbildnis *Meine Eltern von der LPG* (1962), in dem Elisabeth und Josef Sitte mit scharf gezeichneten müden Blicken in ihrer Wohnstube unter dem Bild dieses Stalls sitzen, vor ihnen ein kleiner Tisch, auf dem ein Korb voll Eier steht. Er hatte sie bei einem seiner häufigen Besuche hier porträtiert.

Lieschen, eine kräftige, gedrungene Frau mit sonnengebräunter Haut, winkt uns eifrig zu.

»Ach Bärbel«, ruft sie.

»Ach Lieschen.«

Eine Weile schweigen die beiden, und ich sehe, wie die Worte von den Lippen meiner Großmutter versuchen, sich in passende Sätze einzugliedern.

»Mein Enkel«, sagt sie und deutet auf mich. Lieschen sieht mich an. »Ich konnte ja nicht sicher sein, und so aufgeregt, wie du gesprochen hast …«, sagt sie, »das hätte genauso gut ein Enkeltrick sein können oder so!«

Ich nicke.

»Lang ist's her, Bärbel.«

»Das stimmt, Lieschen.«

Ich stehe stumm daneben.

Kaum sind wir im Haus, reden die beiden über die Besuche meiner Großmutter, als sie noch Kinder waren. Meine Großmutter erinnert sich noch daran, wie ihr Großvater Josef mit dem Pferdewagen durch den Ort fuhr und sie danach vor ihrer Großmutter »dichthalten« musste, wenn er sie mit in die Dorfkneipe nahm. Lieschen erinnert sie wiederum an ihr Ungeschick bei der Arbeit im Rinderstall und meine Großmutter sich selbst an den Geruch, den sie von dieser Arbeit tagelang in den Kleidern trug.

»Wieso kann ich mich daran nicht erinnern?«, fragt meine Großmutter und deutet auf das große Wohnzimmer. Ihre plötzliche Aufregung in ihrer Stimme erinnert an das Kind, als das Lieschen sie beschreibt: Eines, das »immer allen am ersten Tag auf die Nerven gehen musste«, bis Lieschen als Jugendliche aufgefallen sei, dass meine Großmutter ihr naives Erstaunen über den Bauernhofalltag und ihr handwerkliches Missgeschick nicht nur vorgetäuscht hatte, sondern dass sie eben ein Stadtkind war.

»Sogar die Toilette erkenne ich noch wieder«, sagt meine Großmutter und bleibt irgendwann irritiert vor einem riesigen Flachbildfernseher stehen, »aber dieses Wohnzimmer …«

»Ja, das hat sich seit den 1970ern verändert«, sagt Lieschen und nimmt meine Großmutter bei der Hand. »Komm mal mit.«

Während der schnellen Hausführung bleibe ich im Arbeitszimmer vor einem Gemälde stehen, das der *Heiligen Familie* ziemlich ähnlichsieht. Ebenso altmeisterlich und barock steht dort, wie auch auf »meinem« Gemälde, eine Gruppe Männer und Frauen, wieder in Aufbruchsstimmung, wieder von Wald umgeben. Nur sehen die Figuren diesmal nicht leidend aus, sondern sichtlich besorgt. Eine der Frauen hält einen Wehrmachtshelm in der Hand. Die restlichen Figuren im Bild schauen panisch in den Himmel, in dessen Wolken blass schimmernd uniformierte Skelette wie Geister auf sie herunterblicken. Auch sie tragen Stahlhelme. Unten im Bild die Signatur: *Willi Sitte, 1939*.

»Vielleicht interessiert dich das«, sagt Lieschen, als wir wieder in ihrem Wohnzimmer stehen, und gibt mir eine Plastiktüte mit Lederkladden. Eine davon ist Ernsts Tagebuch: »1946–1949«.

Drei Jahre lang notiert er darin sein Leben als zweispaltige Tabelle, unterteilt in »Tag« und »Anmerkung«. Es beginnt mit dem 22. Januar 1946: »Abfahrt des Antifa-Transports in Kratzau«.

Ich glaube, dass mein Urgroßvater vielleicht der Einzige aus der Familie war, der die Ereignisse seines Lebens mit etwas mehr Poesie beschrieben hat. In den letzten Tagen fand ich einen ganzen Koffer voller Terminkalender. Es waren Tagebucheinträge meiner Urgroßmutter, geschrieben wie ein Arbeitsprotokoll. Egal welches besondere Ereignis sich in ihren Alltag schob:

»1997: 14.05: Mittag: 25 Grad / Öl nachfüllen! / Heike in der Klinik! Alles gesund! Es ist ein Junge! ›Aron‹ / 16 Uhr: neue Flurtüre«.*

* Man mag es ahnen: Es handelt sich hierbei um meinen Geburtstag. Ganz offensichtlich kam die Flurtüre um 16 Uhr noch vor mir in die Familie. Meine Geburt fiel auf den 14.05.1997–16:44 Uhr.

Auch Ernst Sitte erzählt in seinen Notizen von seinem Alltag. Dabei unter anderem von dem Tag, an dem er von der SED einen Auftrag bekommt, der seine berufliche Zukunft bestimmen wird. Er soll dafür sorgen, dass das Eigentum der traditionsreichen Höfe und Betriebe der Großbauern seiner Region umverteilt wird. Und auch er bleibt dabei eher pragmatisch: »18. Sept.: (Stadt) Worbis angerufen, dann bei SED gewesen wegen Bodenreform* / Über Nacht ein Gewitter mit viel Regen, über Tag bewölkt, trocken.«

Irgendwie erstaunlich, wie selbstverständlich mein Urgroßvater Franz, aber auch sein Bruder Ernst plötzlich im Auftrag einer Partei Großbauern ihren Hof wegnehmen, obwohl sie ja Ähnliches erlebt hatten.

Das landwirtschaftliche Geschick der Sittes bewährt sich in den Hungerjahren nach 1945. Die Reichsmark wird zwar noch bis 1948 als Währung existieren, macht im Dorf aber fast niemanden satt. Die Familie tauscht also zu dieser Zeit Milch, Butter und Gemüse gegen Kleidung und Mobiliar der örtlichen Schneider und Händler. Deswegen werden sie geduldet. Trotzdem macht es in dieser durch Katholizismus und Gutsherrentradition geprägten Region keinen guten Eindruck, wenn Ernst im Kreis Worbis seit 1946 die SED mitaufbaut, Propaganda betreibt und seine tiefreligiösen Nachbarn von den Vorzügen des Sozialismus als »Vorstufe zum heilbringenden Kommunismus« überzeugen will. Und zwar, um »Vertrauen zur Politik unserer Regierung« zu beweisen und dem »Sowjetvolk« zu danken, »das durch die Zerschlagung des Faschismus die Grundlagen zum demokratischen Neuaufbau schuf«[18], wie er sich in Zeitungsartikeln erklärt.

* In der DDR wurden im Zuge der Bodenreform, die ab 1945 begann, über 12 000 je mindestens 100 Hektar große landwirtschaftliche Betriebe verstaatlicht.

Seit 1952 gründen sich in der DDR Landwirtschaftliche Produktionsgenossenschaften (LPG) durch die von der SED forcierten Zwangskollektivierung der landesweiten Höfe- und Agrarbetriebe.* Ernst Sitte ist sofort mit von der Partie, will aber nicht nur »mitmachen«, sondern übernimmt den Vorsitz der LPG »Paul Scholz«**, einer der ersten LPGs der DDR. Er will selbst am Entscheidungshebel sitzen, mitbestimmen. Das Vertrauen dafür hatte er sich verdient. Nicht umsonst hatte er seit sechs Jahren, seit der Gründung der SED im April 1946, während andere Familienmitglieder noch in Kratzau oder Italien waren, in diesem zähen Umfeld zwischen Alt-Nazis, Messdienern und Pfaffen, Parteiarbeit geleistet und seine Miete, »15 RM«, mit dem Verkauf von Bildern gesichert. Pro Stück – 5 Reichsmark. Bilder für die neu errichteten SED-Einrichtungen.

»3. Mai 1946: Stalin gemalt«
»4. Mai 1946: Grotewohl (gross) angefangen«

»Verrückt, dass Ernst auch gemalt hat«, sage ich.

»Fast alle Sitte-Brüder konnten das«, sagt Lieschen, während wir in ihre Küche gehen. »Natürlich nicht wie Willi, aber Auftragsarbeiten, Porträts …«

»Porträts … von Stalin«, sage ich.

---

* Die Zulassung der Landwirtschaftlichen Produktionsgenossenschaften erfolgte, wie auch der Aufruf zum »Aufbau des Sozialismus«, auf der II. Parteikonferenz der SED im Juli 1952. Dabei handelte es sich um staatlich gelenkte Zusammenschlüsse von mehreren Kleinbauern, die im Zuge der Bodenreform Land erhalten haben. Nicht wenige dieser Kleinbauern entzogen sich der staatlich verordneten Zusammenführung, die ab 1959 per Gesetz Grundlage wurde, durch die Flucht aus der DDR. (Vgl. Arnd Bauerkämper, *Ländliche Gesellschaft in der kommunistischen Diktatur. Zwangsmodernisierung und Tradition in Brandenburg 1945–1963*, Böhlau, Köln/Weimar/Wien 2002)

** Namensgeber der LPG war Paul Scholz (1902–1995), der in den 1950er-Jahren Minister für Land- und Forstwirtschaft der DDR war.

»Ja, das war eben der Auftrag«, sagt Lieschen.

Eine Weile gehen wir noch durch das Haus, durch den weiten Garten, in dem Lieschen früher eine Nagetierzucht betrieb, aus der sie die Sitte-Brüder mit Nutriabraten versorgt habe. Und sie erzählt davon, wie Willi, Rudolf und auch mein Urgroßvater Franz Sitte ständig hierhergekommen seien, um ihre Eltern zu besuchen. »Moment, eine Sache wäre da noch«, sagt sie, »die ist vielleicht wichtig für dich.«

»Hast du Lieschen zuvor gesagt, dass sie dieses ganze Material vorbereiten soll?«, flüstere ich meiner Großmutter zu.

»Ich wusste ja selbst nichts davon!«

»So!«, sagt Lieschen, bevor wir weitersprechen können. Sie gibt mir eine weitere Lederkladde. Darin befindet sich ein Lokalzeitungsartikel aus dem Jahr 1973 – ein Foto einer Gruppe festlich gekleideter Herren an einem gedeckten Tisch mit erhobenen Cognacgläsern. In deren Mitte sitzt lachend ein Greis in Jackett und gestreiftem Hemd: Willi Sittes Vater Josef Sitte wird gerade von der SED- Kreisleitung Worbis anlässlich seines neunzigsten Geburtstages und für seine kommunistischen Verdienste geehrt. Er selbst äußert sich dazu in einem Artikel:

»In unserem Staat ist es zum ersten Mal in der deutschen Geschichte, daß unsereins, die Arbeiter und Bauern, einen solchen Schutz genießen. […] Früher – ich war damals der einzige kommunistische Landwirt weit und breit, galt man als »Roter« im Dorf als Verbrecher, der nach Meinung so manch anderer aufgehängt gehörte. Und heute hänge ich mit meiner Frau tatsächlich und sogar gleichzeitig in Berlin und Dresden – in Kunstgalerien, gemalt von unserem Sohn Willi, der heute Nationalpreisträger ist und dieser Tage den Karl-Marx-Orden bekommen hat.«[19]

»Ja davon wurden sie geprägt …«, sagt Lieschen, verstaut den Artikel für mich zusammen mit Ernst Sittes Lederkladden in einer Plastiktüte und gibt sie mir.

»Nur sei du bitte vorsichtig mit unserer Familiengeschichte, ja?«

Sei vorsichtig mit unserer Familiengeschichte, denke ich, als meine Großmutter und ich auf dem Heimweg den Ortseingang von Wernigerode erreichen. Und immer wieder denke ich diesen Satz auf der Fahrt.

Als wäre diese Familiengeschichte ein altes, bereits vollgeschriebenes Buch. All das, worauf Josef Sitte so stolz in seinem Artikel ist, kehrte sich nach der »Wende« um. Die Arbeitergemälde von Willi Sitte landeten in Depots, die Nachbarn von Lieschen konnten wieder frei gegen die Kommunisten im Dorf wettern, und die LPG »Paul Scholz« blieb zwar bestehen, stand jetzt aber nicht mehr für »die gemeinsame Sache«, sondern war Teil der freien Marktwirtschaft.

»All die Jahre hatte ich geglaubt, in einer Familie zu leben, die die ›Wende‹ für das Größte gehalten hat. So wie ich«, sage ich, »das fühlt sich jetzt so schrecklich naiv an.«

Meine Großmutter lächelt stumm.

»Wahrscheinlich waren die meisten von euch … ›Wendeverlierer‹, auf ihre ganz eigene Weise.«

»Nein, das waren wir nicht«, sagt sie ruhig. »Ich glaube nur, dass wir uns alle ein bisschen zu gut in der DDR zurechtgefunden hatten.«

VI. ZEITEN DER KRISE

Ein gefährlicher Einfluss

Irgendwann wird es einem der Inoffiziellen Mitarbeiter der Stasi Ende der 1950er-Jahre zu bunt. Jahrelang beobachtet er Willi Sittes formalistisches Schaffen, schreibt ganz im Sinne der Parteiideologie scharfe Berichte dagegen, um die Obrigkeit zu warnen, und muss doch miterleben, wie der Rektor der Hochschule Burg Giebichenstein 1958 beim Ministerium für Kultur beantragt, Willi Sitte mit der Wahrnehmung einer Professur für Textilgestaltung zu beauftragen. »Sitte ist einer der begabtesten Maler [...]«, schreibt der IM in diesem Zusammenhang, ohne die Klarstellung zu vergessen, mit wem man es hier immer noch zu tun habe. Nämlich mit Willi Sitte einem der »verwirrtesten und formalistischsten Maler von Halle. Sein Einfluß gerade auf die jüngeren Kräfte hat sich sehr negativ ausgewirkt.«[1]

Klar, die Funktionäre hatten bei jeder aufkommenden westlichen Tendenz Angst vor der Konterrevolution. Aber wie wirkte diese »Haltung« tatsächlich auf die jungen Künstler? Ein ehemaliger Schüler von Willi Sitte und Kurt Bunge war genau zu dieser heißen Zeit an der Burg. Er heißt Fritz Diedering und wurde 1931 geboren.

Wir treffen uns in seiner Wohnung in Chemnitz. Im dritten Stock einer Wohnanlage am Rand der Stadt. Folgt man Fritz Diederings Blick, sieht man eine gepflegte Parkanlage, grün sprießendes Gras und dahinter als Silhouette die viereckigen Graubauten von Chemnitz. Diedering ist nach seinem Studium hierhergezogen und lebt seit fast sechzig Jahren hier.

»Die Hochschule Giebichenstein in Halle galt einfach immer als Burg des Formalismus!«, sagt Diedering und schiebt sich in seinem Rollstuhl zu einer Sitzecke aus Holz. Hier in Chemnitz hätte er in den 1960er-Jahren in seiner Funktion als Mitglied des Künstlerverbandes viel ändern müssen, denn die künstlerische Atmosphäre war nicht gerade optimal. »Es war hier so wie zu Beginn meiner Zeit in Leipzig, in den 1950ern: *beschissen*!«

»Beschissen?«

»Ja: engstirnig und verbohrt. Die Hochschule in Leipzig war Anfang der 1950er genauso, deswegen wollte ich ja unbedingt nach Halle, da war es anders!«

Ein Hochschulwechsel sei damals keine einfache Angelegenheit gewesen, erzählt er. Diedering ist sechsundzwanzig, als er es trotzdem versucht. Seine Pflegeeltern leben in Halle, er in Leipzig. Also konstruiert er vor der SED eine emotional aufgeladene Geschichte, aus Heimweh nicht »so weit entfernt« von seiner Familie leben zu können, und sein Wechsel wird tatsächlich gestattet. In Wirklichkeit will er ganz einfach bei Kurt Bunge und Willi Sitte lernen.

Das Licht an diesem Nachmittag lässt seine grauen, nach hinten gebundenen Haare und seinen Vollbart fast weiß leuchten. Für einen Moment schweigt er, dann beginnt er unvermittelt zu grinsen und fragt: »Viele können Sie ja nicht mehr zu dieser Zeit befragen, was?«

Ich nicke.

Diedering lernt Willi Sitte weniger malend, vielmehr als Beobachter kennen. Meist treffen sie sich in der Galerie Henning in Halle – eine der wenigen privaten Galerien der DDR, die die

Kunst der westlichen Moderne zeigt und genau deswegen von der Stasi überwacht und von der SED abgelehnt wird. 1961 wird die Galerie zur Schließung gezwungen werden.* Begegnen sie sich nicht dort, dann bei abendlichen Atelierbesuchen. Eine Tradition der Burg-Dozenten, die Fritz Diedering später zusammen mit anderen Burg-Studierenden fortsetzen wird.

»Man ist als Künstler ja nie ganz fertig«, sagt Diedering. Seine Werke hängen heute überall in seiner Wohnung verteilt. Locker geschwungene Stillleben von Vasen, daneben ein Gemälde mit kantigen gestrichenen Frauenkörpern, die ihre Silhouetten in blassen Farbtönen in die Höhe recken – stumme abblätternde Zeugen von Episoden der Selbsterfindung.

»Aber ich hatte eine Orientierung: Picasso und Léger!«

Wie Willi Sitte, denke ich.

»Wir wollten damals alle so malen können.«

»Und später?«, frage ich.

»Ich glaube, so wirklich wussten wir das nicht. Aber wir wussten, was wir definitiv nicht wollten: diesen starren, einseitigen und einfach stinklangweiligen sozialistischen Realismus.«

Und weil Willi Sitte damals nicht aufhört, genau diese Meinung öffentlich zu vertreten, erteilt ihm die SED eine Parteistrafe nach der anderen. Die Stasi eröffnet sogar eine Operative Vorlaufakte** gegen ihn, und das Arbeiterpublikum diffamiert seine Werke weiterhin als »lebensfremd« und »dekadent«.

Partei-, Publikums-, Klassenkritik – ein Konflikt, aus dem Willi Sitte für sich kein anderes Entkommen sieht als durch ei-

---

* Der Leiter der Galerie Eduard Henning litt an schweren Depressionen und nahm sich ein Jahr später das Leben.

** Operative Vorgänge (OV) wurden angelegt, um gegen Einzelne oder Gruppen geheimpolizeilich vorgehen zu können. Ausgangspunkt waren zumeist – aus MfS-Sicht – strafrechtlich relevante Tatbestände. (Roger Engelmann (Hrsg.) et al., *Das MfS-Lexikon. Begriffe, Personen und Strukturen der Staatssicherheit der DDR*, Berlin 2016, S. 255)

nen Selbstmordversuch, an seinem vierzigsten Geburtstag, in der Burg Giebichenstein.

»Das war echt hässlich damals …«, sagt Diedering.

»Moment, Sie waren dabei?«

»Natürlich. Es war doch Willis Geburtstag an der Burg …«

»Wahnsinn, dass ihn diese Kritik so weit bringen konnte«, sage ich.

Fritz Diedering sieht mich irritiert an.

»Sein Problem war doch nicht in erster Linie die Kritik … es ging dabei um eine Studentin«, sagt er. »Ja, sein wirkliches Problem war die Liebe.«

Goldene Hochzeit

In Lieschens Unterlagen befindet sich ein Familienfoto aus dem Jahr 1959.

Josef und Elisabeth Sitte sind zu diesem Zeitpunkt fünfzig Jahre lang verheiratet und fahren nach Wernigerode, um dort ihr Jubiläum im Kreise der ganzen, großen Familie zu feiern.

Aus Ernst Sittes immer wieder verlässlich pointierten Aufzeichnungen vom 24.05.1959 – »zur gold. Hochzeit in Wernigerode« – lässt sich ableiten, dass es recht kühl für diese Jahreszeit gewesen sein muss und die Temperatur im Vergleich zum Vortag um ein Grad gesunken war. Gefeiert wurde im Garten meiner Urgroßeltern, Franz und Marta.

Ganz vorne auf dem Bild sitzen stolz Josef und Elisabeth mit einem ihrer jüngsten Enkelkinder auf dem Schoß: meiner Großmutter. Sie ist gerade sieben geworden. Im Hintergrund ist verblasst das Wahrzeichen der Stadt nur wie eine Skizze zu erkennen – das Wernigeröder Schloss.

Während sich die anderen Geschwister und Verwandten sichtlich und mit viel Aufwand geradezu verkleidet haben, tragen Willi und Irmgard Sitte den Stil der Stadt und fallen gerade dadurch auf.

Willi Sitte neben den Smokings im sportlichen, weißen Hemd. Irmgard Sitte ohne Kleid, mit engem Rollkragenpullover und Pagenschnitt. Sie lächelt dabei beflissen in die Kamera. Doch außer ihr und meiner Großmutter und dem über fünfzig Jahre lang verheirateten Ehepaar lacht niemand auf dem Foto. Sie alle stecken auf ihre Weise in Schwierigkeiten.

Der V. Parteitag

Während Willi Sittes Eltern ihre goldene Hochzeit feiern, signalisiert die SED-Führung schon seit Längerem Hoffnung für das ganze Land: Nach dem V. Parteitag 1958 ist jeder anständige Sozialist auf Aufschwung eingestellt. Noch sind die Grenzen offen, der Satellit Sputnik ist im All, und der Erste Sekretär des ZK der SED, Walter Ulbricht, verkündet, dass die DDR die Bundesrepublik in ein paar Jahren nicht nur ein-, sondern überholen wird. Und aus diesem Grund sagte er: »In Staat und Wirtschaft ist die Arbeiterklasse der DDR bereits Herr. Jetzt muss sie auch die Höhen der Kultur stürmen und von ihnen Besitz ergreifen.«[2] Darum hatte im Kulturpalast des Elektrochemischen Kombinats Bitterfeld exakt einen Monat vor der goldenen Hochzeit am 24. April 1959 auf Weisung der Partei eine Autorenkonferenz des *Mitteldeutschen Verlags* stattgefunden, die den Bitterfelder Weg beschloss. Damit soll, wie ein Jahr zuvor auf dem V. Parteitag festgelegt, mit Vollgas die »Kluft zwischen Kunst und Leben, zwischen Künstler und Volk …« überwunden werden[3]: Künstler und Schriftsteller sollen also in die Produktion gehen und den Arbeitern zeigen, wie sie sich kreativ verwirklichen können. Eine Art Workshop-Programm nach oder während der Schicht, das mit dem Ausruf »Greif zur Feder, Kumpel, die sozialistische Nationalkultur braucht dich!« beworben wurde.[4] So entstehen in der ganzen DDR *Zirkel Schreibender Arbeiter*, die von professionellen Autoren geleitet werden. Vor allem aber sollten die Kunstschaffenden endlich einmal aus ihren Denkstuben und Ateliers herauskommen und ehrliche Arbeit erleben, um sie möglichst sichtbar in ihren Schriften und Bildern darzustellen.[5]

Willi Sitte führt bereits jedes Bild durch die Fabriken, zurück in sein Atelier und jedes Werk und jede Skizze ein Stück weit näher an sein Ziel, den geeigneten künstlerischen Ausdruck zu finden. Es wäre nur wünschenswert, dass dies auch die Partei endlich einmal begreift.

Zwang zum Glück

Franz und Ernst Sitte haben sich am Tag der Bitterfelder Konferenz aus einem ganz anderen Anlass getroffen.

Ernst, 24. April 1959 »in Wernigerode gewesen«.

Großer Diskussionspunkt: »Rinderoffenstall«.

Ein Thema, das es bereits 1958 unter der Überschrift »Der Stall ist offen«[6] in den westdeutschen *Spiegel* schaffte.

Ernsts SED-Bezirksleitung fordert seine LPG auf, das vorgegebene Prinzip ganzjährig offener Ställe nach sowjetischem Vorbild, wie es auch überall sonst in der DDR verlangt wird, durchzusetzen.

Ein Großteil der Führungsmitglieder der SED-Worbitz besitzt jedoch kein abgeschlossenes Landwirtschaftsstudium, sondern lediglich die Anweisung des ZK der SED, die mit ihrer Idee der landwirtschaftlichen Umgestaltung das Ziel des zweiten Fünfjahresplans erreichen wollen: Erträge steigern, Versorgung verbessern. Die sozialistische Landwirtschaft muss jetzt allmählich mal an Fahrt aufnehmen. Rinderoffenställe sollen weniger Arbeits- und Personalkosten garantieren. Da der Stall offen ist, werden natürlich auch Baukosten gespart. Die Art der Rinderhaltung soll nicht zuletzt die Geschwindigkeit des Aufschwungs der DDR mitbestimmen. Nur weiß Ernst, dass es in Oberorschel eine falsche Entscheidung wäre, dem Leitspruch »Von der Sowjetunion lernen, heißt siegen lernen«* im Bereich der Landwirtschaft ohne Wenn und Aber zu folgen und dass seine Rinder eine ganzjährig offene Stallhaltung schlichtweg nicht überleben würden. Die Partei drängt ihn zum Handeln. In Ernst Sittes Aufzeichnungen dieser Jahre befindet sich unter anderem eine datumlose Notiz, darauf steht: »Durchsetzung von Vorschlägen im Vorstand fast unmöglich.«

Nach besagtem V. Parteitag sieht alles danach aus, als sei die Zeit des Arbeiter- und Bauernstaatstriumphzuges gekommen. Es kann endlich losgehen. Wieso muss also der Leiter der sonst so fleißigen LPG »Paul Scholz« auf die Bremse treten? Die Partei konfrontiert Ernst Sitte mit seiner sozialistischen gesamtgesellschaftlichen Verantwortung. Er solle aufhören, Spekulationen aufzustellen, und wie gewohnt seiner vorbildlichen Arbeit nachgehen. Ernst zieht Franz Sitte zu Rate. Die Brüder wollen nichts falsch machen.

Auch Franz Sitte wird in dieser Zeit immer häufiger von der Partei kontaktiert, und zwar mit Nachdruck. Er hat den Auf-

---

* In Wernigerode gab es ein weiteres Beispiel für die schnelle Übernahme dieses Leitspruchs. Ein Foto in der Online-Chronik »Wernigerode in Jahreszahlen« zeigt zwei Kinder aus dem Jahre 1960, die zu Propagandazwecken als Maiskolbenfiguren durch die Altstadt laufen. Genau in dieser Zeit setzte der Generalsekretär der KPdSU Nikita Chruschtschow auf den Maisanbau als »Wurst am Stängel« als Allzeitnahrungsmittel in der Sowjetunion, um so die Speisekammern der Bevölkerung günstig zu füllen.

trag, seinen Cousin Gustav Sitte zur Vernunft zu bringen. Gustav Sitte* ist ebenfalls Landwirt und mit seinem Gehöft in Cattenstedt, gut zwanzig Kilometer von Wernigerode entfernt, Teil einer LPG. Nur möchte er aus dieser schnellstmöglich wieder austreten. Und Franz Sitte bekommt den Parteiauftrag, dies zu verhindern.

Die SED hatte Gustav Sitte gleich zu Beginn seines Eintritts dazu aufgefordert, im Zuge der für alle LPG-Bauern geltenden Erntebestimmungen auch seine Hafererernte zur vorgegebenen Zeit einzufahren. Da die Wetterlage in Cattenstedt Ende der 1950er-Jahre dies aus seiner Erfahrung nicht zuließ, protestierte er vergebens und musste wie erwartet schwere Misserträge verzeichnen.

Dass es bei der Familie Gustav und Else Sitte überhaupt erst zu einem Eintritt gekommen war, wird wohl auch auf die LPG-Werbekampagnen von SED-Delegationen zurückzuführen sein. Die sind zu dieser Zeit in regelmäßigen Abständen durch die Dörfer gefahren und haben zunächst öffentlich bekannt gegeben, welche Bauern im Dorf mit ihrer jeweils fortwährenden Verweigerung den sozialistischen Aufschwung gefährden würden; später wurden diese Bauern dann einfach verhaftet. Umso dringlicher ist Franz Sitte daran interessiert, seinen Parteiauftrag auf *seine Weise* zu erfüllen und den widerspenstigen Cousin mit seinem Redetalent abermals davon zu überzeugen, wie nützlich und vor allem sicher eine LPG-Mitgliedschaft doch ist. In vielerlei Hinsicht. Denn Gustav Sitte wird zunehmend von der SED unter Druck gesetzt. Und ihm droht die Verhaftung, sollte er nicht in der LPG bleiben.

---

* In der Familie Sitte gab es ein paar Namen, die immer wieder in jeder Generation verteilt wurden (besonders beliebt: Josef, Franz und Gustav aber auch Elisabeth und Marta). Bei Gustav Sitte handelt es sich sowohl um den »vermissten« Bruder meines Urgroßvaters, aber in diesem Fall auch um dessen Cousin, der zeitweise zusammen mit seiner Familie auf dem Hof von Franz und Willi Sittes Eltern in Kratzau lebte.

Aber auf der goldenen Hochzeit ihrer Eltern geben sich alle Brüder für ein paar Stunden entspannt. So auch Willi Sitte. Zumindest bemüht er sich.

Liebessünden

Willi Sitte steht auf dem Foto der goldenen Hochzeit neben seinen Brüdern Franz und Ernst Sitte. Sie befinden sich in beruflicher Hinsicht im Konflikt mit der Partei, während Willi Sitte an diesem Frühlingstag im Jahr 1959 auf allen erdenklichen Ebenen von ihr attackiert wird. Er ist in Schwierigkeiten. Nicht nur die andauernde Kritik an seiner Arbeit durch die Presse und die Reglementierung seitens der Kulturpolitik machen ihm zu schaffen, sondern auch die Reaktion der SED auf sein angeblich beispielloses schlechtes Verhalten im privaten Bereich. Seit einem Jahr hat er eine Affäre mit einer Studentin. Seine Brille auf dem Foto verspiegelt seinen Gesichtsausdruck. Irmgard steht einen halben Schritt vor Willi. Sie starrt mit eingefrorenem Lächeln geradezu in die Kamera, als könne sie den Fotografen, der den Auslöser betätigen soll, dadurch animieren, schneller abzudrücken. Eigentlich wissen sie und Willi schon längst, dass ihre Ehe vorbei ist.

Im Kunstarchiv des Germanischen Nationalmuseums in Nürnberg finden sich fast alle Briefwechsel aus Willi Sittes Leben – aber ich konnte keinen finden, der auf diese Liebesgeschichte hinweist. Nur in seiner Autobiografie schreibt er in Bezug auf seine »Lebenskrise« etwas lapidar von einer Studentin – »eine Affäre«.

Sie heißt Jutta Harnisch. Fritz Diedering sagte mir das in unserem Gespräch einfach so. Das sei doch kein Geheimnis gewesen. Jeder, wirklich jeder an der Burg Giebichenstein habe davon gewusst.

Zu Jutta Harnisch Kontakt aufzunehmen, ist ziemlich einfach – mit ihr zu sprechen nicht wirklich. Nach langer Krankheit wäre sie (inzwischen siebenundachtzig Jahre alt) kaum in der Lage, eine Unterhaltung dieser Art zu führen. Ihr damaliger Mann Klaus soll übernehmen:

»Jutta kam 1954 nach dem Abitur als Studentin an die Burg Giebichenstein, in Willis Klasse. Wir beide lebten da schon einige Zeit zusammen und heirateten 1955. Seitdem trägt sie auch meinen Namen. Willi hatte ihr auffallendes zeichnerisches Talent sofort erkannt und gefördert, umgekehrt erkannte und bewunderte sie in ihm den begnadeten Meister der Zeichenkunst. Aus der Beziehung zwischen Professor und Studentin entstand schließlich eine Liebesbeziehung.«

»Diese Affäre war ziemlich problematisch damals, oder?«

»Es war doch keine Affäre!«

Klaus und Jutta Harnisch hatten sich 1959 getrennt und zwei Jahre später wieder geheiratet. Inzwischen leben sie seit fast sechzig Jahren gemeinsam in Berlin.

»Also ich meine natürlich: ›das Verhältnis‹«, sage ich vorsichtig.

»Es war auch kein Verhältnis!«, widerspricht Klaus Harnisch. »Es war eine Beziehung. Entgegen allen seitens der Öffentlichkeit wirksamen Belastungen haftete dieser Beziehung etwas Unzerstörbares an, obwohl es hierfür keine existenzielle Form gab. Aber: Willi war verheiratet, Jutta war verheiratet.«

Willi Sitte selbst schreibt rückblickend: »In der Partei galten damals Geschichten neben der Ehe als Erzverbrechen. Ich geriet in eine Mühle, in der ich psychisch fast zerrieben wurde.«[7] Ihre Liebe hielt drei Jahre.

Von 1958 bis 1961. Dazwischen reicht Klaus Harnisch erfolgreich die Scheidung ein, nachdem er für seine und Jutta Harnischs Beziehung keine Perspektive mehr sieht.

Willi Sitte wird auf Parteigeleit in einen Betrieb geschickt, vermutlich um wieder zur Besinnung zu kommen. Wenn Willi Sitte sich 2003 in seiner Autobiografie zurückerinnert, klingt die Kausalkette seiner Krise so: Seine neu entstandenen Arbeiterbilder – verrissen, zu wenig Inhalt. Sein Gemälde *Memento in Stalingrad* (1961), eine Verarbeitung seiner Zeit an der Ostfront, zeigt leidende Gesichter, Schmerz und Verzweiflung – aber wo ist da das Pathos der Niederlage? Wieder bekommt seine Arbeit von der Partei den Stempel Formalismus aufgedrückt. Auf Schaffen folgt Kritik. Folgt Suizidversuch. Irgendwie hatte das bisher alles so einfach geklungen. Wahrscheinlich zu einfach.

»Jutta hatte sich entschieden, sich von Willi zu trennen, das war der Grund für seine beiden Selbstmordversuche. Der erste geschah in Juttas Anwesenheit am Rande einer kleinen Feier, zu der Willi Sitte aus Anlass seines vierzigsten Geburtstages seine Klasse eingeladen hatte. Der zweite etwas später nach der endgültigen Trennung.«

»Da sich meine Situation nicht geklärt hatte und sich nichts neu regeln ließ, kam es an meinem 40. Geburtstag zu einem zweiten Zusammenbruch«.[8], schreibt Willi Sitte in seiner Autobiografie. Ich weiß nicht, warum er seine Selbstmordversuche dort anders datiert und davor einerseits klar von einer »Lebenskrise« spricht, die er dann doch mit Umschreibungen wie »Zusammenbruch« und einer »Situation«, die sich »nicht geklärt hatte« in der Schwebe lässt.

»Uns sollte bewusst sein, dass wir bis ins Innere dieser Begegnung selbst nicht vorgedrungen sind. Das dürfte auch unerreichbar sein«, sagt Klaus Harnisch.

»Die gemeinsame Wahrnehmung von Welt, Leben, Kunst und der gemeinsame Traum eines möglichen Zusammenlebens sind für die beiden Beteiligten ein tiefes gemeinsames Erlebnis gewesen. Dass der Traum dann doch nicht zu erfüllen war, ließ einen von beiden den Ausweg im Abschied von diesem Leben suchen. Wer, als Willi Sitte selbst, wäre imstande, seinen Weg nachzuvollziehen?«

Stillleben

Es ist der Frühling des Jahres 1961, und meine Großmutter hört vor allem einen Namen, der im Haus ihrer Eltern immer wieder fällt: Willi. Ihrem Lieblingsonkel scheint es ziemlich schlecht zu gehen. Ihre Eltern sehen sich beim Abendbrot ernst an und verschlucken Teile ihrer gesprochenen Sätze, essen schweigend weiter oder versuchen sich krampfhaft in anderen Konversationen. Bis meine Großmutter sich bettfertig macht und die beiden ungestört bis tief in die Nacht diskutieren können. Worum es dabei geht, versteht meine Großmutter nicht wirklich, wenn sie dann doch heimlich den Gesprächen der Eltern lauscht. Für sie scheint die Zukunft im Gegensatz zu den Älteren ziemlich einfach: Sie ist gerade neun geworden, in den Sommerferien besucht sie ihre Großeltern auf dem Hof in Thüringen, und wenn sie zurückkommt, wird sie endlich das blaue Halstuch gegen das rote tauschen, um Thälmannpionierin* zu werden.

---

* Nach der 3. Klasse traten die meisten Schulkinder in der DDR, nachdem sie zuvor bei den »Jungpionieren« waren und bevor sie in der 8. Klasse zur FDJ (Freie Deutsche Jugend) kamen, den »Thälmannpionieren« bei. Benannt nach dem kommunistischen Politiker Ernst Thälmann (1886–1944). Bis 1973 wechselte das zuvor blaue zum roten Halstuch, welches bei feierlichen Anlässen getragen wurde. Meine Großmutter legte bei ihrem Beitritt das Gelöbnis ab, das alle Thälmannpioniere ab 1960 ablegten: »Ernst Thälmann ist unser Vorbild. Als Thälmann-Pionier gelobe ich, so zu leben, zu lernen und zu kämpfen, wie es Ernst Thälmann lehrt, getreu unserem Gruß bin ich: Für Frieden und Sozialismus immer bereit!« (Vgl. Helga Gotschlich: *»Links und links und Schritt gehalten …«. Die FDJ: Konzepte – Abläufe – Grenzen*, Berlin 1994, S. 302)

Im Frühsommer 1961 erklärt mein Urgroßvater meiner Großmutter schließlich, was los ist: »Onkel Willi ist krank. Aber er ist hier in der Gegend, im Harz, und wir fahren ihn jetzt zusammen besuchen.«

Nach einem zweiten stationären Aufenthalt in einer Klinik in Halle ist er nun in Gernrode im Harz, unweit von Wernigerode untergebracht, in einem Haus des Künstlerverbandes. Nahe einer Hügelkette, auf der ein Mischwald thront.

Als meine Großmutter mit ihren Eltern dort ankommt und sie das Haus betreten, streift Onkel Willi ihr durchs Haar: »Du siehst aber toll aus«, sagt er.

»Und du auch!«, erwidert meine Großmutter und darf ihm seine Brille absetzen. Sie sieht durch die eckigen Gläser – ja, es ist genau die Brille, die sie sich vorgestellt hat, denkt sie und setzt sie ihrem Onkel wieder auf. Sie seufzt, lächelt ihr breitestes Lächeln und zupft sich stolz das weiß-rot gepunktete Kleid mit Flügelärmchen zurecht. Sie hatte es gerade zu ihrem neunten Geburtstag bekommen.

Sie ist erleichtert. Einerseits weil sie es heute extra für ihren Onkel angezogen hat, der genau wie sie findet, dass sie *toll* darin aussieht, und auch, weil er wiederum nicht so aussieht wie sie es erwartet hätte, als sie davon hörte, dass er »krank« sei. Sie findet ihn so vor wie immer: gebräunt und umgeben von Kunst. In einem Atelier. Und nicht wie befürchtet in einem Krankenhausbett, dem Tode nahe und mit aschfahlem Gesicht.

Nein, sein Aufenthalt hier im Harz, der ihm durch zwei Künstlerfreunde ermöglicht wurde, ist das komplette Gegenteil von dem, was er nach seinem ersten »Nervenzusammenbruch« in der Psychiatrie in Halle erlebt und notiert hatte. »Es war schrecklich. Ich fühlte mich wie in die gespenstische Szene *Die Pest* von Max Klinger versetzt, in der schwarze Raben die Patienten bedrohen.«[9]

Am meisten aber ist meine Großmutter über die Brille ihres Onkels erleichtert. Sie hat panische Angst gehabt, ihn ohne sie sehen zu müssen. Dann wäre etwas *wirklich* nicht in Ordnung, denkt sie. Heute weiß sie nicht mehr, wieso sie dieser Gedanke so beschäftigt hat, sehr wohl aber, wie die Brille aussah: »Eine braune, eckige mit Horngestell. Die hat er nicht lange getragen, aber zu dieser Zeit schon.«

Ihr reicht diese kurze Begegnung mit ihrem Onkel aus. Wenig später findet sie sich im Garten wieder, wo sie sich in die Sonne setzt, die Enden ihres neuen weiß-rot gepunkteten Kleides auf ihrem Schoß platziert und die ebenso neuen weißen Strümpfe samt Ledersandalen auszieht. Sie hatte ein Krankenhaus erwartet, keine Villa am Waldrand. Noch heute erinnert sie sich daran, dass ihre Eltern an diesem Tag lange bei Willi Sitte im Atelier standen. In diesem Haus in Gernrode, in dem er sich nach seinem zweiten »Nervenzusammenbruch« erholen soll und wo er ungestört arbeiten kann.

Vielleicht erzählt Willi Sitte meinen Urgroßeltern davon, dass Jutta Harnisch ihn hier besucht hat.* Und was das nur für ein Auftritt war, den er da an seinem vierzigsten Geburtstag hingelegt hatte, als sie ihn verlassen wollte. Wie er ihr hinterhergerannt war und auf die Schlaftabletten zeigte, die er schlucken würde, wenn sie ihn verließe. Was er dann auch tat. Und wie er ihr nur ein paar Wochen zuvor geschrieben hatte:

»Ich wollte mir erst einmal meine Bilder ansehen, um mir die Frage zu stellen, ob es sich für die wenigstens lohne, weiter ohne

* In der veröffentlichen biografischen Recherche anlässlich der Sitte-Retrospektive in Halle äußert sich Jutta Harnisch in einem Punkt tatsächlich selbst gegenüber den Autoren und erzählt, wie sie Willi Sitte am Höhepunkt seiner Krise und kurz danach erlebt hatte, als die beiden sich im Harz getroffen haben.

Dich zu leben. Ich fand sie allesamt schlecht – das war dann mein totaler Zusammenbruch. Erst dann habe ich den G. Hahn geöffnet. Dabei rauchte ich eine Zigarre u. trank Schnaps. Später dann drängte es mich, einige Worte zu ›hinterlassen‹, als mir klar wurde, daß mein Vorhaben gelingen würde. Da ich nicht mehr klein schreiben konnte wegen Benommenheit nahm ich Pinsel u. Tusche und schrieb auf die hingestellten Bilder – es fiel mir nur immer schwerer – dabei bin ich dann wohl eingenickt … In die Nähe des Gasofens hatte ich als Unterlage ein Bild gelegt, darauf eine Decke und darauf wollte ich mich legen … Entschuldige bitte diese widerliche Genauigkeit.«[10]

Seine Frau Irmgard hat ihn schließlich noch rechtzeitig gefunden, und er wurde in ein Krankenhaus gebracht.

Vielleicht will er aber auch gar nicht darüber reden, mit seinem Bruder und dessen Frau bei ihrem Besuch in Gernrode. Lieber all das verdrängen. Es ist zum Verzweifeln. Irmgard und er werden sich scheiden lassen. Jutta und er haben sich getrennt. Sie alle haben sich untereinander darauf geeinigt. Gerade die Sache mit der Scheidung würde der Partei nicht gefallen, aber anders geht es nicht. Mit diesem Versteckspiel muss jetzt Schluss sein.

Als mein Urgroßvater in seinen Memoiren sehr kurz von einer allgemein schwierigen Phase in diesen frühen 1960er-Jahren erzählt, die vor allem aus beruflichen Unsicherheiten und der ungewollten Schwangerschaft seiner zweitältesten Tochter Hannelore bestand, stoße ich auf den Satz: »Willis Scheidung fiel auch in diese Zeit.« Es ist das Einzige, was mein Urgroßvater über diese Lebensphase seines Bruders schreibt.

Es liegt nicht im Naturell der Sitte-Brüder, miteinander allzu ausführlich über Vergangenes zu sprechen, sondern eher im

Gegenteil: Krisen werden derart bewältigt, dass man sich fast schon manisch auf das Positive, Kommende konzentriert. Und ganz offensichtlich ist Willi Sitte in den Augen seines Bruders wieder dabei, auf die Beine zu kommen. In seinem Atelier wimmelt es von Entwürfen und Skizzen. Er arbeitet mit neuen Mal- und Farbtechniken und experimentiert damit, Zeitungspapier in seine Werke miteinzubauen. Zum ersten Mal arbeitet er mit Collagen.

»Ich musste von Halle Abstand gewinnen«, sagt er.[11]

Willi Sitte stellt wenig später sein *Stillleben mit Brille* (1962) fertig.

Eine braune Hornbrille auf einem Tisch mit Zeitungspapier, im Hintergrund warme Gelbtöne. Es ist mit Hilfe der Collagetechnik entstanden, die er sich im Harz angeeignet hatte. Das Zeitungspapier im Gemälde ist echt und zeigt Artikelüberschriften einen Monat nach dem Mauerbau vom 12.09.1961 aus dem *Neuen Deutschland*, welche den Kulturkampf und unter anderem die massive Feindpropaganda gen Westen (»Unsere Feinde«, »Adenauer und Brandt« und »Bonner Militaristen«) skizzieren.

Zum Tag des Mauerbaus, diesem legendären Ereignis, finden sich sonst kaum Kommentare von Willi Sitte. Auch keine in den Memoiren meines Urgroßvaters. Nur meine Großmutter erinnert sich.

Sie alle hören Radio an diesem Tag, dem 13. August 1961, und vermutlich, wie so viele, die Nachricht, die am Vortag vom DDR-Ministerrat formuliert wurde und jetzt vom Deutschlandsender* übertragen wird: »Zur Unterbindung der feindlichen Tätigkeit der revanchistischen und militaristischen

* Der Deutschlandsender war ein Hörfunkprogramm des Staatlichen Komitees für Rundfunk der DDR.

Kräfte Westdeutschlands und West-Berlins wird eine solche Kontrolle an den Grenzen der Deutschen Demokratischen Republik einschließlich der Grenze zu den Westsektoren von Groß-Berlin eingeführt, wie sie an den Grenzen jedes souveränen Staates üblich ist.«[12]

»Das ist eine Probe«, sagt mein Urgroßvater an diesem Tag zu seiner Frau und meiner Großmutter. »So etwas kann nicht ernsthaft Bestand haben.« Vielleicht denkt er an diesem Tag an seinen Cousin, den er auf Weisung der Partei so dringend in der LPG hätte halten sollen. »Bei den Gesprächen merkte ich, dass seine Frau strikt dagegen war & sehr aggressiv auftrat, natürlich unter vielen Tränen. Die Folge war, dass die ganze Familie bei Nacht & Nebel nach dem Westen ging.«

Als ich meine Großmutter frage, ob die Mauer später ein Thema in dem Haus ihrer Kindheit gespielt hatte, sagt sie nur: »Nee, das war dann so«, und nach einer Weile des Überlegens ergänzt: »Mein Vater hat das Thema aber auch einfach nicht mehr angesprochen.«

Das *Stillleben mit Brille* ist auf dem Cover des Ausstellungskatalogs der großen Sitte-Retrospektive in Halle 2021 zu sehen.

»Ein paar Personen vom Verlag wollten das Bild zuerst nicht verwenden, weil das angeblich nicht zu Sitte passen würde«, hatte mir Thomas Bauer-Friedrich, der Direktor des Museums, im Gespräch erzählt. Als ich ihm in einer Mail die Geschichte meiner Großmutter erzähle und die Zeitungsartikel in der Collage doch als eine Art ausstehenden Kommentar zum Mauerbau deuten möchte, schreibt er mir zurück:

»Unser *Stillleben mit Brille* würde ich nicht in den Mauer-Kontext einordnen. Eher ist es nach durchstandener ›Inquisition‹ eine Art Bekenntnis zur DDR im Ost-West-Konflikt des Kalten Kriegs.«

Frohe Zukunft

»Noch vor meiner Abwesenheit hatte ich an der Hochschule eine Begegnung, ohne zu wissen, welche glückliche Wendung mein Leben dadurch erhalten würde«[13], schreibt Willi Sitte in seiner Autobiografie.

Meine Großmutter wird 1962 Zeugin davon. Sie ist anlässlich eines Ferienbesuchs in Oberorschel bei ihren Großeltern und traut ihren Augen nicht, von wem ihr Onkel Willi in einem todschicken, gelb glänzenden Lada zum Haus seiner Eltern gefahren wird. Eine so junge, bildhübsche, zarte Frau mit einer Hochsteckfrisur, die jetzt, wenn sie so aufrichtig lächelt, noch mehr strahlt als ihr ohnehin schon weißblondes Haar. Zugegeben: Bei den Schilderungen meiner Großmutter wusste ich kurz nicht, ob sie für einen Moment selbstverliebt gewesen war.

Aber in jedem Fall ist es die damals zwanzigjährige Ingrid Dreßler, die Willi Sitte an diesem Herbsttag im Jahr 1962 begleitet. Sie stellt sich der Familie vor, und die beiden beginnen sofort mit der Familie zu plaudern und zu lachen. Sie wirken, als wären sie schon seit Jahren befreundet. Dabei kennen sie sich noch gar nicht allzu lang. Ingrid wird schon sehr bald ihr Studium der Gebrauchsgrafik an der Burg Giebichenstein beginnen und hatte Willi Sitte vor seiner Krise bei ihrer Aufnahmeprüfung erlebt und leider wieder aus den Augen verloren. Sie hätten sich in einer Straßenbahn später richtig kennengelernt, und »dann ging alles sehr schnell«.[14]

Fast sechzig Jahre später besuche ich sie in dem Haus, in dem sie mit Willi Sitte bis zu seinem Tod gelebt hat. In einer Straße in Halle, die den bezeichnenden Namen Frohe Zukunft trägt. Ingrid Sitte, eine zierliche Frau, öffnet mir die Tür und betrachtet mich mit den großen wachen Augen, von denen mir erzählt wurde. Sie trägt eine Brille und einen Vliesmantel.

»Wollen Sie nicht reinkommen?«, hat sie mich bei diesem ersten Besuch vorsichtig gefragt.

Ich redete mit ihr über meinen Besuch in Oberorschel, dem Haus von Willi Sittes Eltern und davon, wie meine Großmutter den Tag beschrieben hatte, an dem sie Ingrid Sitte dort das erste Mal sah.

»Das hat Ihnen Bärbel also erzählt? Ja, ich erinnere mich. Überhaupt: Wie herzlich alle waren, so etwas habe ich in keiner Familie erlebt ... Vom ersten Tag an.«

In Wahrheit waren alle aus der Familie verzaubert von ihr und vielleicht auch erleichtert, Willi weder in seiner katholisch getrauten Ehe erleben zu müssen noch im Unglück einer unerfüllten Liebe zu einer verheirateten Frau. Vor allem waren sie alle froh und beruhigt, ihn seit Langem wieder glücklich zu sehen. Trotz der andauernden beruflichen Schwierigkeiten.

»Wir sollten uns vielleicht duzen«, sagte Ingrid irgendwann, »wir sind schließlich verwandt.«

Sie führte mich in das Wohnzimmer, das ehemalige Atelier. Dort stehen eine beige glänzende Sofalandschaft, Skulpturen mythologischer Figuren und eine Büste von Willi Sitte – ein Geschenk eines Künstlerfreundes.

»Hier haben Willi und ich in unserer Anfangszeit campiert«, sagte Ingrid. »Irmgard, seine erste Frau, hat noch nebenan gewohnt. Wir haben hier gelebt und mit einem Gaskocher Essen gekocht. Kannst du dir das vorstellen?«

Wir gingen weiter durch das Haus. In jedem Raum hingen oder lehnten Willi Sittes Bilder an den Wänden, bis auf die, die bereits eingepackt waren, in Vorbereitungen auf seine große Retrospektive. Ich hatte nicht gewusst, worüber ich reden sollte, und damit begonnen, einfach über das *unbekannte* Gemälde meiner Großmutter und meine Suche danach zu sprechen und war richtig in Fahrt gekommen, bis Ingrid es sich auf meinem Handy ansah, in einem kleinen schwarzen Notizblock blätterte und Titel und Jahreszahl heraussuchte. »*Die Heilige Familie*, 1940«, hatte sie gesagt und mir das Handy gegeben. »Kaum zu glauben, dass das ein Sitte ist, oder?«

Ein paar Monate später treffe ich sie wieder.

Vor uns liegt das Foto eines Werks, das so etwas wie eine sachte Skizze von dem liefert, was später mal als ein »tatsächlicher Sitte« gelten soll. Willi Sittes *Große Liegende*, ein Frauenakt aus dem Jahr 1963. Daneben ein Brief von Willi Sitte an Ingrid aus demselben Jahr. Anfang der 1960er-Jahre hatte Willi Sitte seine Krise überwunden, für seine Hauptthemen Liebe und Politik einen ersten Ansatz gefunden, und plötzlich, nur ein paar Jahre später, kommt die Veränderung. Der Exzess: Die politischen Bilder werden härter, die Liebespaarbilder wilder. Bei unserem ersten Treffen hatte Ingrid mir von einer Zeit erzählt, die Willi Sitte »überlebt hatte«, und ich wusste damals überhaupt nicht, was sie damit meinte, obwohl diese Aussage wörtlich zu verstehen war. Nach seiner Krise, nachdem er mit Ingrid zusammengekommen war, beginnt er, anders zu malen. Zumindest beginnen seine Körper, anders auszusehen. Sie gewinnen immer mehr an Farbe, an Kraft. Noch nicht in dem Ausmaß, für das seine Bilder der 1970er-Jahre berühmt werden sollen. Aber 1963 lässt sich als Wendepunkt in Willi Sittes Werk und vermutlich auch in seinem Leben bestimmen. Es ist eine Zeit, in der er »seine Absichten« deutlich machen muss.

Ingrid faltet das Papier auseinander und setzt sich zu mir an den Esstisch. Dieser Brief gibt zumindest einen Hinweis:

»Das Bild ist ein harter Knochen – die Große Liegende – weil ich völlig ungewohnt, für mich ungewohnt, zu Werke gegangen bin – es schallert in Purpur – aber nun muß es erst mal etwas austrocknen – ich möchte, daß Du es dann in einem Zustande siehst, der Dich von meinen Absichten ein klein wenig überzeugen soll – große Worte.«[15]

»Weißt du, welche Absichten er meinte?«

»Na, wie er weitermalen wollte.«

Als Ingrid sich für einen Moment entschuldigt, schaue ich auf den Akt. Ein noch zarter nackter, aber erstmals ganz eigen kolorierter Frauenkörper in fleischigen Rottönen.

»Aron, du warst doch auch schon in der Ausstellung, oder?«, fragt Ingrid, als sie wieder in das Wohnzimmer kommt. Sie legt den Katalog der Ausstellung *Sittes Welt* vor uns hin.

Bisher habe ich jedes Gespräch mit ihr über die Ausstellung vermieden. Als sich Willi Sitte im Jahr 2003 gleich fünf Hüftoperationen hintereinander unterziehen musste, war sie zeitgleich Pflegerin, Ehefrau, Nachlassverwalterin und Managerin, die miterleben musste, wie Ausstellungen abgesagt wurden und etliche Bilder von Willi Sitte in Depots wanderten. Und als Journalisten jeder noch so großen wie kleinen Zeitung nach der »Wende« und spätestens nach einer für 2001 angesetzten und dann abgesagten Retrospektive in Nürnberg, ohne mit der Wimper zu zucken, vom »Staatskünstler« im Täter-Opfer-Schema schrieben, öffnete sie ihnen die Tür. Auch heute, wenn sie sehen wollen, was das Kunstmuseum Moritzburg in Halle mit dem »ganzen Sitte« meint, den sie angeblich zeigen wollen.

»Ja, ich war in der Ausstellung«, sage ich so neutral wie möglich.

»Sie ist umwerfend«, sagt Ingrid, »sein ganzes Lebenswerk steht dort.«

»Das stimmt …«, sage ich, und während Ingrid weiterspricht, habe ich zumindest eine Ahnung davon, wieso mich dieses eigenartige Gefühl begleitet hatte, dass es trotzdem eine Sache gibt, die sie genau daran stören könnte.

»Die Ausstellung ist toll …«, sagt sie immer wieder, und irgendwann schürzt sie ihre Lippen. »Es sind diese Katalogtexte über *seine Person,* die mich stören … Ich weiß nicht, wieso, aber ich lese das und sehe einen fremden Mann vor mir.«

»So?«

»Ja, einen Mann, den ich nicht mag«, sagt sie. »Aber ich weiß ja, wie er war und was er getan hat. Die Autoren kannten Willi doch alle gar nicht. Ich frage mich, wieso da keiner so wirklich mit mir gesprochen hat.« Ingrid sieht mich erwartungsvoll an.

»Es gibt da einen Artikel«, sagt Ingrid weiter, »der steht jetzt in der *Frankfurter Rundschau* und trägt den Titel: ›Willi Sitte: Guter Künstler, schlechter Mensch?‹ Und ja, wenn du manche Katalogtexte liest, dann bekommst du den Eindruck, dass er ein schlechter Mensch gewesen sei. So berechnend, wie er da beschrieben wird. Erst die angeblich erfundene Partisanengeschichte und auch seine Bilder. Ja, im Katalog wird behauptet, dass er seine Elternbilder, also die von der LPG, nur gezeichnet hatte, weil man das ja ›im Arbeiter- und Bauernstaat‹ so wollte. Dass er seine Eltern gar nicht so innig geliebt hätte, wie er sie darstellt …«

»Das wird behauptet?«

»Es wird so beschrieben«, sagt sie, greift nach dem Ausstellungskatalog und blättert vor bis zu dem Artikel »Aufstrebende Konstruktion. Herkunft und Widerstand als Momente einer kommunistischen ›Musterbiografie‹ Willi Sittes«. [16]

Darin steht:

»Warum aber legte der aufstrebende Maler überhaupt solch einen gesteigerten Wert auf die Darstellung der Eltern in ihrer bäuerlichen Arbeitswelt? Und warum übermalte er dabei immanente Themen wie Heimatverlust und Fluchterfahrung? Berechtigt erscheint diese Frage schon deshalb, da die Hinwendung zum Elternbildnis bei Willi Sitte nicht mit einem grundsätzlichen Interesse an der Lebenswelt seiner eigenen Familie in Übereinstimmung zu bringen ist. Diese erhielt, mit bescheidenen Ausnahmen, in seinem Bildprogramm keinen Platz. […] Seine Elternbildnisse erweisen sich somit als Stammbaum einer tadelsfreien kommunistischen Herkunft.«[17]

»Da die Hinwendung zum Elternbildnis bei Willi Sitte nicht mit einem grundsätzlichen Interesse an der Lebenswelt seiner eigenen Familie in Übereinstimmung zu bringen ist«, lese ich laut.

»Also das stimmt nicht«, sage ich unsicher.

Vielleicht ist das die einzige Behauptung, die ich widerlegen kann. Aber vermutlich stören Ingrid noch andere Textpassagen im Katalog, zum Beispiel wenn dort von Macht und Einfluss und Privilegien geschrieben wird, die Willi Sitte nach diesen schwierigen 1960er-Jahren erfahren soll. Die ihn so ambivalent machen werden. Ich sehe auf das Cover des Ausstellungskatalogs – das *Stillleben mit Brille.*

»Manchmal habe ich das Gefühl, diese Autoren sind eher versessen darauf, irgendetwas über Willi zu ermitteln, als darauf, etwas über ihn zu erfahren«, sagt Ingrid.

Ich sage eine Weile nichts.

»Und das jetzt auch alle etwas über seine Krise herausfinden wollen. Das mit Jutta Harnisch, mit seiner Trennung von ihr und seinem Nervenzusammenbruch. Das war doch seine Privatangelegenheit …«

»Aber dadurch, dass keiner von dieser Beziehung wusste, dachte man, er habe sich allein wegen des Parteistresses umbringen wollen … Das würde dann ja wieder in das Bild des vernarrten SED-Soldaten passen …«, erwidere ich.

»Vielleicht …«, sagt sie, »ich habe mein Leben lang aufgepasst, dass Willi genug Arbeit hatte. Das brauchte er … Darüber kann ich nirgendwo etwas lesen, wenn man ihn als Mensch verstehen will, ist das doch wichtig.« Und dann, nach einer Weile:

»Man will so viel über ihn wissen, aber in dieser Hinsicht spricht keiner mit mir. Und ich weiß nicht, wieso man gerade in persönlichen Fragen einen Bogen um mich macht.«

»Ich habe dich das schon einmal gefragt, das war vor ein paar Monaten. Aber ist es jetzt … mit Beginn von Willis Ausstellung … nicht eigenartig, andauernd von allen Seiten auf das Leben und Werk deines Mannes angesprochen zu werden, der schon lange verstorben ist?«

Ingrid schüttelt den Kopf: »Nein, man konzentriert sich ja immer noch nicht einfach nur auf seine Kunst …«

Aber wie soll man sich allein dadurch auch seiner Person annähern, denke ich. Ingrid stellt sich vor mich und sieht jetzt stumm auf das Strandgemälde, während sich ein paar Lachfalten aus ihrer Anspannung befreien.

»Die Menschen haben ja die wildesten Fantasien, wenn es um Willis Bilder geht«, sagt sie und wendet sich mir zu. »Einer hat mich mal angerufen und gefragt, ob Willi bestürzt war, als der DDR das Erdöl ausgegangen ist – nur weil ein paar seiner Bilder die Hoffnung darauf ausgedrückt haben. Das muss man sich mal vorstellen: als ob er deswegen *am Boden* zerstört gewesen wäre. Er hatte viel zu viel zu tun. Aber – und das ist ganz wichtig – alles, was er gemalt hat, war für ihn seine Wahrheit.«

»Seine Wahrheit?«

»Ja.«

Der geteilte Himmel

Anfang der 1960er-Jahre – es ist die Phase seiner instabilsten psychischen Verfassung – pflegt Willi Sitte intensiven Kontakt zu einer Schriftstellerin, die ausgerechnet ihn als Illustrator für eine Liebesgeschichte gewinnen will: Christa Wolf*. Eine, die eine der bekanntesten deutschen Schriftstellerinnen des 20. und 21. Jahrhunderts werden wird. Als Willi Sitte 1959 und Anfang der 1960er für seine Studien immer wieder den Waggonbau Ammendorf besucht, leitet Christa Wolf dort zusammen mit ihrem Ehemann Gerhard Wolf einen *Zirkel Schreibender Arbeiter.* Christa Wolf starb im Jahr 2011 im Alter von 82 Jahren, ihr Ehmann** lebt heute noch in ihrem gemeinsamen Haus in Berlin. Während ihrer Zeit in Ammendorf freunden er und seine Frau sich schnell mit Willi Sitte an und besuchen ihn in seinem Atelier. Sie suchen Zeichnungen aus für Christa Wolfs neues Buch, das später ein Welterfolg wird: *Der geteilte Himmel.*

Das Telefon klingelt nur zwei Sekunden, dann meldet sich ein unerwartet lautes »Ja!«, das mehr wie eine euphorische Erkenntnis klingt als eine fragende Begrüßung.

»Herr Gerhard Wolf?«

»Genau«, sagt er knapp.

Besonders in den frühen reibungsvollen 1960er-Jahren ist Willi Sitte von einem Kreis von Schriftstellern, unter anderem vom Lyrikerehepaar Rainer und Sarah Kirsch, umgeben, die in seinem Atelier ein und aus zu gehen und selbst im ständigen

---

* Das Ehepaar Christa und Gerhard Wolf lebten von 1959 bis 1962 in Halle (Saale).

** Gerhard Wolf wurde 1928 in Bad Frankenhausen (Thüringen) geboren.

Kampf zwischen Zensur und Kritik stecken. Christa Wolf und ihr Mann, der Essayist, Lektor und spätere Verleger Gerhard Wolf, gehören dazu.

Während ich spreche, dringt immer wieder ein leises »Ah, ja« durch das Telefon. Es war nicht einfach, seine Nummer aufzutreiben, und laut seinem Verlag wäre ein Gespräch mit Herrn Wolf gegenwärtig geradezu ausgeschlossen, wenn nicht sogar unmöglich. Ich könne ihm doch einen Brief schreiben, so die Lektorin des Verlags, den würde Herr Wolf gegebenenfalls auch beantworten.

»Wieso kommen Sie nicht einfach einmal vorbei?«, unterbricht er mich, als ich ziemlich umständlich meine bisherigen Recherchen zu Willi Sitte erkläre. »Wir machen am besten einen Termin aus und …«

»Wie wäre es mit heute?«, sage ich schnell.

Kurzes Lachen, das sich in einem Husten versteckt.

»16 Uhr!«, sagt Wolf und unterbindet jedwede Überschwänglichkeit, indem er einfach auflegt.

Die Christa-Wolf-Gesellschaft hatte mich hinsichtlich der Umgangsformen mit Herrn Wolf instruiert. Nicht vor 12 Uhr anrufen, geduldig sein, kein Besuch. Herr Wolf führe nicht mehr allzu gern persönliche Gespräche und brauche vor allem eins: Ruhe.

Nur scheint er selbst eine andere Vorstellung davon zu haben, wie er es mit dem Umgang halten möchte. Während ich meine Jacke in seinem Hauseingang ablege und ein paar offensichtlich schüchterne Begrüßungssätze herunterstammle, steht er neben mir und balanciert seine gerade, wenn auch gebrechlich aussehende Statur, auf der Stelle wippend mit einem Gehstock in der Hand. Es riecht nach trockenem Flieder, Glasreiniger und Papier, und gleich im Hauseingang hängen zwei Bilder von Willi Sitte. Ein Strandbild und das Bild eines Liebespaares, deren Titel Gerhard Wolf nicht mehr kennt. Sehr wohl weiß er aber noch, wann er sie gekauft hat: in den 1960er-Jahren.

»Wir steckten damals alle irgendwie in Schwierigkeiten und haben uns einfach gegenseitig davon erzählt. So haben wir uns dann schnell angefreundet«, sagt er, deutet beiläufig auf eine freie Sitzfläche am Tisch seines Wintergartens und verschwindet in seinem Arbeitszimmer. Er müsse etwas suchen.

Ich denke an das, was ich bereits über die Verbindung der Kunst und Persönlichkeit von Willi Sitte und den »Wölfen«,* wie er Gerhard und Christa Wolf manchmal nannte, weiß.

Im Dezember 1962 schreibt Christa Wolf an Willi Sitte:

»Ich bin froh, daß zu diesem Zeitpunkt die Vereinbarungen zwischen Dir und dem Verlag wegen der Mitarbeit an meinem Büchlein schon so weit gediehen sind, daß ein Zurückjucken, zu dem der Verlag sicher gern greifen würde, kaum noch möglich ist. Ich freue mich auf deine Grafiken in dem Buch.« [18]

Und dann doch, nicht lange nachdem das Buch im März 1963 erschienen war:

»Du weißt, dass die Grafiken nicht auf meinen Wunsch in der dritten Auflage herausgenommen werden. Der Verlag hat mir in mehreren Briefen von einer überwältigenden Ablehnung durch Leser und Buchhändler gesprochen. Von Anfang an wurde das ganze Projekt im Verlag mit Mißtrauen angenommen und jetzt nachträglich kommt es mir schon beachtlich vor, daß wir überhaupt in 20 000 Exemplaren die Grafiken drin haben. Es geht wirklich in erster Linie gegen die beiden Akte, bei denen die Leute das große Genieren kriegen. (….) Wir wussten ja vorher, daß es ein Experiment war, weil die

* Auch Sarah und Rainer Kirsch nannten sie so. Die beiden wurden wiederum von den »Wölfen« die »Kirschen« genannt.

Leute nicht an sowas gewöhnt sind. Ich bin doch froh, dass wir's gemacht haben.«[19]

Es wirkt, als hätte die Geschichte hier ein paar kleine Details ausgespart. Willi Sittes Figuren in der ersten Auflage des Buchs sind keinesfalls abstrakte Arbeiten, sondern feine Zeichnungen von Menschen inmitten ihres Arbeitsalltags und natürlich: von Liebenden. Aber die typische Formalismusdebatte konnte bei dieser Arbeit nicht greifen – schließlich hatte Willi Sitte für die Illustration von *Der geteilte Himmel*, einer Ost-West-Liebesgeschichte kurz vor dem Mauerbau, keine »lebensferne« Welt gezeigt. All diese typischen Kritikpunkte an seiner Arbeit fielen weg, diesmal waren es offensichtlich lediglich Aktzeichnungen, die ihm Ärger verschafften. Christa Wolf wird sich später ziemlich überschwänglich bei ihm entschuldigen, diejenige zu sein, die zudem den mit Willi Sitte vereinbarten Umschlagentwurf ablehnen wird. Weiß sie doch um die psychische Labilität ihres Freundes. Doch der schreibt ihr im Frühjahr 1963 plötzlich ungewohnt leicht zurück: »Wenn ich so überblicke, was ich in letzter Zeit geschaffen habe, so stimmt mich das nicht ganz unzufrieden, trotz vielen Ärgers.«[20] Er hatte die Umschlaggestaltung mit Ingrid vorgenommen. »Als Christa Wolf dann auch eine Umschlaggestaltung von mir wünschte, haben Ingrid und ich uns gemeinsam darangesetzt. Nicht nur, daß sie als Studentin für Gebrauchsgrafik dafür eher befähigt war als ich, wir empfanden auch, daß die Liebesgeschichte, die sich in dem Roman entwickelt zutiefst mit unserer Beziehung zu tun hatte«[21], erinnert er sich später und schreibt 1963 weiter an Christa Wolf anlässlich ihrer Entschuldigung:

»Aber Christa, warum sollte ich Euch Beiden denn böse sein können – wir sagen unsere Meinung uns gegenseitig. […] Uns hat das Buch Spaß gemacht – vielleicht wird das evtl. nächste besser.«[22]

»Ich war noch ganz unvorbereitet«, sagt Gerhard Wolf und legt einen Stapel Bücher auf den Tisch. »Manchmal verliere ich den Überblick. Ständig möchte irgendwer vorbeikommen und Fragen stellen! Aber meistens sind das dann Germanisten.«

»Nein, *so* einer bin ich nicht!«

Schweigen.

»Und, und … Sie schreiben noch?«, frage ich und deute auf die vielen Schreibmaschinen, die zwischen Magazinen und Zimmerpflanzen wie Skulpturen aufgestellt stehen.

»Natürlich«, sagt er. »Und Sie?«

»Ich äh … Ich auch.«

Seine Augen weiten sich.

»Oha. Und wie kam's?«

Diese Frage bekommt jeder, der schreibt, sicher einmal gestellt. Aber wenn eine der wohl wichtigsten literarischen Figuren der DDR, eine, die wie kaum jemand sonst näher an dem damalig kulturellen Geschehen in all seinen Facetten beteiligt war. Als Lektor, Kritiker, Essayist und Ehemann der wohl einflussreichsten gesamtdeutschen Schriftstellerin – Christa Wolf … Wenn so jemand einem die Frage nach dem eigenen Schreiben stellt, dann will man keine Antwort, sondern ein potenzielles Zitat abliefern.

»Also ich trete so bei Poetry Slams auf …«

»Hm?«

»Ich … ich schreibe Gedichte, die …«

»Ohh! Darf ich mal sehen?«

»Ich … Ich habe gerade nichts dabei.«

»Na so was. Das geht doch gar nicht!«

»Nun gut«, sagt er und schlägt sein Buch vor mir auf. »Das hier dürfte Sie interessieren!«

Der geteilte Himmel, »Für G«, lese ich laut.

»Ja, ganz genau – das bin ich«, sagt Gerhard Wolf und zeigt auf den Einband des Buches. »Jetzt schauen Sie mal auf das Jahr und die Auflage.«

»2. Auflage – 1963«.

»Die letzte mit Willis Illustrationen«, sagt er und blättert durch das Buch, bis er an einer Zeichnung hängen bleibt. »Die war das Problem«, sagt er. Eine der beiden problematischen Akte aus dem Buch.

Die Zeichnung zeigt eine nackte Frau mit hochtoupiertem Haar, die scheu auf dem Schoß eines Mannes sitzt und lächelnd zu Boden sieht. Ein wenig Haut, wenig von der Nacktheit, die gut zehn Jahre später Willi Sittes Werk dominieren und doch in Ausstellungen gezeigt werden darf. Trotzdem löst sie Empörung aus, verschwindet aus der Auflage. Dabei sieht diese und auch die andere Zeichnung noch geradezu unschuldig aus.

»Mir haben solche Skizzen und vor allem seine Rötelzeichnungen* immer am besten gefallen«, sagt Gerhard Wolf. »Er hat ja dann diese Großgemälde gemalt und … nun ja. Ein Freund von mir hat mal gesagt: ›Um da vorbeizukommen, braucht man ja ein Fahrrad‹ – verstehen Sie, worauf ich hinauswill?«

»Ich glaube schon.«

»Er war ja einer unserer ersten Künstlerfreunde. Aber ja, was sage ich – das wissen Sie vermutlich schon alles …«

Der Briefwechsel zwischen dem Ehepaar Wolf und Willi Sitte reißt irgendwann ab. Ende der 1960er-Jahre. Kurz bevor Willi

* Eine Rötelzeichnung wird mit einem Zeichenstift aus Rötel angefertigt. Der besteht aus einer Mischung von Ton und Hämatit, einem Eisenoxidmineral. Charakteristisch ist seine rötliche Farbe.

Sitte seine erste große Retrospektive bekommt. Kurz bevor er die Frage, wie er malen soll, kann, muss – also die Frage, mit der er sich noch ein paar Jahre zuvor mit den Wolfs und anderen Freunden und Kollegen die Nächte um die Ohren geschlagen hatte –, damit löste, politischer, klarer und kraftvoller zu malen. Irgendwie scheint es bei dem Kontaktabbruch aber gar nicht um die Gemälde zu gehen.

»Wieso haben Sie und Willi Sitte sich eigentlich voneinander entfernt?«

Gerhard Wolf überlegt eine Weile.

»Wir waren … an unterschiedlichen Orten«, sagt er. »Das war's, schätze ich.«

Junge Lyrik

Seine Kritik an Willi Sittes Großgemälden wird Gerhard Wolf ihm gegenüber vermutlich nicht persönlich geäußert haben. Auf dem Höhepunkt ihrer Freundschaft bedeutete gerade dieses Thema einen wunden Punkt.

Im Jahr 1962 – kurz vor Erscheinen von *Der geteilte Himmel* – findet in der DDR, wie alle fünf Jahre, die Deutsche Kunstausstellung (in diesem Fall die V.) traditionell im Albertinum in Dresden statt. Willi Sitte hat mehrere Gemälde eingeschickt, unter anderem das mehrteilige Tafelbild *Unsere Jugend* (1962). Es zeigt einen jungen Mann mit Notizheft beim Studieren, ein Paar beim Tanz, eine junge Frau beim Wassersport. Bilder, mit denen er der jungen Generation in der DDR ein Denkmal setzen will. Ein Werk, von dem er noch nie so überzeugt war und von dem er glaubt, endlich dem Anspruch gerecht zu werden, Botschaft und Form im eigenen Ausdruck zu verbinden. Zumal das tanzende Paar die Zärtlichkeit seiner Bewegung aus der Zeit seiner neu gewonnenen Liebeserfahrung Anfang der

1960er-Jahre gewann. Das Bild wird von der Ausstellungsjury abgelehnt. Es sei angeblich zu groß. Zudem würde es, am Beispiel des tanzenden Paars in seinen Dunstfarben, an amerikanisierte Clubs erinnern, also zu westlich aussehen, und vermutlich ist das das eigentliche Problem.

Parallel dazu, im November 1962, schreibt die aufstrebende Dichterin Sarah Kirsch geradezu begeistert in einem Brief an Gerhard Wolf, dass Willi Sitte ihre Verse illustrieren wolle.* Nur einen Monat später beschließen die beiden, zusammen mit Sarah Kirschs Ehemann Rainer Kirsch am 11. Dezember 1962 eine Lyriklesung in der Ost-Akademie** der Künste Berlins zu besuchen. Stephan Hermlin, dortiger Sekretär der Sektion Dichtkunst und Sprachpflege, moderiert die Veranstaltung. Er hat aus 1200 eingesendeten unveröffentlichten Gedichten fünfzig ausgewählt. Wolf Biermann, Sarah und Rainer Kirsch gehören mit zu den eingeladenen Dichtern, deren Beiträge vorgelesen werden sollen. Gerhard Wolf hatte die Gedichte mit ausgewählt – mit dem Ziel, eine betont unangepasste Lyriklesung auf die Beine zu stellen. Zuvor hatte er sich Schwerpunktfragen im Bereich der Gegenwartsliteratur notiert:

---

* Am 08.11.1962 schreibt Sarah Kirsch an Gerhard Wolf: »Lieber Gerhard, bevor wir Dir ausführliche Protoköllchen über das Leben in Halle schicken, nur soviel, daß Willi Sitte für meine Verslein Illustrationen schaffen will, dann sind die Bilder doch gut! […]« (Sabine Wolf (Hrsg.) unter Mitarbeit von Heiner Wolf, Christa Wolf/Sarah Kirsch. »Wir haben uns wirklich an allerhand gewöhnt«. Der Briefwechsel, Frankfurt a. M. 2019, Apple Books, S. 7)

** Korrekterweise müsste die Akademie Deutsche Akademie der Künste in Ost-Berlin heißen. »Ost-Akademie« oder »Akademie-Ost« sind Beschreibungen, die aus der Umgangssprache von Zeitzeugen und aus meiner Recherche von Briefwechseln der 1960er-Jahre hervorgehen. Ab 1974 wird aus dem Namen der Akademie, wie aus so vielen Institutionen und Verbänden in der DDR zu dieser Zeit, das »Deutsche« am Anfang des jeweiligen Namens herausgestrichen und die Akademie fortan: *Akademie der Künste der Deutschen Demokratischen Republik* genannt.

»1. Inwieweit ist unsere junge Lyrik den brennenden Gegenwartsproblemen auf der Spur und wie weit dringt sie zu ihrer konfliktreichen Gestaltung vor?«[23]

Und in einem Essay im Gerhard-Wolf-Archiv aus dem Jahr 1962 ist zu lesen: »Wir müssen endlich über die Dinge reden, wie sie nun einmal sind, reden, so offen und rückhaltlos wie möglich […].«[24]

Ausgerechnet dieses Datum der Lyriklesung hatten Gerhard und Christa Wolf sich falsch in ihren Terminkalender eingetragen und den Dienstagabend in ihrem Haus in Kleinmachnow verbracht, während sich in der Akademie der Künste Ost-Berlins eine der folgenschwersten Kulturveranstaltungen der DDR-Geschichte unter dem harmlosen Namen *Junge Lyrik – unbekannt und unveröffentlicht* ereignete.

Die Tonbandaufnahme dieses Abends liegt heute im Archiv der Akademie der Künste. Und während man dort gut eineinhalb Stunden lang den Wechsel zwischen Lyrikern, Wolf Biermann mit Gitarre und Spontanbejahungen des Publikums hört, als wären sie nicht bei einer Lesung, sondern einem amerikanischen Gospelgottesdienst gewesen, macht sich irgendwann ein mir aus meiner Familie gut bekanntes böhmisch gerolltes R bemerkbar – kurz vor Ende der Lesung.

»Ich schlage vor, dass alle Lyriker noch einmal lesen!«, ruft Willi Sitte.[25] Seine Begleitung, Sarah und Rainer Kirsch, waren zuvor, wie alle anderen eingeladenen Dichter und Dichterinnen, von Hermlin spontan aufgefordert worden, ihre Gedichte persönlich vorzutragen. Biermann ist der Held des Abends und soll zudem immer wieder neue Lieder spielen, während die an die Lesung anknüpfende Publikumsdiskussion im Gange ist. Die Überraschung des Publikums über die gehörte Qualität der Lyrik verwundert Biermann nicht, schließlich würde man, wenn man (ansonsten) ständig nur das *Neue Deutschland* lese, in welchem dem Volk täglich staatskonforme Lyrik präsentiert werde, ja für gewöhnlich Gedichte vorfinden, die seien – so Biermann wortwörtlich – »zum Erbrechen«.[26]

Als ein junger Lyriker aus diesem Anlass ein pessimistisches Gedicht über die offensichtlich miserable Qualität der gegenwärtigen Dresdner Kunstausstellung vorträgt, meldet sich Willi Sitte erneut zu Wort, aber nur, um lediglich »dem jungen Freund beizupflichten«, was für richtige Worte er da gesagt habe. Er dachte schon langsam, *er* sei es, der im Kunstbetrieb durchdrehe.[27]

Noch am selben Tag verfasst ein IM der Stasi einen Bericht, dass Willi Sitte sich bei einer Sitzung des halleschen Künstlerverbandes öffentlich über die V. Deutsche Kunstausstellung empört habe. Dort herrsche »eine verletzende Toleranz gegenüber dem Kitsch und eine beckmesserische Intoleranz gegenüber der wahren Kunst«, so Willi Sitte. Die ganze Ausstellung sei überhaupt »Ausdruck der schlechten Kultur- und Kunstpolitik« des Staates, und er würde dementsprechend »nie wieder zu großen Ausstellungen in der DDR ausstellen«.[28]

Nur zwei Tage nach der Lesung schreibt Willi Sitte an Christa Wolf: »Es gibt einen sehr begabten, überraschend parteilichen Nachwuchs, der den Mut aufbringt, sogenannte ›Heiße Eisen‹ dichterisch, oft sehr gekonnt, anzupacken. So etwas stimmt mich optimistisch.«[29]

Gut drei Monate später, 1963, verliert Stephan Hermlin sein Amt als Sekretär der Sektion Dichtkunst und Sprachpflege und später auch das des Vizepräsidenten des Deutschen Schriftstellerverbandes. Sarah Kirsch kassiert nach dem Lyrikabend, wie ihr Ehemann Rainer Kirsch und andere Schriftsteller, heftige Parteikritik und wird zu einer schriftlichen Stellungnahme in der *Freiheit* gedrängt. Sarah Kirsch ahnt, welche Botschaft die Funktionäre aus ihrem Gedicht »Quergestreiftes« hören, wenn sie die Verse lesen: »Es waren einmal dreißig Streifen, / Davon konnten zwei nicht begreifen, / Daß sie nur längs zu laufen hatten / Wie's ewig alle Streifen taten.«[30]

So schreibt sie im Januar 1963 an Christa Wolf: »›Quergestreiftes‹ wird so interpretiert: Wer bei uns nicht in der Reihe marschiert, wird beseitigt.«[31]

Fast jeder der Freunde Wolfs und Sittes dürfte sich angesprochen gefühlt haben, als Walter Ulbricht in seiner Eröffnungsrede des VI. Parteitages der SED am 15. Januar 1963 von Künstlern spricht, die sich auf einem »Irrweg« befänden und deren Werke ein »verzerrtes Bild der Wirklichkeit« zeigen würden.[32] Die Attacken auf die fortwährend unzufriedenen Entwicklungen des Formalismus und die immer noch zu überwindenden westlich dekadenten Einflüsse reihen sich in die sechstägigen Gespräche, Diskussionen und Lösungsvorschläge für einen Weg raus aus der wirtschaftlichen Krise ein. Man hat der Kunst viel zugetraut in der DDR.

Zwischen diesen Ereignissen wirkt Christa Wolf als eine Art literarische Diplomatin zwischen Partei und Künstlern. Während sie ihre Kollegen und Freunde verteidigt, wendet sie sich im Dezember 1962 zunächst an Willi Sitte und vermittelt ihm, dass sie es nicht gut fände, wenn er keine Bilder mehr in der DDR ausstellen würde: »Ich finde, wir müssen im Gegenteil arbeiten und an die Öffentlichkeit gehen, so viel wir nur können. Es ist doch so: Die offene, sachliche Sprache in Ökonomie, Juristerei, Pädagogik usw., die wir jetzt führen, ist eine gute Basis für künstlerische Arbeit. Und über kurz oder lang – das läßt sich gesetzmäßig kaum aufhalten – werden von uns Arbeiten verlangt werden, die auf demselben Niveau stehen, die in dieselbe Richtung wirken. Mir scheint, wir können uns im Moment nicht auf Kunstdiskussionen versteifen (obwohl sie sehr, sehr nötig wären), sondern wir müssen froh sein, daß uns die Arbeit durch solche Aussprachen über unseren Stoff – das gesellschaftliche Leben, erleichtert wird.«[33]

Kurz darauf schreibt sie an Rainer und vor allem an Sarah Kirsch, die nach ihrer zensierten Stellungnahme zu resignieren droht:

»Die Situation ist also etwas kompliziert, aber wir müssen uns in ihr zurechtfinden.

Und vor allem: Arbeiten. Wir alle, die wir auf dem Parteitag waren, sind mit der Devise rausgegangen: Arbeiten!« Schließlich bemerkt sie noch, dass sie wohl in diesem Winter ein paar Pfund abgenommen habe – wie immer, wenn sie sich aufrege.[34]

An einem dieser Wintertage, im Januar 1963, wartet Ingrid in der Nähe der Bezirksleitung der SED in Halle auf Willi Sitte. Seine Vorladungen dort sind in diesen Winterwochen zur Routine geworden, da er, der den Ärger wegen der außerehelichen Beziehung mit Jutta Harnisch größtenteils klären konnte und wieder an der Burg arbeiten darf, aber gegen die fortwährende Kunstkritik seiner Partei stur bleibt. Immer wieder wirft er ihr vor: A) ihn künstlerisch auszubremsen und B) der Kunst in der DDR, von der die Funktionäre sowieso keine Ahnung hätten, zu schaden. Er wird von der Partei vorgeladen, er wehrt sich, er wird wieder vorgeladen. So geht das eine ganze Weile, ohne dass einer der Konflikte geklärt würde, stattdessen sorgen sie bei jeder weiteren Parteisitzung für erneuten Streit. Und irgendwann wundern sich die kritischen Genossen außerdem, wer denn jetzt schon wieder diese neue Frau an seiner Seite sei. Willi Sitte erklärt, dass es sich bei Ingrid Dreßler lediglich um eine Freundin handle.[35]

Das mit der unehelichen Beziehung ist nicht so einfach in der DDR der 1960er-Jahre. Sie schlafen in Hotels und müssen dort immer für zwei Zimmer zahlen. Einer der ausschlaggebenden Punkte, weswegen sie überhaupt 1965 beschließen zu heiraten. Aber zuvor treffen sie sich noch weitestgehend unauffällig, auch wenn bereits jeder an der Hochschule von ihrem Verhältnis weiß.

An einem dieser Tage, als er aus dem Gebäude der Parteileitung tritt, sieht Willi Sitte noch blasser aus, und seine Hände zittern noch länger als sonst. Vor ein paar Minuten war er zur Rede gestellt worden:

»Du hast 20mal gesagt, daß Du die Linie der Partei vertrittst. [...] Aber wenn du Dich in Situationen, wo es um unsere Kulturpolitik geht, nicht richtig verhältst, sind das für uns nur Lippenbekenntnisse«, sagt einer der Genossen. Bernard Koenen, Parteisekretär der SED in Halle, wird im nächsten Moment noch deutlicher: »Wie war es vor 15 Jahren, Genosse Sitte, als Du zu uns kamst. Im Parteihaus haben wir Deine Bilder ausgestellt, als Du von Heiligenstadt gekommen warst, was war da los? Ich glaube, die Partei ist mit niemandem so gut umgegangen, wie mit dir und du musst mal langsam anfangen, mit der Partei genauso gut umzugehen.«[36]

Obwohl Christa Wolf ihn darum gebeten hatte, hat Willi Sitte seine öffentliche Aussage, nie wieder an einer großen Deutschen Kunstausstellung teilzunehmen, noch immer nicht zurückgezogen. Ingrid Dreßler und Willi Sitte schweigen lange an diesem Januartag. Wenig später, am 02.02.1963, veröffentlicht die *Freiheit* einen Artikel mit dem Titel »Meine ganze Kraft für den sozialistischen Realismus«:

»In vollem Umfange hat mir das Ergebnis des VI. Parteitages u. a. wieder Aufschluß gegeben darüber, welche Bedeutung die

Kunst beim Aufbau einer sozialistischen Gesellschaft hat. Schon die vorangegangenen Diskussionen und Aussprachen, die im Zusammenhang mit der Veröffentlichung eines Teils der Rede des Genossen Koenen auf der 2. Tagung der 6. Bezirksdelegiertenkonferenz der SED (»Neues Deutschland« vom 19. Dezember 1962) stattgefunden haben, zeigten mir in aller Deutlichkeit, daß ich bezüglich der V. Dresdner Kunstausstellung nicht immer in vollem Umfange die Positionen meiner Partei vertreten habe. Obwohl es mir immer um die Untermauerung und Stärkung des sozialistischen Realismus ging, habe ich mich in der Diskussion in Bezug auf diese Ausstellung durch falsche Relationen leiten lassen. Ich habe untergeordneten Fragen vorrangige Bedeutung beigemessen, dabei habe ich übersehen, daß es in erster Linie bei der Durchsetzung des Bitterfelder Weges um die Einheit von Kunst und unserem sozialistischen Leben ging.

Ich bekenne mich voll und ganz zu den Beschlüssen meiner Partei; denn nur von einem solchen parteilichen Standpunkt aus kann es möglich sein, über noch offene, noch nicht geklärte Probleme, zu streiten, aber immer in dem Sinne, die Kunst in der DDR stärken zu helfen. Für die Erfüllung dieser Aufgabe will ich meine ganze Kraft aufwenden, die volle Entfaltung und endgültige Durchsetzung des sozialistischen Realismus in der Kunst mit meinen Möglichkeiten sichern zu helfen.

Willi Sitte«[37]

Er übt wie seine Lyrikerfreunde Selbstkritik. Eine typische Parteistrafe für Abweichler im Sozialismus. Auf Fehlverhalten folgt Rüge, folgt öffentliches, oftmals medial wirksames Eingestehen. Sarah und Rainer Kirsch haben es vorgemacht, auch Willi Sitte hat es in diesem Winter getroffen. Bei den abendlichen Treffen in seinem Atelier sind die Künstler zu dieser Zeit schon so sehr mit der Maßnahme vertraut, dass sie sich gegenseitig beim Schreiben helfen können. Kurz zuvor, noch im Dezember 1962, hatte ein IM der Stasi über Willi Sitte folgende Notiz verfasst:

»Er forderte, daß wir breiter sein müßten in der Auffassung von Parteilichkeit. Er versteht darunter folgendes: Nach seiner Auffassung steht er fest zur DDR und will mit seinem Schaffen dem Aufbau der DDR dienen. Wenn er nun bei diesem Bestreben den besten Weg dazu zu finden einmal einen Fehler begeht, dürfte es nicht vorkommen, daß man deshalb ihm gegenüber laufend Vorurteile hat, wie das gegenwärtig der Fall ist, sondern man soll überzeugt sein von seiner Gutwilligkeit.«[38]

Lagebericht Sitte

Ein IM, der Willi Sittes Wutverhalten rund um den kulturellen Ideologiekrieg zwischen Dozenten, Künstlern und Partei beobachtet, ist der IM »David Friedrich«. Ein ehemaliger Burg-Student der Architektur, der später dort als Prorektor arbeiten wird.

Dieser notiert während der für Willi Sitte desaströsen V. Deutschen Kunstausstellung in Dresden dessen Kritik an der Entwicklung der Kunst und Kulturpolitik in der DDR:

»Er bestand auf seiner Forderung, eine fundierte marxistische Kunsttheorie auf wissenschaftlicher Grundlage, müsse Fundament der Kunstdiskussion sein. Aus diesem Grunde sind die Kritiken an seinen Bildern seiner Meinung nach unqualifiziert und unwissenschaftlich (zu gefühlsbetont). Folglich spricht er den Funktionären das Recht ab, zu urteilen. Auch nach der Aussprache im Sekretariat der BL würde er nie so malen, wie die Dresdner Künstler, die durch die Partei ausgestellt wurden.«[39]

Ich habe mich mit »David Friedrich« verabredet. Das war gar nicht so schwer. Schließlich wurden die bürgerlichen Namen der Inoffiziellen Mitarbeiter kurz nach der »Wende« einfach für jeden Bürger der DDR gut sichtbar ausgehängt und am Rande der Legalität verbreitet, wie es etwa in Halle durch die Bürgerrechtsbewegung *Neues Forum* geschah, die knapp fünftausend Spitzel-Decknamen mit Angabe der echten biografischen Daten, inklusive dem Wohnort der Personen, ausgehangen haben.[40]

»Friedrich« hielt jahrelang in krakliger Handschrift das beobachtete Geschehen an der Burg Giebichenstein fest und dürfte also bestens Bescheid wissen, wie Willi Sitte damals aufgetreten ist. Er wohnt seit Anfang der 1970er-Jahre in einer Plattenbausiedlung in im Sommer sehr schönen, im Winter furchtbar trostlos anmutendem Bad Doberan in Mecklenburg-Vorpommern an der Ostsee. Im damaligen DDR-Bezirk Rostock war das ein begehrter Wohnort, ein Ostseekurort mit diesen praktischen Plattenbauten, von denen es damals noch nicht allzu viele gab.

Es wird für mich das erste Mal sein, dass ich mit jemandem spreche, der für die Stasi gearbeitet hat. Menschen, die ich bisher nur aus Filmen wie *Der Rote Kakadu* (2006) oder *Das Leben der Anderen* (2006) kenne und mir immer wie die grauen Herren aus *Momo* vorgestellt habe. Vielleicht ist mein Blick deswegen etwas verzerrt in dieser Betongegend, in der »David Friedrich« lebt. Es sieht aus wie ein gemachter Ort für zerkratzte Biografien. Vereinzelt laufen hier ein paar wirklich vom Alltag ermüdet aussehende Personen mit roten Wangen, blutblau unterlaufenen Lidern und hängenden Mundwinkeln über den Rasen, die eher von ihren ausgeführten Hunden gezogen werden, als dass sie sich freiwillig bewegen. Vorbei an schlaff hängenden Wäscheleinen und dünn bewachsenen Hecken, rauf auf den schmalen Granitfußweg zwischen den einzelnen Komplexen, der in den farbgleich grauen Bürgersteig vor der Hauptstraße mündet und sich mit dem Grau der Wohnungsfassaden deckt. Und immer wenn einer der Hunde eine neue Richtung einschlägt, hört man die Besitzer seufzen, müde oder neidisch auf den Tatendrang ihres Tieres. Alle schnaufen, niemand redet.

»Guten Tag.«

»Hm.«

»David Friedrich«, bis 1972 an der Burg, danach bis 1991 als Leiter der Fachschule für Angewandte Kunst im Bad Doberaner Stadtteil Heiligendamm tätig, hat seine Wohnung im vierten Stock.

An den Wänden hängen Zeichnungen, altmeisterliche Studien von Tieren, Muskeln, Bewegungen. Als Architekturstudent habe er das Naturstudium bei Willi Sitte besuchen müssen. Oberflächenzeichnungen, Baumrinden – ganz wichtig. Das sei in den 1950ern gewesen. Er ist aus einem Dorf bei Cottbus an die Burg Giebichenstein gegangen. Seine Eltern haben in Wilhelmshaven gewohnt – aus politischen Gründen sei er aber nicht in die DDR. Doch aus welchen genau, will er nicht sagen, das führe zu weit.

Kaum einer hat das Burg-Geschehen in den späten 1950ern bis Mitte der 1960er-Jahre genauer beobachtet als er. Jahrelang schrieb er Berichte, Einschätzungen und Analysen und vor allem: über das Verhalten Willi Sittes. Inzwischen ist er fast neunzig, und seine Erinnerungen an diese Zeit liegen gut sechzig Jahre zurück. Auf der Armlehne seines Sofas liegt eine geöffnete Schachtel Halloren-Kugeln, diese halleschen Schokoladenpralinen, die genau wie Mozartkugeln in Salzburg an jeder Ecke der Stadt massenhaft verkauft werden. »David Friedrich« ist gemeinsam mit seiner Frau, ebenfalls einer Burg-Studentin, vor einem halben Jahrhundert hierhergezogen. Eine Wohnung mit Balkon mit Platz für anderthalb erwachsene Personen. Vor der »Wende«, noch bevor weitere Plattenbauten seinen Wohnkomplex umzingelten, hätte man die Ostsee von hieraus sehen können, sagt er.

»Das waren meine tollen Privilegien, die ich dafür bekommen habe, in dem Laden mitgemacht zu haben«, sagt er und setzt sich in einen Sessel. Ich sitze ihm gegenüber.

»Sie haben trotzdem noch weitergemacht, hier in Bad Doberan, oder?«

»Natürlich. Da kommst du nicht von los.«

»Diese ganzen Berichte, die Sie geschrieben haben«, sage ich. »Haben Sie darin irgendeine Sinnhaftigkeit gesehen?«

»Ja«, sagt er und legt den Kopf leicht in den Nacken, bevor er sich mir zuwendet.

»Ich werde Ihnen auch sagen, wieso. Sie bekommen Ihre Antworten. Ich bin Ihnen keine Rechenschaft schuldig, aber ich will es Ihnen sagen. Aber dafür muss ich etwas über Willi erzählen, in Ordnung?«

»Natürlich.«

»Willi geriet ja ständig ins Sperrfeuer der Partei. Aber ganz schlimm: ein Erlebnis. Willi hatte an dem Teppich *Ikarus* gearbeitet. Als dann ein paar Waggonbauer aus Ammendorf in die Burg kamen, um das Werk zu begutachten, haben auch die richtig gegen ihn geschossen. Wir Studenten saßen alle im Hörsaal. Und vorne die Brigade – die haben ihn fertiggemacht. Willi versuchte ihnen klarzumachen, dass ein Teppich anderen künstlerischen Maßstäben folgt als ein Ölbild. Und dass er das berücksichtigt habe. Das traf auf taube Ohren.«

In Zeiten des zugespitzten Formalismusstreits boten Teppiche im Gegensatz zu Malereien zumeist größere künstlerische Freiheiten. »David Friedrich« notierte jedoch 1963 Willi Sittes gezeigte Entrüstung bei einer Parteisitzung über die Äußerung des damals (noch) Ersten Sekretärs der Bezirksleitung Halle, Bernard Koenen, einen Teppich entworfen zu haben, den »ein westdeutscher Kapitalist seiner Frau schenken«[41] könne. Noch davor, 1958, entsteht jedoch sein Entwurf für den besagten Bildteppich *Ikarus*. Er zeigt einen Heißluftballonfahrer, der konzentriert Ballast abwirft, während ein Wissenschaftler im weißen Kittel am Reißbrett ein Flugzeug entwirft und gelangweilt dabei zusieht, wie ein nackter Ikarus mit aufgerissenem Mund und weißen Flügeln am Körper in die Tiefe stürzt. Gemalt in reduzierten Zügen und wenig Detailverliebtheit.

»Einer der Waggonbauer sprang auf den Tisch, zog seine Hose herunter, hielt den Hintern ins Publikum mit den Worten: ›Nun wird er dem Herrn Künstler mal zeigen, wie ein Arbeiterarsch aussieht‹«, erzählt »David Friedrich« aufgebracht. »Das ist passiert, ich war dabei.«

»Die altbekannten Probleme also«, sage ich und rutsche etwas aus diesem treibsandbequemen Sitzpolster des Sessels. »Aber wieso war die Stasi die ganze Zeit so sehr an der Burg interessiert?«

»Das weiß ich auch heute erst. Künstler sind sowieso anfällig. Das haben wir ja nun gesehen. Die sind nicht konform. Die musste man immer mal wieder auf Linie bringen, sonst fangen die an auszuscheren. Und Willi war immer ein Unsicherheitsfaktor, deswegen ja die Stasi.«

»Aber dann hatte er ja Selbstkritik geübt …«, sage ich.

»Das haben die Genossen ihm doch nicht wirklich abgekauft, was da los war. Willi war nie das straffe SED-Mitglied, das sie haben wollten. Ich war ja dabei in den 1960er-Jahren. Das war die Zeit des Kulturkampfes …«, sagt »Friedrich«. »Willi wollte doch nichts Böses. Er wollte einfach die Traditionen der proletarischen Kunst in die sozialistische Kunst retten. Das war seine Absicht. Und besonders seine Abstraktionen, die waren doch regelrecht für Bildteppiche gemacht, das war doch schön! Sowieso war sein Engagement in der Bildweberei so großartig. Die Studentinnen, die liebten ihn. Er hat schließlich auch den ganzen Laden umgekrempelt, zum Glück. Was er an dieser Hochschule geleistet hat, ist einfach …«

»Moment mal«, unterbreche ich ihn. »Entschuldigen Sie meine Irritation, aber ich frage mich bei alldem eine Sache: Wenn jetzt alles so schön und gut war, wieso haben Sie Willi Sitte dann die ganze Zeit beobachtet?«

»Glauben Sie ernsthaft, ich hätte das freiwillig gemacht?«

Was niemand an der Burg Giebichenstein weiß, ist, dass »Friedrich« bei Weitem nicht der linientreue Parteisoldat ist, für den er sich ausgibt. Eigentlich ist er aus Sicht der SED ein Feind: ein westdeutscher Christ, der auch noch Mitglied der *Jungen Gemeinde** ist und damit Teil einer Organisation, gegen die gezielt seit 1953, »Friedrichs« erstem Studienjahr, vonseiten der SED-Regierung vorgegangen wird. »Friedrich« wird sie bis zum Mauerfall heimlich unterstützen. Doch noch vor seinem Studium erfährt er, dass die Mitgliedschaft eine Aufnahme an der Burg unmöglich machen würde. Vermutlich hat er all das nicht preisgegeben, als er Anfang der 1950er-Jahre zu einem FDJ-Treffen delegiert wird, um dort mit einer Runde Gleichaltriger über Politik, die Burg, sein Architekturstudium zu diskutieren. Aber offensichtlich verrät er genug, damit einer seiner neuen Freunde eines Tages vor seiner Tür steht und mit ihm ein dringendes Wort über sein staatsfeindliches Verhalten wechseln möchte. Das Problem: »Friedrich« bezieht die westdeutsche Architekturzeitschrift *Baumeister*, die er von seinem

* Die *Junge Gemeinde* war eine Organisation der evangelischen Gemeindearbeit und gesellschaftlicher Ankerpunkt, um über Politik und Gesellschaft zu diskutieren. Ein Kreis, der gerade in den 1980ern ein Sammelbecken für systemkritische Jugendliche wird – egal ob religiös oder nicht. (Vgl. »Die Junge Gemeinde«, hrsg. v. *Bundeszentrale für politische Bildung und Robert-Havemann-Gesellschaft e.V.*, letzte Änderung Dezember 2019, https://www.jugendopposition.de/145421)

Vater aus Wilhelmshaven geschickt bekommt. Ganz legal. Das, so der Freund, offensichtlich ein hauptamtlicher Mitarbeiter der Stasi, sei ja auch gar nicht das Problem. Dass »Friedrich« diese Zeitschrift aber, wie er ihm selbst bei ihrem lustigen Treffen mitgeteilt hatte, unter anderen Bürgern der DDR in Seminargruppen weiterreicht und damit den amerikanischen Imperialisten durch Feindpropaganda in die Hände spielt, sei das wahre Problem und damit auch eine massive Gefährdung seines Studienplatzes. Er könne jedoch seine Treue gegenüber der DDR anderweitig beweisen …

»Wissen Sie …«, sagt »Friedrich«, »das fängt ganz harmlos an, und dann wird's ein bisschen mehr und dann noch mehr, und irgendwann vergisst man, wo die Grenze ist.«

»Friedrich«, der mit seiner jungen Frau christlich getraut ist und die gemeinsamen Kinder später taufen lassen wird – alles außerhalb von Halle –, plagt ohnehin eine latente Paranoia, immer mit irgendetwas aufzufliegen. Das ist leicht damals. Aber noch lehnt er ab. Vier Wochen wiederholt sich das Spiel mit einem weiteren der »Freunde«, und so geht das ein paar Wochen, bis »Friedrich« es gar nicht mehr so schlimm findet, sich auf eine Zusammenarbeit einzulassen. Nur wolle er niemanden verraten. Die Stasi versichert ihm, dass dies gar nicht notwendig sei. Sie bräuchten nur Lageberichte und Stimmungsbilder. Mehr nicht. Dafür aber mindestens einen Bericht pro Woche.

»IM David Friedrich:

Willi Sitte hat aktiv am Ernteeinsatz der Hochschule […] teilgenommen. Aus dem Leitungskollektiv der Hochschule war er […]der einzige der selbst bei der Kartoffelernte mitgearbeitet hat. Er leitete eine Gruppe von 10 Erntehelfern […], die in einer LPG Typ I eingesetzt waren. In der Arbeit war er stets seiner Gruppe Vorbild. Sein Arbeitseifer erregte sogar das Missfallen der Bäuerinnen, da er ›die Norm hochschrauben‹ würde.«[42]

»David Friedrich« wird wegen solcher Beiträge schnell von der Stasi klargemacht, dass er »keinen künftigen Nationalpreisträger vorschlagen, sondern Sachberichte verfassen soll«, erzählt er mir. Trotzdem wird seine Arbeit von seinem zuständigen Stasi-Leutnant weiterhin als »offen und ehrliche Berichterstattung« gewürdigt.[43] »Friedrich« erscheine »stets pünktlich zum Treff«[44] und sei »ehrlich bemüht […] zu unterstützen«.[45]Sein Aufgabenbereich wird daraufhin noch etwas zugespitzt. Er solle »Vertrauen zu Sitte festigen […]«[46] und schließlich konkret »über Sitte und sein politisches Verhalten berichten«.[47]»David Friedrich« führt den Auftrag weiterhin aus, notiert wie üblich in hektischer Handschrift seine Sitte-Berichte. Dabei liefert er dem MfS haufenweise Texte, die ebenso in einer Lokalzeitung hätten gedruckt werden können.

»Trotz seiner Vorbehalte gegenüber der Kunstpolitik der Partei, muß man ihm bescheinigen, daß er sonst auf dem Boden der Partei steht. Seine Kritik richtet sich gegen eine ›zu enge Auslegung des Begriffes sozialistischer Realismus‹, eine ›Vernachlässigung formaler Probleme‹ und eine ›Überbetonung des Inhalts‹: »Ein progressiver Inhalt kann nicht mit den überholten Ausdrucksmöglichkeiten der bürgerlichen Malerei ausgedrückt werden.«[48]

Und er bemerkt anlässlich der Diskussion zur V. Deutschen Kunstausstellung:

»Die Äußerungen von W. Sitte zeigen, daß er eine größere Toleranz in künstlerischen Fragen von der Partei fordert. Nach seiner Meinung sei die Auslegung des Begriffes ›sozialistischer

Realismus‹ auf dem Gebiet der bildenden Kunst zu starr. Seine Kritik ist nicht als schädigend aufzufassen, sondern versucht umfassend die Probleme zu klären.«[49]

»Ich hatte ja die Hoffnung, dass, wenn ich schon in diesem Laden mitarbeiten muss, ich wenigstens mit diesen Stimmungsberichten etwas ändern kann.«

»War das die Sinnhaftigkeit, von der Sie gesprochen haben?«

Er nickt: »Manche sagten mir nach der ›Wende‹, ich hätte ihnen damit geholfen, dass ich Sie nicht in die Pfanne gehauen hatte. Manche sagten, ich sei zu weit gegangen.

Das bin ich … Aber ich habe mich damals entschlossen, wenn die schon etwas lesen wollen, denen einfach die Wirklichkeit zu zeigen, das zu beschreiben, was ich sehe …«

Ein paar Tage später sitze ich selbst im Lesesaal des Stasi-Unterlagen Archivs in Berlin-Mitte, wie so oft in diesen Wochen. Vor mir befindet sich ein geöffneter Desktop-Ordner mit Unterlagen, die mir der mir zugewiesene Sachbearbeiter bereitgestellt hat. Ich lasse meinen Blick vom Computerbild durch den Raum wandern und streife konzentrierte Augen und schnelle Handbewegungen, die DDR-Alltag notieren aus Berichten, die aufgrund des offiziellen Auftrags festgehalten wurden, die DDR-Regierung zu schützen – heute einsehbar, weil sie gestürzt wurde. Die meisten Berichte wurden von Inoffiziellen Mitarbeitern verfasst, dem wichtigsten Instrument des MfS, die von offiziellen Mitarbeitern der Stasi unter dem Vorwand des Staatsschutzes dazu gebracht wurden, aufzudecken, was im Privatleben, in der Gesellschaft, in ihrem Arbeitsumfeld, ihrem Freundeskreis oder ihrer Familie geschah.[50] Ich scrolle durch meinen Download-Ordner. Betreff: Einfluss des MfS auf Willi Sitte.

Dutzende Akten Material seiner Überwachung. »Daß es eine fast flächendeckende Stasispitzeltätigkeit gab, habe ich wie viele andere erst nach der Wende erfahren«[51], hatte er in seiner Autobiografie geschrieben. Er selbst wird ab dem Jahr 1965 als IM »Guttuso« geführt, als perspektivischer Kontakt in den Westen.

Nach zehn Jahren wird seine IM-Tätigkeit wegen »politischer Unzuverlässigkeit« und mangelnder Berichterstattung eingestellt. Gleichzeitig wurden in den 1960er-Jahren drei inoffizielle Treffen protokolliert, bei denen Willi Sitte über die Situation an der Burg Giebichenstein und über seine Westkontakte sprechen sollte.* Jedoch ergab sich dabei für die Staatssicherheit so gut wie kein nutzbares Material.

Willi Sitte selbst behauptet, davon nie etwas gewusst zu haben. Bei seiner Anwerbung durch die Stasi fehlt außerdem eine Unterschrift – davon wurde abgesehen, heißt es im Protokoll.[52] Der Stasi-Experte Carl Boos erklärte mir, dass dies nicht unüblich war bei »Persönlichkeiten der Intelligenz«.

Ich muss in diesen Tagen oft an »David Friedrich« denken. Daran, wie ich ihn mir vor unserem Treffen vorgestellt habe – mit kalten Augen, einem zackigen Ton und einer akkurat aufgeräumten Wohnung, in der Aktentaschen und Papierstapel mit sorgfältigen Notizen von einer Neonlampe beleuchtet werden. Stasi-Spitzel. Da waren Wanzen in Wohnungen, das Knacken in Telefonleitungen und ratternde Schreibmaschinen. In meiner Vorstellung wirkten sie schnell selbst wie Maschinen. Von 1950 bis 1989 gab es über 600 000 von ihnen, wobei ihre Beschäftigungen vor allem zu Zeiten politischer Spannung und

* Diese Treffen fanden 1966, 1968 und 1969 jeweils in Willi Sittes Wohnatelier statt. Willi Sitte sollte über sein Verhältnis zu einer befreundeten kommunistischen Künstlergruppe in der BRD berichten und ein Protokoll seiner Rede zu deren Ausstellungseröffnung übergeben. (Vgl. Thomas Bauer-Friedrich, Paul Kaiser, *Willi Sitte –. Künstler und Funktionäre: eine biografische Recherche*, Dresden / Halle (Saale) 2021, S. 211–212)

erhöhter vermuteter Gefahren besonders anstieg. Wie hätte Willi Sitte reagiert, wenn »David Friedrich« ihm verraten hätte, ihn beschatten zu müssen? Hätte er an der seinerseits immer wieder betonten »Richtigkeit« des Systems der DDR festgehalten, wenn er erfahren hätte, dass er als »Feind« gesehen wurde, der aufs Schärfste beobachtet werden musste? Dem man nicht trauen konnte?

Als ich »David Friedrich« fragte, wie er Willi Sitte gerade in den frühen 1960er-Jahren erlebt hat, in den Jahren von Parteistrafen, Kritik und Krise, hatte er beim Wort Krise die Augen geschlossen und den Kopf geschüttelt.

»Das war die schlimmste Zeit, die ich völlig verdrängt habe. Eine Zeit, an die ich auch nicht mehr denken möchte. Nein, wissen Sie, Sie zwingen mich, über Dinge nachzudenken … Ich muss ehrlich sagen, ich habe das ausgeblendet … Man muss sich ja selbst schützen.«

Talent und Diktatur

1964 beobachtet der IM »David Friedrich« einen für die Stasi damals deutlich gefährlicheren Künstler, der von Willi Sitte an einem Freitagabend im Januar in die Burg Giebichenstein geführt wird, um dort aufzutreten – der Dichter und Liedermacher Wolf Biermann.

»In der Diskussion brachte er (d. i. W. Biermann) zum Ausdruck, daß er gegen jede ›Idiotenfröhlichkeit‹ und ›Schönfärberei‹ ist […] Der Sozialismus ist für ihn keine ›unbefleckte Jungfrau‹, er hat in der Stalinära schwere Schuld auf sich geladen, mit dieser Schuld müsse sich die jüngere Generation auseinandersetzen.«[53]

Der Leutnant, der »Friedrich« regelmäßig trifft, mit neuen Aufgaben ausstattet und dessen Berichte liest, ergänzt in einer anschließenden »Treffauswertung«:

»Wenn man bedenkt, daß Biermann wegen seiner Diskussionen im vergangenen Jahr von der Uni verwiesen und aus der Partei ausgeschlossen wurde, erscheint seine Verbindung zu Sitte, der den Lyrikabend organisierte, interessant.«[54]

Ein Konzert der von der SED ausgemachten Nummer eins unter den Störenfrieden der DDR-Lyrikszene mitten in der Burg. Es herrscht zu dieser Zeit ab 1963, nicht zuletzt durch das von der SED verfasste »Jugendkommuniqué«* und der damit verbundenen Bekanntmachung einer größeren gesellschaftlichen Freizügigkeit, eine kurze Phase der liberalen Hoffnung in der DDR. Gerade im Bereich Jugend- und Kulturarbeit. Nach dem VI. Parteitag beschließt Walter Ulbricht, sich dem Kurs des »Tauwetters«** in der Sowjetunion unter der Regierung Nikita Chruschtschows verstärkt anzuschließen, und verkündet fast schon väterlich: »Welchen Takt die Jugend wählt, ist ihr überlassen: Hauptsache sie bleibt taktvoll.«[55]

Dabei geht es um viel mehr: mehr Fortschritt, Entstalinisierungsprozesse und weniger Verbote. Aussichten, die Miss-

---

* Das von der SED am 21. September 1963 veröffentlichte »Kommuniqué des Politbüros des Zentralkomitees der Sozialistischen Einheitspartei Deutschlands zu Problemen der Jugend in der Deutschen Demokratischen Republik« versprach in der DDR eine zunehmende Duldung »westlicher Lebensweisen«. Dies geschah in Reaktion auf die in der Sowjetunion greifenden Liberalisierungsprozesse nach dem Tode Stalins. Das Jugendkommuniqué ermöglichte zu dieser Zeit zum Beispiel einen lockereren Umgang mit Beatmusik und Auftritte vorher ungeduldeter Musiker. (Vgl. Klaus Arnold, Christoph Classen (Hrsg.), *Zwischen Pop und Propaganda. Radio in der DDR*, Berlin 2004.)

** Gemeint ist die sogenannte Tauwetter-Periode, die in der Sowjetunion mit dem Machtwechsel von Stalin zu Nikita Chruschtschow einsetzt. Sie bedeutet eine Auflockerung des Stalinismus in Politik und Alltag und mehr kulturelle Freiheit.

trauen aufseiten des Kreises um Erich Honecker* schüren, der zu dieser Zeit der zweitmächtigste Mann der DDR ist. Aber Ulbricht forciert Reformen. Auch weil die DDR sich strukturell verändern und vor allem wirtschaftlich gehörig zulegen muss, um überhaupt noch eine Chance zu haben, einmal den Westen einzuholen. Nettes Nebenprodukt trotz bestehend wachsamer Zensurbehörden: weniger Tabus, mehr Möglichkeiten – alles im Sinne des angestrebten, gemeinsamen Aufbaus des Sozialismus.

So schreibt der Liedermacher und Lyriker Wolf Biermann, der gerade ein halbjähriges Auftrittsverbot hinter sich hat, Ende des Jahres 1963 an Willi Sitte:

»Lieber Willi, natürlich komme ich gerne Anfang '64 zu euch, wenn nur dafür gesorgt ist, daß möglichst viele Leute zuhören [...].«[56]

Zu dem Konzert kamen viele: ein ganzer Hörsaal voller Burg-Studierender. Unter ihnen Gerhard Schwarz, geboren 1940 in Halle. Heute ein hagerer, blasser Mann mit schwarzem Pullover und kariertem Hemd. Wir treffen uns in seinem Atelier in Halle-Neustadt. Kurz bevor Gerhard Schwarz sein Studium 1965 an der Burg beendet hat, wurde dieser Bezirk als ein Zentrum für Chemiearbeit eröffnet. »Es ist nicht schön hier, aber immerhin kann ich irgendwo arbeiten. Mein früheres Atelier ... lassen wir das, überhaupt, wir sollten uns gar nicht lange mit Nebensächlichkeiten aufhalten!«, sagt Gerhard Schwarz, noch während wir durch den Gang des Gebäudes gehen, in dem sich sein Atelier befindet. An den Wänden befinden sich seine Bilder an einer Halterung, aufgehängt wie

* Der spätere SED-Chef Erich Honecker (1912–1994) war zu dieser Zeit noch Sekretär für Sicherheitsfragen der DDR.

Jacken an Bügeln, die er zur Seite schiebt, sodass dann nur ihre Rückseiten zu sehen sind.

Während Gerhard Schwarz seinen Professor in seinem ersten Semester an der Burg im Februar 1961 mit seinem damaligen Großwerk *Memento Stalingrad* (1961) noch als hoch depressiv wahrnimmt, scheint Willi Sitte gut zwei Jahre später das neu erkannte Positive in seinen Bildern festhalten zu wollen. Er malt zur selben Zeit sich selbst, Ingrid und nochmals – im selben Setting, in Bauernkleidung – seine Eltern. Die sind diesmal jedoch in Aktion zu sehen, bei der Arbeit. Nicht mehr müde in der Küche, sondern im Hühnerstall. Der Gesichtsausdruck von Josef und Elisabeth Sitte wirkt plötzlich klarer und entschlossener. Willi Sittes erstes Elternbild *Meine Eltern von der LPG (I)*) wurde zwar auf der V. Deutschen Kunstausstellung gezeigt, aber weiterhin für ein wenig zu formalistisch gehalten. Gleich ein Jahr später folgt also eine Neuauflage des Bildes. Daneben entstehen Dutzende Skizzen, Grafiken und Zeichnungen. Rainer Kirsch findet, »Willi Sitte malt wie ein Berserker. Ein Bild schöner als das andere«[57], wie er den Wolfs 1963 mitteilt.

»Wenn es okay wäre, würde ich jetzt endlich einmal loslegen«, sagt Gerhard Schwarz. »Dafür sind Sie ja hier, nicht wahr?« Er wischt hektisch mit einem Arm herumliegende Skizzen vom Tisch und serviert, ohne groß zu fragen eine Flasche Sprudelwasser und »was zum Mischen« – Apfelsaft. »Willi Sitte, wo fang ich an?«, fragt er und fängt dann auch schon zu erzählen an.

Wie alle anderen Studierenden ist auch Gerhard Schwarz denkbar verwundert über den Besuch des Lyrikers aus Berlin.

»Ich habe beim Biermann-Abend nicht geklatscht«, sagt er

und verschränkt die Arme, ganz so, als würde er sein jüngeres Ich an diesem Abend nachspielen.

»Ich dachte, man will uns hinters Licht führen. Biermann hat Sachen gesagt, die konntest du eigentlich nicht sagen.«

Vielleicht hatte er Gedichte gelesen, ähnlich dem *An die alten Genossen*:

»Drum seid mit meiner Ungeduld nicht ungeduldig,
ihr alten Männer
Geduld ist mir die Hure der Feigheit
Mit der Faulheit steht sie auf Du und Du
Dem Verbrechen bereitet sie das Bett
Euch aber ziert Geduld
Setzt eurem Werk ein gutes Ende
In dem ihr uns den neuen Anfang lasst«[58]

Verse, die schon beim legendären Lyrikabend 1962 in der Ost-Akademie dafür gesorgt hatten, dass dieser zum Skandal wurde.

»Willi Sitte ging es zu dieser Zeit ja schon wieder besser«, sagt Schwarz. »Ja auch künstlerisch … da ging wieder mehr, aber die Zeitungen …– in Halle war das die *Freiheit*, kennen Sie die?«

Als ich nicke, verzieht Gerhard Schwarz langsam sein Gesicht zu einer echten Grimasse, so als würde ihm gerade ein Splitter aus dem Fuß gezogen werden.

»Furchtbar!«, ruft er. »Das konnte natürlich kein normaler Mensch ernsthaft lesen.«

Trotz des Hoffnung bringenden »Tauwetters« halten die Kritiker der Parteipresse an ihrer steifen Antiformalismus-Forderung fest, wenn auch in wohlwollenderem Ton.

In Ausstellungskritiken zu Willi Sittes 1964 ausgestelltem Triptychon *Brigade Heinicke aus der Karbidfabrik des Buna-Werkes* wird zwar nach wie vor bemängelt, dass die Form zu sehr den Inhalt dominiere, er aber auf dem Weg sei, sich von »schädlichen Einflüssen zu befreien«.[59] Das Gemälde ist wieder einmal ein Produkt zahlreicher Fabrikbesuche und vor Ort vorgenommener Studien. Es zeigt in Blau gekleidete Arbeiter mit zufriedenen, aber wenig euphorischen Gesichtern, die in ihrer Arbeit am Hochofen innehalten, dessen heiß-orange Atmosphäre das Bild prägt. Man sieht Arbeiter, wenn auch in blauer, zerknitterter Arbeitskleidung vor grauen Fabrikrohren rauchen, Kaffee trinken und in Pausenräumen lesen. Kein Werkpathos, nur Müdigkeit und zerknitterte Kleidung. Identifikationspotenzial für die Arbeiterklasse. Dass das Gemälde nicht abgehängt wird, empfindet Willi Sitte als Fortschritt und Folge der Liberalisierung der Kulturpolitik, und beschreibt dies rückblickend in seiner Autobiografie als »Erfolg«[60].

Gerhard Schwarz schaut an mir vorbei, während er redet. Streift sein Blick meinen, sieht er umso angestrengter aus dem Fenster, als würde er dort etwas suchen.

»Willi Sitte war ein gradliniger Mensch«, sagt Gerhard Schwarz unvermittelt, nachdem wir darüber diskutiert hatten, welche SED-Zeitung nun außer der *Freiheit* die schlimmste gewesen war. Das Fazit: alle.

»Sitte war keiner, der sein Mäntelchen nach dem Wind hängte. Das war er nicht«, sagt er weiter. »Ein toller Lehrer, und vor allem war er ein echter Virtuose, aber das war ihm auch klar, und deswegen …«, er räuspert sich. »Ich habe ein sehr differenziertes Bild, was Willi Sitte betrifft. Aber das ist ja alles Kritik auf einem hohen Level.«

»Sie haben doch gar nichts Kritisches gesagt.«

»Stimmt … es ist nur so … Willi Sitte ist für mich ein wenig ambivalent – er hat mich geprägt, aber …«, sagt Gerhard Schwarz leise.

Wenn Menschen wie Gerhard Schwarz aus einem vergangenen Leben erzählen, wirken sie wie begeisterte Reiseführer, die ihren Weg während ihrer Führung in Gedanken noch einmal selbst nachgehen, dabei aber vergessen, dessen Ende bereits zu kennen. Dann sprechen sie schneller, brechen ab in ihrer Wortführung oder sagen eben Dinge wie: »Möglicherweise … also ganz vielleicht … das klingt jetzt vielleicht ein bisschen hart …« Und manchmal wirken sie so, als hätten sie bei einem Rundgang etwas Beunruhigendes entdeckt, an dem sie ihre Gäste nun möglichst schnell vorbeiführen wollten, ohne dass diese etwas erahnen.

»Möglicherweise ist er seiner Virtuosität etwas auf den Leim gegangen«, sagt Gerhard Schwarz monoton.

Ich hebe die Augenbrauen, äußere ein fast stummes »möglich« und weiß nicht *genau*, was er damit meint. Die Arbeiter, die Willi Sitte nach 1965 malt, befinden sich plötzlich nicht mehr in der Pause, sondern durchgehend in Bewegung. Vor Schichtbeginn oder vor Feierabend. Jedenfalls kurz bevor etwas passiert. Vor allem sind sie damit beschäftigt, etwas zu beginnen.

Sein *Schuhanziehender Arbeiter* von 1966, der fast nur aus grauer Kleidung mit Falten zu bestehen scheint, streckt wie sein blutroter, muskelbepackter *Hoseanziehender Männlicher Akt* von 1967 dem Betrachter seinen Fuß entgegen. Das Gesicht des Ersteren scheint bereits die Farbe seiner Arbeitskleidung angenommen zu haben, und sein Blick wirkt kurz vor Arbeitsbeginn beim Zubinden der Schuhe abweisend, teilnahmslos und entzieht sich jeder Emotion.

Ganz im Gegensatz zum späteren Akt, der mit angestrengtem Blick auf sein Bein starrt, über das die Arbeitshose gar nicht schnell genug gezogen werden kann.

Mit jedem Jahr werden die Szenen kraftvoller und klarer.

Willi Sitte malt riesige Gemälde über den Vietnamkrieg, den »Großen Vaterländischen Krieg«, Mahnungen vor den neuen Auswüchsen des Faschismus im Westen, während sich seine Figuren immer mehr ins Übergestikulierte, Übergewichtige, überhaupt Übermenschliche entwickeln – und zu den späteren Sitte-Figuren werden, denke ich.

»Es war diese plötzlich politische Kunst – das war ja nicht ungewöhnlich, er war schließlich überzeugter Kommunist. Aber diese Form – das war dann schon eigenartig. Solche Riesengemälde, der dahinterstehende Aufwand, um politische Dinge so monumental darzustellen, und seine späteren Aktbilder, in so grotesken Farben …« Gerhard Schwarz macht eine Pause.

»Er war ein großartiger Könner, ohne Frage. Aber seinen Bildern haftete irgendwann etwas Typisches an, das die ganze DDR betraf. Dieses Rosa-Rötliche, also dieses Fleisch, was er malte. Dann diese oft lachenden Gesichter. Das hatte was Aufgesetztes, so wie die DDR eben auch war. Ich bedauere diese Leute, diese Künstler …«, sagt er, »was heißt, vielleicht bedauere ich sie auch nicht. Sie alle begleitet eine Tragik. Es geht mir um Menschen, die eine ganz starke Begabung haben, die sich dessen auch bewusst sind und wollen, dass die Öffentlichkeit das sieht … Und wenn solche Leute in einer Diktatur leben, dann haben sie es schwer, künstlerisch unabhängig zu arbeiten.«

Kahlschlag

Am zweiten Weihnachtsfeiertag des Jahres 1965 schreibt Willi Sitte an Christa Wolf: »Ich hoffe, daß Du, liebe Christa, einigermaßen wieder auf dem Damme bist – obenauf.«[61]

Fünfzehn Tage zuvor hatte das 11. Plenum des Zentralkomitees der SED stattgefunden, das als »Kahlschlagplenum« in die Geschichte eingehen sollte. Genauer gesagt als die Tagung, die urplötzlich jedwede Hoffnung der gesellschaftskulturellen Freiheit in der DDR, welche die Künstler zwei Jahre lang befeuert hatte, in weite Ferne rückte. Entscheidend dafür war ein geheimes Treffen Erich Honeckers mit dem Neostalinisten und Generalsekretär der KPdSU Leonid I. Breschnew gewesen, welcher die Politik seines Vorgängers Nikita Chruschtschow bereits im Vorjahr in der Sowjetunion wieder umgekrempelt hatte. Breschnew hieß Walter Ulbrichts Bestrebungen einer von Moskau ökonomisch unabhängigeren DDR ganz und gar nicht gut. Genauso wenig wie Honecker, der also auf dem Plenum dafür sorgen soll, dass Ulbrichts Reformpläne durchkreuzt würden. Als es dann dazu kommt, versucht ein überrumpelter Walter Ulbricht, wenigstens in seinen Herzensbereichen, der Wissenschaft und Ökonomie, zu retten, was zu retten ist. Er schließt sich also den Hetztiraden seines späteren Nachfolgers Honecker an und wettert mit ihm kurzerhand im Plenum gegen die, die Missstände im Sozialismus ganz gewiss nicht verursachen, dafür aber gut sichtbar machen. Jene, die damit dem Klassenfeind im Westen in die Hände spielen – kurz: die Konterrevolution vorbereiten würden –, natürlich die Künstler und Freidenker der DDR.

Und so entwickelt sich das, was eigentlich als Tagung zur wirtschaftlichen Entwicklung der DDR angelegt war, zu einer kulturellen Generalabrechnung mit dem Fazit: Dem zweijährigen Experiment einer freieren Kunst-, Kultur- und Jugendpolitik soll noch zur rechten Zeit vor einem endgültigen Kontrollverlust (oder der Verwestlichung) ein Riegel vorgeschoben werden. Unliebsame Filme, Theaterstücke, Schriften werden plötzlich rigoros verboten. Zum Entsetzen der Kunst- und Kulturschaffenden, die für die folgenden Jahre doch von noch mehr Freiheiten statt Verboten ausgegangen sind.* So notiert Christa Wolf kurz nach dem Plenum in ihrem Tagebuch: »Aber ein Vorhang ist hinter mir gefallen. Ein Zurück in das Land vor diesem Vorhang, ein harmloses Land, gibt es nicht mehr.«[62]

Willi Sittes Schaffen dagegen nimmt ab diesem Zeitpunkt einmal mehr an Fahrt auf. Im Gegensatz zur fatalen V. Deutschen Kunstausstellung ist er bereits fünf Jahre später auf der »VI.« (1967/68) so breit wie nie, mit gleich vier eingereichten Bildern, vertreten. Unter anderem mit seinem *Höllensturz in Vietnam* (1966/67) – ein dreiteiliges Tafelbild voll blutroter Körper in einem ebenso roten wie gelblich-braunen Farbinferno. Am Fuße des Bildes eine kleine Glaskuppel, aus der das amerikanische Volk dem Geschehen zusieht. Auf den Tafeln links und rechts vietnamesische Krieger und ganz unten in der Predella: das leidende vietnamesische Volk. Ansonsten zu sehen ist eine US-Flagge, das Eiserne Kreuz der Bundeswehr und im Hintergrund: Hitler und Goebbels. Klare Aussage.

Die Werke vom Karikaturisten Herbert Sandberg, einem langjährigen Freund Willi Sittes und Kopf eines stasiüberwachten Kritikerkreises, waren auf der Ausstellung nicht vertreten. Angeblich aus Platzmangel. Gegenüber einem IM äußerte sich Sandberg zu Willi Sittes *Höllensturz*. Das Bild sei nur ausgestellt worden, »weil dieses Thema aktuell ist, von Kunst könne da keine Rede sein. Einige Künstler verständen es eben, von heute auf morgen so umzuwechseln und immer das Gewünschte und Gefragte gleich zur Hand zu haben«.[63]

Einer der Münchner Künstlerfreunde Willi Sittes und ehe-

---

* Eine umfassende Beschreibung der Verhältnisse um 1965 und die Hintergründe des Kahlschlagplenums finden sich im Buch *1965: Der kurze Sommer der DDR* von Gunnar Decker. Mein Wissen in diesem Kapitel und folgenden über die 1960er-Jahre der DDR fußt auf diesem Buch sowie auf Telefonaten und E-Mail-Kontakten mit dem Autor selbst.

maliges DKP-Mitglied, Guido Zingerl*, der mich zu sich eingeladen hat, erinnert sich an die Entstehungsgeschichte des Bildes. Wir haben in seinem Haus in der Nähe von München zwei Stunden wunderbar viel, doch kaum über Willi Sitte gesprochen, aber über die Sache mit dem Vietnambild. Er konnte sich bei unserem Treffen daran erinnern, wie Willi Sitte, der 1965 gerade wegen einer Ausstellung in München war, sich mit ein paar weiteren Künstlern vorgenommen hatte, gegen den amerikanischen Imperialismus zu malen. Nur hätte Willi Sitte, »wie es aussieht, ernst gemacht«. Willi Sitte sucht in dieser Zeit immer noch nach dem bestmöglichen Ausdruck. Immer wieder betont er das in seiner Autobiografie. In einer Zeit, in der sich die Frage der Parteilichkeit innerhalb der Kunstszene immer mehr zuspitzt.

Zwischen diesen Jahren, zwischen Jugendkommuniqué und Kahlschlagplenum, stellt er seinen *Rufer II* fertig. Das Gemälde zeigt einen Mann in Arbeiterkleidung, der seine Hand zum Trichter geformt vor den Mund hält, in der anderen hält er eine Zeitung. Das Hemd des Arbeiters ist knittrig, das Haar kurz geschoren, nur das Brusthaar lässt ihn erwachsen wirken. Hinter ihm ragt ein Gerüstbalken in die Höhe. Dahinter eine mehrfarbig kolorierte Wand mit abgerissenen Plakaten.

Kurz vor der Fertigstellung bekommt er Besuch vom neuen Leiter der Bezirksleitung der SED in Halle, Horst Sindermann, der eines Nachts vor Willi und Ingrid Sittes Haus steht. »Ich weiß noch, dass wir da schon geschlafen haben und Horst ein bisschen betrunken war«, hatte Ingrid mir bei einem Gespräch

* Guido Zingerl gehört in den 1960ern zur kommunistischen Münchner Künstlergruppe tendenzen, welche auch die gleichnamige Zeitschrift *tendenzen – Zeitschrift für engagierte Kunst* in der BRD vertrieb. Die Gruppe ist vor allem in den 1960er-Jahren eng mit Willi Sitte befreundet.

gesagt. »Jedenfalls hatte er Willi versichert, all das wiedergutzumachen, was er ihm angetan hatte.« Mehr als zehn Jahre zuvor war Sindermann noch Chefredakteur der SED-Zeitschrift *Freiheit* gewesen, in der er Willi Sitte und seine Kunst öffentlich als Unterstützer des Monopolkapitalismus diffamiert und ihn im »Gestrüpp des Formalismus« verirrt gesehen hatte. Jetzt, im April 1963, löst Sindermann Bernard Koenen als Ersten Parteisekretär der Bezirksleitung der SED in Halle ab. Also den Mann, der Willi Sitte noch vor ein paar Wochen in jeder Parteisitzung mehr und mehr in die Enge gedrängt und schließlich zur Selbstkritik gezwungen hatte. Der Wechsel bedeutet für Willi Sitte eine große unverhoffte Veränderung. So schreibt Willi Sitte an Christa Wolf:

»Horst Sindermann hat anläßlich einer öffentlichen Veranstaltung gesagt, daß er seine ganze Kraft darein setzen will, um den Bezirk Halle zu einem Mekka der Kultur zu machen, nachdem er die bisherige Kulturpolitik bei uns unmißverständlich kritisierte. Es passiert schon allerlei. Mein abgelehntes Bild in Dresden hat er vom Fluch der Verdammnis gereinigt. Die erst so entschieden dagegen sprachen, sparen jetzt nicht mit anerkennenden Worten. Wir sind leider immer noch von solchen Zufällen im starken Maße abhängig.«[64]

Aber für Zufälle dürfte Willi Sitte die Geduld fehlen. Ein IM der Stasi notiert:

»Ob zwar man den Maler, Herrn Willi Sitte, durchaus als einen guten Künstler bezeichnen kann […], wird jedoch für viele andere seine menschliche Handlungsweise und damit die ganze Person äußerst fragwürdig. Herr Sitte ist z. B. seit Jahren krampfhaft bemüht, eine besondere Rolle zu spielen. In der letzten Zeit ist ihm das ja gelungen. Seit Jahren versucht er jedoch besondere Persönlichkeiten unserer Entwicklung [...] zu sich einzuladen und mit ihnen über seine künstlerische Produktion zu sprechen. Im Kreise der Kollegen und in der Öffentlichkeit sind das die entscheidenden Funktionäre auf diesem Gebiet solange, bis sie bei Herrn Sitte im Atelier waren und wenn sie sich dort erlaubt haben, Kritik an seinen Bildern zu üben, dann waren es anschließend Kulturbanausen, Funktionäre, die von Kunst keine Ahnung hatten. [...] Genauso ist es z. T. mit dem 1. Sekretär der Bezirksleitung der der SED in Halle, Herrn Sindermann, wo bei jeder Gelegenheit Herr Sitte durchblicken lässt, wie eng er mit Herrn SINDERMANN befreundet ist und sich mit solchen Bekanntschaften noch bedeutungsvoller macht.«[65]

Vermutlich dürfte der Informant nicht gerade begeistert davon sein, dass seine Skepsis so gar keine Folgen zu haben scheint. Das *Rufer*-Bild geht später als Geschenk an Horst Sindermann. Und am 19.03.1964 notiert die Stasi: »Positiv hat sich bei der Entwicklung des Sitte der Einfluss des Kandidaten des Politbüros und 1. Sekretärs der Bezirksleitung der SED Genosse Sindermann ausgewirkt, der einen guten Kontakt zu Sitte pflegt. Aufgrund der positiven Entwicklung des Sitte, wird die Operativ-Vorlaufakte zur Einstellung gebracht.«[66]

Willi Sittes *Rufer*-Thematik ist nicht neu. Das erste Bild dieser Art entsteht 1959, ein Jahr nachdem er die Beziehung mit Jutta Harnisch begonnen hatte. Seine zwei *Rufenden Frauenakte** entstehen inmitten der Trennung von ihr und seiner Ehefrau Irmgard, in Zeiten seiner psychischen Krise. Und sein drittes Bild dieser Reihe entsteht 1962, auf der Schwelle zur Genesung.

---

* Einen dieser *Rufenden Frauenakte* schenkte Willi Sitte Jutta Harnisch. Das Werk hängt noch heute in ihrer und Klaus Harnischs Wohnung in Berlin.

Das darauffolgende *Rufer*-Bild von 1964 löst ein eigenartiges Gefühl in mir aus. Etwas zwischen Nervosität und Irritation. Ich weiß nur nicht genau warum. Dieser Arbeiter ist einer der ersten neuen Sitte-Figuren, noch keine dieser sehr ruppigen, kraftvollen Gestalten. Aber eine, die mit dem Betrachter interagiert. Die Zeitung, die der Arbeiter im Bild in der Hand hält, ist das *Neue Deutschland*. Für einen Arbeiter nicht ungewöhnlich. Also klassischer Alltagspop oder doch vielmehr das, was Willi Sitte später selbst ganz offen erklären wird?: »Ich möchte mit meinen Bildern Agitation machen, politische Agitation.«[67]

Mir fällt ein, was der Schriftsteller Volker Braun mir über eine kurze Begegnung mit Willi Sitte erzählt hat. Ich hatte nach meinem Gespräch mit Gerhard Wolf erfahren, dass Volker Braun nur drei Straßen von ihm entfernt lebt. Er war jedoch nicht zu Hause. Immer wieder versuchte ich ihn daraufhin anzurufen und hatte mir seinen, zur Zeit des Jugendkommuniqués entstandenen Lyrikband *Vorläufiges* in einem Antiquariat bestellt, um ihm davon als eine Art Eisbrecher zu erzählen. Als er nach Tagen ans Telefon ging, bedankte er sich und sagte mir, dass er sich nur kurz zu Willi Sitte äußern könne, und dass diese Begegnung auf eine Zeit weit nach dem Kahlschlagplenum fiele: »Willi Sitte hatte mir gesagt, dass wir Schriftsteller jetzt umso schärfer schreiben müssten. Mir gefiel diese Haltung, ungeachtet einer Differenz. Er meinte gewiss: an den Westen gerichtet, ich meinte eher: an den eigenen Ort.«

Willi Sitte bekommt ab der zweiten Hälfte der 1960er-Jahre mehr Preise, stellt im Westen aus, hält zu seinen dorthin geflohenen Freunden weiterhin Kontakt, auch wenn ihn die Partei deswegen fortwährend ermahnt. Gleichzeitig ist er zwischen den Spannungen seiner Künstlerfreunde und seinem eigenen politischen Verantwortungsbewusstsein gefangen.

Sehr wahrscheinlich nahm die Vehemenz in Willi Sittes Tonfall wie auch die Kraft in seinen Bildern bereits damals zu, als er in dieser angespannten Zeit im Kontakt mit anderen Künstlern und Schriftstellern noch versuchte, zwischen den Positionen zu vermitteln. Schließlich wurde dies von Mal zu Mal schwieriger, wenn die Partei den Künstlern immer mehr das Gefühl gab, nicht gefragt, sondern höchstens eingesetzt zu werden wie Maschinen – ohne dabei den Tagesprozess zu stören.

»Willi hatte sich dann doch entschieden, aktiver in die Politik zu gehen«, wird sein langjähriger Dichterfreund Rainer Kirsch später sagen. »Er nahm Funktionen an, und so. Ich will gar nicht sagen, dass wir uns gestritten haben. Er hatte den Streit vermieden – indem er plötzlich uninteressiert an mir wurde.

Das habe ich auch verstanden, und infolgedessen ging ich nicht mehr hin. Das sage ich nicht als Vorwurf. Jeder muss wissen, wie er zurechtkommen will. Und ich sage mal so: Personen wie ich, das war dann kein Umgang mehr für ihn.«[68]

1967 porträtiert Willi Sitte ihn noch. Als Willi Sittes Tochter 1966 geboren wird, erhält sie sogar noch den Vornamen von Rainer Kirschs Ehefrau: Sarah.

Aber bereits ab Mitte der 1960er-Jahre beginnt die Dreier-Lyrik-Künstlerverbindung »der Kirschen«, die sich 1968 voneinander scheiden lassen, »der Wölfe« und der Sittes stückchenweise zu zerbrechen.

Zuerst weichen ab 1965 die persönlichen Briefwechsel zwischen Christa und Gerhard Wolf und Willi Sitte kurzen Grußkarten und enden als förmliche Schreiben in einem Schriftverkehr zwischen Persönlichkeiten der Kulturszene: »Liebe Christa, wie abgesprochen wende ich mich an dich mit der Bitte.«[69] Solche, die sich auf hohen Anlässen respektvoll zuprosten und sich nicht mehr als Christa und Willi grüßen, sondern sich eben in einem letzten Brief von 1969 mit »Dein Willi Sitte«[70] verabschieden.

Sie haben »an unterschiedlichen Orten« gelebt, das hatte Gerhard Wolf bei meinem Besuch gesagt, fällt mir ein.

Vom Ende der Schwierigkeiten

Vor Kurzem stieß ich auf ein Buch, das anhand von Interviews das Leben eines weiteren Sitte-Bruders erzählt: Rudolf Sitte. *Ein Leben für die Katz.*[*] Er war ebenfalls Künstler, lebte in Dresden und steckte in den 1960er-Jahren andauernd in Schwierigkeiten.

Die Memoiren der drei Brüder Willi, Franz und Rudolf Sitte überschneiden sich ungefähr im Frühling 1966 mit einem gemeinsamen Zukunftsplan, der das nächste Jahrzehnt etwas reibungsloser gestalten sollte. Wann *genau* ein Treffen dazu stattfand, geht aus ihren Aufzeichnungen nicht hervor. Aber das macht ja nichts. Zeit also für ein wenig Spekulation:

Nehmen wir also einmal an, es ist Rudolf Sittes Geburtstag, der 13. Mai.

Oder nehmen wir an, sie treffen sich erst am Sonntag zwei Tage später an seinem Wohnort in Dresden. Auch an diesem Tag geht es wieder um Probleme. Vielleicht ist eine ziemlich nüchterne Äußerung von Willi Sitte, die er zehn Jahre später tätigen wird, auch mit solchen Tagen zu erklären.

---

* Bei diesem Buch handelt es sich ursprünglich um einen Selbstdruck, den Rudolf Sitte (1922–2009) veröffentlicht hatte. Ein, wie der Journalist Reinhard Kärbsch aus Kamenz mir sagte, »völlig wirrer, aber interessanter Text«, den er als langjähriger Freund von Rudolf Sitte auf dessen Wunsch hin weiterführte und als Biografie in Interviewform 2021 herausbrachte.

»Neue Erkenntnisse und Erfahrungswerte, neue Errungenschaften bringen wiederum neue Probleme mit sich.«[71]

Aber zurück in das Jahr 1966 und diesen halbfiktiven (Geburts-) Tag:

Wie könnte er ablaufen?

Vielleicht riecht es im Haus nach böhmischem Apfelkuchen. Den mag Willi Sitte am liebsten. Es wird wenig Alkohol geben. Weder Rudolf noch Franz Sitte trinken gern. Ihr Bruder Willi schon, im besten Fall Rotwein.

Wenn Ingrid Sitte im Raum ist, wird er nicht rauchen dürfen. Sie ist schwanger und wird im Oktober ihre gemeinsame Tochter Sarah zur Welt bringen. In diesem Jahr ihre Diplomprüfung zu absolvieren, ist ein Entschluss, von dem sie sich aber trotzdem nicht abbringen lässt. Von Rudolf Sittes Haus in der Egon-Erwin-Kisch-Straße kann man das Treiben im Dresdner Beutlerpark beobachten. Und auch wenn diese städtische Hügelfläche natürlich keinen Vergleich zum Harzer Wald direkt vor der eigenen Haustür bietet, spielen Franz Sittes Töchter dort gern. Die jüngste, meine Großmutter, hatte gerade Jugendweihe.

Willi Sittes Sohn, Volkmar, ist inzwischen neunzehn und hat zu seinem Vater kaum mehr Kontakt, seitdem seine Mutter Irmgard mit ihm vor drei Jahren nach Frankfurt (Oder) gezogen ist. Willi Sitte hatte sich noch um eine Wohnung für die beiden gekümmert.

Vielleicht haben sich die drei Brüder an diesem Tag in eine Ecke von Rudolfs Wohnzimmer verzogen und sehen von dort aus zu ihren Frauen – Marta, Jutta und Ingrid Sitte. Sie alle sind ihnen in Zeiten der Krise begegnet. Marta hatte Franz Sitte kennengelernt, als er im Krieg zum Reichsarbeitsdienst geschickt worden war. Jutta hatte Rudolf Sitte getroffen, als ihn die Partei im Zuge einer Strafe aufgrund von »formalistischen

Verirrungen« in die Produktion zur Wismut ins Erzgebirge geschickt hatte*, und Ingrid hatte zum ersten Mal mit Willi Sitte Bekanntschaft gemacht, als der gerade seinen zweiten Selbstmordversuch überstanden hatte und von einer außerordentlichen Parteisitzung in die nächste geschlittert war.

Die Brüder müssen reden. Natürlich stecken sie wieder in der Klemme.

Gut eine Woche zuvor, am 09.05.1966, hatte die Ausstellung »Wir lieben das Leben« anlässlich des 20. Jahrestags ihrer Partei, der SED, in Berlin stattgefunden. Das *Neue Deutschland* schreibt: »Malerische Versuche [...] stellten Willi Sitte mit seinem riesigen Simultangemälde ›Leuna 1921‹ und Werner Tübke mit seinem allegorischen Bild ›Lebenserinnerungen des Dr. jur. Schulz‹ dar.« Während über die Arbeit des Leipziger Malers Werner Tübke jedoch fünfzehn Zeilen im ND-Archiv zu lesen sind, bekommt Willi Sittes Bild gerade mal vier gewidmet, wovon die letzte Zeile lautet: »Die Erfahrung muß erweisen, welcher Weg der künstlerisch fruchtbarere ist.«[72] Dahinter steht eine Tagung des Verbandes Bildender Künstler (VBK) auf der besagten Ausstellung vom Mai 1966, die heute im Archiv des DDR-Funks DRA zu sehen ist: Diskutiert wird Willi Sittes Bild *Leuna 1921* (1965/66).

---

* Rudolf Sitte arbeitete dort in der Uranerzproduktion, später sogar freiwillig in einer sogenannten »einhundertsechzig Prozentstelle«, die ihn verpflichtete, drei Monate lang 160 Prozent über der Normalleistung zu arbeiten. Eine auch unter Normalbedingungen extrem gesundheitsschädigende Tätigkeit, die Rudolf aber nur deswegen nicht abschreckte, da er das als »bescheidene Wiedergutmachung für meine Kriegstaten als Wehrmachtssoldat« (Reinhard Kärbsch, *Über Kunst, Katzen und Keramik*, S. 65) sah, während etliche, »normal« dafür fest angestellte Arbeiter dort nicht einmal das Rentenalter erreichten. Was vielleicht auch erklärt, wieso Franz Sitte in den 1950ern relativ erfolglos war, als er in Wernigerode mit Eifer versuchte, für genau diesen Arbeitgeber *Freiwillige* anzuwerben.

Er hatte dazu vor Ort Studien in den Leuna-Werken Walter Ulbricht vollzogen und bei der Gelegenheit den historisch zerschlagenen Arbeiteraufstand von 1921 thematisiert. Fotos aus diesem Jahr sowie seine Beobachtungen im Werk sind seine Arbeitsgrundlage.

Das fast fünf Meter große Simultangemälde zeigt auf seiner linken Hälfte bedrohlich einreitende Militärs, über dessen Körpern sich ein gieriger Kapitalist wie ein Geist erhebt. Zu ihren Füßen liegen Arbeiter, die sich besonders auf der rechten Seite zurückziehen und in ihrem Leid gezeigt werden. So steht eine schwangere Frau neben ihrem getöteten Mann, hinter dessen Leichnam sich eine rote Faust in den Himmel emporhebt. Und zwischen all dem ganzen Chaos schimmert rot leuchtend eine dreiköpfige Figur mit ausgestreckten Armen – zukunftsweisend.

Bei der Ausstellung in Berlin meldet sich zuerst Bildhauer Jürgen Woyski zu Wort, der vor das versammelte Publikum tritt, auf genau diese dreiköpfige Hauptfigur deutet und entsetzt sagt: »Ich möchte mit ihm sympathisieren, aber ich kann es nicht. Es ist mir einfach zu monstrumhaft.«*

Willi Sitte mit Brille und müden Augen – die gerunzelte Stirn kämpft um das letzte bisschen Optimismus zwischen Abgenervtheit und Verzweiflung, wenn die Kulturwissenschaftlerin Eva Schulze-Knabe in aufgeregtem Dresdner Dialekt sein Werk vor versammeltem Publikum kommentiert: »Malt er das Bild für Intellektuelle?«, und wie wild mit den Armen fuchtelt, während ihre Stimme immer keifender wird. Sie scheint sicht-

* Die Zitate der Kunstwissenschaftlerinnen und Künstler, die hier verwendet wurden, sind der Diskussion bezüglich Willi Sittes ausgestelltem *Leuna*-Gemälde entnommen. Diese wurde unter dem Titel »Wir lieben das Leben. Polemik um Willi Sittes Leuna 1921« am 07.06.1966 im Fernsehen der DDR übertragen.

lich entsetzt darüber, dass außer ihr kaum jemand die konterrevolutionäre Gefahr im Raum bemerkt. »Für ich-intellektuelle Kunstwissenschaftler? Die es zu analysieren verstehen? Oder malt er das Bild eben für das Volk? Und angeblich hat das Bild Volksverbundenheit, und ich finde, da müssen einfach mal Menschen ausm Volk gefragt werden, was die zu dem Bild sagen.« Die damalige Verbandspräsidentin, Lea Grundig, bezieht sich hingegen wieder auf die Kritik der Hauptfigur. Die sei »grob, ungeistig und wild«. Sowieso ermangele das Bild »tiefen Humanismus [...], der doch Inhalt des Kampfes der Arbeiterklasse ist«.

Ein Kampf gegen Windmühlen. Selbst sein politisch verlässlicher Anker und Freundesfunktionär, der Erste Sekretär der SED-Bezirksleitung in Halle, Horst Sindermann, sah sich gezwungen, seine zuerst positive Äußerung zum *Leuna*-Bild in einen Verriss umzuwandeln. »Es tut mir leid, Willi«, soll er ihm später gesagt haben, »ich musste das schreiben, aber es war nicht meine Überzeugung.«[73]

Es war eine Anweisung des stalinistischen Kulturfunktionärs und Vizepräsidenten der Akademie der Künste Ost, Alfred Kurella*, der durch die Art, wie das Bild im Wechselspiel gedankliche Sprünge aus der Vergangenheit in die Gegenwart, aus der Idee in die Realität verwandeln wolle, eine Schädigung für den sozialistischen Realismus sehe. Er dürfte das nicht bloß als starrköpfige Schikane, sondern tatsächlich ziemlich ernst gemeint haben. Im Bundesarchiv findet sich ein Brief, den Alfred Kurella anlässlich Willi Sittes *Leuna*-Bildes an den Chef-

* Alfred Kurella hatte zeitlebens ein sehr großes Problem mit Willi Sittes Kunst und hatte diese Kritik auch offen vorgetragen: Wenn er nicht wüsste, dass Willi Sitte in der Nazizeit ein erprobter ›Widerstandskämpfer‹ gewesen sei, dann – so sagte er ihm wörtlich – »würde ich dir eine runterhauen, wenn ich deine Malerei betrachte!« (Herbert Sandberg, *Spiegel eines Lebens. Erinnerungen, Aufsätze, Notizen und Anekdoten*, Berlin/Weimar 1988, S. 225)

ideologen des Politbüros der SED, Kurt Hager, schreibt und sich vorab entschuldigt, diesen ja schon bereits tags zuvor wegen des Gemäldes kontaktiert zu haben. Das alles würde ihm aber »noch im Kopf herum«[74] gehen. Ja, ihr gemeinsames Gespräch über das Bild habe ihn nachhaltig beschäftigt. Denn in genau solchen Bildern wittere er noch immer eine Gefahr in Willi Sittes Kunst. Man dürfe in ästhetisch-ideologischen Prinzipien jetzt nicht aufweichen, denn auch in Zukunft müsse mit »einer verstärkten und raffinierten ideologischen Diversionstätigkeit des Gegners [...] gerechnet werden«.[75]

Während der Diskussion rund um sein *Leuna*-Bild auf der Tagung des Künstlerverbandes äußert Willi Sitte sich selbst: »Die Figuren werden dem einen sympathisch, dem anderen unsympathisch sein – da gibt es offensichtlich zwei Meinungen«, sagt er vorsichtig und kratzt sich am Hemdkragen, während er spricht. »Und vielleicht gibt es auch noch eine dritte und eine vierte. [...] Ich glaube, manche Werke sind so kompliziert, dass es für uns heute sehr schwer ist, manches zu entschlüsseln.«

Zwischendurch macht er eine Pause, sieht durch den Raum, legt den Kopf schief, während er in die Gesichter der Kollegen blickt. Doch es folgt keine Reaktion, schließlich sagt er:

»Ob es mir gelungen ist – das ist 'ne andere Sache. Deswegen bin ich vor allem den kritischen Hinweisen auch dankbar. Ich freue mich, dass Sie gekommen sind und dass man in dieser Offenheit darüber spricht.«

Mehr sagt Willi Sitte an diesem Tag im Mai 1966 nicht zum Aufruhr um sein Bild. Das Schlimmste daran ist aber, dass diese Schmach einen Monat später im DDR-Fernsehen ausgestrahlt werden soll. Rudolf Sitte kann den Frust seines Bruders auf der Tagung gut verstehen. Er kennt die dort laut gewordenen kritischen Stimmen gut. Schließlich kommen die meisten aus seiner Stadt: aus Dresden.

Nein, für solche Nervereien sind sie nicht alle vor zwanzig Jahren in dieses Land gekommen und in die Partei eingetreten. Dafür haben sie auch nicht die von genau dieser Partei ausgewiesenen Feinde der Gerechtigkeit mit Gewehren auf ihren Höfen bedroht, in den 1940ern Parteizentralen gestaltet und sich öffentlich zum Sozialismus bekannt. Natürlich hat keiner von ihnen Lust, ständig immer nur zu *diskutieren*. Auch wenn ihr Bruder Willi Sitte vor laufender Kamera etwas anderes behauptet. Nein, sie sind die ewigen Streitereien mit Partei und Institutionen leid. Aber da die genannten Dresdnerinnen Eva Schulze-Knabe und Lea Grundig in Rudolf Sitte schließlich so etwas wie einen Nachbarn haben, lassen sie auch ihn spüren, wie wenig er mit der gewünschten Ideologie des Künstlerverbandes zu tun hat. »Der Sitte mit den Seinen kann eben vom Formalismus nicht lassen«[76], wird ihm von beiden nachgesagt. Ja, man kommt hier sicher durcheinander, welchen Künstler Sitte sie meinen, trifft es aus ihrer Perspektive doch sowohl auf Rudolf als auch Willi Sitte zu. In diesem und dem vorangegangenen Jahr gewinnt Rudolf Sitte die Projektausschreibungen für Kunst am Bau in Dresden und darf sie dennoch aufgrund althergebrachter ideologischer Vorbehalte der Partei nicht ausüben.

Er war nach dem Krieg* in dieser völlig zerstörten Stadt gestrandet, ist fassungslos an den Bombenkratern und Häuserruinen herumgeirrt und hat dabei seine Lebensaufgabe gefunden: Kunst am Bau. Vielleicht beantwortete er deswegen die Frage der Dresdner Kunsthochschule, warum er eigentlich

---

* Rudolf Sitte wurde nach Verwundung an der Ostfront nach Remagen (Westfront) geschickt und geriet dort erst in amerikanische, dann französische Kriegsgefangenschaft, aus der er sich im August 1945 selbst befreite.

Künstler werden wollte, nach der Immatrikulation ziemlich klar und knapp mit: »besondere Liebe und Begabung«.[77] Rudolf hatte sich selbst das Ziel gesetzt, nach 1945 nur noch das Schöne in die Welt zu setzen. Nur bedeutete das für ihn, Ornamente und Verschnörkelungen an Häuserfassaden und Wandreliefs zu bringen, keine Kampfes- und Propagandamotive.

Seinem neuen Entwurf wird also, wie so oft, eine wenig erzieherische Wirkung bescheinigt und die Aufträge an *geeignetere* Künstler vergeben. »Dieser Kampf zwischen Künstlern und Kunstdogmatikern«, erinnert sich Rudolf Sitte. »Stalin lag schon sechzehn Jahre erst im Mausoleum und dann an der Kremlmauer – mausetot, aber unvergessen auch am Elbufer.«[78]

Trotz all dieser Widrigkeiten, die Rudolf und Willi Sitte erleben, ist es an diesem Tag ausnahmsweise Franz Sitte, der seine jüngeren Brüder mit überraschenden Problemen konfrontiert.

Sein Glaswerk hat Schwierigkeiten, die illusorischen Exportpläne Walter Ulbrichts zur Devisenbeschaffung für die DDR zu erfüllen. Die Produktionskapazitäten sind zu gering, um mit dem Glaswerk Derenburg einen reinen Produktionsbetrieb gleich einer Fabrik zu stellen, nur lässt sich bisher keine andere Betriebsform finden. Franz Sitte wird immer wieder zur SED-Kreisleitung zitiert und dazu angehalten, seine Mitarbeiter zu härterer Arbeit zu bringen. Die Belegschaft seines Glaswerks ist nahe der Meuterei. »Dass diese Aktion ein harter Umerziehungsprozess [...] mit viel Auseinandersetzungen war, konnte man sich denken«, schreibt Franz Sitte in seinen Memoiren. Zumal das erforderliche giftige Bleiglas der ohnehin schon kränkelnden Umgebung Wernigerodes böse zuspielt, wie ihm sein naturverbundener Bruder Rudl schon seit Jahren zu denken gibt.

Nach einer Weile kommt Willi Sitte eine Idee. Nicht überall herrscht der parteiliche Dogmatismus, man muss nur die richtigen Schlupflöcher finden oder eben die *geeigneten* Funktionäre kennen. Nicht nur die Freundschaft mit Sindermann hat Willi Sitte das gezeigt. Seit einiger Zeit pflegt er deswegen gute Verbindungen zu einem Büro im Ministerium für Kultur der DDR.[79] Er könnte sich dafür einsetzen, dass das Glaswerk an die Kunsthochschule angeschlossen würde, dann könnten dort seine Studierenden zum Praktikum hingeschickt werden. Und der Betrieb würde Kunsthandwerk betreiben und wäre vom Exportprogramm der DDR ausgenommen. Da Rudolf Gründungsmitglied einer Künstlergenossenschaft ist, wäre dieses Glaswerk perspektivisch sicher auch für ihn eine attraktive Adresse – alle würden profitieren.

»Es gäbe da einen Mann im Ministerium für Kultur, der helfen könnte«, sagt Willi Sitte. Herbert Micklich, Hauptabteilungsleiter für Finanzen und rechte Hand des Ministers, der habe ihm noch nie eine Bitte abschlagen können. »Zu meinen Plänen pflegte er stattdessen zu sagen: ›Gib mir mal einen oder zwei Tage Zeit, daß muß ich mir erst durch den Kopf gehen lassen‹«, schreibt Willi Sitte in seiner Autobiografie, »[…] mit ihm war das Arbeiten ein angenehmes, menschliches Miteinander. Nie hat er sich wie andere in künstlerische Fragen eingemischt und behauptet, er wisse Bescheid. […] Micklich pflegte zu sagen: ›Wenn ich nur den Namen Sitte höre, dann hab' ich schon eine Gänsehaut und frage mich, was da wieder auf mich zukommt. Der ist immer voller Ideen und Gedanken, bloß: Wie lässt sich das alles umsetzen?‹ Es mußte sich ja mit den Strukturen des DDR-Wirtschaftssystems machen lassen, aber irgendwie schaffte er es immer.«[80]

Die drei einigen sich darauf, sich schnellstens an die Arbeit zu machen. Vielleicht gestattet Rudolf seinem Bruder Willi Sitte ausnahmsweise, eine von seinen Zigarren anzuzünden. Seit einiger Zeit behauptet er immer wieder in der Öffentlichkeit, diese von Fidel Castro persönlich zu bekommen. Ganz so schaumschlägerisch muss diese Behauptung gar nicht sein und würde mich, um ehrlich zu sein, bei diesen drei Brüdern nicht verblüffen. Schließlich kennen sie alle den damaligen Botschafter der DDR in Kuba, Fritz Johne, zuallererst als ihren ältesten gemeinsamen Freund aus ihrer Heimatstadt Kratzau.

Vielleicht reden sie kurz über ihn. Fritz Johne, den Franz Sitte im Stich lassen musste, als dieser ohne ihn 1936 nach Spanien zum Bürgerkrieg aufbrach, um gegen die Faschisten zu kämpfen, und mein Urgroßvater bei seiner Familie bleiben wollte. Und trotzdem war Fritz Johne es, der Franz Sitte half, als er nach dem Krieg in der Antifa-Behörde von Kratzau arbeitete. Und er war gerade dann als Jugendsekretär der SED in Halle tätig, als Willi Sitte Orientierungshilfe in der neuen Stadt benötigte. »Irgendwie haben sich die Dinge doch immer zum Positiven entwickelt«, denkt mein Urgroßvater vielleicht, als er seine Brüder anschaut. »Mit ein bisschen Nachdruck und den richtigen Leuten.«

Möglicherweise trinkt mein Urgroßvater zur Feier des Tages und zum Abschied einen Branntwein, eines der wenigen alkoholischen Getränke, die seines Erachtens »in Ordnung« sind.

Ja, die Details dieses Treffens bestehen aus Vermutungen, sein Inhalt aus Notizen und Schilderungen von Familienmitgliedern und Zeitzeugen. Aber ein Jahr später, kurz vor Rudolfs fünfundvierzigsten Geburtstag, sitzt Willi Sitte vor den Studien eines neu angeforderten *Leuna*-Bildes. Rudolf Sitte selbst hat inzwischen, gemeinsam mit seinem Kollektiv, den Auftrag bekommen, die Außenwand der *Sächsischen Zeitung* in Dresden zu gestalten, und Franz Sitte bekommt ein offizielles Schreiben vom 02.05.1967: »Werter Kollege Sitte, im Jahre 1966 hat der von Ihnen geleitete Betrieb gute Ergebnisse in der Erfüllung und Übererfüllung der staatlichen Aufgabe erreicht. An diesen Erfolgen sind Sie maßgeblich beteiligt. Ich freue mich deshalb Sie mit einer Geldprämie von MDN* 850,00 auszeichnen zu können und hoffe, daß sie weiterhin Ihre Kraft für die Erfüllung der Aufgaben des Betriebes einsetzen.«[81]

Absender ist: Prof. Andrä, der Rektor der Hochschule Burg Giebichenstein.

»Man schenkte mir von Seiten des Ministeriums f. Kultur das Vertrauen, & ich erhielt 4,5 Mill. Investmittel zur Rekonstruktion des Betriebes. Dann erst begriff die Belegschaft meinen Entschluss, der Hochschule angeschlossen zu werden«, schreibt Franz Sitte, »da vorher alles gegen mich stand.«

---

* Die DDR änderte 1964 ihre DM (Deutsche Mark der Deutschen Notenbank) in die MDN (Mark der Deutschen Notenbank).

GEGENWART

I. OST-QUOTE

Je tiefer ich in die Geschichte meiner Familie eintauche, je mehr ich mich Willi Sitte annähere, desto fremder wird mir die Jetztzeit, die ich wie von außen betrachte. Ich weiß selbst nicht genau, worin dieses Fremde liegt, da sich äußerlich schließlich nichts zu ändern scheint.

Ich habe für ein paar Tage ein festes Büro in den Räumen der Zeitung, für die ich schreibe. Wir sind eine vierköpfige junge Redaktion, aufgebaut für eine junge Sicht auf die Bundestagswahl, was meistens bedeutet, dass wir über die FDP oder die CDU schreiben, unsere Texte gegenseitig redigieren und dabei angesichts weitgehend gleicher, weil linksliberaler Ideale einer Meinung sind. Nur heute ist die Stimmung etwas angekratzt.

»Was soll'n das, Aron?«, fragt mich Ruth und tippt auf ihren Laptopbildschirm. Vor ihr ein geöffneter Artikelentwurf. Eine Reportage, überraschenderweise über die *Linksjugend solid* im Osten Berlins.

»Was?«, frage ich unbeeindruckt.

»Na, was du mit meinem Text gemacht hast, Aron?«

»Ich habe ihn lediglich *korrigiert*, Ruth.«

»Du hast lediglich ein Drittel meines Textes gestrichen.«

»Glaub mir, es ist besser so.«

Ich sehe auf Ruths Stirn, deren Falten sich sichtlich abmühen, meinem Blick irgendeine Regung zu entlocken.

Ich tippe auf eine Stelle in Ruths Text, die ich nicht gelöscht, sondern im Gegenteil markiert und mit vier Ausrufezeichen und weiteren vier Fragezeichen versehen habe.

»Man darf nicht vergessen – die Mitglieder der SED waren Teil des Systems, der Mauer, der Diktatur«, lese ich vor. Ruth sieht mich fragend an.

»Was soll das? Das ist 1990er-Jahre-Bullshit«, sage ich.

Mein Blick scannt den Raum. Die anderen beiden starren auf ihre Laptops, wie immer kurz vor 13 Uhr. Hinter mir nuschelt jemand etwas wie »Penne Arrabbiata.«

»Was ist denn mit dir los, Aron?«, fragt Ruth.

»Diese Kausalkette, die du auffädelst, das klingt doch …«

»Willst du sagen, die Mauer gab's nicht? Die DDR war keine Diktatur.«

»Nein, es ist nur …«

»Und die SED hatte all das nicht zu verantworten?«

»Du solltest diesen Artikel vielleicht einfach nicht schreiben«, sage ich. »Nicht du. Das ist nicht dein Thema …«

»Weil ich ein Wessi bin?«

»Ach, Quatsch«, sage ich.

»Weil ich ein Wessi bin, darf ich diesen Artikel nicht schreiben, willst du sagen«, sagt sie. »Weil ich in Kaiserslautern geboren bin, kann ich diesen Artikel nicht schreiben?«

»Nein, weil …«

»… ich die Dinge zu dramatisch sehe. Weil die DDR ›ja eigentlich nicht so schlimm war‹? Weil die Mauertoten ›notwendige Übel‹ waren, hm?«

»Aber das hat doch nicht *alles* mit der SED …«

»Mit wem soll das sonst zu tun haben?«

»Du stellst dir das ziemlich einfach vor …«, sage ich.

Sie hebt die Augenbrauen. »Das klingt ja fast so, als hättest *du* das miterlebt.«

»Ich habe einfach ein Problem mit solchen Texten.«

»Ach, also …«

»Kippenpause!«, ruft es hinter uns. Ein Codewort für Deeskalation. »Schlechter Vibe bedeutet schlechter Sound bedeutet schlechte Texte.« Ruth deutet zur Balkontür. Wenig später stehen wir dicht nebeneinander auf der Metalltrittfläche des vierten Stocks. Eine Weile schweigen wir einfach und sehen auf die Friedrichstraße. Auf den blauen Heißluftballon unserer Nachbarzeitung am Himmel, unweit des dazugehörigen Redaktionsbüros. *Die Mitglieder der SED waren Teil des Systems, der Mauer, der Diktatur.* Ein Satz, der in so vielen Zeitungen einfach so durchgewinkt würde. Er klingt reißerisch. Das schon. Ich hätte darüber diskutieren können. Stattdessen habe ich einen Streit begonnen. Nur wo genau wollte ich damit hin? Woher kommt diese Verbissenheit?

Ruth hält mir eine brennende Zigarette unter die Nase. Ich kenne dieses Ritual. Bevor wir gegenseitig unsere Texte kritisieren, treffen wir beide stets die Vereinbarung, nichts davon persönlich zu nehmen, um genau das dann zu tun.

Wenn danach aber gemeinsam geraucht wird, herrscht Frieden.

»Danke«, sage ich und nehme die Zigarette.

»Ich werde den Text umschreiben«, sagt sie.

Hätte ich im Gegensatz zu Ruth ein Anrecht darauf, diesen Text zu schreiben, frage ich mich. Oder besser gesagt: Hätte ich den Vortritt?

Auf dem Weg zurück zu meiner Wohnung schreibe ich Ruth eine Nachricht:

»Ich weiß auch nicht, warum das falsch ist, was du schreibst.« Und erst als sich die Häkchen in ihrem Messenger blau färben, merke ich, was mich eigentlich stört. Ich lösche den Chat. Nie hat das Thema »Osten« eine Rolle in meiner Familie gespielt. Im Gegenteil. Und wäre Willi Sitte nicht gewesen, hätte ich mich vielleicht viele weitere Jahre nicht für die Geschichte der DDR interessiert, die ich jetzt in Diskussionen zu meiner machen will. Aber gerade weil es für mich jetzt auch meine Geschichte ist, will ich sie auch erzählen.

Wenn es beim Schreiben darum geht, irgendetwas zu dürfen, dürfte ich dann diesen Text eher schreiben als Ruth? »Die Mitglieder der SED waren Teil des Systems, der Mauer, der Diktatur«, denke ich. Drei Dinge, die ich nicht kennengelernt habe. Deren Spuren sich aber seit meiner Geburt ganz zwangsläufig durch mein Leben ziehen, auch wenn ich sie erst mit dem Beginn meiner Recherchen zu meinem Urgroßonkel entdeckt habe. Ruth hat sich auch vor Kurzem dazu entschieden, mehr über die DDR erfahren zu wollen und genauso wie ich begonnen, seit ein paar Monaten zu dieser Zeit zu recherchieren, weil sie ins ehemalige Ost-Berlin gezogen ist. Aber hätte der Text von meiner Position aus nicht trotzdem eine höhere Authentizität? Macht es nicht einen riesigen Unterschied, eine Ost-Biografie zu haben, auch wenn man gerade erst dabei ist, sie aufzuspüren?

»Tja, wenn's dir einfällt, bin ich ganz Ohr :-)«, schreibt Ruth.

Ruth hat in ihrem Text kein Wort mehr über die DDR verloren, und ich habe mich eine Woche lang ins Homeoffice verzogen.

Dann rief sie mich an.

»Weißt du, was mich am meisten an der Diskussion gestört hat? Das hat mich alles so an meine Schulzeit erinnert«, sagte sie. »Ich habe 2013 Abitur gemacht. Dreiundzwanzig Jahre nach der Wiedervereinigung, und das Thema DDR füllte in meinen zwölf Jahren Schulzeit lediglich zwei Stunden aus.«

»Worauf willst du hinaus?«, fragte ich.

»Wir besprechen noch so jedes banale Thema in der Redaktion, wirklich. An diesem Tag waren wir zu viert im Redaktionsraum, und die anderen haben so getan, als ginge sie ›unser‹ Thema DDR gar nichts an. Als wäre das nicht wichtig.«

II. ZUKUNFT IM LAND DER FRÜHAUFSTEHER

Die nächsten Tage verbringe ich im Haus meiner Eltern in Wernigerode. Mir steht das Arbeitszimmer meines Vaters zur Verfügung, da er wie jeden Tag von 7 bis 19 Uhr in seiner Anwaltskanzlei arbeitet. Dazwischen kommt er jeden Tag pünktlich um 13 Uhr nach Hause, um dort sein Essen vom Vorabend exakt eine Minute und dreißig Sekunden bei 900 Watt aufzuwärmen und es dann innerhalb von zehn, manchmal auch fünfzehn Minuten im Stehen zu essen. Ich bin zu dieser Zeit meistens gerade zwei Stunden wach und beobachte ihn mit einem Kaffee in der Hand. Eine Personifizierung der Imagekampagnen seines Bundeslandes Sachsen-Anhalt: #moderndenken und »Wir stehen früher auf.«

Doch irgendwie scheint heute alles anders.

Es ist bereits 14 Uhr, und er ist seit zwanzig Minuten damit beschäftigt, sein Rührei mit Kartoffeln und Spinat mikroskopisch zu sezieren, während er immer wieder innehält, die Stirn vor seinem Teller fragend runzelt, als wäre das ein ganz und gar exotisches Gericht. Und er hatte nicht einmal die Frage aufgeworfen, welchen Film wir am Abend schauen wollen, wenn er aus dem Büro und meine Mutter von ihrer Arbeit als Förderschulrektorin zurückkommen würde. Auch eines der Rituale meiner Kindheit. Mein Vater hatte mich deswegen sogar stets während der Schulzeit angerufen und diese Tradition in den letzten Tagen wieder aufgegriffen. Doch heute kein Kommentar und kein Blick zum Fernseher, der von der Küche aus im offenen Wohnzimmer zu sehen ist. Seine Struktur muss ins

Wanken geraten sein, denke ich. Gestern haben wir die letzte Folge der letzten Staffel des DDR-Familiendramas *Berlin Weißensee* gesehen, und bereits heute mit einer neuen Serie anzufangen, fühlt sich für ihn vermutlich fast nach Verrat an, hatten uns die Schicksale der Serienprotagonisten doch zu sehr berührt. Während wir die Serie sahen, hatte er zum ersten Mal von sich aus etwas über sein Leben in der DDR erzählt. Er und meine Mutter waren Abi-Jahrgang 1990. Er sei so froh gewesen, wie sich alles entwickelt hatte. Aber an so etwas wie eine Wiedervereinigung hatte er nicht glauben können, höchstens an »eine bessere DDR«, sagte er, während meine Mutter stumm auf das Fernseherbild blickte.

»Ich finde es echt spannend, wie du Willi Sitte nachgehst, Aron. Mit diesem Teil der Familiengeschichte …«, sagt mein Vater irgendwann. Er steht heute auch nicht beim Essen, sondern sitzt tatsächlich am Küchentisch, von dem aus er das Wort »Familiengeschichte« regelrecht geraunt hatte, während er inzwischen etwas lieblos seine Kartoffeln mit der Gabel zerdrückt. Ich sage nichts.

»Ist irgendetwas?«, fragt er.

»Ich frage mich zurzeit nur, wie und ab wann ich von einer *Familiengeschichte* sprechen kann«, sage ich.

»Wie meinst du das?«

»Ich weiß nicht. Hast du Willi Sittes Rolle in der Familie, in die du gekommen bist, nie hinterfragt … oder dich dafür interessiert?«

»Ich habe das doch alles kaum mitbekommen. Das hat mich nicht interessiert, damals. Aber vielleicht solltest du *endlich* mal mit deiner Mutter sprechen«, sagt er wohl etwas erschrocken darüber, wie er *endlich* ausgesprochen hat, und hebt beide Hände in die Luft. »Ich meine diese Ambivalenzen«, sagt er und hebt seine linke Hand etwas höher als die rechte. »Künstler, Großonkel, Staatsdiener.«

»Sie hat da sicher einen ganz eigenen Blickwinkel, wenn du verstehen willst, wie dich das beeinflusst, … denke ich.«

Dann nimmt er seinen Teller und stellt ihn in die Mikrowelle. Eine Minute dreißig Sekunden. Später sehe ich ihm durch das breite Glasfenster seines Arbeitszimmers zu, wie er zurück in sein Büro fährt.

Alte und gute Sozialisten

Als ich am Schreibtisch meines Vaters sitze, erreicht mich eine E-Mail. Sie ist von dem Mann, der außer mir und meiner Großtante Ulli die Memoiren meines Urgroßvaters gelesen hat. Noch mehr: Er hat sie transkribiert, da mein Urgroßvater in Sütterlin schrieb und ich diese Schrift nicht entziffern konnte. Hinzu kamen sämtliche Briefe von Willi Sitte, die ich in Archiven abfotografiert und ihm geschickt hatte. Vor wenigen Tagen wollte ich von ihm wissen, ob er, der vom Leben beider durch ihre schriftlichen Dokumente erfahren hatte, Parallelen entdecken konnte.

»Hallo Herr Boks,

[…]

Normalerweise enthalte ich mich persönlicher Meinungsäußerungen* zu solchen Texten, deren Umschrift mir zuteilwurde. – Dennoch soviel […]:

Den Fall der ›Mauer‹ erlebte ich mit 20 Jahren. Bis dahin hatte ich die DDR bewußt wahrgenommen. In meinen späteren DDR-Jahren entwickelte ich eine kritische Haltung zum damaligen System. Dieses äußerte sich u. a. dahingehend, daß

* Daher möchte ich an dieser Stelle diesen engagierten »Schriftenentzifferer«, der mich im Laufe meiner Recherchen begleitete, nicht namentlich erwähnen.

ich ein begonnenes Lehrerstudium hingeschmissen hatte und Produktionsarbeiter (›Proletarier‹) in einem echten Privatbetrieb wurde. (Solche Betriebe gab es auch zu DDR-Zeiten.) Während jener Zeit und vor allem zuvor begegneten mir im politischen Bereich vorwiegend Mitläufer und Ja-Sager, aber auch echte ›Überzeugte‹. Unter letzteren waren unverbesserliche Ideologen/›Betonköpfe‹, jedoch auch solche, welche den Sozialismus als ›bessere‹ Gesellschaftsordnung ansahen, sich damit kritisch auseinandersetzten und dafür tatkräftig/pragmatisch unter Inkaufnahme von Nachteilen (z. B. Parteistrafen) wirkten. Letztgenannten konnte ich meist Respekt abgewinnen, weil sie mir als ehrliche Menschen erschienen. Dieser Kategorie möchte ich die mir dokumentarisch begegnenden Sitte-Brüder zuordnen. – Wohl hatte diese Kategorie der damaligen Linken eine relevante soziale/familiäre Prägung und vermutlich daraus resultierende Ziele (z. B. Kampf gegen Ausbeutung/Umverteilung), welche den heutigen ›Linken‹ offensichtlich völlig abgehen.

Willi Sitte betreffend, möchte ich anmerken, daß auch ich dem Vorurteil erlegen war, daß jener ein stets uneingeschränkt geförderter Staatskünstler gewesen sei. Jenes Vorurteil muß und möchte ich nunmehr revidieren. – Auch dieses Beispiel zeigt, daß stets eine differenzierte Sichtweise untersetzt mit Wissen angebracht ist. – Dieser, jener und weitere abzuleitende Themenbereiche sind ein ›weites Feld‹ (T. F.).«

Am Schaltpult

Tagelang schon versuche ich, weitere Zusammenhänge zwischen dem Leben von Willi Sitte und meinem Urgroßvater zu finden. In ihrem Nachlass finden sich ab den 1970er-Jahren noch sorgfältig sortierte Zeitungsartikel, die Willi Sittes wachsenden Erfolg dokumentieren. Die konkrete Verbindung zwischen den Brüdern ergibt sich durch ihre Arbeit. Eröffnungsreden und Referate. Ansonsten immer wieder Schreiben von Willi Sittes Hochschule Burg Giebichenstein an meinen Urgroßvater, dessen Glaswerk in Zusammenarbeit mit Rudolf von Willi Sitte 1966 erfolgreich an die Kunsthochschule angeschlossen worden war. Dazu Urkunden mit dem Slogan »Auf sozialistische Art zu leben, erfordert auf sozialistische Art zu arbeiten«. Sie verleihen meinem Urgroßvater verschiedene Titel:

1967 wird er »Aktivist des Siebenjahresplans«:

»In Anerkennung der hervorragenden Leistungen zur Steigerung der Arbeitsproduktivität«[1].

Es geht um jenen Plan, der 1959 von der Volkskammer der DDR beschlossen wurde und sich unter anderem zum Ziel setzte, die »›sozialistische Brigadebewegung‹ zur Förderung des Wettbewerbs nach dem Motto: ›Sozialistisch arbeiten, lernen und leben‹ zu realisieren und schließlich [...] Westdeutschland im Pro-Kopf-Verbrauch einzuholen und zu überholen«. [2]

1969 ernennt die Kunsthochschule Franz Sitte dann zum »Aktivisten der sozialistischen Arbeit«. »Indem wir Ihnen für die in der Vergangenheit geleistete Arbeit danken, sind wir überzeugt, daß diese Auszeichnung Ihnen weiterer Ansporn sein wird, Ihre ganze Kraft für das Wohl unserer DDR und Ihres Betriebes einzusetzen«[3], heißt es in der Begründung für die auf den 7. Oktober 1969 datierte Auszeichnung, dem zwanzigsten Jahrestag der Gründung der DDR. Am selben Tag erhält Willi Sitte den Nationalpreis II. Klasse der DDR – »insbesondere [für] seine jüngste Arbeit«[4], so heißt es in der Urkunde. Es geht um das Werk *Leuna 1969*, den Nachfolger von Willi Sittes kritisiertem ersten *Leuna*-Bild. Ein fünfteiliges Tafelbild, in dem Arbeiter Maschinen bewegen, so groß, dass sie den roten Himmel zu kratzen versuchen. Der Kunsthistoriker Eckhart Gillen schreibt über einen Teil des Bildes, in dem ein Arbeiter an einer Steuerungsanlage vor den hochragenden Industrietürmen steht, von einer männlichen Dreiergruppe in »Anlehnung an die christliche Dreifaltigkeit […] von Arbeit, Partei und Wissenschaft«.[5] Die Menschen in Willi Sittes *Leuna*-Bild stehen oder sitzen nicht aufrecht, sondern scheinen zu schweben und sehen den Betrachter nicht wirklich an. Sie lachen, sie strahlen gerade zu.

Er selbst schreibt in seiner Autobiografie dazu: »[Ich] schilderte die Verhältnisse im Sozialismus so positiv, wie ich sie damals gesehen habe.«[6] Und betont noch einmal für alle, die es immer noch nicht verstanden haben: »Wenn es hieß, ich hätte den Weg zur Parteilichkeit wiedergefunden, war das Unsinn, denn von meiner ideologischen Grundüberzeugung hatte ich mich nie entfernt.«[7]

Die Euphorie des Bildes speist sich nicht zuletzt aus dem tatsächlichen Fortschritt, den die zunehmende Erdöllieferung aus der Sowjetunion der Produktion der Chemieindustrie der DDR gebracht hatte. Nur wird der skizzierte Plan letztlich nicht eingehalten werden. Es fehlt der SED-Regierung schlichtweg an Geld für Investitionen, also müssen alte Maschinen aus der Vorkriegszeit verwendet werden. Eine extreme Umweltbelastung, die noch auf die Spitze getrieben werden wird, wenn die DDR-Industrie zusätzlich in den 1980er-Jahren auf Braunkohle als Hauptindustriestoff umsteigen muss, da die Sowjetunion die Erdöllieferungen massiv kürzen wird. Aber das ist 1968 noch weit weg. Ein paar Jahre zuvor hatte der Generalsekretär der SED Walter Ulbricht noch vor laufender Kamera gejubelt: »Jetzt haben wir es geschafft: Das Erdöl ist da!«[8] Die Warenauslagen waren mit »Plaste und Elaste«-Artikeln überflutet, und die SED war sich sicher gewesen, dass mit der Stärkung der chemischen Industrie auch die Zufriedenheit der Bevölkerung – parallel zum Lebensniveau – steigen würde und nichts weniger als der Sieg des Sozialismus gegenüber dem kapitalistischen Westen bevorstünde.

Und während Willi Sitte sein *Leuna*-Bild malt und sein Bruder Franz Sitte wieder einmal ein Schreiben der Hochschule Burg Giebichenstein bekommt, die ihm für seine herausragende Leistung im Vorjahr mit einer Geldprämie dankt, stellt Willi Sitte zusätzlich seinen *Chemiearbeiter am Schaltpult* (1968) fertig. Der wird bald zum Standardwerk der Sozialistischen Kunstpädagogik werden. Ein Bild, das von da an in den einheitlichen Schulbüchern der gesamten DDR zu sehen ist und fast jedem Schüler und jeder Schülerin ab den 1970er-Jahren bis zur Wiedervereinigung begegnen wird. Es zeigt einen Arbeiter in grauer Kleidung mit Schutzhelm. Um ihn herum die Atmosphäre des Chemiewerks. Der Arbeiter lässt seine rechte Hand konzentriert über einer Maschine kreisen. In der Mitte zwischen Schaltpult und Handfläche schwebt Energie, dargestellt in Form einer Luftblase. Seine andere Hand hält er bereit, einen Knopf zu drücken oder einen Hebel zu bedienen. Ein Bild der späten 1960er-Jahre, passend zu einer Zeit, in der die DDR flächendeckend auf intelligente Produktion umsteigen will. Ein Mann, der mit ein paar Bewegungen ohne Anstrengung eine ganze Fabrik steuern kann.

Mein Urgroßvater schreibt in seinen Memoiren:

»In diesen 60er & 70er Jahren entwickelten die 4 Sitte-Brüder grosse Aktivitäten. Ernstl als LPG-Vorsitzender wurde noch zum Studium delegiert & nach Abschluss als Diplom Landwirt mit verschiedenen Aufgaben betraut, Willi erzielte mit seiner Malerei grosse Erfolge & hohe Anerkennung, so dass er auch als Präsident des VBK gewählt wurde & hohe staatl. Auszeichnungen erhielt, Rudl schuf viele Kunstwerke in der baugebundenen Kunst, schied auch aus der PGH* aus & arbeitet freischaffend weiter & wurde 1981 zum Professor an die Dresdner Hochschule berufen. Mir gelang es, das am Boden liegende & mit Verlust arbeitende Glaswerk zu einem angesehenen Betrieb zu entwickeln.«

Fünfzehn Jahre in drei Sätzen. Danach folgt eine seitenlange Beschreibung seines Glasbetriebs. Meiner Großtante Ulli, welche mir die Memoiren meines Urgroßvaters gegeben hatte, war diese Pragmatik immer unverständlich geblieben, und mir erst recht. Alle Sitte-Brüder treibt dieser fast schon pflichtbewusste Gedanke an, »etwas vorweisen« zu müssen. Vielleicht eine Art Mitarbeitsgedanke einer sozialistischen Aufbaugeneration, der sich auch in ihrem dauerhaften Dialogbedürfnis mit der Partei äußert, welcher sie trotz aller Meinungsverschiedenheiten ohne Wenn und Aber die Treue halten. Sie alle stehen den Konflikt zwischen Obrigkeit und eigenem Willen durch. Lebensentscheidungen, die alle kommenden Generationen nach ihnen vielleicht nie *richtig* verstehen werden können.

Keine Ostalgie

Der letzte Schultag vor den Weihnachtsferien steht an, dessen Vorabend meine Mutter traditionell nutzt, um für ihr ganzes Kollegium bis tief in die Nacht Plätzchen zu backen, während mein Vater in gewohnter Hingabe bereits jetzt schon die dazugehörigen Weihnachtskarten in den Briefkästen der erkrankten oder abwesenden Lehrer und Lehrerinnen verteilt, weil meine Mutter die Karten nicht rechtzeitig zur Post bringen

* Produktionsgenossenschaft des Handwerks.

konnte oder weil sie, wie jetzt, einfach in Ruhe ihre gut zehn Kilo Kekse backen will. Keine wirklich entspannte Atmosphäre für ein Interview, denke ich, weswegen ich bemüht märchenerzählerisch Notizen aus dem Skizzenbuch meiner Mutter vorlese, das meine Großmutter mir tags zuvor gegeben hatte. Es ist voller Bilder von Figuren und vor allem Schuhen und Gliedmaßen, die meine Mutter in den Jahren 1988 und 1989 unter dem Einfluss ihres Privatlehrers Willi Sitte skizzierte und im Haus ihrer Eltern zurückließ, als sie ein Jahr später auszog, um zu studieren. Ihre Handzeichnungen, die noch heute in ihrem Arbeitszimmer hängen, zeugen davon.

»31.1.1989 – Konsultation Onkel Willi«, lese ich.

»Beachte: – besser beobachten!!!! – nicht zu weiche Struktur – an geeigneten Stellen harte Konturen.«

In diesem Winter war meine Mutter sechzehn und besuchte die 11. Klasse der Erweiterten Oberschule (EOS). Sie hatte damals ihre leicht gewellten, hellbraunen Haare zu einem Dutt gebunden und verbrachte die Tage mit Zeichenstudien, den Partys im Schulclub und dem Erlernen des Rock-'n'-Roll-Tanzes. Alte Fotos zeigen sie, wie sie mit ihrer damals schon so zierlichen Figur durch die Luft geschleudert wird. Außerdem fuhr sie immer wieder nach Halle, um ihre Bewerbungsmappe für die Burg Giebichenstein vorzubereiten. Während ich lese, lächelt sie zaghaft. Vielleicht denkt sie jetzt gerade zurück an diese Zeit. Vielleicht beflügelt sie aber auch einfach nur der Duft des Nougatblocks, der zwischen uns in einem Topf auf der Herdfläche schmilzt.

»– Augen von Dürer studieren + zeichnen«, lese ich weiter.

– »mehr ins Detail gehen«

– »Details herausnehmen, genauer untersuchen; dazu Dürer.«

»Das habe ich dann auch gemacht«, sagt sie knapp und rührt etwas in der Nougatmasse.

»Wurdest du eigentlich in der Schule auf Willi Sitte angesprochen?«, frage ich.

»Ja klar, ein Bild von ihm war ja im Lehrbuch.«

»Der *Chemiearbeiter* …«, sage ich vorsichtig.

»Genau. In dem Moment war das auf jeden Fall Thema. Aber nur kurz und auch nicht spektakulär. Ich habe mir das alles einmal zunutze gemacht und habe in der Abiturzeit einen Vortrag über Willi Sitte gehalten. Ich hatte keine Zeit, etwas vorzubereiten, also habe ich das, was ich im Privaten wusste, nur ein bisschen ausgeschmückt und habe eine Eins bekommen. Mit Informationen, die keiner hatte, die nur ich wusste …«

»Was für Informationen?«

»Weiß ich nicht mehr.«

Ich muss mich der Sache anders annähern, denke ich.

»Du warst ja die Kritischste aus der Familie mit der ganzen DDR-Sache«, sage ich.

DDR-Sache. Warum auch immer spreche ich gegenüber meiner Mutter, in der Zeit meiner Recherche, nie einfach von der DDR. Sondern immer von einer *Sache* oder einer *damaligen Zeit.*

»Das ist, denke ich, eine Typfrage«, sagt sie und sieht angestrengt zum Herd.

»Aber haben dich dann nicht gerade Willi Sittes Politbilder irgendwie irritiert?«

»Die haben mir noch nie gefallen, aber das war halt so. *Er* war so. Ich wusste das, und ich konnte mich nicht damit identifizieren. Aber, wie gesagt: Ich wusste ja, wie er war.«

»Was genau meinst du damit?«

»Ich kannte seine Art des Zeichnens, die habe ich ja bei ihm gelernt. Diese Technik. Das fand ich faszinierend, und da war er, fand ich, einmalig.«

»Und wie war er als Mensch … als Lehrer?«

»Sehr direkt und sehr kritisch. Er hat nicht lange geredet, kurz eine Aufgabe gegeben, und die Klarheit war da: Trainiere, mach was und komm wieder, wenn du was gemacht hast. Hat nicht rumgeeiert, entweder hat er gesagt, das sei Mist, was man da gemacht hat, oder … ›das ist schon einmal ein Schritt.‹ So habe ich ihn auch wahrgenommen. Sehr klar, zielorientiert – aber eben nicht auf Erfolghascherei aus. *Wenn du was willst, dann musst du was machen*«, sagt sie und schiebt ein weiteres Blech Plätzchen in den Ofen. »Diese Art mag ich ja.« Dann wendet sie sich mir zu: »Reicht dir das?«

Ich sehe auf mein Aufnahmegerät – zehn Minuten.

»Hast du dich in der ganzen Zeit gefragt, was Willis Einfluss seines ganzen Werkes auf die Kunst der DDR … und die DDR überhaupt so mit dir zu tun hatte? Also mit deinem Leben?«

Sie öffnet den Ofen und tippt eine Weile auf den inzwischen goldgelben Plätzchen herum. Danach legt sie den Kopf schief und sagt langsam:

»Aron, ich rede gern mit dir. Aber das Familiäre, was du da rausziehen willst, wird schwierig. Ich war seine Großnichte. Zu meinem Großvater hatte ich einen viel innigeren Kontakt. Und überhaupt: Deine Recherchen gehen eher auf die direktere Familienlinie, auf Oma und so weiter. Du darfst dich da jetzt nicht verrennen.«

»Worin soll ich mich denn verrennen?«, frage ich.

»Dass du keine Informationen von mir bekommst, liegt daran, dass es dazu einfach nicht so viel zu sagen gibt«, sagt sie. »Und es ist ja auch ein Ergebnis, zu wissen, dass Willi eben nicht so das große Thema war. Es war normal für uns. Wenn er da war, war er da und mehr nicht. Das war in unserer Familie immer so. Und ich finde das sympathisch.«

»Eigentlich hattest du dann fast den Blick einer ganz normalen Schülerin, oder?«

Sie schüttelt den Kopf.

»Das ist jetzt ja nun totaler Quatsch. Den Blick einer ganz normalen Schülerin? Nein, man hat ja auch familiäre Wurzeln. Eine normale Schülerin – das wäre jetzt aber viel zu wenig.«

»Ich spreche von seiner Kunst. Also, dass du seine Kunst mit dem Blick einer normalen Schülerin betrachten konntest.«

»Nein! Wenn ich das doch alles erzählt habe, wie er mit mir gezeichnet hatte und wie genial ich das fand, dann hast du offenbar etwas nicht richtig verstanden.«

»Ist irgendetwas?«, frage ich.

»Ich konzentriere mich hier nur auf meine Plätzchen«, sagt sie. »Mich verwundert es irgendwie, was du als Ergebnis aus meinen Antworten nimmst. Ich hoffe, das macht deine Recherchen nicht unangenehmer.«

»Mir ist hier nichts unangenehm«, sage ich. »Ich find das eher spannend, denn ich frag mich ja schon, was das mit mir zu tun hat.«

»Was?«, fragt sie ruhig.

»Wie Willi Sitte gewirkt hat als Künstler und …«

»Was hat das mit dir zu tun?«, unterbricht sie mich.

»Na, das frage ich mich ja die ganze Zeit.«

Sie überlegt eine Weile, während sie beiläufig ein paar Enden des Plätzchenteigs zu Kugeln formt.

»Du meinst diese Kreativität, die in der Familie weitergegeben wird, das wird schon so sein, vermute ich …«, sagt sie langsam.

»Keine Ahnung – vielleicht. Aber mich interessiert eher, wie er auf die DDR gewirkt hat und die DDR auf unsere Familie und …«

»Leg da nicht irgendetwas rein, was nicht da ist, Aron!«

»Mach ich doch gar nicht«, sage ich. »Ich frage mich nur generell, wie sich dieses Wirken … Und vielleicht nicht nur das von Willi Sitte, sondern wie sich diese ganze DDR-Zeit auf unsere Familiengeschichte ausgewirkt hat. Da muss es doch irgendeine Auswirkung geben. Die Frage ist, *wie* sie aussieht.«

Ich lehne mich nach vorn, während sich meine Mutter mit dem Rücken zu mir zum untersten Fach des Küchenschranks beugt, um dort eine Schüssel mit Plätzchenformen hervorzuholen, die sie vor einer frischen Schicht Teig ausbreitet. Sterne-, Mond- und Herzformen.

»Irgendetwas stört mich an dieser Frage«, sagt sie. Es war ihr zweites Studium zur Kunsttherapeutin, das mein Interesse für Psychoanalyse weckte. Doch manchmal muss man sich anstrengen, nicht gleich alles laienhaft zu überdeuten, denke ich, während ich sie weiter beobachte und dabei sehe, wie schnell sie ein Herz nach dem anderen in den Teig stanzt und dabei immer lauter spricht. »Ich kann es nicht genau erklären. Das macht mich irgendwie richtig aggressiv.« Noch eine weitere Reihe Herzen.

»Die DDR soll etwas mit unserer Familie gemacht haben? Was soll das denn …«, fragt sie und sieht auf den Topf. »Ist der Nougat schon geschmolzen? Ich muss mich beeilen.«

»Fast«, sage ich und rühre ein paar Mal im Topf. »Mich wundert es doch nur, dass ich über diese Zeit und über die Rolle unserer Familie damals kaum etwas wusste. Und da habe ich mich halt gefragt, was das mit dem *Jetzt* zu tun hat.«

Sie legt die Herzform zur Seite.

»Und genau das macht mich eben wütend. Da weiß ich nicht, was ich dir sagen soll. Was um alles in der Welt soll *das* mit dem *Jetzt* zu tun haben?«

»Das ist eine theoretische Frage«, sage ich.

»Ich bin nicht blöd«, sagt sie. »Das habe ich verstanden. Aber was soll das denn mit dem *Jetzt* zu tun haben. Da ist aus meiner Sicht kein Zusammenhang. Was soll denn die DDR-Situation *jetzt* mit uns machen?«

»Wegen dieser Frage interviewe ich dich ja. Mich interessiert es, ob die damalige Zeit auch etwas mit deiner Persönlichkeit zu tun hat und damit, wie du dich entwickelt hast.«

»Nein, nein«, sagt sie schnell. »Ich bin einfach heilfroh, dass die ›Wende‹ rechtzeitig kam. Und darüber bin ich so froh, dass ich fast schon wütend werde, wenn ich drüber nachdenke, dass ich über so eine Situation noch reden soll.«

Kurz darauf nimmt sie den Topf vom Herd und hält ihn mir mit einem kleinen Löffel hin, wie sie es immer macht, wenn sie Nougatherzen backt. Ich probiere und hebe routiniert einen Daumen nach oben, dann sage ich:

»Ich will jetzt gar nicht weiter nachfragen«, um genau das zu tun, »aber es ist ja auffällig, dass Leute, die so alt sind wie ich, unbeschwerter darüber reden. Und das finde ich auch natürlich …«

Darüber, denke ich. Wieso sage ich ihr nicht, dass mich die DDR interessiert? Immer wenn wir darüber sprachen, hatte sie behauptet, sich keine Gedanken über die DDR gemacht zu haben. Sie wäre viel zu jung gewesen. Aber 1990, im Jahr der Wiedervereinigung, war sie immerhin achtzehn.

»Ich rede von Leuten, die die Teilung nicht miterlebt haben«, beginne ich erneut. »Wir können vielleicht anders darüber reden als ihr. Ich meine, das ist ja …«

»Ich find einfach nichts daran spannend!«, unterbricht sie mich.

»Bist du gerade wütend auf mich?«

»Ach was, nein! Ich will nur nicht, dass du etwas Wichtiges für mich in diese DDR-Sache legst.«

»Vielleicht liegt das an meinen Gesprächen mit Oma«, stottere ich. Nicht gerade ehrenhaft, die eigene Großmutter vorzuschieben, wenn man zu sehr unter Beschuss gerät, denke ich. Aber ich darf das Gespräch jetzt nicht einfach so abbrechen lassen. Meine Mutter nickt ein paarmal zaghaft, dann sagt sie:

»Ja, bei ihr könnte ich mir vorstellen, dass das ›etwas mit ihr gemacht hat‹ – aber nicht bei mir! Da legst du was rein, was konstruiert ist. Und überhaupt: Ja, ich glaube, dass es in meiner Generation einige Familien gibt, bei denen sich ihre DDR-Sozialisation auf ihr Leben auswirkt. Aber nicht bei uns … also nicht bei mir!«

»Das habe ich verstanden«, sage ich.

»Wenn Leute mit Papa zum Beispiel Geschichten von früher austauschen, wenn sie von der NVA oder von der DDR-Fußballliga erzählen …«, fährt sie fort, »da könnte ich platzen!«

»Aber warum?«

»Wenn diese Erinnerungen so nostalgisch daherkommen, drehe ich durch …«, sagt sie und wischt sich eine Haarsträhne aus dem Gesicht, überlegt eine Weile und schiebt mir eine Untertasse mit warmen Plätzchen darauf zu. »Ich bin vermutlich die schlechteste Interviewpartnerin, nicht wahr?«

»Nein, gar nicht«, sage ich, »außer, dass ich mit deinem Statement das Buch auch beenden könnte: *Meine Mutter sagt, es gibt heute nichts mehr zu sagen.* Vielleicht endet die Story auch mit diesem Satz.«

Sie hebt die Augenbrauen und lächelt etwas herausfordernd. »Nein, nein, das solltest du nicht tun … Versteh mich nicht falsch. *Wie* du das hier alles machst, finde ich spannend.« Eine Weile sitze ich noch da und esse eines der Nougatplätzchen. Sie schmecken wie immer.

Spannend, wie ich *das hier* mache, denke ich. Na ja. Als ich wieder zurück zum Schreibtisch meines Vaters gehe, sehe ich auf ein Bild, das an einer Ecke der Arbeitsfläche steht. Eine Schwarz-Weiß-Fotografie eines seiner größten Idole – Helmut Schmidt, dazu ein Zitat von ihm:

»Wer Visionen hat, sollte zum Arzt gehen.«

Ich muss an das Buch *Raumfahrer* von Lukas Rietzschel denken. Lukas Rietzschel ist nur etwas älter als ich, hat die Teilung ebenfalls nicht miterlebt und bereits seinen zweiten Roman mit DDR-Bezug geschrieben, in dem er unter anderem die Auswirkungen der DDR auf die Eltern von Jan, dem Protagonisten des Romans, in der Gegenwart porträtiert: »Mutter, Vater. Für Jan waren sie Raumfahrer. Schwebten in einer Zwischenwelt, ihrem Ausgangspunkt entrissen«, heißt es da an einer Stelle. »Während sie schwebten, hatte sich die Welt schon ein Dutzend Mal weitergedreht. Sie sahen dabei zu, streckten die Hände aus. Versuchten, vor- und zurückzukommen. Hoch, runter. Aber wo sie sich befanden, gab es keine dieser Richtungen im Raum.«[9]

Kürzlich hatte ich Lukas Rietzschel in seiner Heimatstadt Görlitz zu einem Abendessen getroffen. Wir sprachen viel über das Buch und unsere Beschäftigung mit der DDR. Ich hatte mich zuvor gefragt, wieso meine Mutter jedes Gespräch über das Thema so knapp wie möglich hält. Warum sie mir zwar zuhört, wenn ich über Willi Sitte spreche, aber geradezu einsilbig antwortet, wenn ich ihr Fragen zu seinem Einfluss in der DDR stelle. Sie ist keine Dissidentin oder eine, die mit Hass über die DDR spricht – auf mich wirkte sie oft so, als wäre dieses Land eine Peinlichkeit, ein Ausrutscher, über den es sich nicht lohnt, ein weiteres Wort zu verlieren. Und heute? Ich weiß es nicht.

Als Lukas Rietzschel und ich beieinandersaßen, habe ich ihm von diesem Widerspruch erzählt: Auf der einen Seite entdecke ich die Spuren meiner Vorfahren nur deutlich, wenn ich mich gedanklich in die DDR reinbegebe, auf der anderen scheint meine Mutter ihre verwischen zu wollen.

Ich werde nicht vergessen, wie Lukas Rietzschel irgendwann mitten im Gespräch stockte, seinen Teller von sich schob, die Arme verschränkte und wie zu sich selbst sagte: »Ich hatte lange geglaubt, das Leben meiner Eltern in Diskussionen, gerade mit Westdeutschen, verteidigen zu müssen. Ich wusste nicht einmal, warum. Ich wusste nicht einmal, ob die Zeit damals für sie heute ein Konflikt bedeutet. Man hat schnell das Gefühl, dass es zwischen der DDR und dem Verhalten der Eltern Bezüge gibt, dabei wollen wir sie vielleicht einfach nur verstehen«, sagte er und ergänzte etwas später: »Wir können schreiben, diskutieren und fragen, aber es ist nicht unsere Aufgabe, die von uns erdachten Konflikte unserer Eltern zu lösen.«

Ich bin mir heute gar nicht so sicher, ob ich während meiner Recherchen irgendwelche *Konflikte* lösen will. Ich suche nach Verbindungen in einer Geschichte – und egal wie diese aussehen, sind es immer noch die Fußnoten einer Familiengeschichte, die meine Mutter in Bezug auf sich selbst so knapp wie möglich halten möchte. Vermutlich, weil sie aus ihrer Sicht keine Erklärung bieten. Nein, denke ich, meine Mutter ist beim besten Willen keine »Raumfahrerin«, die das Weltgeschehen im Schwebezustand miterlebt. Sie scheint geradezu versessen darauf, die Fülle der Gegenwart aufzusaugen wie ein Schwamm – im Kampf gegen jede Form der illusorischen Schwerelosigkeit, die Vergangenheit doch immer irgendwie bedeuten kann. Und auch mein Vater hat der Welt nicht aus der Ferne von seinem Raumschiff aus zugesehen, wie sie sich dreht. Sie beide haben vielleicht nicht einmal in den Himmel geschaut. Sondern nur daran gedacht, wie sie sich der Geschwindigkeit am Boden am geschicktesten anpassen, selbst steuern können. Und zwar möglichst schnell. Vielleicht waren und sind sie einfach froh, keinen beruflichen Fuß in einem zerbrechenden System gefasst zu haben. Glücklich darüber, damals nicht mit an Bord eines Raumschiffs gegangen zu sein, von dem ein Teil der Besatzung nicht wusste, wie sie wieder zurückkommen sollte.

III. FAMILIENAUSSTELLUNG

Sittes Welt

Zwei Dinge stören mich auf dieser Suche. Erstens bekomme ich durch meine Gesprächspartner aus Willi Sittes DDR-Kunstszene manchmal den Eindruck, dass dort ausschließlich Männer gelebt haben. Und zweitens habe ich seit Tagen und Wochen mit fast niemandem gesprochen, gedacht, diskutiert, der oder die unter fünfzig war. Es wird Zeit, sich einmal mehr auf die Gegenwart zu konzentrieren.

Ich bin in Halle mit Inna Skliarska verabredet. Sie ist dreiundzwanzig und studiert hier Kunstgeschichte auf Master. Seit einiger Zeit läuft jetzt schon die Willi-Sitte-Ausstellung *Sittes Welt* im Kunstmuseum Moritzburg in Halle. Die erste große Retrospektive Willi Sittes seit 1985. Inna und ich haben uns auf einer Sitte-Tagung kennengelernt, die parallel zur Ausstellungseröffnung abgehalten worden war. Ich hatte die Tagung für meine Recherchen besucht, Inna, weil sie zu Willi Sittes Akt-Gemälden forschte.

Manchmal habe ich das Gefühl, dass die bisherigen Kritiken der Ausstellung mich persönlich ansprechen wollen:

»Wer sich mit dem wohl umstrittensten Maler, den die DDR hervorgebracht hat, auseinandersetzen möchte, kommt […] an dieser Schau nicht vorbei«[1], schreibt der *Mitteldeutsche Rundfunk*.

Die *Frankfurter Allgemeine Zeitung* findet: »Die Ausstellung ist augenöffnend. […] Man schaut, staunt und lernt.«[2]

Und die *Süddeutsche Zeitung* empfiehlt: »Wer etwas wirklich Neues entdecken will, der sollte nach Halle reisen.«[3]

Sowieso sind dort alle mit den Besucherzahlen mehr als zufrieden, und das Feuilleton scheint sich einig: Willi Sitte muss neu entdeckt werden. Und mit ihm sein breites Werk aus fast siebzig Jahren seines Schaffens. Ich bin längst dabei, ihn »neu zu entdecken«, und ich werde inzwischen von den Museumsmitarbeitern geduzt.

Inna wartet am Eingang vor dem Kunstmuseum. Sie trägt eine dicke Daunenjacke und eine Kapuze über dem Kopf, aus der ihre blonden Haare fallen. Sie nickt mir zu. Mit ihren eisblauen Augen und ihrer nicht langsamen, eher überlegten und von ihrem ukrainischen Akzent gefärbten Aussprache klingt sie immer zugleich ernst, aber auch irgendwie beruhigend positiv.

»Ich habe noch zwei Kommilitonen mitgebracht«, sagt sie mir, bevor wir hineingehen, »sie haben auch zu Sitte geforscht, ich dachte das wäre passend.«

Ich sehe in die Gesichter der beiden, dann zu Inna. »Mehr als passend«, sage ich.

Einer von ihnen, ein ziemlich großer Mann mit Kapuzenpullover und kurz geschorenem Haar, sieht daraufhin etwas irritiert zu Inna.

»Was genau haben wir noch einmal hier vor?«, fragt er.

»Aron will etwas über seinen Urgroßonkel herausfinden, und wir machen das, was wir am besten können: diskutieren.«

»Na großartig!«, ruft die andere Kommilitonin, eine relativ kleine Frau mit Pferdeschwanz und runder Brille. Die beiden, Jan und Theresa, stellen sich kurz vor. Sie gehören wie Inna zu den Studierenden des Masterstudiengangs Kunstgeschichte an der Martin-Luther-Universität in Halle.

Es schien mir bisher eine gute Idee, immer wieder durch die Ausstellung zu gehen und zu versuchen, mich voll und ganz auf die Werke zu konzentrieren.

Nur war mir das bei meinen bisherigen Besuchen nie so richtig gelungen. Statt auf die Leinwände zu sehen, hatte ich in die Gesichter der meist älteren Besucher, welche die Entstehungsgeschichte dieser Bilder miterlebt hatten, gesehen. Und genau das hatte mich nervös gemacht. Ich fürchtete mich absurderweise davor, von ihnen enttarnt zu werden als Unwissender, »Nicht-dabei-Gewesener«, einer, der keinen Blick für das Große und Ganze hat, auch niemals haben wird. Die Meinungsumfragen an verschiedenen Ecken der Ausstellungsräume mildern diese Unsicherheit nicht unbedingt:

»Kann man das Werk vom Künstler trennen?«

»Hat Willi Sitte Sie persönlich betroffen?«

»Waren Sie schon einmal auf einer Willi-Sitte-Ausstellung?«

Jedenfalls ist es mit Inna und ihren Kommilitonen ganz anders.

Ich sehe ruhig auf die Bilder, beginne zu erzählen. Wir stehen im Eingangsbereich der Ausstellung: hier stehen Willi Sittes *Elternbilder I, II* und *IV*. Eine Zeitspanne von 1962 bis 1974.

Jan deutet auf das vierte und wohl am meisten sozialistisch wirkende Elternbild.

»Dieser im roten Hintergrund verschwommene Mann dort …«, beginnt er.

»Das ist Willi Sittes Großvater«, sage ich, »Franz.«

»So hieß doch auch sein Bruder?«, fragt Inna.

»Ja genau, mein Urgroßvater«, sage ich. Ich erzähle Familienanekdoten, während ich von einem Elternbildnis Willi Sittes zum nächsten gehe. Geschichten meiner Großmutter, wie sie von ihrem Großvater mit dem Pferdewagen durch seinen Wohnort Oberorschel gefahren wurde und wie sie schon nach ein paar Stunden dort das Gefühl hatte, nach Stall und Hühnern zu riechen. Und davon, wie die Familie Sitte dort zwischen all den Katholiken als unerwünschte Kommunisten auf ihrem Bauernhof lebten – wie das kleine Volk der Gallier, von Römern umzingelt. Ich höre einfach nicht auf zu erzählen und wende mich den Porträts zu, die den Elternbildern gegenüberstehen, und deute auf eine Zeichnung, die Willi Sitte 1963 mit einer Zigarette und zwei Katzen zeigt.

»Glaubt ihr, dass er damit die zwei Frauen darstellt, die zu dieser Zeit in seinem Leben standen?«, fragt Theresa und verzieht das Gesicht.

»Das wäre zu platt für jemanden wie Willi Sitte!«, sagt Inna in dieser ernsten, ehrfürchtigen Stimme. »Hm«, macht Jan.

Ich erzähle von seinem Bruder Rudolf Sitte und dessen bemerkenswert hingebungsvoller, aber illegaler Fürsorge für Katzen. Ich habe davon in seinem bezeichnenden autobiografischen Buch *Ein Leben für die Katz'* gelesen. Immer wieder hatte er in einer verlassenen Scheune streunende Katzen versorgt – offenbar so penetrant, dass er dafür von der Stadt Dresden mehrfach schriftlich verwarnt worden war. Trotzdem hat er gemeinsam mit seiner Frau Jutta weitergemacht, und als ihm später das Geld für das viele Katzenfutter ausging, hat er es selbst gekocht.* Futter, das er mit Jutta in Reisetaschen je-

---

* Rudolf beschreibt in seinen Memoiren die Kosten für ihre Katzenpflege: »Durch den intensiven Warmwasserverbrauch vor allem für das Katzengeschirr liegen unsere Nebenkosten in der Nähe des Mietpreises. Wir kommen schon in [die] höheren dreistelligen Beträge.« Und auch die Anzahl seiner »etwa dreißig Katzen in Dresden und Königsbrück, die monatlich dreistellige Ausgaben verursachten und bis heute verursachen«. (Reinhard Kärbsch, *Über Kunst, Katzen und Keramik*, S. 125–126)

den Abend im Schutz der Dunkelheit transportierte. Immer mit dem Zug, denn er hasste, wie Willi Sitte auch, das Autofahren.

Jeden der Kurztexte unter den Bildern würde ich am liebsten kommentieren, wie bei einem Film, den man im Gegensatz zu anderen schon gesehen hatte. »Wir stehen jetzt schon eine halbe Stunde hier«, sagt Inna und deutet zur offenen Tür, die zum nächsten Raum führt.

Jan sieht auf Willi Sittes erstes Elternbild von 1962. Auf die müden Gesichter, die harten Formen und vergleichsweise blassen Farben, die meine Ururgroßeltern Josef und Elisabeth Sitte ausfüllen. »Das gefällt mir am besten. Ich wünschte, er hätte mehr davon gemalt«, sagt er. Wir gehen weiter, in den nächsten Raum. Ab hier sind Willi Sittes künstlerische Anfänge dargestellt – die altmeisterlichen Zeichnungen aus den 1930er- und 1940er-Jahren, dann die abstrakten Formgebilde. Über siebzig Gouachen, die Willi Sitte in den späten 1940er- und 1950er-Jahren fertiggestellt hat, aber nie öffentlich zeigte, wissend, damit auf Ablehnung und Parteikritik zu stoßen. Im nächsten Raum stehen wir vor seinen Experimenten mit Picasso und Léger, der *Hochwasserkatastrophe am Po* (1953/54), dem *Mädchen mit Liegestuhl* aus den 1950er-Jahren und den weiteren Spuren von Willi Sittes Auseinandersetzung mit der damals so neuen Welt der westlichen Moderne.

»Ich finde es richtig unfair, wenn Leute behaupten, er hätte einfach Picasso kopiert. Das stimmt nicht. Er hat ja damals schon … anders gemalt«, sagt Jan und fährt mit einem Finger durch den Raum. »Das sieht man hier doch alles.«

»Aber trotzdem sind das alles noch keine Sitte-Figuren«, sagt Inna und klingt dabei fast ein bisschen enttäuscht. Dann gehen wir weiter in einen Raum voller Aktbilder, Gemälde, die nackte Männer duschend und ebenso nackte Männer am Strand zeigen. Riesige Figuren, die plötzlich nicht mehr elegant aussehen, sondern aus strotzend fleischiger Muskel- und Fettmasse bestehen. Egal ob als Liebespaare oder Arbeiter. »Typische Sittes«, sind wir uns alle einig.

Die Sitte-Konferenz

Während Inna, Jan und Theresa vor den Gemälden über kunstanalytische Fachbegriffe wie »pastöse Farbaufträge«, »Inkarnat« und »Kolorit« philosophieren, gehe ich noch einmal zurück in den ersten Raum. In ihm wurde kurz vor dem Tag der Deutschen Einheit die Pressekonferenz anlässlich der Ausstellungseröffnung abgehalten, an der ich teilgenommen hatte. Das war am 30. September 2021:

»Man sieht einen erlösten Direktor«, sagte der Museumsdirektor Thomas Bauer-Friedrich über sich selbst. Der Ausstellung waren fünf Jahre Vorbereitung und über dreißig Jahre angespannte deutsch-deutsche Kunstbetrachtung vorausgegangen.

»Es war das nervenaufreibendste Projekt, das ich je durchgeführt habe!«

Vor gut fünfzehn Jahren war eine Ausstellung in Halle verhindert worden. Aber noch bedeutender war die geplatzte Retrospektive 2001. Das Germanische Museum wollte eine Ausstellung aus Werken und Dokumenten Willi Sittes verschieben, da der Aufsichtsrat des Museums den geplanten Ausstellungskatalog zu apologetisch hinsichtlich Willi Sittes Rolle als Maler und Funktionär fand. Der Katalog war fast ausschließlich von Menschen geschrieben worden, die ihm zugetan waren und ihn, in den Augen des Aufsichtsrates, zu unkritisch und zu wenig differenziert beschrieben. Willi Sitte sagte die Veranstaltung schließlich selbst ab. Und alles zusammen löste nichts weniger als einen der größten gesamtdeutschen Ausstellungsskandale aus. Das sollte sich zwanzig Jahre später auf keinen Fall wiederholen.

»Noch nervenaufreibender konnte es nicht werden«, sagte Bauer-Friedrich. »Nein, nervenaufreibender ging es nicht, es hat schließlich fast alle Nerven gekostet!«

Aber jetzt wäre man bereit, den Künstler in all seinen Facetten und Ambivalenzen wahrzunehmen, auf seiner Orientierung durch die künstlerische Moderne, als überzeugten Kommunisten, Vertreter der SED, des sozialistischen Realismus und als engagierten Kulturpolitiker. Und all das sind »Gründe, warum die ostdeutsche Sparkassenstiftung gar nicht anders konnte und auch nicht wollte, als diese Ausstellung finanziell zu unterstützen und damit zu ermöglichen!«, sagte eine Vertreterin genau dieser Stiftung, bevor sie keinen Geringeren als den Ministerpräsidenten des Landes Sachsen-Anhalts und erzkatholischen Reiner Haseloff an das Mikrofon bat. Dieser betonte zwar, noch einen Anschlusstermin wahrnehmen zu müssen, um dann aber in bemerkenswerter Hochachtung innerhalb von fünf Minuten das Leben von Willi Sitte zu skizzieren. Und kurz bevor alle Teilnehmer der Pressekonferenz zum Rundgang entlang der gut 250 Werke geladen wurden, trat dann einer der Co-Kuratoren aus dem Hintergrund. Paul Kaiser, der im Anzug und abgearbeiteten Stirnfalten mit wachen Augen durch seine dickrandige Brille das Publikum scannte. Er wartete, bis Reiner Haseloff wieder am Platz saß, und sagte dann mit dem Gesichtsausdruck eines Tagesschausprechers, dem jede Emotion zum Verhängnis werden könnte:

»Es gibt sehr viel Meinung zu Willi Sitte, aber nur sehr wenig Wissen.«

Er, Jahrgang 1961, war dabei, als 2001 die geplatzte Sitte-Ausstellung zum Skandal wurde, und gehörte zu jenen, die im neuen Ausstellungskatalog Willi Sittes Leben seit der Wiedervereinigung so scharfsinnig analysieren, dass es beim Lesen der *biografischen Recherche* nicht schwerfällt, herauszufinden, welche der Textbeiträge von ihm stammen.

»Willi Sitte scheint als handelnde Person vielmehr als unauflösbar widersprüchlich, ja zwiespältig, wenn nicht sogar als ein programmatischer ›Doppelzüngler‹, wie ihn die Staatssicherheit bezeichnete, die ihn lange argwöhnisch observierte, bis selbst sie den Überblick verlor.«[4]

Als Willi Sitte 2013 verstarb, veröffentlichte Paul Kaiser seinen Nachruf im *Spiegel*. Das Bild zu diesem Text – »Immer kampfbereit« – zeigt Willi Sitte kurz vor seinem Tod, wie er mit verkrampftem Gesicht und zusammengekniffenen Augen beide Hände zu Fäusten ballt. Darin steht: »Spätestens mit Sittes Tod sollten sich nun neue Räume eröffnen, um seinen Arbeiten die kritische Würdigung anzugedeihen, die diese verdienen.«[5] Acht Jahre später nennt Paul Kaiser ihn in seiner biografischen Recherche einen »Patriarchen« und »italienischen Padrone«. Immer im Wechselspiel zwischen Scharfsinnigkeit und Faszination.

»Herr Kaiser, erlauben Sie mir eine Frage«, hatte ich ihn angesprochen, als die Pressekonferenz vorüber war.

Er sah mich an, lächelte für den Bruchteil einer Sekunde und sagte ein lang gezogenes »A-ha«, während er mit einem spitzen Finger in meine Richtung deutete.

Die ganze Zeit über hatten wir nur ein paar Hundert Kilometer voneinander entfernt recherchiert und zunächst über Dritte und dann im gegenseitigen Mailaustausch von der jeweiligen Aktivität des anderen erfahren. Ich hatte ihm Bilder meiner Familie gemailt, er mir Tipps bei den Stasi-Akten gegeben. Beide auf Forschungsreise. Aber nie kam eine Geste ohne die skeptische Frage aus, was der jeweils andere mit der Information denn vorhabe.

Ich hatte mich zwischendurch gefragt, was die Entdecker Roald Amundsen aus Norwegen und Robert Falcon Scott aus Großbritannien bei ihrem Wettlauf zum Südpol vor genau hundertzehn Jahren gemacht hätten, wenn sie sich auf ihren Expeditionen zufällig begegnet wären. Wissend, noch nicht angekommen zu sein. Angesichts der Tatsache, dass die beiden vermutlich ausgehungert und unter der Angst vorm drohenden Erfrierungstod alles andere als wohlwollend miteinander gesprochen hätten, bleibt die Frage natürlich theoretisch, aber nicht weniger spannend: Was würden sie sagen? Was sagt man in so einem Moment, in dem sich Konkurrenzgedanken und Sympathie für die Leidenschaft des Gegenübers ob des gleichen Themas treffen?

»Wir haben wenig Zeit«, sagte Paul Kaiser und sah kurz hektisch durch den Saal und dann wieder zu mir.

»Natürlich, Herr Kaiser. Ich wollte nur …«

»Eine Frage, also los.« Er lächelte.

»Warum sind Sie so an Willi Sitte interessiert?«

»Nun, das Feuilleton hat dazu geführt, dass man Willi Sitte als *den* Repräsentanten der DDR-Kunst gesehen hat. Das bedeutet, dass wir ihn neu sehen müssen. Dass das erst jetzt geht, ist erstaunlich, schließlich besitzt Willi Sitte für mich eine der exemplarischsten Biografien des 20. Jahrhunderts.«

Paul Kaiser hat unser Gespräch dann doch noch weitergeführt und über die mangelhafte Präsenz von ostdeutscher Kunst in Museen, die mangelhafte Forschung dazu und das damit verbundene und mindestens ebenso mangelhafte Verständnis dieses Themenkomplexes gesprochen. Und ich glaube, dass er und ich höchstens dieselbe Richtung, aber nicht das gleiche Ziel verfolgen.

»Himmel und Erde verschwammen ineinander, nichts war zu sehen«, notierte Roald Amundsen damals während seiner Reise. »… Trotzdem ging es glänzend vorwärts.«[6]

Und was sagen Sie zu Sitte?

Ich stelle mich neben Inna. Wir stehen in dem Raum mit den Aktgemälden und sehen auf das Bild *Liebespaar im Badezimmer* (1970/71). Es zeigt zwei der typisch üppigen Sitte-Figuren. Kraftvoll und gut beleibte Körper, die sich durch hektische Bewegung auszeichnen. Inna hatte sich in ihrem Katalogartikel »Zwischen FKK und Erotik-Tabu: Geschlechterkonstruktion im Schaffen Willi Sittes« auf genau dieses Bild bezogen: »Hier präsentiert der Künstler ein intensives Zusammenspiel der Geschlechter, das von Macht, Lust und Spannung geprägt ist. Im Vordergrund der Komposition zeigt sich eine der Badewanne entstiegene nackte Frau. Dominant greift der nackte Mann, hinter ihr stehend, nach ihrem Kinn und wendet somit gewaltsam ihr Gesicht dem seinen zu, welches dem Betrachter allerdings verborgen bleibt. Ein affektives Lächeln, das zugleich einer leidvollen Grimasse ähnelt, bestimmt ihren Ausdruck; ihre Hände greifen nach den seinen. Leid oder Leidenschaft?«[7]

Zwischen den Liebes- und Aktgemälden steht eine dazugehörige Infotafel und ganz am Ende in klitzekleiner Schrift eine Triggerwarnung:

»Die im Folgenden zu sehenden Gemälde enthalten nach heutigem Verständnis Darstellungen körperlicher bzw. sexualisierter Gewalt. Sie können trivialisierend, herabsetzend oder aggressiv wirken.«

»Warum hast du dich eigentlich mit diesen Aktfiguren beschäftigt?«, frage ich Inna.

»Man sieht darin diesen Übergang in seinem Stil zu Darstellungen, die man eher als gewaltsam beschreiben würde.« Sie deutet zur Leinwand. »Also zu diesen wuchtigen und leidenschaftlichen Bildern … Es ist kompliziert … Einerseits sehe ich die Problematik der Bilder in der heutigen Zeit. Andererseits wollte ich mich davon distanzieren und sagen, ja gut, wir müssen das auch im zeitlichen Kontext besprechen. Man kann ja nicht nach dreißig, vierzig Jahren #metoo sagen. Dann kannst du auch die ganzen Werke von Picasso scheiße finden, denn Picasso war einfach – sorry – ein Arschloch. Ich habe mich gefragt, woher diese Expressivität kommt, wie es zu diesem Übergang kam.«

»Und hast du eine Antwort?«

»Noch nicht«, sagt sie verblüffend knapp, und ich folge ihr mit den anderen in den zweiten Stock, den letzten Bereich der Ausstellung. Dort sind die Monumentalwerke von Willi Sitte ausgestellt. Politische Programmbilder. Anklagen gegen den Faschismus, gegen den Imperialismus, gemalt für den Sieg der Arbeiterklasse.

Jan deutet auf das Dreitafelbild *Höllensturz in Vietnam* (1966/67).

»Darüber habe ich geschrieben«, sagt er, und während ich auf die zerrissene Amerikaflagge im Bild sehe, fällt mir ein, wie oft Jan während unseres Besuchs bereits die vergleichsweise fragilen Malereien Willi Sittes aus den 1960er-Jahren gelobt hatte. »Im ›Höllensturz in Vietnam‹ wird der spezifisch marxistisch-leninistische Blick Sittes auf den Vietnamkrieg deutlich. Er verortet die Militärintervention in einer Tradition faschistisch-imperialistischer Kriege, was er durch die bildliche Verknüpfung US-amerikanischer und nationalsozialistischer Persönlichkeiten und Symbole darstellt. Auch die BRD wird für die indirekte Beteiligung am Vietnamkrieg kritisiert. Durch die optische Parallelisierung von Hakenkreuz- und Rot-Kreuz-

Fahne wird sie als Nachfolgerin des NS-Staates diskreditiert, die im Gegensatz zu Sittes Heimat, der DDR, nicht die richtigen Lehren aus der Geschichte gezogen habe […]«[8], schreibt Jan in seinem Katalogtext »Malerischer Kampf dem Imperialismus«.

»Ich würde nicht mal sagen, dass das Propaganda ist«, sagt Jan. »Das war seine Haltung …«, sagt er.

Ich denke an die im Stock unter uns gezeigten Post–»Wende«-Gemälde Willi Sittes, denen ich kaum Beachtung schenke. Sie markieren seine Zeit der Verstummung, etwa mit seiner Reihe *Herr Mittelmaß*, einem immer leicht übergewichtigen nackten Mann, der Willi Sittes Abscheu vor den »Wendehälsen« nach 1989 repräsentieren soll. Und natürlich *Die Erdgeister* (1990), in dem Willi Sitte ein letztes Mal, wie er sagte, die Arbeiterklasse malte und sie von den Ereignissen rund um die friedliche Revolution und die Wiedervereinigung mit den Köpfen in die Erde rammte. Kein Vergleich zu der Energie der Gemälde aus den 1970ern und 1980ern und dieser hauswandgroßen Programmbilder. Jedes dieser »Nachwende«-Bilder scheint auf seine eigene Art verbittert. Darüber hatte keiner von uns gesprochen.

Wir alle – Inna, Theresa, Jan und ich – haben die DDR nicht erlebt, sehen die Bilder aus dieser Zeit und fühlen hier vermutlich Befremdung und Faszination gleichermaßen auf ganz unterschiedliche Weise. Diese Bilder sind für uns die viel interessanteren.

Ich sehe Jan dabei zu, wie er noch immer mit verschränkten Armen vor dem *Höllensturz* steht. Theresa und Inna sind bereits nach draußen gegangen.

»Entschuldigen Sie«, sagt jemand und tippt mir auf die Schulter.

Eine etwas untersetzte Frau mit gutmütigem Blick, lockigen Haaren und schmaler, schmuckloser Brille sieht mich an.

»Ja?«

»Ich habe Sie jetzt mal beobachtet … Und mich würde das mal interessieren. Sie so als junger Mensch – was sagen Sie denn zu dem Sitte?«

Und plötzlich ist da wieder dieses Unbehagen.

»Was meinen Sie?«, frage ich.

»Na, was sagen Sie zum Sitte?«

Ich räuspere mich.

»Nun, ich muss dazu sagen, dass ich mit ihm verwandt bin …«, und noch bevor ich die übliche Leier darüber lostreten kann, ihn ja gar nicht so richtig zu kennen, unterbricht sie mich.

»Trotzdem … was sagen Sie, wenn sie diese Ausstellung ansehen.«

»Ich finde, man muss da differenziert draufsehen …«, sage ich vorsichtig und sehe, wie sich ihr Gesicht verzieht. Wie automatisiert sprudeln die Sätze aus mir heraus.

»Es ist ein vielschichtiges Werk«, sage ich. Was für eine Nullaussage.

»Ach«, sagt sie und wischt mit einer Hand durch die Luft. »Die Ausstellung hat mir die Augen geöffnet. Wir haben ihn damals ganz anders erlebt, in der DDR. Ich war Kunsterzieherin, damals. Überhaupt wurden wir alle mit Kunst überflutet. Woanders waren Bilder und Ausstellung das Sahnehäubchen einer Gesellschaft. Bei uns war es Brot. Und da kannten wir natürlich alle Willi Sitte. Aber eben nicht so, ich mein' …« Sie dreht sich ein wenig zur Seite und breitet die Arme aus. »Der war schon wer«, sagt sie und nickt mir lächelnd zu, und noch bevor ich reagieren kann, stellt sich Jan neben mich. »Ich muss jetzt aber allmählich hier raus«, sagt er. »Ich bin jetzt zum dritten Mal hier. Und jedes Mal endet man bei diesen Monumentalbildern. Ich weiß nicht, wieso, aber die machen mich immer ganz kirre.«

»Ich glaube, ich weiß, was du meinst!«, sage ich. Die Frau ist inzwischen verschwunden.

Wenig später sitzen Inna und ich zum Teetrinken in einem libanesischen Restaurant unweit des Kunstmuseums. Jan und Theresa haben wir verabschiedet. Ich erzähle Inna von meinen bisherigen Recherchen über Willi Sitte und dass ich manchmal das Gefühl habe, ein Themenfeld betreten zu haben, in dem ich mich zwar bewegen kann, aber nur zwischen unsichtbar gezogenen Grenzen. Und von meiner Mutter, die immer wieder betont, keine Verbindungen mit der DDR in ihrer Gegenwart zu spüren und das auch gar nicht zu wollen. Obwohl sie diese Zeit im Gegensatz zu mir erlebt hat und mit ihr alle anderen Familienmitglieder, allen voran Willi Sitte, dem ich versuche näherzukommen.

»Manchmal glaube ich, mir einen Zugang zu einer Geschichte künstlich zurechtzulegen. Zu künstlich, sodass es jeden Bezug zur Realität verliert.«

»Hm«, macht sie und hebt ihre Tasse an. »Willst du noch?«

»Gern.«

Inna stellt zwei Tassen Tee vor uns auf den Tisch und beginnt von ihrem gerade verstorbenen Großvater Wasyl zu erzählen, den sie kurz zuvor in der Ukraine zum ersten Mal nach fünf Jahren wieder besucht hatte. Er habe auf sie gewartet und sei tatsächlich in der Nacht nach ihrem Besuch verstorben.

Er sei Physiker gewesen. Ein skurriler, liebenswürdiger Mann, der immer alles selbst reparieren musste und einen defekten Kühlschrank mit einem alten Radio vierzig weitere Jahre zum Laufen bekommen hatte. In ihrer Familie waren alle, bis auf sie, Naturwissenschaftler oder Lehrer.

Später erzählt sie, wie fast alle aus ihrer Familie in den 1920er-Jahren nach Sibirien verschleppt wurden und nur ihre Urgroßmutter zurückblieb. Und dass ihr Großvater eigentlich Juli hieß, seine Mutter den Namen aber in Juri umwandeln ließ, damit keiner herausfand, dass er Jude war.

Von einer künstlich erzeugten Hungersnot, ausgelöst durch

die Belagerung ukrainischer Dörfer und Städte durch sowjetische Soldaten, welche die gesamte Ernte einforderten, sodass ganze Gemeinden ausstarben. Ihre Familie überlebte. Und sie erzählt, wie bis zum Fall des Eisernen Vorhangs ständig »schwarze Raben« in ihren Geburtsort fuhren – Gefangenentransporter, die Menschen »abholten« und ebenfalls nach Sibirien brachten. Ein Onkel von ihr habe dazugehört.

»Weißt du, warum ich dir all das erzähle?«, fragt sie.

Ich schüttele langsam den Kopf.

»Weil ich die Erste aus meiner Familie bin, die nach dieser Zeit gefragt hat. Meine Mutter hatte davon nie erzählt, mein Vater auch nicht.«

»Aber das ist doch eine ganz andere Geschichte als die meiner Familie. In einem ganz anderen Land, mit einer ganz unterschiedlichen Dynamik.«

»Mag sein. Keine Ahnung. Aber was ich eigentlich sagen will, ist, dass ich dir diese Geschichte auf meine Art und Weise erzähle«, sagt sie. »So wie du es auch mit der Geschichte deiner Familie tun wirst.«

TEIL II

I. ZEIT DER FREIZÜGIGKEIT

Stones und SED

Das Jahr 1971 klingt in den Erzählungen meiner Großmutter so locker leicht, wie ein einziger Tag barfuß im Garten. So beginnt er jedenfalls. An der Seite ihres Freundes, meines Großvaters, der sie ständig im Haus ihrer Eltern besucht.

Im Frühjahr ist ihr Kopf voller Zukunftspläne … und Ideen. Lange hatte ihr Plan, »Industriekaufmann« zu werden, festgestanden, bis sie die Produktion kennenlernt, sämtliche Karrierepläne verwirft und in Windeseile ihr Abitur an der Abendschule nachholt. Ihr Vater Franz organisiert ihr einen Studienplatz, und ihr Onkel Willi Sitte kann sie noch rechtzeitig von der Wahl eines Studiengangs überzeugen, der den entscheidenden Unterschied macht. »Bärbel, du solltest nicht Kunst-, sondern Kulturwissenschaften studieren. Kunstwissenschaften studieren nur Langweiler«, sagte er.

Sie und mein Großvater lieben die Rolling Stones, wie so viele junge Menschen in der DDR. Gerade ist deren legendäres Album *Sticky Fingers* erschienen*, und sie hören am liebsten den

---

* Mein Großvater verfügte über familiäre Verbindungen in den Westen, durch die er sein ganzes Leben in der DDR mit Westgeld und Westpaketen versorgt wurde. Und nicht selten fanden sich darin auch Schallplatten, die in der DDR nicht erhältlich waren und im großen Haus der Familie Sitte angehört werden konnten. Sehr zur Freude meiner Großmutter, sehr zum Leid meines Urgroßvaters. Ob sie tatsächlich diese neue Platte der Rolling Stones so kurz nach ihrem Erscheinen oder in Wahrheit erst später bekamen, habe ich faktisch nicht nachprüfen können. »Doch, doch, natürlich!«, hat mir meine Großmutter aber immer wieder versichert.

Hit »Brown Sugar«, ohne ein Wort von dem zu verstehen, was Mick Jagger da eigentlich singt. Im selben Monat, im April und der Kontrast könnte nicht größer sein –, feiert die SED ihren 25. Jahrestag und schickt meinem Urgroßvater Franz Sitte eine Ehrenurkunde:

»Hirn der Klasse, Sinn der Klasse, Kraft der Klasse, Ruhm der Klasse. Das ist die Partei. Die Sozialistische Einheitspartei Deutschlands widmet Genossen Franz Sitte die Ehrenurkunde in Anerkennung seiner mehr als 25-jährigen treuen Parteiarbeit im Kampf für Frieden, Demokratie und Sozialismus.«[1]

Unterschrieben wurde diese Urkunde im April 1971, pünktlich zum historischen Gründungstag, dem 21. April, von Walter Ulbricht, der nur sechs Tage später von dem Mann gestürzt werden wird, der die DDR über achtzehn Jahre lang weiter regieren wird: Erich Honecker.

Bereits auf dem 11. Plenum des ZKs 1965 war klar, dass Ulbricht mit seinen Fantasien von der DDR als einer von der Sowjetunion zunehmend unabhängigeren Wirtschaftsmacht von Moskau kritisch beäugt wurde. Aber auch in der eigenen Partei gab es einerseits den Kreis, der an den Reformplänen Ulbrichts festhielt, und andererseits den um den moskauverbundenen Erich Honecker. Einer, der auf konservative SED-Politik setzte und die Bestrebungen Ulbrichts, etwa den Betrieben mehr Eigenverantwortlichkeit und Freiheit für mehr Effizienz zu geben, ablehnte. Schließlich würden so die Alleinherrschaft und ungezügelte Kontrollfunktion der Partei gefährdet. Als sich Ende der 1960er-Jahre Spannungen in der DDR-Wirtschaft häufen, Produktionspläne nicht mehr erfüllt werden können und sich eine Wirtschaftskrise immer bemerkbarer macht, werden zum Jahreswechsel 1970/71 Ulbrichts 1963 begonnene Reformen abgebrochen und er mit der Unterstützung Moskaus von Erich Honecker dazu gedrängt, um einen Rücktritt zu bitten. Er wird am

3. Mai 1971 abgelöst – aus Altersgründen. So die öffentliche Version.

Bereits im Juli des Jahres 1971 prangt Honeckers Porträt vor dem Rathaus der Stadt Wernigerode, und der VIII. Parteitag hat einen neuen Kurs beschlossen. Und bevor der Bevölkerung überhaupt klar werden kann, was dies für die Zukunft ihres Landes bedeutet, erklärt ein kurzer Slogan schon: »Was der VIII. Parteitag beschloss – wird sein«[2].

Der VIII. Parteitag

Der VIII. Parteitag findet traditionell in der Werner-Seelenbinder-Halle in Berlin-Prenzlauer Berg mit zweitausend Delegierten der Partei statt. Walter Ulbricht ist nicht anwesend, was so gut wie alle Anwesenden insgeheim freut. Trotzdem danken sie mit stehender Ovation seinem Grußwort, das stellvertretend vorgelesen wird.[3]

Einer dieser Delegierten ist Willi Sitte. Und der äußert sich kurz nach dem Parteitag, Erich Honeckers hoffnungsbringende Pläne versprechen nichts weniger als mehr Zufriedenheit in der gesamten DDR-Bevölkerung. Dementsprechend gibt er sich kurz nach dem Parteitag in einem Interview mit der *Freiheit* mehr als optimistisch:

»Ich glaube, daß wir durch die enge Beziehung zur Wirklichkeit, durch die völlige Identifizierung mit der Klasse der Arbeiter unsere Kunst immer mehr demokratisieren und schließlich in unseren Bildern jenen Inhalt, jenen Ausdruck zu gestalten vermögen, der volkstümlich ist, weil lebensverbunden und – wahr.«[4]

Sein Bruder Franz Sitte hat, wie jeder Werksdirektor im Kreis Wernigerode, die Beschlüsse dieses Parteitags der SED vor seiner Belegschaft ausgewertet und dies zum Anlass für eine große Ausnahme genommen: Er stößt mit ihnen mit Alkohol an. Die Arbeiter wissen um seine Aversion gegen jegliche Form von Alkoholismus, weswegen sie auf Betriebsfeiern gerne mal Milchflaschen organisieren, um ihm damit demonstrativ zuzuprosten. Doch heute feiert Franz Sitte mit ihnen mit einem Glas Branntwein in der Hand. Die von Erich Honecker verkündete »Hauptaufgabe« bestand »in der weiteren Erhöhung des materiellen und kulturellen Lebensniveaus des Volkes auf der Grundlage eines hohen Entwicklungstempos der sozialist. Produktion, der Erhöhung der Effektivität des wissenschaftlich-technischen Fortschritts und des Wachstums der Arbeitsproduktivität«.[5] Die damit verbundenen betrieblichen Leistungsansprüche erfüllt Franz Sittes Glaswerk schon längst mit Bravour, seitdem er es vom Exportprogramm der DDR befreien und mit Hilfe seiner Brüder vom klassischen Produktions- zum Kunsthandwerksbetrieb umwandeln konnte. Die Anforderungen sind also deutlich gesunken, werden aber verlässlich erledigt und mit Geldprämien geehrt. Prost.

Den Produktionsstress, den Franz Sitte noch Jahre zuvor selbst als Werksleiter im Spannungsfeld der erwartungsvollen SED-Kreisleitung und seiner müde und zunehmend mürrischen Belegschaft erfahren hatte, zeichnet sich vor allem seit Ende der 1960er in immer mehr Betrieben der DDR ab. Walter Ulbrichts eifrige Strategie mit dem bereits 1957 formulierten Motto »Überholen ohne einzuholen«[6] vermerkte zwar kurzfristige Erfolge, die damit verbundenen langfristigen Produktionspläne konnten aber, wie auch in Franz Sittes Glaswerk, kaum eingehalten werden. Die Hoffnungen liegen also auf einem Kurswechsel durch Honecker. Das, was sich jedoch an marktwirtschaftlichen Tendenzen in der Wirtschaftspolitik Ulbrichts angebahnt hatte, kehrt Honecker wieder zu einer rein planwirtschaftlichen, zentralistisch gesteuerten Ökonomie um.

Und das Geld, das sein Vorgänger in Wirtschaft und Technik investieren wollte, steckt er in die Sozialpolitik.

Honecker weiß aus der Ulbricht-Zeit, dass beschwörende Propaganda oder hoffnungsvolle Erzählungen einer fruchtbaren Wirtschaft keinesfalls so sehr ziehen wie Konsum, Wohlstand und Nahrung, um die Arbeitsmoral zu steigern, Zweifel in der Bevölkerung zu zerstreuen und letztlich eine Diktatur aufrechterhalten. Also verspricht er mit seiner Politik unter anderem: mehr Wohnungen, höhere Löhne und Renten und mehr Konsummöglichkeiten. Das, was auf dem VIII. Parteitag noch »Hauptaufgabe« genannt wurde, bildet die Grundlage für die fünf Jahre später festgelegte »Einheit von Wirtschafts- und Sozialpolitik«, an dessen Konzept immerhin über zwei Jahrzehnte festgehalten wird. Sozialpolitische Maßnahmen sollen die Zufriedenheit der Menschen in der DDR erhöhen. Diese würden dann wiederum die wirtschaftliche Produktivität steigern lassen und die sozialen Leistungen so finanzieren.[7] So zumindest der Plan. Ökonomisches Wachstum durch verbesserte Arbeits- und Lebensbedingungen – damit würde nicht nur die »Vervollkommnung des Sozialismus«, sondern auch nichts Geringeres als die Voraussetzung für den Kommunismus geschaffen werden.[8] Ein SED-Propagandaplakat präsentiert anlässlich dieser Zeit einen konzentrierten Schweißer vor einem riesigen Plattenbau unter dem Schriftzug: »Das Parteiprogramm des VIII. Parteitages – unser Kompaß für ein glückliches Leben«.[9]

Danach sieht es für die Sitte-Brüder auch aus. Endlich besteht nun Zeit, sich neuen Visionen hinzugeben: In Franz Sittes Glaswerk wird zwar nicht mehr mit dem giftigen Bleiglas gearbeitet und auf Massenproduktion abgezielt, dafür aber unsäglich viel wertvolles Glas weggeschmissen. Eine schmerzliche Tatsache für jemanden wie Rudolf, der ständig damit beschäftigt ist, Geld für das Material seiner baugebundenen Kunst aufzutreiben. Die Idee ist, das Material zu verwenden und recycelte Kunst aus Glasabfall, wie zum Beispiel Raumtrenner, zu schaffen. Sie stellen also erneut einen Antrag für eine Förderung ihres Vorhabens. Und alles mit dem Plan »in Auswertung des 8. Parteitages unser Konsumgüterangebot durch künstlerisch wertvolle Produktion zu erweitern und bei entsprechender Qualität auch exportfähig zu machen«.[10] Bedeutet: Devisengeschäfte für die DDR. Der Antrag geht später beim Ministerium für Kultur durch. Mit den Jahren haben die beiden gelernt, wie man mit den Funktionären an der Parteibasis zu kommunizieren hat.

Liebe auf Leinwand

Als ich meiner Großmutter einmal die eigenartige Journalistenfrage stellte, was dieses Jahr 1971 mit all seinen Versprechungen und Hoffnungen, ja, überhaupt dieser VIII. Parteitag *mit ihr gemacht hätte*, sah sie mich irritiert an und fragte zurück:

»Ich war neunzehn, ich war verliebt, glaubst du, ich habe mir Gedanken über den VIII. Parteitag gemacht?« Sie hatte im Jahr davor ihren Onkel Willi Sitte in Halle besucht, und das Werk, woran er gerade arbeitete, hätte nicht besser zu ihrem Lebensgefühl passen können.

Um 1971 stellt Willi Sitte das Gemälde fertig. Es heißt schlichtweg: *Liebe.*

Ein mehrteiliges Tafelbild, das auf der linken Außenseite eine Chemiearbeiterin zeigt, die konzentriert mit einem Reagenzglas arbeitet, und auf der rechten Seite einen zufrieden nachdenkenden Arbeiter, mit Schutzhelm, vor einem Produktionsplan. Die Tafel zwischen ihnen zeigt die beiden, wie sie verzückt durch eine Straße rennen. Die Frau mit erhobenem lachendem Kopf und nacktem Oberkörper wird von der Hand ihres Geliebten umfasst und von ihm auf den Hals geküsst. Auf der letzten Tafel unten im Sockel des Polyptychons sieht man die beiden im heimischen Schlafzimmer, wie sie nackt bis auf die Arbeiterhosen eng umschlungen beieinanderliegen.

Walter Womacka, der Walter Ulbrichts Lieblingsmaler war, hatte mit seinem Verkaufsschlager *Am Strand* den Kitsch der sozialistisch keuschen Ideologie in die DDR-Wohnzimmer gebracht. 1962 wurde es bei der V. Deutschen Kunstausstellung ausgestellt, auf der Willi Sittes *Unsere Jugend* aufgrund formalistischer Probleme ausjuriert worden war. *Am Strand* wurde jedoch in seiner sozialistisch-realistischen Eindeutigkeit das wohl berühmteste »Liebes«-Gemälde der DDR. Ein Bild, auf dem ein blonder Junge mit rotem T-Shirt am Strand liegt und verträumt zu einem Mädchen schaut, das sich aber in einem ebenso roten T-Shirt und mit gehörigem Körperabstand vor ihm ziert und lediglich seine Hand mit ihren Fingerspitzen berührt.

Für zwei Drittel der Besucher der Ausstellung war dieses Werk das Beste.[11]

Willi Sitte hat andere Vorstellungen, wie er Liebe darstellen möchte. Nämlich nackt, frei und innig. Fleischig und anstößig. Und es wird Zeit, damit anzufangen. Dass Honecker jemand ist, der zumindest öffentlich behauptet: »Wenn man von der festen Position des Sozialismus ausgeht, kann es meines Erachtens auf dem Gebiet von Kunst und Literatur keine Tabus geben«[12], kommt ihm natürlich mehr als gelegen. Auf seiner ersten großen Retrospektive in der DDR, kurz nach dem VIII. Parteitag, genauer gesagt am 26. Juli 1971, wird Willi Sitte zum ersten Mal präsentieren, was er vorhat. Die Pressearbeit läuft gut. Sein parteibekennendes Pro-Honecker-Interview erscheint kurz vor der Ausstellung, und zur Eröffnung schreibt das *Neue Deutschland:*

»Die Galerie macht deutlich, daß Willi Sitte ein sozialistischer Künstler ist, der ständig darum ringt, die Vielfalt der Lebenserscheinungen zu gestalten, dem dabei aber stets der Mensch und die sozialen, moralisch-ethischen und politischen Probleme das wichtigste Anliegen sind. Es ist somit verständlich, daß Arbeiten aus den letzten Jahren in Qualität und Anzahl die Ausstellung bestimmen. Neben einer Vielzahl […] bekannter Werke […] werden auch einige der ganz frühen Arbeiten des Künstlers, vor allem Zeichnungen, gezeigt. Sie beweisen, auf welch gründlichem Naturstudium und soliden handwerklichen Grundlagen das Werk Willi Sittes aufbaut.«[13]

Auf seine vielen, zu dieser Zeit noch als viel zu anstößig geltenden Aktbilder wird erst einmal nicht eingegangen. Und doch hängen sie – für alle gut sichtbar. Genauso wie das Gemälde *Unsere Jugend* zum ersten und einzigen Mal bis 1989.

Seine Brüder Rudolf und Ernst sind die Ersten aus der Familie, die Willi Sitte an diesem Tag im Kunstmuseum Moritzburg begrüßen. Meine Urgroßmutter Marta Sitte ist eine notorische Zuspätkommerin. So treffen sie, mein Urgroßvater und ihre jüngste Tochter Bärbel, meine Großmutter, erst kurz vor der Eröffnung ein. Von Franz Sittes Töchtern ist meine Großmutter die Einzige, die ihn an diesem Tag begleitet. Sie ist aufgeregt, da sie ihren Lieblingsonkel schon länger nicht gesehen hat. Im Jahr zuvor hatte sie mehrere Tage bei ihm in Halle verbracht, als er gerade dabei war, sein *Liebe*-Bild fertigzustellen. Sie hatte ihn in die Hochschule begleiten, am hauseigenen Pool liegen und in seinem Atelier schlafen dürfen. Als Andenken an ihre Gespräche über Bärbels aufregende Zukunft, die Kunst und die Liebe in ihrem achtzehnjährigen Leben, hatte er ihr die Studie zum untersten Bild im Sockel meines *Liebe*-Gemäldes dem des aufeinanderliegenden Paares, als Druck geschenkt. Zeit, dass sie mit den Neuigkeiten rausrückt. Sie, Barbara Maria »Bärbel« Sitte, wird meinen späteren Großvater Rolf Heiner Bültemann heiraten. Im November dieses Jahres schon.

»Bärbel, bist du denn verrückt?«, fragt Willi Sitte sie entsetzt und nimmt sie zur Seite. »Was soll das?«

»Was meinst du?«, fragt sie.

»Eine Frau deines Typs verdient einen erfolgreichen, gestandenen Mann. So wie Ingrid. Schau sie dir an«, sagt er ihr und deutet auf seine damals gerade neunundzwanzigjährige Frau, die ihr weißblondes Haar hochgesteckt trägt und die fast fünfjährige Tochter Sarah an der Hand führt. »Aber doch keinen Elektriker!«*

Während Willi Sitte auf seiner Ausstellung mit meiner Großmutter über meinen späteren Großvater diskutiert, schreitet Franz Sitte ein und weist seinen immer noch kleineren Bruder zurecht. Der wisse schließlich nicht, wie viel Glück er als Vater mit Bärbels Verlobten habe, ist er doch der einzige für ihn akzeptable Schwiegersohn, nachdem seine älteste Tochter ihm einen »langhaarigen« NVA-Koch und seine andere Tochter einen »zur Arbeit unfähigen« Transportpolizisten** vorgestellt hatte. Franz fordert eine Entschuldigung von seinem Bruder, der sich über dessen Wut aber nur belustigen kann.

---

* Meine Großeltern haben sich davon nicht aus dem Konzept bringen lassen und wirklich im November 1971 geheiratet. Fünf Monate später bekamen sie ihr erstes Kind – meine Mutter.

** Die älteren Schwestern meiner Großmutter haben einen großen Fehler gemacht, als sie ihrem Vater – meinem Urgroßvater – ihre Verlobten vorstellten: Sie haben die Dinge auf sich zukommen lassen. Franz Sitte bediente sich des Rituals, den potenziellen Schwiegersohn »zu testen«. Er rannte bei beiden ersten Kennenlernen auf den Hof und begann, wie wild Holz zu hacken, in der Gewissheit, dass er alsbald vom jeweiligen Freund seiner jeweiligen Tochter Unterstützung bekäme. Doch die ließen sich nicht blicken.
Mein Großvater war allerdings von meiner Großmutter in das Ritual eingeweiht worden und war zur richtigen Zeit am richtigen Ort, als er meinen Urgroßvater zum ersten Mal bei seinem Besuch im Hause Sitte im Winter 1969 traf und dieser *zufällig* dabei war, seine Einfahrt freizuschaufeln. Ihm gebühren insgesamt zwei Seiten in den Memoiren meines Urgroßvaters. Das ist mehr als zwei seiner vier Töchter zusammen füllen.

Der Streit muss unterbrochen werden. Ein Familienfoto steht an. Die Brüder posieren vor Willi Sittes beiden Elternbildnissen von 1962 und 1963: sie beide im Anzug – ihre Eltern dahinter in Arbeiterkleidung.

Franz stellt sich demonstrativ nach außen, lächelt als einziger der Brüder nicht auf dem Foto und sieht überhaupt etwas beleidigt aus. Ein weiteres Foto zeigt, wie er durch das Museum schaut: 130 Werke, 200 Zeichnungen seines Bruders. Arbeiten aus fast drei Jahrzehnten. Sehr wahrscheinlich ist er einfach gerührt oder vielmehr beruhigt vom sichtlichen Erfolg seines Bruders, den er zehn Jahre zuvor noch im Sanatorium besucht hatte. Und der wirkt euphorisch, wie er erwartungsvoll grinsend zwischen seinen Brüdern steht. Immerhin ist es die erste große Ausstellung nach der in Mailand, von der Franz – wie auch der Rest der Familie – damals nur über Zeitungsartikel erfahren hatte. Sie alle beschließen zu feiern. Willi Sitte trägt ein schwarzes Jackett und im Gegensatz zu seinen Brüdern Rudolf, Franz und Ernst strahlend weiße Hosen und Schuhe.

»Die Ausstellung war für mich wichtig, denn sie ermöglichte mir in einzigartiger Weise, meine eigene Entwicklung zu überblicken und selbstkritischer zu verfolgen. […] Als Künstler braucht man das, um zu erkennen, ob der eingeschlagene Kurs stimmt.«[14], schreibt er dazu in seiner Autobiografie. Drei Jahre später, 1974, wird er an der Spitze der DDR-Kunstszene stehen und weitgehend mitbestimmen, welchen Kurs diese einschlagen soll.

»Zum ersten Mal war ich in der Lage, mir produktive Gedanken über die weitere Richtung zu machen, Sackgassen zu erkennen, aber auch Wege, die weiterzuverfolgen sich lohnen konnten.«[15]

II. DIE SPUR DER NACKTEN

Liebe und Krach

Trotz seines immer größer werdenden Erfolges als Maler in der DDR weiß Willi Sitte zehn Jahre nach seiner ersten großen Retrospektive, dass es nicht leicht ist, die Menschen in einem von Kunst überfluteten Land mit den eigenen Gemälden direkt anzusprechen. Tausend Stunden Arbeit, tausend Entwürfe, tausend Bilder, tausend Konkurrenten, tausend Dinge, die für den gewöhnlichen Ausstellungsbesucher wichtiger sind als das Kunstwerk, wenn er daran vorbeigeht. Wie schafft man es da noch, das Publikum an sich zu ziehen?

»Zunächst muß man sicher das Gefühl des Betrachters ansprechen, eine Art Reizschwelle überschreiten«[1], hatte er sich selbst eingeschärft und macht sich an die Arbeit seines *Rocksängers*, der im gerade errichteten Konzerthaus, dem Neuen Gewandhaus, in Leipzig ausgestellt werden soll.

Als er es 1981 fertigstellt, zeigt das Großgemälde einen nackten, langhaarigen Blondschopf mit Vollbart und E-Gitarre, der von ebenso nackten Engeln und einer völlig apathisch wirkenden, natürlich nackten Frau umgarnt wird, während ein Meer aus Händen nach ihm greift. Der Gesichtsausdruck der Frau neben ihm deutet auf irgendetwas zwischen Genuss und Überdosis hin.

Die DDR-Frauenzeitschrift *Für Dich* beschreibt es als eines der bedeutendsten Kunstwerke, mit denen das Leipziger Konzerthaus ausgestattet ist. Viele Besucher sind ebenso beeindruckt.

Aber Leserin Waltraud Koelbel aus Wettin im Süden Sachsen-Anhalts ist es nicht:

»Bei der Betrachtung des Bildes kann ich nur sagen: Pfui Teufel! Bei meiner Umfrage im Bekanntenkreis habe ich festgestellt, daß dies nicht nur meine Meinung ist. Was soll dieses Bild aussagen? Ich bin über 59 Jahr alt und stehe der Kunst aufgeschlossen gegenüber, doch zu diesem Bild finde ich absolut keine Beziehung. Ich würde mich sehr freuen, wenn Sie zu diesem gesellschaftlichen Kunstwerk Stellung nehmen«[2], schreibt sie am 20. November 1981 an Willi Sitte.

Vielleicht erhält er den Brief bereits am 21. November, einem Samstag. Dann wird er ihn zumindest gleich lesen können. Aber vor 14 Uhr. Ab dieser Uhrzeit arbeitet er im Atelier, um noch mehr solcher Bilder zu schaffen. In diesem Jahr 1981 finden zwei große Ausstellungen in Moskau und wieder in der Moritzburg in Halle anlässlich seines sechzigsten Geburtstags statt, die voll mit solchen Werken und Figuren sind. Figuren, die vor allem nackt, lebensgroß und gut beleibt sein müssen. Vielleicht denkt er an diesem Novembertag kurz daran, Waltraud Koelbel zu schreiben. Aber vermutlich hat er schlichtweg keine Lust, »Stellung zu beziehen«, der Verspießtheit etwas entgegenzusetzen.

Im ganzen Land hat sich schließlich einiges getan:

Seit 1972 kann jede Frau in der DDR die Pille kostenfrei bekommen, der Schwangerschaftsabbruch steht nicht mehr unter Strafe, und die Gesetzesverabschiedung darüber bietet den ersten und einzigen Widerspruch in der Geschichte der DDR-Volkskammer bis zur friedlichen Revolution 1989. Vierzehn CDU-Abgeordnete sind dagegen.

Das Nacktbaden wird zum immer größeren Massenphänomen. Wenige Entscheidungen der SED konnten die DDR-Bürger und -Bürgerinnen in der Geschichte ihres Landes rückgängig machen. Das FKK-Verbot von 1954 schon.

1973 erscheint *Die Legende von Paul und Paula*, ein Film über eine außereheliche Paarbeziehung, die so emotional wird, dass Paul wegen seiner Liebe zu Paula sogar seine beruflichen Pflichten vernachlässigt und trotzdem *nicht* zum Antihelden wird. Der Film wird in der DDR sofort Kult. Und verblüffenderweise steht nicht der unerschütterliche Wille zum schöpferischen Denken der Arbeiterklasse, sondern die Liebe als Weg zum Glück im Vordergrund. Erich Honecker muss höchstpersönlich sein Veto einlegen, damit der Film nicht verboten wird.

Und 1976 sendet das DDR-Fernsehen eine Sendung, in der mit bierernster Stimme gefragt wird:

»Die Gesellschaft verlangte nach totaler Aufklärung, auch im Intimbereich. Wir nahmen das erst einmal wörtlich und überlegten angesichts dessen: Sind wir prüde?[3] Diskutiert wird, wieso in der DDR so wenig über Lust und Liebe fernab der sozialistischen Familienpropaganda gesprochen wird.«

Kurz darauf kommt ein Sexualforscher namens Siegfried Schnabl zu Wort:

»Jede Lustfeindlichkeit ist dem Wesen des Marxismus völlig fremd. Lenin formulierte […], dass wir im Kommunismus nicht Askese anstreben, sondern Lebensfreude, Lebenslust.«[4]

Ein Jahr später erscheint die bereits neunte Neuauflage seines Buchs *Mann und Frau intim. Fragen des gesunden und des gestörten Geschlechtslebens*.

In dessen Einleitung heißt es:

»In der Absicht, mit den aufgenommenen Informationen vielen Menschen zu helfen, ihre eigenen Partnerprobleme zu lösen, und mit der Erwartung, daß jeder Leser unser Anliegen richtig versteht, übergaben wir Ende 1969 dieses Buch der Öffentlichkeit. Die folgenden sieben Nachauflagen waren trotz beachtlicher Höhe nach ihrem Erscheinen stets gleich wieder vergriffen. Dieses damit bekundete Informationsbedürfnis weiter Kreise der Bevölkerung verwundert nicht, denn fast jeder Mensch ist irgendwie mit dieser Problematik persönlich konfrontiert.«[5]

Gleichzeitig mit dem Erscheinen des Werkes in der DDR wird in der Bundesrepublik der *Sexualkunde-Atlas* veröffentlicht – ein Aufklärungsbuch mit vielen Erklärungen über Drüsen und Geschlechtskrankheiten, aber ohne Sex, ohne Lust. Lediglich in zweiunddreißig Zeilen auf Seite 18 wird über »Die geschlechtliche Vereinigung von Mann und Frau« geschrieben.[6]

Siegfried Schnabls Standardwerk wird über eine Million Mal verkauft und er zum populärsten Sexualforscher der DDR. Eine Ausgabe steht noch heute im Bücherregal meiner Großmutter. Pornografie und Prostitution, die es in der BRD in Hülle und Fülle gibt, sind in der DDR zwar immer noch verboten, aber darum geht es der Bevölkerung gar nicht: Sie wollen über Liebe und Lust sprechen, beides ausleben und auch sehen.

Willi Sitte findet die Gesellschaft in den 1970er-Jahren, nach eigenen Aussagen, noch immer zu »prüde«[7], vor allem in ihrem Kunstverständnis. Genau in dieser Zeit ergänzt er sein Werk durch zahllose Gemälde mit dem künstlerischen Motiv, für das er dem Publikum bis heute in Erinnerung bleiben wird: seinen »Sitte-Aktbildern«.

Lebensgroße Gemälde fleischlicher Nacktheit, die das Publikum faszinieren, abstoßen, anekeln, schockieren – noch heute.

»Sitte lehnte die Idealisierung und Verschönerung der natürlichen Nacktheit ab und befasste sich im Sinne des Realismus mit dem wirklichen Körper, seiner Gelöstheit und ohne Scheu vor seiner Unvollkommenheit«, schreibt Inna Skliarska in ihrem Text »Zwischen FKK und Erotik-Tabu: Geschlechterkonstruktionen im Schaffen Willi Sittes.«[8] Er selbst kauft sich durch seine Möglichkeit, relativ problemlos in den Westen zu fahren, in der BRD den *Playboy* und lehnt das dort propagierte Schönheitsideal ab. Seine Bilder sollen etwas anderes, nicht Gestelltes oder Hochstilisiertes zeigen. Trotzdem macht er aber rückblickend in einem Interview klar, dass ihn »diese wunderbaren Akte dieser fetten Frauen von Rubens« zwar begeistert hätten, »obwohl ich sie nicht im Bett haben wollte, ja? Nie.«[9]

Dieses Interview ist von 2001, fast vierzig Jahre vorher sagte er schon in einem Gespräch mit der FDJ-Zeitschrift *Junge Welt*:

»Ich würde nicht sagen, daß das mein Schönheitsideal ist, was ich bildhaft kreiere. […] Bei mir gibt es da keine Übereinstimmung zwischen Wirklichkeit und künstlerischen Ambitionen.«[10]

Diese Aussage fällt in die Zeit, als seine Bilder überhaupt erst ihren Platz in den Museen der DDR gefunden hatten, was alles andere als leicht gewesen war:

»Ich spürte, daß viele darüber nicht begeistert waren, und zwei Einwänden begegnete ich immer wieder: Der erste war, daß meine Akte nicht hübsch genug seien. Als zweites wurde kritisiert, daß es den Akt früher schon gegeben habe und man mit ihm wenig aussagen könne. Man sah in meiner Liebespaarthematik ein Ausweichen vor den auf der Straße liegenden

Problemen des Sozialismus. [...] Mich interessierten für meine Malerei die Wechselwirkungen zwischen dem gesellschaftlichen Leben und der intimen Sphäre der Erotik.«[11]

Nein, diese neuen Figuren von Willi Sitte sind nicht nur im klassischen Sinne nicht schön. Im Gegenteil: Sie sind nach der Ästhetik des Grotesken gestaltet und nicht das, was sich das Publikum von Erotik erträumt. Stattdessen sind sie übergroß, übergewichtig, rosarot – mit angestrengten, verzerrten oder überzogen-jovialen Grimassen. Woher kommt diese ständige Übertreibung? Und wieso kommen seine »Liebesszenen« fast nie ohne Ruppigkeit, Kraft, nahezu Gewalt aus?

Wie zum Beispiel im bereits beschriebenen *Liebespaar im Badezimmer* (1970/71), in dem ein nackter, muskelstrotzender Mann im Bild seine Geliebte vom Badewannenrand aus umschlingt, oder wenn nicht ganz klar ist, ob der Mann in *Liebespaar mit Selbstbildnis* (1983) die Lippe seiner Partnerin küsst oder abbeißt oder ob sich die Frau in der *Familie am Sonntagmorgen* (1973) vor dem Sprung des Mannes schützt oder lustvoll die Hand in die Luft streckt, wenn sich dieser wie ein Tier auf das Bett stürzt, in dem darüber hinaus auch noch ein strampelndes, selbstverständlich nacktes Kind liegt. Er wolle damit »individuelles Leben mit aktuellen weltpolitischen Themen« in den Kontext setzen. »Liebeskampf«[12] nennt er das in späteren Interviews. Genau diese Ruppigkeit, dieser »Kampf«, steckt ab den 1970ern in fast all seinen Bildern. Und diese nackten Figuren kennt bald jeder in der DDR als »Fleischberge«. Ein etwas ekliges Wort, welches dennoch zu Willi Sittes Markenzeichen werden soll.

Mythen ranken sich um diese Figuren: Sie seien aus purer Artistik, zum Zweck der Provokation oder als Ausweichmanöver vor der Staatsmalerei entstanden. Und in der Bevölkerung wird schon bald gelästert: »Lieber vom Leben gezeichnet als von Sitte gemalt«. – Aber was hat es damit eigentlich auf sich?

Fleischberge

»In der DDR haben wir uns gegruselt vor den riesigen Fleischbergen«, so steht es am Ende der Mail. Eine Nachricht vom Journalisten und Künstler Ralf Regler.* Bei ihm hatte ich ein Buch über Willi Sitte gekauft. Einen Tag später sitze ich im arabischen Restaurant *Grill al Balad* in Halle vor ihm.

»Danke noch einmal«, sagt er monoton, sodass ich nicht so recht weiß, was genau er damit meint. Den vegetarischen Teller mit Hummus, den ich für uns beide bestellt, oder das Buch, das ich über das Online-Antiquariat bei ihm gekauft habe? *Willi Sitte* von dem Kunstwissenschaftler Wolfgang Hütt – eine Ausgabe von 1972. Vor etwas mehr als zehn Jahren, Regler führte damals einen An- und Verkauf in Halle, hatte ihm jemand dieses Buch in seinen Verkaufskasten gelegt. Seitdem trug er es mit sich herum, und keiner wollte es kaufen. Bis ich es für schmale 8,50 Euro inklusive Versand erwarb, mit ihm in einem Mailaustausch auf Willi Sitte zu sprechen kam und ihn darüber hinaus zu einem Gespräch über Willi Sittes »Fleischberge« überreden konnte.

»Ich habe zu danken«, sage ich. Zurück zum Thema: die Aktbilder.

»Wie ich schon sagte. Ich fand die Bilder *gru-se-lig*!«

»Aber was meinst du mit gruselig?«

»Hast du dir die Bilder mal angeguckt?«

Gut, damit hat er mich. Wäre ich nicht auf Spurensuche und Regler in diesem Moment eine wichtige Quelle, würde ich jetzt zugeben, ihn bestens verstehen zu können. Man stelle sich den

* Name geändert.

heranwachsenden Ralf Regler, geboren 1970, im Alter von zwölf oder dreizehn Jahren vor, beginnende Pubertät, sich verändernder Körper, und das, was einer der renommiertesten Künstler des Landes dort auf die Leinwand bringt, sind Sexszenen massiger Körper, die sich nicht in Zärtlichkeit und Abenteuer vereinen, sondern in Kampf, Arbeit und Krieg. – Ja, verständlich, gruselig.

»Es gibt ja diesen Spruch«, sagt Regler. »Den kennst du vermutlich schon: Lieber vom Leben gezeichnet als …, na?«

»… als von Sitte gemalt!«, ergänzt er den Satz mehr wie ein gelangweiltes Tischgebet, bevor ich antworten kann, und nach einer Weile, während wir schweigend essen: »Na ja, so ein Sitte ist eben kein Egon Schiele!«

Darauf kann man wenig erwidern.

Regler zielt mit seiner Gabel auf eine der labbrigen Pommes wie ein Seeräuber auf einen Schwertfisch. Er pikst hinein. »Für mich galt *Sitte* …«, sagte er und pikst noch einmal.

»Ja?«, frage ich und rette ein Stück Falafel vor der drohenden Verstümmelung. Er kneift die Augen zusammen.

»Entschuldigung, ich wollte nur sagen, dass mir Willi Sitte immer als der große Malerguru vorgestellt wurde«, sagt Regler; das Wort Malerguru versieht er durch zwei Finger mit Gänsefüßchen und lacht dann in seine Serviette, während er sich die glänzenden Lippen trocknet. »Aber wir jungen Leute haben damit nichts mehr anfangen können«, sagt er.

Regler hat selbst in den 1990ern an der Burg Giebichenstein studiert und sich auf nicht-figürliche Malerei spezialisiert. Dem Gegenkonzept zu Willi Sittes Kunst, als dieser längst nicht mehr an der Hochschule aktiv war. Mehr Distanz geht eigentlich gar nicht, denke ich. Und dennoch schleppt Regler seit gut zehn Jahren dieses *Willi Sitte*-Buch mit sich rum, aber wenn er davon erzählt, klingt es gar nicht so, als würde er von einem aufgesammelten Buch sprechen, sondern vielmehr von irgendeinem armen Hund, den jemand an einem Autobahnrasthof ausgesetzt hat und den er jetzt dringend wieder loswerden muss.

»Ich habe es immer wieder versucht, habe es angeboten, habe den Preis gesenkt, aber es wollte einfach keiner haben ...« Ich schiebe ihm das letzte Stück Falafel auf seine Seite des Tellers, das mit den übrig gebliebenen Gemüsefetzen, Saucenresten und Rotkrautstücken auch irgendwie aussieht wie der Hintergrund eines Sitte-Gemäldes, denke ich jetzt und beschließe, bald einmal in eine Egon-Schiele-Ausstellung zu gehen, oder so. Regler schaut mich an.

»Vielleicht hast du in mir auch den falschen Ansprechpartner gefunden«, sagt er, während er nachdenklich und langsam auf dem Falafelbällchen kaut. »Aber ich kenne jemanden, der dir helfen kann.«

Dieser jemand heißt Marek Jagusch, ein Freund Ralf Reglers, und der wartet auf mich im Café *Mitte Ende Mai*, gut zwanzig Minuten vom Hauptbahnhof Halle entfernt. Als ich dort ankomme, muss ich nicht lange suchen – die Beschreibung »drahtiger Mann mit Glatze« macht es mir leicht, ihn in dieser Umgebung zu finden..

»Na, hallo!«, ruft er und klopft auf den freien Platz neben sich. »Ralfs Nachricht hat da echt was losgetreten bei mir. Entschuldige meine Aufregung«, sagt er, und noch während ich mich setze, beginnt er zu erzählen: »Willi Sittes Werk bedeutete eine Eintrittskarte in die Kunst für mich!«, sagt er aufgeregt.

Sein Vater, der Tischler Helmut Jagusch, entdeckt Ende der 1970er-Jahre eine Marktlücke in Halle: Kunstbilderrahmen. Die sind zu dieser Zeit schwierig zu besorgen. Weil Willi Sitte in ihm schnell den Partner seines Vertrauens findet, organisiert er Helmut Jagusch ein Gebäude in seiner Straße der Frohen Zukunft, ganz in der Nähe seines Ateliers. Irgendwann klopft der zwölfjährige Marek Jagusch an und übergibt Willi Sitte eine Zeichenmappe.

Was er zurückbekommt, sind zwei Dürer-Bücher und ein Jahr Übungszeit. »Wenn du beide Bücher abgezeichnet hast, kommst du wieder, dann können wir anfangen zu arbeiten«, sagt er ihm. Und bevor Marek Jagusch 1986 seine Aufnahmeprüfung an der Burg Giebichenstein bestehen wird, wird er mit dreizehn Jahren Dauergast und einer der wohl jüngsten Schüler Willi Sittes.

Das war 1981. Marek und Helmut Jagusch gehen in den 1980er-Jahren im Atelier in der Frohen Zukunft ein und aus. Dort entsteht zu dieser Zeit Willi Sittes *Liebespaar auf blauem Grund* (1981), dessen Setting nicht überrascht, schließlich dominiert es über zehn Jahre Willi Sittes Liebesmalerei:

ein heterosexuelles, muskelbepacktes oder übergewichtiges Paar, das übereinander herfällt. Die Farbpalette: sonnengefärbtes Braun, bläuliches Grau bis Hellrosa.

Was haben die Jaguschs damit zu tun? Nun: Vater Helmut baut nicht einfach nur Bilderrahmen – er passt sie, etwa durch Verzierungen, individuell auf künstlerische Werke an. Sohn Marek beobachtet sowohl ihn als auch Willi Sitte bei der Arbeit. Er dürfte also zumindest etwas über Willi Sittes Aktmalerei zu berichten haben. Und irgendwann sagt Jagusch unvermittelt und ziemlich laut in die stille Atmosphäre des Cafés hinein: »Dicke Frauen malen sich einfach besser als dünne.« Eine Weisheit aus der Beobachtung seines Lehrers. Ein Satz, der eine Weile im Raum schwebt. Als Marek Willi Sitte das letzte Mal traf, fragte ihn dieser nach seinem gegenwärtigen Alter. Als er wahrheitsgemäß »vierzig« antwortete, diagnostizierte ihm sein früherer Lehrer »im besten Alter« zu sein. Dafür, dass sich Willi Sitte in diesem Alter immerhin zwei Mal versucht hatte umzubringen, klingt das erst einmal etwas eigenartig, denke ich. Aber vielleicht hatte er weniger an seine Lebenskrise als an seine damit verbundene erste, wirklich erfüllte Liebe mit der Studentin Jutta Harnisch gedacht oder daran, wie er sich von alldem erholen konnte. Nach einer Weile reden wir wieder über die Aktbilder und auch über diesen seltsamen Satz: »Lieber vom Leben gezeichnet als von Sitte gemalt.«

Marek Jagusch verdreht die Augen, während ich spreche.

»Ich habe mich bei diesem Spruch immer persönlich angegriffen gefühlt«, sagt er leise. »Aber ich verstehe, dass der Blick auf Willi verzerrt ist, dass viele ihn nur in seiner Funktion und hohen Position sahen«, sagt er.

»Aber wenn man auch nur genau auf seine Bilder sieht, wenn man sich darauf einlässt, gerade auf diese ›Fleischberge‹ … dann sieht man doch ganz deutlich ihre Botschaft!«

»Aber welche?«

Marek Jagusch lehnt sich betont langsam nach vorn und lächelt. »Lebenslust«, raunt Jagusch. »Pure Lebenslust.«

Akt-Ausstellungen

Seitdem Ingrid mit Willi Sitte zusammen ist, führt sie in einer kleinen schwarzen Lederkladde Buch über jede seiner Ausstellungen. Manchmal steht dort ein Vermerk, wenn etwas Besonderes vorgefallen war. Wie zum Beispiel bei einer Veranstaltung, die 1986 in Mühlacker (Baden-Württemberg) stattfinden sollte, dann aber von den Veranstaltern abgesagt wurde. Willi Sitte sei ein »Vaterlandsverräter« – schließlich sei er aus der Wehrmacht desertiert. Das wird man nicht los. Nicht in Mühlacker. Auch nicht 1986.

Ein Jahr später findet eine weitere Sitte-Ausstellung in Weimar statt, die den unmissverständlichen Titel *Liebesbilder* trägt. Ausschließlich Erotik und Aktbilder.

46 000 Menschen sehen diese Ausstellung im Herbst 1987, so beschreibt es das *Neue Deutschland* in einem Artikel vom 28. Oktober 1987 mit dem Titel »Bekenntnis zur Schönheit des Sinnlichen«, in dem der bemerkenswert aufgekratzte Redakteur Dietmar Eisold gleich zu Beginn klarstellt, dass Sitte längst nicht mehr zärtlich sei, nein … Sitte liebe »als Mann der Tat die Aktion«. Alle Besucher dieser Ausstellung würden ganz unmittelbar verspüren, »wie viel Kraft und Dynamik in diesen Menschenbildern steckt, mit wie viel Lust da gemalt und gezeichnet wurde. Sicher wird auch diese Schau manchen alten Vorbehalten gegenüber, den gar allzu nackten Tatsachen, Nahrung geben. Wer indes etwas länger und vor allem vorurteilsfrei hinsieht, der dürfte von diesen Bildern bestärkt werden, im Vertrauen auf das Menschliche.«

Die Bilder würden alle, wenn auch aus unterschiedlicher Perspektive, von derselben Sache sprechen: »Von der Befreiung der Menschheit, vom Recht jedes Menschen auf das Glück, sich seinen Anlagen gemäß entwickeln und entfalten zu können.«[13]

Ein Jahr vor der Ausstellung in Weimar werden diese Akte in einem Katalog zu einer Sitte-Ausstellung in der Ost-Berliner Nationalgalerie sinnbildlich zur »Einheit, die dem Körperlichen eine bis dahin ungewohnte Freiheit«[14] ermöglicht, erklärt.

Keine Spur der Prüderie und längst keine Breitseite mehr gegen einen ehemaligen Formalisten, wie es in den 1960er-Jahren üblich war. Seine Ausstellungen der 1980er-Jahre werden zum Erfolg – unter anderem durch die Aktbilder. Heute bedarf es für diese Art von Gemälden eine Triggerwarnung. Und immer wenn ich daran denke, denke ich zeitgleich an dieses eine Sitte-Gemälde, in dem der Mann seiner Geliebten die Lippe abzubeißen scheint und sie trotzdem so fröhlich aussieht – wirklich frei wirkt das alles nicht.

Aber damals folgten auf die Veranstaltungen lediglich ein paar zaghafte feministisch-kritische Leser- und Leserinnenbriefe, aber kein Pressediskurs, keine Protestaktionen.

Vor einiger Zeit schrieb ich der Leipziger Malerin Doris Ziegler, Jahrgang 1949, und fragte sie, was sie zu den Malereien ihres damaligen Verbandspräsidenten sagt. Sie ist eine der bekanntesten Malerinnen der figürlichen Leipziger-Schule-Malerei und eine der wenigen, die auch weibliche Arbeiterinnen in ihre Bilder brachte.

»Ich finde die Akte befremdlich und oft von epidermisch branstiger Farbigkeit, die meiner Ästhetik zuwiderläuft«, schreibt sie mir per SMS. »Heute würde man sagen: Alter Sack!«

Was für ein Fazit, denke ich. Aber die Nachricht geht noch weiter: »Aber wie immer – das Leben ist komplizierter, die Biografie nicht geradlinig, es gab gute Bilder und ein hohes bildnerisches Umsetzungsvermögen von Anfang an.«

Als ich wieder an meinen Schreibtisch zurückgekehrt bin, sehe ich noch einmal durch Willi Sittes »Fanpost« und schaue auf den Brief aus dem Jahr 1981, in dem die entsetzte Waltraud Koelbel ihn aufgefordert hatte, doch bitte zu seinem unerhörten Aktbild Stellung zu beziehen. Waltraud Koelbel ist zu diesem Zeitpunkt fast so alt wie Willi Sitte selbst. Aber vielleicht einfach nicht sein Publikum. Immerhin erreichte ihn, eine Woche vor diesem Brief, das zweite Schreiben eines Dirk Manzke, der im November 1981 kurz davor ist, sein Architekturstudium zu beginnen und sich Willi Sittes Ausstellungskatalog per Brief bestellt hatte:

»Ihre Bilder sprechen in ihrer grandiosen Art vom Sinn des Friedens, vom Leben! […] Das ›Liebende Paar bei Nacht‹ (1972) ist nur ein Bild, daß ich nennen darf und muß. Hier halte ich inne, es ist Dank, den ich sagen muß. Sie geben den glücklichen Menschen dort keine Gesichter, trotzdem sind sie da, denn so wurden die jungen Kerle und Mädels alle erfaßt.«[15]

Vielleicht wird ein Teil der Leidenschaft dieses Briefs auch davon getragen, dass sich der Verfasser des Briefs zu dieser Zeit als Wehrdienstleister der Nationalen Volksarmee in einer Kaserne im mehr als trostlosen Torgelow-Drögeheide in Mecklenburg-Vorpommern aufhält: »Durch Ihre Bilder werde ich noch mehr vom Frieden sprechen, mehr von den Früchten der Natur nehmen, lachen, weil ich lebe in einer guten Welt! […] Sie lieben die Jugend! Sie kämpfen für den Frieden, Sie malen unser Leben! Und Sie sind – Willi Sitte!«[16]

Zugegeben: Näher an ein etwaiges repräsentatives Kunst-Stimmungsbild einer immerhin siebzehn Millionen starken Bevölkerung führt mich auch dieses kurze Schreiben nicht – aber doch an einen Künstler, einen Menschen.

In diesem November 1981 heftet Willi Sitte den Brief direkt neben das Empörungsschreiben über seine ungewöhnlich aussehenden Figuren. Vielleicht sieht er zufrieden auf seine Notiz: »Zunächst muß man sicher das Gefühl des Betrachters ansprechen, eine Art Reizschwelle überschreiten«, und schreibt Dirk Manzke: »Es ist für einen Künstler stets ein angenehmes und anregendes Gefühl zu erfahren, daß seine Arbeiten die gewollte Wirkung erzielen und den gewünschten Rezipienten erreichen.«[17]

Und vielleicht ist es das, was hinter diesen Aktbildern, Fleischbergen, ja, Sitte-Bildern steckt. Ungeschönt, groß und expressiv mussten sie sein, damit man bloß nicht an ihnen vorbeikann.

Sein *Rocksänger* durfte immerhin vier Wochen im Gewandhaus hängen. Danach musste der Direktor der Empörung der Besucher nachgeben und das Gemälde abhängen.

III. EIN ZU KURZER SOMMER

Leichtes Tauwetter

In den Memoiren meines Urgroßvaters Franz und denen von Willi Sitte lassen sich zwischen dessen erster Retrospektive 1971 und den späten 1970er-Jahren kaum Verbindungen finden. Während sich Willi Sitte von Burg Giebichenstein und vom Künstlerverband aus zu Parteizentralen und wieder zurückbewegt, stecken Franz und Rudolf Sitte dauerhaft in der Konzeption ihres neuen Glasbetriebs, der Recycling und Kunst verbinden soll, nachdem ihr Bruder Willi den Kontakt mit dem Ministerium für Kultur weiter ausgebaut hatte. Zudem hatte der Propaganda-Journalist Karl Eduard von Schnitzler ihr Handwerk in sein Drehbuch für die Doku-Serie *Überraschungen zwischen Elend und Sorge* aufgenommen und stand kurz davor, sie groß rauszubringen.

Angefangen hatten die 1970er-Jahre mit dem VIII. Parteitag und führten von der anfänglichen Euphorie durch den Machtwechsel von Walter Ulbricht zu Erich Honecker mit der Hoffnung auf ein »Tauwetter« bis zum verheißungsvollen Jahr 1976. Und doch scheint zu diesem Zeitpunkt, den manche Historiker immerhin als »den Anfang vom Ende der DDR«[1] bezeichnen, aus den Memoiren der Sitte-Brüder alles, aber kein Ende in Sicht. Für alle geht es euphorisch weiter. Darum hatte ich meine Großmutter interviewt und mit ihr über die wichtigsten gesellschaftspolitischen Ereignisse gesprochen, die sie knapp kommentiert hatte, als würden wir ein Fotoalbum ansehen.

»Eigentlich hätte es mir ja schon früher klar sein sollen«, ist einer der Sätze meiner Großmutter, den ich immer wieder aus meinen Tonaufnahmen abtippe. Er erklärt anhand ihrer Geschichte, wie aus Hoffnung Schock werden konnte, der sie, wie so viele Menschen damals, ereilte und der immer dann einsetzt, wenn etwas so gar nicht klar war.

In den 1970er-Jahren liest meine Großmutter ihren beiden kleinen Töchtern (meiner Mutter Heike und meiner Tante Andrea) gelegentlich noch »Marx und Engels« vor. Auf den Aufnahmen höre ich mich lachen, als sie mir das erzählt. Vielleicht, weil ich mir vorstellte, wie sie meiner Mutter, der heute so beinharten DDR-Gegnerin, mit großen Augen vor dem Schlafengehen »Ein Gespenst geht um in Europa …« vorlas.

»Glaub's mir oder glaub's mir nicht«, hatte meine Großmutter gesagt. »Ich fand das richtig.« Von meiner Mutter wusste ich, dass sie es schon als Kind skeptisch sah, dass im Kommunismus »alle alles teilen« sollten. Sie wird es auch sein, die meiner Großmutter den ersten Parteistress einhandelt, weil sie ausgerechnet am 1. Mai, dem Tag der Arbeit, das erste Mal staatsfeindlicher Aktivitäten bezichtigt wird, weil sie an diesem Tag demonstrativ die Fahne der DDR auf dem Balkon ihrer Eltern verkehrt herum aufhängt. Nur ist sie damals erst vier, weswegen meine Großmutter in der Kreisleitung der SED in Wernigerode zunächst nur ermahnt wird. Spätestens aber nach dem »Tag der Opfer des Faschismus«, als meine Mutter zur Wiederholungstäterin wird, weil sie einem Tubaspieler der auftretenden Festkapelle Kieselsteine in dessen Instrument wirft, wird meine Großmutter ernsthaft vorgeladen und aufgefordert, ihre Kinder endlich unter Kontrolle zu bekommen.

Aber das ist eine andere Geschichte. Zurück zu den Tonbandaufnahmen:

1976 ist meine Großmutter vierundzwanzig, seit fast fünf Jahren in der SED und bereut es zu dieser Zeit keinen Tag. Sie weiß noch, wie sie fast die Antragsfrist vor ihrer Aufnahme der Partei verpasst hätte: Sie hatte damals erst zwei Tage vor Verstreichen der Bewerbungsfrist von dem Termin erfahren. Sie brauchte ein Passbild und wusste, dass sie mit einem Termin beim Fotografen nicht bis zum nächsten Tag warten konnte. Also hat sie sich an diesem Abend ihre hochhackigen Schuhe, die sie immer bei der Arbeit im Rat des Kreises trug, ausgezogen, um schneller rennen zu können – eine Szene, die meine Großmutter in ihrer Erzählung ausdrücklich betont. Sie hatte Glück und erreichte den Fotografen fünf Minuten vor Ladenschluss. Am nächsten Tag erhielt sie die entwickelten Fotos, schickte die Bewerbung ab und wird, kurz nach dem hoffnungsvollen VIII. Parteitag 1971 und Honeckers Inthronisierung, Parteimitglied. Schließlich scheint es tatsächlich bergauf zu gehen.

Die Zeichen zwischen Ost und West im Kalten Krieg stehen spürbar auf Entspannung, schließlich war es bereits zum Abschluss der Ostverträge, des Grundlagenvertrags und des Viermächteabkommens gekommen, worauf die Konferenz über Sicherheit- und Zusammenarbeit in Europa (KSZE) eröffnet und nach zwei Jahren 1975 mit der KSZE-Schlussakte in Helsinki beendet wird. Die DDR verpflichtet sich darin, neben der für sie selbst sehr wichtigen Forderung nach Nichteinmischung in innerstaatliche Angelegenheiten, zur Wahrung der Menschenrechte – aber: Der Fakt, dass sowohl sie als auch die BRD als gleichberechtigte Staaten an der Konferenz teilnehmen und sie die Schlussakte unterzeichnen durfte, bedeutete für die SED-Regierung zusammen mit der 1973 erfolgten Aufnahme der DDR in die UNO einen großen Schritt in Richtung Internationalität.[2]

Und auch wenn es mir jetzt beim Hören der Tonaufnahmen etwas unangenehm ist, wie ich meiner Großmutter eine Art Geschichtsreferat über Ereignisse ihrer Zeit halte, mit denen sie sich im Detail auch heute nicht wirklich beschäftigt, bemerkt sie doch: »Man dachte ja in dieser Zeit, dass sich diese ideologische Verkrustung in der DDR auflösen würde. Davon war man wirklich überzeugt!«, und spricht damit auch von ihrer Studienzeit in Meißen bei Dresden. Sie hatte Mitte der 1970er wie geplant damit begonnen, Kulturwissenschaften zu studieren. Im Fernstudium. Plötzlich gibt es angenehm kritische Dozenten an der Hochschule, die »Ästhetik und Ethik« unterrichten. Solche, die so ungezwungen reden können. Außerdem finden sich auf ihrem Lehrplan bisher undenkbare Veranstaltungen als »Weiterbildungsprogramme« – Fahrten ins benachbarte Dresden, wo sie und ihre Kommilitonen avantgardistische Theatershows sehen, sogar solche, in denen die Schauspieler auf der Bühne nackt zu sehen sind. Und am Abend in Meißen, in der berüchtigten Weinstube *Vincenz Richter,* finden Satire- und Kabarett-Shows statt, die bis vor ein paar Jahren noch unterbrochen worden wären. Was sie mir erzählt, passt in Honeckers Kurs, der Schriftstellern, aber auch Musikern kurzweilig mehr Freiheiten in ihrer Kunst einräumt. Aber es bleibt eben eine kurze Party, die sich damals in den 1970er-Jahren abspielt. Und vermutlich hätten besonders die Künstler und Intellektuellen der DDR exzessiver gefeiert, wenn sie gewusst hätten, *wie* schnell sie wieder vorbei sein würde. »Eigentlich hätte es mir ja schon früher klar sein sollen.« Wieder dieser Satz. Aber noch ist das Fest ohne Tabus in vollem Gange. »Ich kann dir das ja nur aus meiner Perspektive sagen. Aber es war so: Ulbricht wurde immer mehr zur Witzfigur, und wenn du jetzt Honecker gesehen hast, dann wirkte das alles irgendwie … na ja … ernster, durchdachter.«

Gute-Laune-Festspiele

Mit Honeckers Machtantritt lässt die erhoffte Arbeitsproduktivität zwar noch auf sich warten, aber immerhin sind Regale gefüllter, Konsum selbst im Sozialismus nicht mehr verpönt, und sogar die lange geächtete Blue Jeans findet einen Platz im Gesellschaftsbild der DDR[3], was Honecker angeblich sogar mit dem Versprechen, die Jugend nicht mehr nach ihrem Äußeren[4] bewerten zu wollen, bestärkt.

Gute Laune muss sichtbar werden. Schließlich wartet Honeckers großer internationaler Auftritt: die X. Weltfestspiele der Jugend und Studenten 1973 in Ost-Berlin. Eine Tradition der kommunistischen Länder, die 1947 ihren Anfang in Prag genommen hatte.

»Wer im Westen den politischen Willen der kommunistischen Führer deuten wollte, beobachtete das Festival«[5], heißt es in einem Artikel, der dreißig Jahre nach den Spielen veröffentlicht werden wird. Damals, 1973, singt der »Oktoberklub«, der erste »Singeklub« der DDR: »Ja, ja wir treffen uns / auf jeden Fall / Sommer '73 beim 10. Festival!«[6] Acht Tage lang können Besucher zudem Rock- und Beatkonzerte auf über fünfundneunzig Bühnen sehen. Und Honecker ist bereit, vieles zu vereinen: Propaganda, aber auch internationalen Dialog und Repräsentationen. Vor den Augen von gut acht Millionen Menschen, unter ihnen 25 000 internationale Gäste und – meine Großmutter. Als Mitarbeiterin im Rat des Kreises Wernigerode, Abteilung Kultur, betreut sie die Sparte »Tanz« und führt ein junges Tänzerinnenensemble aus dem Harz nach Ost-Berlin, das unter ihrer Aufsicht in einer der bereitgestellten Jugendherbergen akkreditiert werden soll. Als sie zurückfährt, sind es vor allem die vollen Stadien in Ost-Berlin, die ihr Bauchschmerzen bereiten. Parallel toben nämlich in Chile jene

Unruhen, die dort im September zum Sturz der demokratisch gewählten sozialistischen Regierung führen werden. »Ich weiß nicht, wieso. Aber ich musste bei diesen Massenaufläufen in Berlin gezwungenermaßen an die Unruhen und an die armen Menschen in Chile denken. Und ob wir hier nicht auch gefährdet sind. Meine junge Tanzgruppe war doch vor Ort, für die ich die Verantwortung trug. Das hatte ich meinem Chef beim Rat des Kreises versprochen. Aber ich hatte ja auch Kinder zu Hause. So viele Sorgen, wegen Chile! Ja, so eine gewissenhafte sozialistische Staatsdienerin war ich einmal, Aron!«, sagt sie bitter.[*] Aber von den Weltfestspielen war sie beeindruckt, natürlich. Und die laufen nach Plan.

Honecker kann und will zeigen, wie sehr es mit der DDR nach vorn geht bzw. nach vorn gehen soll. Überall in der Republik entstehen im Zuge seiner später so bezeichneten »Einheit von Wirtschafts- und Sozialpolitik« neue Wohnungen. Die heute noch so zahlreich vorhandenen Plattenbauten Ostdeutschlands, die vor allem zwischen 1971 und 1989 entstanden sind, zeugen davon. Allein in den ersten vier Jahren seiner Amtszeit sind es 500 000.[7] Wohnungen, aus denen warmes Wasser aus der Wand kommt und für deren Beheizung keine Kohlen mehr geschleppt werden müssen. Es gibt einiges zu tun, damit 1990, so der Plan, die Fertigstellung »angemessenen« Wohnraums für die Bevölkerung als »soziales Problem« gelöst sein würde. Immerhin besitzen Anfang der 1970er-Jahre nur 39 Prozent der Wohnungen Bad oder Dusche, 36 Prozent eine eigene Innentoilette, und nur jede zehnte Wohnung ist mit einer modernen Innenheizung ausgestattet.[8] Und doch steigt in dieser Zeit vor allem der Lebensstandard in der DDR

* Ihr Onkel Willi Sitte wird aus einem ähnlichen Gefühl heraus in diesem Jahr sein Triptychon *Chile wird siegen* (1973) fertigstellen, auf dem sich kraftvoll Fäuste über am Boden liegende Körper in den Himmel heben.

zwischen 1970 und 1975, mit dem Wechsel von Ulbricht zu Honecker, *zunächst* rasant an – der Anteil der Haushalte mit Pkw steigt von 15,6 auf 26,2 Prozent, der mit Kühlschränken von 65,4 auf 84,7 Prozent und der mit Fernsehgeräten von 69,1 auf 81,6 Prozent.[9] Zwar muss die SED-Regierung sich dafür massiv verschulden, doch das bekommen nur wenige mit, und für die meisten stehen diese Zeiten einfach für Optimismus. Wenn auch bei manchen auf etwas eigensinnige Weise.

Im September 1976 heißt es im *Neuen Deutschland:*

»Höchst schöpferisch und ergebnisreich waren für unsere sozialistisch-realistische Kunst die letzten Jahre. Wie in allen Bereichen, so sind wir in der zurückliegenden Wahlperiode auch auf dem Gebiet der bildenden und angewandten Kunst erfolgreich vorangekommen. Die auf das Wohl des Menschen, auf das Wohl des Volkes gerichtete Politik beflügelte auch mich und meine Künstlerkollegen. Ich fühle mich ganz unmittelbar angesprochen, wenn wir im Wahlaufruf dazu ermuntert werden, ›durch bewegende Werke der Kultur und Kunst Lebensfreude und Schöpferkraft zu mehren‹. Das erklärte der in Halle lebende Maler und Grafiker Prof. Willi Sitte, der für die Volkskammer kandidiert.«[10]

Willi Sitte ist auf dem IX. Parteitag* wieder als Delegierter dabei, zum ersten Mal im gerade errichteten Palast der Republik, einem Prunkbau auf dem ehemaligen Schlossplatz in Berlin-Mitte, der von der Bevölkerung bald Palazzo Prozzo genannt wird und den Willi Sitte künstlerisch mitgestaltet hat.

---

* Der IX. Parteitag findet vom 18. bis 22. Mai 1976 im Palast der Republik in Ost-Berlin statt. Erich Honecker erhält den neuen Titel Generalsekretär und wird im selben Jahr, drei Jahre nach Walter Ulbrichts Tod, zusätzlich zum Staatsratsvorsitzenden der DDR gewählt.

»Kann ich dir nichts zu sagen, Aron. War ich damals nicht drin. War ich nie drin«, hatte meine Großmutter schnell gesagt, als ich sie nach ihrem Eindruck fragte.

In diesem neuen Palast hört Willi Sitte, wie ein neues Parteiprogramm und nun endgültig die »Einheit von Wirtschafts- und Sozialpolitik« beschlossen wird. Außerdem soll die DDR von der BRD noch stärker als souveräner Staat, aber fern vom Westen gesehen werden, dagegen jedoch stärker an der Seite der Sowjetunion.

Die Delegierten werden dabei gefilmt, wie sie eifrig dabei sind, mitzuschreiben. Obwohl die Beschlüsse ohnehin im Anschluss veröffentlicht werden.[11]

Die Rote Fahne

Im Sommer 1976 treffen sich alle Sitte-Geschwister im Haus der Eltern in Oberorschel, im thüringischen Eichsfeld.

Meine Großmutter erfährt davon jedoch spät, erst während ihres Sommerurlaubs im Bungalow in Mecklenburg-Vorpommern. Der Vater der Familie, Josef Sitte, ist im Alter von zweiundneunzig Jahren, zwei Jahre nach seiner Frau Elisabeth, gestorben. Kurz zuvor hatte Willi Sitte sein letztes Elternbildnis, *Meine Eltern IV* (1974), fertiggestellt. Jenes Bild, das ich bereits im Eingangsbereich der Sitte-Ausstellung gesehen habe. Es zeigt Josef und Elisabeth Sitte inzwischen beide alt und ergraut, lachend vor einem roten Hintergrund, in dem auch der Ausweis der Kommunistischen Partei der Tschechoslowakei seines Vaters zu sehen ist. Der Ursprung seiner politischen Ideale und die seiner Geschwister.

Ich habe mir oft ausgemalt, wie ihre Familiengespräche aussahen.

»Es ging mit meinem Großvater immer um Politik«, hatte

meine Großmutter gesagt und schien, den Tonaufnahmen zu urteilen, ziemlich müde. »Elisabeth, meine Großmutter, sagte zu ihm immer: ›Lass es doch, lass es doch bleiben, Josef!‹ Aber Josef Sitte konnte es nicht bleiben lassen und diskutierte, wo er nur konnte.

Und wenn er nicht redete, dann schrieb er Zeitungen an, den Bürgermeister und überhaupt alle, die seine Meinung zum Kommunismus hören müssten. Ein normales Gespräch, etwa ob jemandem das Essen schmecke oder darüber, wie das Wetter werden würde, fand nicht statt. Wie auch? Wenn alles falschlief. Aus seiner Sicht. Da gab es natürlich immer Gesprächsstoff: Er war ein Querkopf. Mein Großvater wollte immer diskutieren, wie man es richtig macht. Und das hatte er auch auf seine Söhne übertragen. Ein überzeugter Kommunist eben.«

Vielleicht haben die Sitte-Brüder unter diesen Umständen auf der Beerdigung, nach dem gemeinsamen Essen und nach der abgehaltenen Trauerrede auf ihren Vater, auch über Willi Sittes neues Werk gesprochen. Der malt zwar ständig neue Bilder, aber das neueste heißt immerhin: *Rote Fahne – Kampf, Leid und Sieg* (1975/76), hängt im Foyer des Palasts der Republik zusammen mit fünfzehn weiteren Gemälden unter dem Motto »Dürfen Kommunisten träumen?« und verbindet ideell doch irgendwie alle Anwesenden an diesem Tag – genau wie das Elternbild. Beide Bilder finden ihren Ursprung letztlich hier, am Grab der Eltern:

»Die rote Fahne war ein Symbol, das mich von Kindheit anzog. Vielleicht entwickelte sich daraus meine Vorliebe für die Farbe Rot«[12], schreibt Willi Sitte.

Das Bild zeigt auf blutroter Fläche eine Collage aus kommunistischen Parteigrößen, schreienden Gestalten und kräftigen Körpern, die sich vor einer roten Fahne aus den Klauen Fremder lösen und mit entschlossenem Blick den Weg in die Freiheit bahnen. An den Seiten typische Sitte-Motive wie etwa »Rufer« und Aktfiguren.

»Das Bild wurde ohne irgendwelche Einwände akzeptiert«[13], erinnert sich Willi Sitte.

Vielleicht ist es auch ein übles Klischee, dass den Brüdern auf der Beerdigung ihres Vaters nichts anderes einfällt, als sich über den Kommunismus zu unterhalten. Aber andererseits wirkt der Glaube daran wie ein unsichtbares Band zwischen den Geschwistern und ihren Eltern.

Die nächsten Wochen, Monate und Jahre werden ohne die regelmäßigen Treffen bei den Eltern mehr Distanz zwischen den Sitte-Brüdern bedeuten. Sie wissen, dass sie sich nicht aus den Augen verlieren werden, dafür haben sie zu viel zusammen erlebt. Doch mit ihrem über die Jahre errungenen wachsenden Einfluss wird an den unterschiedlichsten Orten ihre volle Aufmerksamkeit gefordert: die LPG, das Glaswerk, der Künstlerverband und immer häufiger auch in der Politik.

Und plötzlich Herbst

»Das alles kam am Ende doch so plötzlich. Und auf einmal war all das, was möglich war, was freier war, einfach weg. Eigentlich hätte ich es ja gleich wissen sollen, dass das alles nicht lange währt. Aber es ist vermutlich Quatsch, so etwas jetzt zu sagen. Nein, ich war ja so überzeugt … Du hast geglaubt, es geht voran, und dann das!«, sagt meine Großmutter. *Plötzlich* war vielleicht das richtige Wort.

»Die auf das Wohl des Menschen, auf das Wohl des Volkes gerichtete Politik beflügelte auch mich und meine Künstlerkollegen«[14], wird Willi Sitte noch im September im *Neuen Deutschland* zitiert.

Doch schon zwei Monate später wird es ein stürmischer und ziemlich langer November werden, der 1976 mit der Ausbürgerung des Liedermachers Wolf Biermann beginnt.

Und irgendwie scheint es wie ein Déjà-vu, was meine Großmutter dazu sagt. Es klingt so ähnlich wie die Sätze, die ich bereits über das Jahr 1965 von vielen anderen gehört hatte, als bereits einmal eine Liberalisierungsperiode in der DDR unerwartet abgebrochen worden war.

Zwar hatte Biermann schon seit 1965 offiziell Berufsverbot, spielte aber trotzdem noch ein paar ausgewählte Konzerte. Selbst im Sommer 1976 an der Uni Rostock. Doch als ihm im November desselben Jahres nach einer Konzertreise in der Bundesrepublik die Wiedereinreise wegen angeblichen staatsfeindlichen Verhaltens verwehrt wird und damit jegliche Toleranzversprechen der Regierung sich als Farce erweisen, spürt meine Großmutter – wie so viele Kulturschaffende der DDR – einen Schock, der wie ein Gewitter beginnt und dann in grauer ungemütlicher Atmosphäre die Auswüchse der teils gewonnenen Freizügigkeit im Land verdirbt. Honecker hatte zwar verlauten lassen, dass es von der festen Position des Sozialismus »keine Tabus« mehr geben könne – wie diese Position genau aussah, jedoch nicht.

In diesem Spätherbst werden die angenehm provokanten Kulturveranstaltungen aus dem Lehrplan meiner Großmutter gestrichen. Ihre so aufgeweckt-kritischen Dozenten verschwinden zum Teil von einem Tag auf den anderen. »Ich hatte mich nicht getraut, zu der Biermann-Sache etwas zu sagen. Gehütet hab' ich mich. Ich hab' ja erlebt, was den anderen passiert ist. Ich hatte Angst und zwei Kinder zu Hause, Aron!«

Aber wegen der vielen protestierenden »Aufmüpfigen« ihres Jahrgangs werden die sanitären Anlagen der Hochschule gesperrt, und fortan müssen Container im Außenbereich genutzt werden. Und eine Ausgangssperre ab 22 Uhr in dem Burggelände in Meißen, dem Wohnraum der Studierenden, wird verhängt. »Wir sehen uns nicht wieder«, wird zum geflügelten Satz auf ihrer Exmatrikulationsfeier. Als sie dann eines Tages im *Neuen Deutschland* einen Artikel ihres »Onkels Willi« liest, der jetzt zu denen gehört, die diese Maßnahme des Staates richtig finden, kann sie ihn zum ersten Mal in ihrem Leben nicht verstehen.

»Da war ein Riss«, sagt meine Großmutter. »Ich konnte das alles nicht verstehen. So habe ich ihn nicht gekannt. Er war ja dieser Freigeist für mich. Dass ausgerechnet er dieser Biermann-Ausbürgerung zugestimmt hatte, konnte ich nicht begreifen. Nein, das ist mir niemals klar geworden.«

Ich spule die Aufnahme zurück: »Da war ein Riss.« Was für ein Satz, denke ich und wähle ihre Nummer. Wieso habe ich damals so gar nichts darauf gesagt? Die Aufnahme ist jetzt schon Wochen alt.

»Aron!«

»Hallo Oma, es geht um die Biermann-Sache.«

»Damit hätte ich nicht gerechnet.«

»Stör ich?«

»Nie.«

»Also …«, beginne ich, »als wir über die Biermann-Ausbürgerung gesprochen haben, hast du etwas unverständlich davon erzählt, dass das einen ›Riss‹ bei dir erzeugt hätte. Auch mit der Partei und Willi …«

»Ach, so habe ich das alles nicht gemeint«, unterbricht sie mich.

»Wie dann?«

»Wegen der Partei: Das war dann erst mal so. Uns ging es ja eigentlich auch richtig gut. Wir hatten unseren Platz im System mit unserem eigenen Betrieb* später und so weiter. Und die ›Biermann-Sache‹ war dann irgendwann auch wieder vergessen. Auch Willis Verhalten dahingehend. Für mich hatte ich abgespeichert, dass er das machen musste. Dass er eben zur Partei halten musste. Wir hatten ihn ja dann auch erlebt, wie er ist. Und überhaupt gehörte er ja zur Familie. Meinem Vater war das ohnehin alles egal. Der interessierte sich nicht für Biermann und auch nicht für seine Texte und ich, ach ...«, sie überlegt eine Weile, »man setzt sich in der Familie ja auch nicht mit *allem* so ausführlich auseinander«, sagt sie.

Die Biermann-Sache

Es ist vielleicht nicht die feine Art, einem Museumsmitarbeiter einer nordrhein-westfälischen Kleinstadt die Taschen vollzulügen, nur um an Wolf Biermann heranzukommen, der hier an diesem Abend auftritt – aber er ist zurzeit so schlecht zu erreichen. Also bleibt mir nichts anderes übrig, als ein paar Tricks anzuwenden. Wolf Biermann und vor allem seine Ausbürgerung scheinen einen Wendepunkt in Willi Sittes sozialem Umfeld und vielleicht auch in seiner Verhaltensweise zu bedeuten. Das gilt es, hier herauszufinden. Ich muss irgendwie mit ihm sprechen.

»Bitte schön, Ihre Pressekarte!«, sagt der Museumsmitarbeiter. »Wie schön, dass Sie extra aus Berlin gekommen sind, nur für einen Artikel!«

---

* Meine Großeltern steigen zunächst in Franz Sittes aufstrebenden Dekorations- und Kunst-Recyclingbetrieb *Glaswerkstatt* ein. 1979 gründen sie ihren eigenen unter dem Namen *Bültemann Leuchtenbau & Dekorationsglas*.

»Ich freue mich auch!«

Wolf Biermann war 1953 aus politischer Überzeugung freiwillig aus Hamburg in die DDR übergesiedelt und Teil des Lyrikkreises, der bei Willi Sitte Anfang der 1960er-Jahre in Halle noch ein und aus geht. Immer wieder treffen sie sich in seinem Atelier, das Biermann mit seiner damaligen Lebensgefährtin Eva-Maria Hagen besucht und wo auch andere Dichter, Gerhard und Christa Wolf, vor allem aber Sarah und Rainer Kirsch, zusammenkommen. In diesem Atelier gibt Biermann auch eins seiner letzten Konzerte. Zehn Jahre vor jenem Konzert in Köln, nach dem er nicht mehr in die DDR einreisen dürfen wird. Am 16. November 1976 singt er dort vor gut 7000 Leuten in der Kölner Sporthalle Verse über die DDR, die auf den ersten Blick nicht unbedingt DDR-feindlich erscheinen[15]:

»Wer abhaut aus dem Osten / Der ist auf unsere Kosten / vor sich selber abgehaun.«[16]

Natürlich übt er dabei auch Kritik an der SED – davon handelten schließlich die meisten seiner Gedichte, aber das hatte er vorher auch schon in der DDR getan. Der Grund, warum es ihm dort seit über zehn Jahren verboten war, offiziell aufzutreten. Noch am selben Abend des Köln-Konzerts werden alle Grenzstellen der DDR informiert, Wolf Biermann die Wiedereinreise in die DDR zu verwehren, und am Morgen danach lässt das *Neue Deutschland* vermelden:

»Die zuständigen Behörden der DDR haben Wolf Biermann, der 1953 aus Hamburg in die DDR übersiedelte, das Recht auf weiteren Aufenthalt in der Deutschen Demokratischen Republik entzogen. Der Grund: grobe Verletzung staatsbürgerlicher Pflichten.«[17]

Eigentlich erscheint der SED-Führung die Ausbürgerung dieses immer populärer werdenden Regimekritikers 1976 längst überfällig, wartete man doch seit Anfang der 1970er nur auf den richtigen Moment.

Schließlich wird Biermann in achtzehn von den vierundzwanzig Jahren, in denen er in der DDR lebt, durch 197 hauptamtliche und über zweihundert Inoffizielle Mitarbeiter der Stasi überwacht, die fast siebzig Aktenordner über ihn anlegen. Biermanns Ausbürgerung löst eine Welle des Protests aus, der bis 1989 nie ganz abklingen wird. Vor allem nicht unter den Künstlern, die öffentlich Position beziehen. So auch die Gäste des ehemaligen Lyriker-Künstlerkreises aus Willi Sittes Atelier. Unter Stephan Hermlins Federführung entsteht ein Tag nach der Ausbürgerung ein Schreiben, das sie an das *Neue Deutschland* schicken:

»Erklärung der Berliner Künstler vom 17. November 1976

Wolf Biermann war und ist ein unbequemer Dichter.

Das hat er mit vielen Dichtern unserer Vergangenheit gemein. Unser sozialistischer Staat, eingedenk des Wortes aus Marxens ›18. Brumaire‹, demzufolge die proletarische Revolution sich unablässig selbst kritisiere, müßte im Gegensatz zu anachronistischen Gesellschaftsformen eine solche Unbequemlichkeit gelassen nachdenkend ertragen können.

Wir identifizieren uns nicht mit jedem Wort und jeder Handlung Wolf Biermanns und distanzieren uns von den Versuchen, die Vorgänge um Wolf Biermann gegen die DDR zu mißbrauchen. Biermann hat selbst nie, auch nicht in Köln, Zweifel darüber gelassen, für welchen der beiden deutschen Staaten er, bei aller Kritik, eintritt.

Wir protestieren gegen seine Ausbürgerung und bitten darum, die beschlossene Maßnahme zu überdenken.«[18]

Das *Neue Deutschland* wird den Brief nicht veröffentlichen.*

Christa und Gerhard Wolf und auch Sarah Kirsch gehören zu den Erstunterzeichnern der Petition, die in eine Protestwelle mündet, und Sarah Kirsch, wie so viele andere Künstler und Künstlerinnen in den darauffolgenden Jahren, letztlich zur Ausreise aus der DDR bewegt. Christa Wolf wird von Erich Honecker kurz nach »der Biermann-Sache« persönlich zum Gespräch eingeladen. »Christa«, sagt er zu ihr, »ihr müsst bleiben, wir brauchen euch.«[19] Sie und Gerhard Wolf bleiben. Und sie stürzt sich in die Arbeit – muss »[…] lernen, ohne Alternative zu leben. Dass es weder hier noch dort gut ist«[20], wie sie später sagen wird. Deswegen schreibt sie ihren neuen Roman: *Kein Ort. Nirgends*.

Wenn man aber liest, wie Willi Sitte die Biermann-Ausbürgerung öffentlich verarbeitet, versteht man vielleicht, wieso meine Großmutter, wie sie sagt, an diesem 20. November 1976 überhaupt nichts versteht:

»Ich bin außerordentlich beunruhigt über die eingetretene Situation durch das Auftreten von Wolf Biermann in der BRD vor einer breiten Öffentlichkeit.

Ich habe Kenntnis erhalten über die Möglichkeit für Wolf Biermann, in einer Reihe von Veranstaltungen in der BRD aufzutreten. Ich war davon überzeugt, daß Wolf Biermann, der sich immer wieder als Kommunist bezeichnet, sich in seinen Auftritten auch als solcher erweisen würde. […] Biermann in solcher Weise, wie er in dieser Veranstaltung in Köln in Er-

* Die Formulierung dieses Dokuments galt von Anfang an der Veröffentlichung und war zunächst an das *Neue Deutschland* und die ADN als Ostdeutsche Presseagentur bestimmt. Mit einer Sperrfrist erhielt auch die Agence France ein Exemplar. Westliche Agenturen ignorierten die absichtlich getätigten Vorsichtsmaßnahmen und verbreiteten die Nachricht noch am gleichen Tag des Schreibens weltweit.

scheinung getreten ist, habe ich bis jetzt nicht gekannt. Es ist für mich unbegreiflich wie man Hand in Hand mit der schärfsten Reaktion Front machen kann gegen ein Land und ein Volk, das man vorgibt zu lieben. [...] Ich erkläre in aller Eindeutigkeit, daß wir uns mit allen uns zu Gebote stehenden Mitteln dagegen wehren, daß von irgendwelcher Seite her ein Keil in dieses Vertrauensverhältnis zwischen Partei, Staat und uns Künstlern getrieben wird.«[21]

So steht es in einer der »Stellungnahmen und Erklärungen von Künstlern und Kulturschaffenden unserer Republik zur Aberkennung der DDR-Staatsbürgerschaft Biermanns«, die im Gegensatz zum Protestschreiben vier Tage nach Biermanns Ausbürgerung im *Neuen Deutschland* veröffentlicht wird.* »Später hätte ich mich anders verhalten«[22], äußert sich Willi Sitte in seiner Autobiografie. Aber als er zur Zeit des Geschehens von einer westdeutschen Kunstwissenschaftlerin darauf angesprochen wird, ergänzt er noch einmal sieben Briefseiten zu seiner Erklärung. Ein kurzer Auszug:

»Ich kann mir schon denken, daß es für Dich und Deine Freunde im Soge einer zügellosen Hetze gegen unsere Deutsche Demokratische Republik, die an jene aus den finsteren Tagen des Kalten Krieges erinnert, angesichts all der Lügen und Verdrehungen und einer raffiniert ausgeklügelten politischen Strategie unseres Klassenfeindes nicht einfach und leicht ist, einen, den wirklichen Vorgängen gerecht werdenden Standpunkt im Falle Wolf Biermanns zu finden. [...] Ich habe

* Die SED wollte nach der Biermann-Ausbürgerung mit dieser Aktion zu einem medialen Gegenschlag gegen die Proteste ausholen, indem sie mehrere namenhafte Künstler bat, sich Biermann gegenüber kritisch zu positionieren. Neben Willi Sitte gehörten der Schauspieler Ernst Busch und der Schriftsteller Hermann Kant zu den wohl berühmtesten Vertretern des Schreibens.

mich schon 1970 wegen unüberbrückbarer politischer Meinungsverschiedenheiten endgültig von ihm getrennt.«[23]

Aber alles, was ich nach Monaten von Biermann selbst zu Willi Sitte herausfinden konnte, war eine klitzekleine Erwähnung in dessen 544-seitiger Biografie *Warte nicht auf bessre Zeiten!*:

»Gewiss, die tapferfeigen Intellektuellen der DDR waren in die Bredouille geraten. Nicht nur Christa Wolf erging es so, auch [...] Willi Sitte, der so italienisch zu Kreuze kroch.«[24] Dass ihre fast zehn Jahre andauernde Freundschaft in diesem kurzen Satz resümiert wird, ist zwar auch eine Aussage, aber ich versuchte, trotzdem noch mehr herauszufinden, und erfuhr vor allem, dass Wolf Biermann für ein persönliches Gespräch nicht zur Verfügung stehe. Laut seiner Assistenz »bis auf Weiteres nicht« und laut seines Managements wäre da »leider gar nichts zu machen«. Es brauchte also einen Strategiewechsel.

»Sie sind aber früh dran«, sagt der Museumsmitarbeiter. »Das Konzert beginnt erst in einer Stunde.«

»Man darf den Saal aber schon betreten, oder?«, frage ich.

»Ja, schon … Ihr Sitzplatz ist in der ersten Reihe, direkt neben dem der *Nordwestpresse* …«

Und genau dort steht auch Wolf Biermann, direkt auf der Bühne. Der Plan endete in meinem Kopf eigentlich hier. Dafür, dass bisher jeder Versuch, ihn irgendwie zu kontaktieren, gescheitert war, verlief das jetzt alles zu reibungslos. In den Zug steigen, extrafrüh anreisen und darauf hoffen, dass Biermann jemand ist, der beim Bühnenaufbau hilft. Nur, wie geht es jetzt weiter?

»Ha ha hallo, Herr Biermann, haben Sie kurz Zeit für ein

Interview?«, frage ich, und obwohl ich wirken muss, als würde ich mein erstes Interview für eine Schülerzeitung führen, nickt Biermann und tritt einen Schritt näher zu mir.

Eigentlich sieht er aus wie auf den Fotos, die ich aus den 1960ern von ihm kenne: die großen Augen, der Schnurrbart. Er ist etwas grau geworden und trägt eine Brille. Er wird immerhin bald fünfundachtzig. Ich denke daran, was der Filmemacher Reinhold Jaretzky mir, falls der Plan mit dem Fake-Artikel aufgehen sollte, geraten hatte:

»Aron, wenn du wirklich mit jemandem wie Wolf Biermann über Willi Sitte reden willst, dann musst du ganz vorsichtig sein. Rede mit ihm über sein Werk, sein Schaffen, meinetwegen über seine Gitarre. Aber, bitte, steig unter keinen Umständen gleich mit Willi Sitte …«

»Herr Biermann, sind Sie aufgeregt?«

»Nein, ich will aufregen.«

»Stark!«

»Hm.«

»Sie werden doch sicher heute auch etwas von den guten alten Dissidentenliedern singen, oder?«

»Okay, was wollen Sie?«

»Ich will mit Ihnen über Willi Sitte sprechen.«

Wolf Biermann hebt die Augenbrauen und sieht mit einem »Schafft den Irren hier raus«-Appellblick zu den Bühnentechnikern hinter uns. Schön, denke ich, einen Versuch war's immerhin wert. Immerhin habe ich eine Freikarte fürs Konzert bekommen. Jetzt kann ich auch etwas riskieren.

»Er ist mein Urgroßonkel«, sage ich, »ich kannte ihn aber …«

»Sittes Spross!«, sagt Biermann und weitet seine Augen.

»Ich habe ihn aber leider nie kennengelernt«, sage ich schnell.

Er verschränkt die Arme.

»Nun, dein Urgroßonkel war ein großer Maler, ein großer Künstler …«, sagt er langsam, »aber ein kleiner Mensch.«

»Ein kleiner Mensch?«

»Ja«, sagt Biermann, »ich denke da an den Schriftsteller Heiner Müller*, der sagte mir: ›Wolf, es gibt auch ein Recht auf Feigheit.‹ Und da bin ich seiner Meinung.«

»Feigheit?«

»Ganz recht.«

»Ihre Freundschaft ist zerbrochen …«

»Wir haben uns zerfreundet«, ruft er. »Das fiel alles in mein Auftrittsverbot! … Und dreimal darfst du raten, wer sich von wem zerfreundet hat.«

»Willi Sitte …«, sage ich monoton. Daran besteht anhand der Dokumente aus dieser Zeit kein Zweifel.

»RICHTIG!«

Der Tontechniker räuspert sich sicher schon zum sechsten Mal, worauf Biermann weiterhin mit dem Blick auf mich geheftet aufsteht, sich dann abwendet und mit ihm den Raum verlässt.

»Er hat mich gerade zu Willi Sitte befragt …«, höre ich Biermann auf dem Weg nach draußen sagen. Draußen scheint gerade gut zu sein. »Willi Sitte – der, der mein Freund war. Na, der diese Fleischberge gemalt hat.«

»Moment!«, sage ich und gehe mit beschwichtigend ausgestreckter Hand in Richtung Tontechniker, Biermann hinterher. »Was meinen Sie mit den Fleischbergen?«

---

* Vermutlich spielt Wolf Biermann auf Folgendes an: Heiner Müller war über Jahre unter dem Decknamen »Heiner« ein Inoffizieller Mitarbeiter der Stasi. Er unterzeichnete jedoch den Protest gegen die Biermann-Ausbürgerung und wurde wie viele andere Petitenten unter Druck gesetzt, die Unterschrift zurückzuziehen. Er gab dem Druck nach, vereinbarte aber, dass die Rücknahme der Unterschrift seinerseits »niemals öffentlich« würde.

»Willst du mich jetzt veralbern?«

»Nein, nein«, sage ich und sehe aus einem Winkel, wie seine Assistentin sich uns nähert, »also … wegen des Artikels, den ich über Sie schreiben wollte, da müsste ich noch mal …«

Er macht eine abwinkende Bewegung. »Was wolltest du mich fragen?«

»Sie sind bei Willi Sitte in der Burg Giebichenstein aufgetreten … damals in den 60ern. Er hatte Sie ja eingeladen«, beginne ich, und Biermann nickt wieder.

»Die Bilder, von denen Sie eben sprachen, die hatte er doch hauptsächlich später gemalt …« Als würden meine Gedanken vorweglaufen, um sich nicht ruhig und beisammen als unangenehme Frage fassen zu lassen, rede ich weiter: »Das waren plötzlich andere Figuren, nicht unbedingt rein politischer Natur …«

»Ja, die Fleischberge!«, ruft Biermann, »und weißt du, wie die entstanden sind?«

Ich schüttele den Kopf.

»Indem er seine ganze Feigheit vor der Partei in diese kraftstrotzenden Bilder gemalt hat, ist doch klar! Das war die Kraftprotzerei eines Schwächlings. Der Angst hatte.

Im Streit der Welt. Verstehst du?«

Ich sehe offenbar nicht so aus, als würde ich es verstehen. Ich hatte vieles über Willi Sitte und seine Malerei gehört, aber diese Theorie war mir neu, denke ich. War die vielleicht ein Teil der »Meinungsverschiedenheiten«, von denen Willi Sitte sprach?

»Angst kompensiert man. Aber nicht mit Absicht«, sagt Biermann, »das passiert einem. Alles, was Willi Sitte an Kraft fehlte, sich mit den Unterdrückern im Streit einzulassen, knallte er in die Bilder rein.«

»Hm«, mache ich.

»Weißt du, warum ich bei meinem Auftritt in der Hochschule Dinge sagen konnte, die sonst keiner sagen konnte?«, fragt er.

Gerade als ich etwas antworten will, tippt sich Biermann auf die Brust.

»Nicht weil ich vom Charakter so ein Mensch bin. Ich bin eigentlich schlecht ausgerüstet. Sondern weil ich durch Zufall der Geburt aus einer Kommunisten- und Judenfamilie kam«, sagt er. »Während die anderen – nicht alle, aber fast alle – Nazikinder waren. Sitte war ein Nazisoldat, der zu den Partisanen übergelaufen ist. Was sein moralisches Pfund war, von dem er gelebt hat – mit Recht. Das ich auch immer geachtet habe, ist doch klar. Klar ist aber auch, dass ich der Drachentöter war, der viel radikaler mit den Bonzen der Diktatur gesprochen hatte als die Nazikinder, die sich schämten für ihre Eltern und deswegen, Goethe würde sagen, lumpenhaft bescheiden waren. Das spricht ja für sie, dass sie sich überhaupt schämten.

Und so hast du keine Schuld daran, dass Sitte ein Feigling war, aber auch keinen Verdienst daran, dass er ein großer Maler war.«

Ich sitze in der ersten Reihe, neben einem Journalisten der *Nordwestpresse*. Wolf Biermann erzählt an diesem Konzertabend viel über seine Frau Pamela und über sein neues Buch *Mensch, Gott!*. Er spricht über seine vergangenen Auftritte, seinen anstehenden Geburtstag, natürlich über die DDR und ganz zum Schluss über sein Lied »Du, laß dich nicht verhärten«.

Er habe das Stück aus Solidarität mit den Protesten gegen den Einmarsch der Truppen des Warschauer Paktes in die Tschechoslowakei geschrieben, mit dem der Prager Frühling gewaltsam beendet wurde. Jenes Ereignis, in der die Künstler der DDR acht Jahre vor Biermanns Ausbürgerung bereits vor der Mut- oder Entscheidungsfrage standen, ob sie gegen die Partei Position beziehen sollten. Willi Sitte hatte sich enthalten. Schon vorher hatte er mit tschechoslowakischen Studierenden diskutiert und sich während der Demonstrationen gefragt: »Wohin führt das? […] Meine Sorge war es, daß sich alle unsere Ideale auflösen könnten. Andere bezeichneten diesen Standpunkt als doktrinär. Ich vertrat die Ansicht, daß man bestimmte Grundlagen nicht infrage stellen dürfe. Heute beurteilt man die Vorgänge anders […]. Obwohl ich mit unserer Kulturpolitik nicht zufrieden war, sah ich die Gefahr, daß durch die Angleichung an westliche Vorstellungen die sozialistische Utopie zu Fall gebracht werden könnte.«[25]

Willi Sitte schweigt, als das Militär im August 1968 in Prag eingreift, während die SED-Führung das Vorgehen als *richtig* propagiert und sich sein ehemaliger Freundeskreis aus Dichtern und Künstlern immer mehr verändert.

Er hält zwar dauerhaft Kontakt zu seinen Künstlerfreunden im Westen, aber sein Künstlerkreis innerhalb der DDR verengt sich um zwar engagierte, aber doch eher parteilichere Persönlichkeiten wie den Schriftsteller Erik Neutsch und den Maler Willi Neubert. Seine kritischen Dichterfreunde zerstreuen sich hingegen. Über das veränderte Verhältnis zu Sarah und Rainer Kirsch und Christa und Gerhard Wolf sagt er rückblickend:

»Mit den Ereignissen Biermann und dem Prager Frühling hatte die Freundschaft gelitten, ist später auseinandergegangen … Was heißt auseinander. Sie haben mich bis heute anders erlebt, als ich wirklich war.«[26]

Biermann singt:

»Du, laß dich nicht verhärten
in dieser harten Zeit.
Die allzu hart sind, brechen,
die allzu spitz sind, stechen
und brechen ab sogleich.
Du, laß dich nicht verbittern
in dieser bittren Zeit.
Die Herrschenden erzittern.«

Er sieht dabei ins Publikum. Und irgendwie habe ich das Gefühl, dass er mich anspricht. Aber vielleicht bilde ich mir das auch ein. Was soll er da auch ansprechen, denke ich und schließe die Augen.

»Du, laß dich nicht erschrecken
in dieser Schreckenszeit.
Das wolln sie doch bezwecken
daß wir die Waffen strecken
schon vor dem großen Streit.«[27]

Es ist ein guter Song, denke ich, als ich wieder zur Bühne sehe, sich unsere Blicke treffen und er sich schließlich verbeugt.

IV. UMSTRITTENE ZEITEN

Ein echter Funktionär

Mit Willi Sitte starb das böhmisch gerollte R in meiner Familie, lange nach dem Tod meiner ältesten Großtante* und meiner Urgroßeltern, die als Letzte aus meinem unmittelbaren Umfeld so sprachen. Seitdem wird in meiner Großfamilie hauptsächlich berlinert und in Wernigerode Hochdeutsch gesprochen! Meine Großmutter hatte mir erzählt, dass sie oft nicht wusste, wer da mit ihr spricht, wenn einer der Sitte-Brüder sie anrief, sie aber immer zuerst ihren Vater vermutet hatte. Selbst als dieser schon verstorben war, blieb das ihr erster Gedanke. Jetzt weiß ich, was sie meint.

Ich höre ein Radioporträt über Willi Sitte, in dem er über seine Gemälde spricht, und immer wenn er etwas sagt, muss ich automatisch an meinen Urgroßvater denken, den ich als sehr alten Mann erlebt habe. Gebrechlich und mit seinem ebenfalls nordböhmischen Dialekt, wie ein liebenswürdiger Bote einer fremden, fernen Zeit. Es ist ein eigenartiges Gefühl der Nähe, voller Erinnerungen und Assoziationen, diese ähnliche Stimme zu hören. Wie ein Geruch, der einen an eine Begebenheit erinnert, die man nicht zuordnen kann. Umso seltsamer ist es dann, wenn sich dieses Bild in die Atmosphäre eines

* Die älteste Schwester meiner Großmutter Burgi starb 2006. Zwei Jahre nach ihrer Mutter, meiner Urgroßmutter Marta und drei Jahre nach ihrem Vater Franz Sitte.

SED-Parteitags eingliedert. Genau dann, wenn Willi Sitte mit dieser vertrauten Stimme darüber spricht, wie er selbst Einfluss in der Politik bekam und unbekümmert eine Zeit skizziert, die ich als Diktatur kennenlernte, und beschreibt, wie er sich in den Politikkreisen bewegte und dort korrespondierte – korrespondieren musste, wie mir so viele sagen.

In dem Radioporträt redet Willi Sitte über sein Gemälde *Am kalten Buffet*. Ein Bild, das einen fülligen, mit Orden behängten Funktionär zeigt, der gierig mit einem Snackspieß vor einer gut gefüllten Speisetafel steht.

Es ist 1974 entstanden. In diesem Jahr wird er zum Präsidenten des Verbandes Bildender Künstler der DDR gewählt, wird selbst zum Kulturfunktionär, und Szenen wie *Am kalten Buffet* werden zu seinem Alltag:

»Dieses Thema habe ich ein paar Mal gemalt. Die Atmosphäre am kalten Buffet.

Menschen erleben zu können, [...], und so sahen die auch meistens aus: gut beleibt, nur auf das aus, sozusagen auf den Höhepunkt des Abends, das war das kalte Buffet. Alles das widerte mich immer an.«

Dennoch hatte er sich dieser ihn anwidernden Gesellschaft verschrieben, und das weiß er auch.

»Aber man war ja gezwungen, man war mittendrin.«[1]

Denn 1974 ist er mit keinem geringeren Anspruch angetreten, als den Verband Bildender Künstler der DDR, sowie die Stellung der Kunst in der DDR, von Grund auf umzukrempeln. Und zwar schnell, mit einem Wahnsinnskalkül.

»Man konnte oben etwas bewirken«, sagte er kurz nach der »Wende« in einem Interview. »Je weiter oben, desto besser. Es ist ein Prozess gewesen. Das politische Umfeld hatte sich verändert, als Erich Honecker antrat. Es gab große Hoffnungen unter den Künstlern, dass wir nun vieles realisieren könnten.«[2]

Erich Honeckers formulierte Losung der »Weite und Vielfalt« im Sozialismus war vielen Künstlern noch allgegenwärtig, da beantwortet Willi Sitte diese Worte kurzerhand mit eigenen Reden, die er zusammen mit seiner Frau Ingrid vorbereitet hatte und dabei gut und gern mal über die Stränge schlägt: »Unsere Kunst dient der vollen und allseitigen Ausbildung der geistigen und materiellen Kultur des real existierenden Sozialismus, einer Kultur der grundlegenden Erneuerung der menschlichen Gesellschaft.«[3]

Diese Rhetorik kommt gut an und erfüllt ihren Zweck.

Auch weil er sich dauerhaft an beiden Schaltstellen bewegt. Er lässt sich in die Volkskammer, das Parlament der DDR, wählen, später dann auch in das ZK der SED und betont dort immer wieder die »schöpferische Kraft« der Kunst zum Aufbau des Sozialismus und feilt so an seiner Funktionärsrhetorik, um in seinen Reden unmissverständlich klarzustellen, dass für die Partei ohne seinen Verband eigentlich gar nichts läuft und nicht umgekehrt:

»In einer solchen kameradschaftlichen und verantwortungsbewußten Gemeinsamkeit wollen wir uns für eine weitere gute Entwicklung unseres Verbandes einsetzen. Wir verstehen das als unseren Beitrag zum weiteren Aufbau der sozialistischen Gesellschaft und für die kommunistische Zukunft. Verlieren wir daher keine Zeit!«[4*]

Die Partei ist zufrieden; im MfS trudeln jetzt beeindruckende Berichte ein: »Sitte geht es darum, die Chancen, die die SED-Kulturpolitik jetzt bietet, voll zu nutzen. [... Seine] Wahl zum Verbandspräsidenten ist eine kleine Sensation, sie signalisiert, daß es die Honecker-Mannschaft mit ihrer neuen Kulturpolitik ernst meint.«[5]

---

* Das Zitat äußert er zwar erst auf dem folgenden Künstlerkongress 1978, aber dieses Programm fährt er schon zu seinem Amtsantritt 1974.

Und vor allem die Künstler des Verbandes spüren, dass es plötzlich bergauf geht.

Waren sie unter Walter Ulbricht noch »die am weitesten Zurückgebliebenen« der Gesellschaft, zählen sie unter Honeckers Regierung und Willi Sittes geschickter Lobbyarbeit bald zu den privilegiertesten Berufsgruppen der DDR. So entwickelt sich in seiner Amtszeit ein staatlicher Kunsthandel, der sogar Werkverkäufe ins Ausland ermöglicht. In seinen vierzehn Jahren als Präsident wächst der jährliche Etat für seinen Verband Bildender Künstler von fünf auf neun Millionen DDR-Mark[6] und das Publikum bei den alle fünf Jahre stattfindenden »Kunstausstellungen der DDR« von 600 000 auf 1,1 Millionen Besucher.[7] Außerdem werden die Künstler durch die in der DDR typische Einbeziehung der Kunst in die Produktion und Bildung dauerhaft von Betrieben, Kultur- und Lehreinrichtungen mit Aufträgen versorgt, und einige von ihnen, wenn auch nur die Privilegiertesten, können später sogar in den Westen reisen.*

Nur gibt es bei all diesen sonnigen Aussichten einen großen Haken: Nicht jeder kann sich einfach Künstler nennen und schon gar nicht die Kunst betreiben, die er will. Denn dafür muss man im Verband Bildender Künstler sein. Dann bekommt man eine Steuernummer und darf Aufträge entgegennehmen und ordnungsgemäß arbeiten.[8] Wer keiner geregelten Arbeit nachgeht, gilt nach DDR-Recht als »asozial«,** und wer

* Die in diesem Absatz kurz umrissenen Fakten sind Paul Kaisers Text »Die Spur der Seinen. Der Maler Willi Sitte als SED-Kulturfunktionär« aus dem Ausstellungskatalog »Sittes Welt« (Thomas Bauer-Friedrich / Paul Kaiser, S. 129–144) entnommen, der eine umfassende Recherche zu diesem Thema liefert.

** Der »Assi-Paragraf« 249 im Strafgesetzbuch der DDR ist überschrieben mit: »Beeinträchtigung der öffentlichen Ordnung und Sicherheit durch asoziales Verhalten« und im 8. Kapitel des StGB von 1968 zu finden. Menschen, die sich demnach als »asozial« erwiesen, mussten in Extremfällen bis zu zwei Jahre Haft fürchten (vgl. § 249 StGB der DDR).

im Verband sein will, hat sich auch nicht mit Kunst aufzuhalten, die sich zu sehr vom sozialistischen Realismus wegbewegt. Zumindest wird diese nicht gefördert und auch nicht in Obhut genommen, sobald die Partei mit Rügen oder die Stasi mit Überwachung reagiert. Es ist also besser, in den Verband mitaufgenommen zu werden, den Willi Sitte immerhin fast bis zum Ende der DDR, 1988 an vorderster Spitze vertreten wird:

»Letztendlich gehörte ich auch mit dazu. Und ich fühlte mich in dem Falle auch mit als Funktionär«[9], sagt er im Jahr 2001.

Zwanzig Jahre später wird über diese Funktion immerhin drei Tage diskutiert: auf der Sitte-Tagung, die ich im Herbst 2021 in Halle besuche und die unter anderem mit einem Bild beworben wurde, auf dem er und Erich Honecker zu sehen sind: *Willi Sitte – eine exemplarische Biografie zwischen Kunst und Macht.*

Natürlich ging es in den Vorträgen und Diskussionen dieser drei Tage auch um seine Kunst, seinen Weg als Formalist und Realist, aber vor allem um den Umgang mit seinem politischen Einfluss. In einem der letzten Referate, »System Sitte«, wurde ein Foto eingeblendet, das einen sichtlich gealterten Willi Sitte zeigt, der einen Strauß Blumen ins Publikum wirft. Es ist zum Ende seiner Amtszeit als Präsident des VBK der DDR entstanden: 1988.

Und keiner auf der Tagung wusste so wirklich, was hinter dieser Geste steckte.

»Er war gerührt!«, sagten einige.

»Er war frustriert!«, sagten andere.

Auf der Tagung waren vor allem Zeitzeugen, Kulturwissenschaftler und Künstler. Drei Tage Diskussionen, Referate, Kaffeepause.

Alle waren sich einig, dass die parallel stattfindende Ausstellung in Halle eine gute Sache war. Es wurde endlich Zeit, das vielschichtige Werk und damit den Werdegang dieses Künstlers zu zeigen. Seit der Wiedervereinigung stünde das aus.

Und doch blieb Willi Sitte durch die weiteren Diskussionen der, den ich bereits flüchtig kennengelernt hatte. Durch Zeitungsartikel, Radio, Fernsehporträts und vor allem Zeitzeugen:

»Für Willi Sitte war doch die Kunst das Wichtigste!«

»Ja, das Wohl der Künstler!«

»Er hat Karrieren gefördert!«

»Er hat Karrieren verhindert!«

»Willi Sitte war vielleicht nicht bei der Stasi, aber nur weil er mächtiger als die Stasi war!«

»Er war ein Teil des Unrechtsstaates!«

»Er wollte ihn verändern!«

»Willi Sitte hat seine Macht ausgenutzt!«

»Nein, er hat die Macht nutzen müssen!«

»Er hat sich aber mit den Mächtigen eingelassen!«

»Ja, weil er doch musste!«

Kurz: Willi Sitte bleibt der umstrittenste Maler der DDR. Aber wie kam es dazu?

Ich sehe wieder auf die Figur im Bild. Die *Am Kalten Buffet*. Auf den feisten Funktionär, den Willi Sitte so angeekelt beschreibt.

Was ist das für ein Gemälde? Eine Momentaufnahme, eine Selbstbefragung, eine Analyse oder tatsächlich nur eine Beobachtung – oder doch irgendwie alles zusammen?

»Ich war ja gewählt«, sagt er in dem Rundfunkporträt, während er über sein Funktionärsbild spricht, »und ich funktionierte ja auch innerhalb der Gesellschaft. Denke ich. Und hoffe, auch nicht zum Schaden der Gesellschaft.«[10]

Übermalt

Ich sitze im Wohnzimmer meiner Großmutter. In den letzten Wochen und Monaten haben wir so viel Zeit wie noch nie zusammen verbracht, während sie mir ständig hilft, Kontakte aufzubauen, Unlesbarkeiten in Rechercheunterlagen zu entziffern und als Mediatorin bei Interviews mit besonders »speziellen« Familienmitgliedern fungiert. Wir sitzen auf dem Sofa unter einem Druck von Willi Sitte aus dem Jahr 1978. Eine Grafik eines sich drehenden nackten Mannes. Inzwischen weiß ich, dass die blaue quaderförmige Vase neben ihrem Fernseher, die ich seit Kindertagen kenne, von Willi Sittes Bruder Rudolf hergestellt wurde. Ein Produkt ihres gemeinsamen Glasbetriebs. Beides befindet sich in ihrem Wohnzimmer, seit ich denken kann, und ich habe nie gefragt, was es damit auf sich hat, so wie man zu einem alten Wohnzimmersessel nichts fragt. Er ist eben schon immer da.

Meine Großmutter hatte inzwischen »das Interview« gelesen, wie sie sagt, und gefragt, ob wir uns treffen können. Als ich zu Beginn meiner Recherchen einen Artikel über Willi Sitte anlässlich seines hundertsten Geburtstags am 28. Februar 2021 veröffentlichte, hatte mich eine Journalistin angerufen und um ein Telefonat gebeten. Sie wollte mit mir über »meinen Urgroßonkel« und seine Rolle als einen »umstrittenen Künstler« sprechen. Ich könne da doch sicher einiges erzählen. Und weil die Journalistin von der *ZEIT* war, war ich aufgeregt und sagte zu. Dabei hatte ich ganz vergessen, dass ich selbst mehr Fragen als Antworten im Angebot hatte. Das Interview ist inzwischen zehn Monate alt. Eine Freundin hatte es meiner Großmutter vor Kurzem geschickt.

»Also dein Interview«, sagt sie und schiebt ihr Handy mit dem Artikel zwischen uns. Überschrift: »Er ist mir lange ein Rätsel geblieben«. Status quo, denke ich. Fünfzehn Kommentare. Die meisten fanden es »ganz toll« – das hatte mir gereicht, damals.

»Wie findest du's?«, frage ich sie.

»Scheiße«, sagt sie knapp.

»Und willst du mir auch sagen, warum?«, frage ich scheinbar ganz unbeteiligt. Sie tippt wie zur Antwort auf ihr Handydisplay.

»Na, weil du's dir genauso einfach gemacht hast wie so viele vor dir«, sagt sie und zoomt mit spitzen Fingern auf das Ende des Artikels.

»Da!«, sagt sie und schiebt mir das Handy zu.

»ZEIT: Können Sie erklären, warum Willi Sitte die SED-Staatsführung so konsequent unterstützt hat?«*

»Das ist auch eine etwas schwierige Frage«, sage ich.

Meine Großmutter scrollt im Artikel.

»Aber eine Antwort hast du ja gefunden«, sagt sie.

»Boks: Bei uns in der Familie wurde oft gesagt: ›Der war halt Funktionär, weil er seine Kunst machen wollte.‹ Aber das stimmt so nicht. Er hat an diesen Staat wirklich geglaubt und war zum Beispiel auch mit Horst Sindermann befreundet, dem langjährigen Präsidenten der DDR-Volkskammer, der den Begriff ›antifaschistischer Schutzwall‹ als Verharmlosung der Mauer geprägt hat. Daran merkt man schon, dass mein Urgroßonkel kein Künstler war, der sich nur arrangierte, um weiter arbeiten zu können. Er wollte auch in die Politik eingebunden werden.

---

* Das gesamte Interview, welches in diesem Kapitel zitiert wird, lässt sich in der *ZEIT im Osten* Nr. 11/2021 oder unter: https://www.zeit.de/2021/11/aron-boks-poetry-slammer-willi-sitte-ddr-kunst-geschichte nachlesen.

ZEIT: Zumal er von der Politik zeitweise regelrecht hofiert wurde.

Boks: Genau, vor allem unter Erich Honecker hat Sitte vom Staat viel Anerkennung erfahren. Ihm ist das zu Kopf gestiegen, was man auch daran sah, wie er sich in diesen späten Jahren benahm, wie er seine eigenen Vorteile ausnutzte. Das sind klassische Auswirkungen von Macht. Willi Sitte hat sich, glaube ich, zeitweise sehr von Macht steuern lassen.«

Mutige Aussagen für jemanden, der damals nur einen Monat lang recherchiert hatte, denke ich und lege das Handy mit dem Display nach unten auf den Tisch.

»Was ist daran problematisch?«, frage ich bemüht unbeeindruckt.

»Für euch ist alles ganz einfach, oder?«

»Für *uns*?«

»Ja, ihr Journalisten … ihr seht, sobald ihr das Wort DDR in irgendeinem Kontext hört, nur das Politische – auch in der Kunst. Aber einfach nur auf das Werk zu sehen, dass …«

»Und wie soll das bitte schön gehen?«, unterbreche ich sie. Ich kann es nicht mehr hören, denke ich. Immer diese Ausweichmanöver.

Sie lacht bitter und macht eine abwinkende Bewegung.

»Vielleicht siehst du auch einfach weg«, sage ich.

»Hm?«

»Vielleicht …«, sage ich etwas lauter, »vielleicht siehst du einfach weg. Diese ganze Erzählung von den dummen SED-Mitgliedern. Du warst immerhin auch in der Partei, Oma.«

»Ich war da, um …«

»Genau, um die SED zu verbessern, natürlich. Und mit der Biermann-Ausbürgerung kam die ganz große Kritik von eurer Seite. Weißt du, wie oft ich diese Story schon gehört habe?«

»Nein, als Biermann ausgebürgert wurde, habe ich nicht aus der Partei austreten wollen. Das hätte ich mich nicht getraut. Und ich hätte es auch nicht gewollt.«

Als ich etwas sagen will, fährt sie unbeirrt fort.

»Ich würde niemals sagen, dass ich gleich die ganz große Kritik geäußert habe, Aron. Ich habe es auch noch nie gesagt und würde so etwas auch nicht vor dir behaupten«, sagt sie. »Aber es ist nicht schlimm, dass du das geglaubt hast. Du hattest ja keine Ahnung.«

Sie sagt das mehr wie eine Feststellung, dann lächelt sie. Ich wende meinen Blick von ihr ab, um jetzt nicht von diesem Lächeln stellvertretend in die Arme geschlossen zu werden, damit das Thema »vom Tisch« ist.

Ich denke an Ulli, die Schwester meiner Großmutter, und ihren stalinistischen Polizei-Ehemann, den ich mir die ganze Zeit karikaturenhaft ausmale, und daran, dass meine Großmutter die Einzige ist, die mir Rede und Antwort stehen muss für alles, was in der DDR passiert ist. Gerecht ist das natürlich nicht. »Du warst in der Partei, Oma …« – Was für eine Arthouse-Dialog-Scheiße, denke ich. Wieso glauben eigentlich so viele, dass Menschen, die in einer Diktatur gelebt haben, über jedes Ereignis dieser Zeit, das heute in Geschichtsbüchern steht, referieren können? Aber an so etwas denkt man nicht, mitten im Gespräch. In einem, das sich außerdem doch »nur« um Willi Sittes Bilder drehen soll. Aber vielleicht geht das gar nicht. Vielleicht ist das genau der Punkt.

»Warum hast du das Gemälde damals hervorgeholt?«, frage ich schließlich.

»Ich habe aufgeräumt. Das war alles«, sagt sie monoton.

»Aber die Reisen zu unseren Verwandten, die Telefonate, die du für mich geführt hast …?«

»Aron …«, sagt sie und fährt mit einem Finger durch den

Raum, am Druck von Willi Sitte vorbei zu dem Lampengestell aus den 1980er-Jahren hin zur Glasvase. »Deine Suche hat mich überhaupt erst daran erinnert, wie erfolgreich wir damals waren. Wie bedeutend das alles war«, sagt sie und macht eine kurze Pause.

»Ich habe vorhin mit Ingrid telefoniert«, fährt sie langsam fort. »Nein, Aron – über dein Interview haben wir nicht geredet. Aber über den Ausstellungskatalog.«

»Und worüber habt ihr da gesprochen?«

»Sie hatte mich darauf angesprochen, wie absurd sie es fand, dass dort Willis innige Liebe zu seinen Eltern angezweifelt wurde, und ich sagte: ›Ingrid, ich weiß – ich war auch dabei.‹ Das waren die Autoren nicht.«

Ich leider auch nicht, denke ich und muss diese Aussage auch gar nicht lange interpretieren.

»Du warst ja genauso in deinem Interview«, sagt meine Großmutter. »Du hast Willi genauso zum Politikum gemacht. Das wollte ich dir einfach nur sagen.«

»Das war zu Beginn meiner Recherchen.«

Sie nimmt zwei Zigaretten aus ihrer Schachtel und schiebt mir eine zu.

»Aber er war doch auch ein Politiker«, sage ich weiter. »Ein Politiker in der DDR, warum soll ich das nicht beachten?«

Sie verdreht die Augen.

»Hat es euch denn nie irritiert, dass er später im ZK der SED saß?«, frage ich weiter, »dass er diesen Staat und damit ja auch das Unrecht weiter mitbestimmt hat?«

Meine Großmutter schüttelt den Kopf.

»Das habe ich dir doch schon mal gesagt, Aron.«

»Auch das war zu Beginn meiner Recherchen.«

»Gut, dann sage ich es noch mal: Nein, uns hat das nicht irritiert. Weil wir ihn als Mensch kannten. Er wurde Politiker, meinetwegen«, sagt sie und macht eine Pause, als ich nach einer Zigarette greife. Erst als ich sie angezündet und das Feuerzeug wieder an seinen Platz gelegt habe, fährt sie unbeirrt fort. »Das alles war eine politische Notwendigkeit, um in seiner Position eine Entwicklung voranzutreiben. Das machen Politiker heute nicht anders.«

»Siehst du die DDR als Diktatur?«, frage ich.

»Ja«, sagt sie. »Natürlich.«

»Dann ist das doch etwas anderes, oder nicht?«

»Ja«, sagt sie schnell, »aber deshalb gab es trotzdem Menschen, die in Positionen waren in diesem … *Unrechtsstaat* … in dieser *Diktatur*, die aufgrund ihrer Position positive Dinge bewirken wollten. Es haben ja nicht alle, die in dieser *Diktatur* …«

»Wieso wiederholst du dieses Wort immer so langsam?«

»Ich will nicht falsch verstanden werden«, sagt sie.

»Also es haben nicht alle, die in der Volkskammer oder im ZK saßen, drauflosgedroschen. Willi hat so viel für die Kunst und Kultur der DDR geleistet – eben weil er diese Position hatte.«

Ich denke daran, wie ich kürzlich in Willi Sittes literarischem Fonds einen Brief fand, den er 1986 an einen Buchhändler in Wernigerode geschickt hatte. Meine Familie gehört schon ewig zu seiner Stammkundschaft. Willi Sitte schrieb ihm eine kurze, höfliche Absage, auf eine Einladung dieses Buchhändlers Rainer Schulze, der damals vor allem aktiver Kabarettist war. Es sei ihm aus Zeitgründen nicht möglich gewesen, Wernigerode zu besuchen. Als ich den Buchhändler während meines derzeitigen Besuchs in seinem Laden nahe dem Rathaus in der Altstadt darauf ansprach, brauchte er nicht einmal drei Sekunden, um sich zu erinnern:

»Ja, wir wollten ihm damals mit einer Ausstellung danken, da er gerade beim ZK eine Million für unser Kulturzentrum in Wernigerode klargemacht hatte.«

Davon erzähle ich nichts. Nicht jetzt. Ich will kein »Ja, so war er« hören und schon gar kein »Das meine ich«. Klar – ich weiß ja, dass meine Großmutter recht hat, wenn sie von Willi Sittes Engagement für die Kunst spricht, und ich komme mit ihr an denselben Punkt wie mit Ingrid Sitte. Was könnte ich den immer wieder geäußerten Vorwürfen gegenüber »Onkel Willi« entgegensetzen, außer eben das, was meine Großmutter gerade gesagt hat, was meine Verwandten sagen, was so viele sagen, die Willi Sitte kannten? Und doch spüre ich andererseits an diesem Punkt, an dem ich versucht bin, einzustimmen, ein Unbehagen.

Ich erzähle meiner Großmutter vom Gespräch mit meiner Mutter und wie sehr sie sich gesträubt hat, überhaupt eine DDR-Vergangenheit in ihrer Gegenwart ausfindig zu machen. Wie eigenartig das Gefühl sei, Verwandte wie Willi Sitte und auch meinen Urgroßvater zu haben, die von einer politischen Haltung derartig überzeugt waren, die in meiner unmittelbaren Verwandtschaft aber fast nicht mehr spürbar ist.

Meine Großmutter lehnt sich zurück und unterdrückt ein Lachen, wie wenn man kurz davor ist, die Pointe eines Witzes zu erzählen, den man selbst noch viel zu lustig findet, um ihn seriös rüberzubringen.

»Ich habe ja wirklich im Sozialismus Hoffnung gesehen«, sagt sie, und immer wenn sie das Wort *Sozialismus* mit sich selbst in Zusammenhang bringt, zerstückelt sie es in vier scharfe Silben: *So-zia-lis-mus,* als wäre es im Ganzen zu sperrig, um es ohne Weiteres in einen Satz einzufügen.

»*Ich* wurde damit noch erzogen«, sagt meine Großmutter. »Ja, ich habe wirklich daran geglaubt, dass irgendwann der Kommunismus kommen würde. Nicht der Sozialismus als solcher. Ich habe geglaubt, dass alle Menschen gleich sind, dass das Geld gleich verteilt wird und so weiter – das waren schließlich die

Ideale des Kommunismus. Also dachte ich mir irgendwann: Oh, Bärbel Bültemann, die tritt jetzt in die SED ein, die kann damit die Welt verändern. Wenn es die anderen nicht schaffen, aber die kann's.« Sie drückt ihre Zigarette in den Aschenbecher, ohne mich dabei anzusehen. »Aber dann ist mir aufgefallen, dass das alles Mist war und dass diese Ideale, die in der DDR propagiert wurden, nicht stimmten. Dass es nicht funktioniert.«

»Aber Willi Sitte hat die DDR selbst nach der ›Wende‹ so extrem verteidigt …«, sage ich schon etwas halbherzig.

»Aron, wenn du dein Leben lang an etwas glaubst, dann verteidigst du das doch. Das haben alle Sitte-Brüder gemacht!«

»Aber noch einmal, dass du mich nicht falsch verstehst. Ich finde nicht, dass alles an dem Interview scheiße ist«, sagt meine Großmutter, nimmt mir ihr Handy aus der Hand und scrollt wieder mit ihren spitzen Fingern bis zum Ende des Textes.

»ZEIT: Und zum Schluss: Welche Frage würden Sie Ihrem Urgroßonkel stellen, wenn Sie ihn treffen könnten?

Boks: Ich würde ihn fragen, was ihn im Leben wirklich angetrieben hat.«

»Und so wird's doch spannend«, sagt meine Großmutter weiter.

»Ja, es bleibt spannend«, sage ich.

Ein roter Punkt

In Willi Sittes Garten steht ein riesiger Aluminiumklotz. Sein Atelier. Groß genug, um Anfang der 1970er-Jahre eine ganze Wand der Kunsthalle Rostock zu gestalten. Oder, wie ein junger Schüler von Willi Sitte in einer Kurzgeschichte schrieb: »Das Atelier so hoch als gehörte der Himmel noch mit hinein.«[11]

Aus der Wand in Rostock wurde zwar nie etwas, aber das Atelier blieb. Genau dort treffe ich den Maler Ulrich Reimkasten, der heute dort arbeitet. In den 1970er-Jahren absolvierte er sein Diplom an der Burg Giebichenstein in Halle und blieb mit Willi Sitte bis zu dessen Tod befreundet. Zeitgleich erlebte er ihn in all den Facetten seiner Umstrittenheit: als Funktionär, als Künstler und als Professor.

Ulrich Reimkasten, ein groß gewachsener Mann mit runder Brille und einem grauweißen Pferdeschwanz, führt mich zuallererst hinunter in den Keller des Ateliers. Zwischen barocken Skulpturen und weißen Brunnen steht dort ein Großteil seiner Gemälde, in Regalen verstaut. Er zeigt mir jedoch keines davon, stattdessen deutet er zu den zwei Treppen, die wieder hinauf in den Arbeitsbereich führen.

»Warum zeige ich dir das?«, fragt er und redet sofort weiter. »Um Willi zu verstehen, muss man sich eine Sache klarmachen: Willi war durch und durch ein Bauernsohn. Ich meine, schau dir das an: Er baut zwei Treppen und einen Sockel dazwischen. Warum? Damit man auf der einen Seite rauf- und auf der anderen Seite wieder runtergehen kann. Ich weiß nicht, wieso, aber das war ihm wichtig.«

Bis vor ein paar Minuten habe ich noch gehofft, weniger verwirrt als vorher aus diesem Treffen herauszugehen, aber das hat sich vermutlich erledigt.

Reimkasten klopft mir auf die Schulter und geht voraus in den obersten Stock. Zwischen dem Grau der Atelierwände hängen heute wild besprenkelte Farbspiele neben bunt kolorierten und penibel angeordneten geometrischen Formgebilden – lauter abstrakte Arbeiten. Zunächst einmal deutet hier nichts auf Willi Sittes Einfluss hin, denke ich.

»Wenn mir manchmal nichts einfällt, dann male ich einfach 'n roten Punkt irgendwohin«, sagt er mit einem zusammengekniffenen Auge und deutet auf eine nackte Betonwand. »Das habe ich von Willi. Der sagte mir das auch, wenn's ihm so geht, macht er daraus halt irgendetwas: entweder ein hübsches Frauenkleid oder eben 'ne rote Fahne.«

Es gibt Kaffee und Kekse. Bier stehe aber auch schon kalt.

Wir reden nicht über »Sitte«, sondern über Willi. Ingrid ließ bereits schöne Grüße aus ihrem Wohnhaus von nebenan ausrichten. Die Stimmung ist also mehr als entspannt. Aber ich muss mich jetzt konzentrieren.

Willi Sitte galt nach der »Wende« als einer, der Karrieren fördern, aber auch verhindern konnte. Immer wieder balancieren die Erzählungen zwischen diesen Extremen.

Er war ein Segen für die Kulturlandschaft der DDR, er war ein Übel. Ja, seine Rolle bedeutete mehr Geld, mehr Ansehen, regelmäßige Arbeit für wirklich jeden Künstler im Verband, und doch entsteht gerade dort neben Bewunderung und Achtung zeitgleich Hass ihm gegenüber. Genau wie gegenüber seinen Bildern. Aber führt diese Wechselwirkung allein zu seinem ambivalenten Ruf, der ihm bis heute nachhallt?

Vielleicht weiß Ulrich Reimkasten mehr darüber. Immerhin kam er 1975 gerade an die Burg und konnte Willi Sitte hautnah erleben, als sein Leben zwischen Macht und Kunst so richtig an Fahrt aufnahm.

»Ich frage mich bei diesem ganzen Diskurs immer, welcher Künstler denn nicht umstritten war«, sagt er und verzieht dabei das Gesicht. Er rückt einen Holzstuhl zurecht und setzt sich in die gleiche »Jetzt-kommt-die-ganze-Wahrheit-über-Willi-Sitte-Story«-Position, die ich bereits von so vielen Künstlerkollegen kenne. Egal wo. Immer sitzen sie ein wenig gebeugt, den Blick gedankenschwer aus einem Fenster gerichtet. Sie halten keinen Augenkontakt, heben dann beim Sprechen zaghaft die Hand, als wären sie, obwohl wir nur zu zweit im Raum sitzen, inmitten eines sich anbahnenden Podiumsdiskussionstumults. Vermutlich, weil sie diese Gespräche schon viel zu oft und viel zu laut geführt haben, in über dreißig verstrichenen Jahren, in denen Willi Sitte de facto gar keine Macht mehr hatte.

Deswegen überrascht es mich auch nicht, dass Ulrich Reimkasten jetzt sagt:

»Das ist ja auch alles nicht so einfach mit Willi.«

Ich weiß, ich weiß.

Also los geht's:

Ulrich Reimkasten, Jahrgang 1953, macht in den 1970er-Jahren sein Diplom mit einem Gobelin in der Textilklasse, die Willi Sitte leitet.

»Willi nahm sich in der Hochschule immer mal einen raus. Und 1975 war ich dran. Es fing damit an, dass er sich nach seinem Feierabend zu mir ins Atelier setzte und mich beobachtete und dabei Zigarre rauchte, als würde er sich einen Film ansehen. Ja wirklich.«

Es passte zu der Aura des glamourösen Dozenten an der Burg, den mir so viele der ehemaligen Studierenden vermittelt haben. Willi Sitte – immer gut gekleidet, ein extrem strenger, aber engagierter Lehrer, ein charismatischer Redner, ein Frauenliebling und umgekehrt. Der IM »David Friedrich« berichtete mir, zuweilen sogar eifersüchtig gewesen zu sein, weil eine seiner Freundinnen immer ganz euphorisch dem Unterricht mit Willi Sitte entgegengefiebert hatte in der Hoffnung, dieser würde auch dieses Mal wieder ihre Zeichenmappe tragen, was er jedes Mal tat. Vielleicht schreibt »Friedrich« deswegen in einem Bericht: »An der Burg gibt es hinsichtlich der Aufnahmekriterien ein Sprichwort: ⅓ Blond, ⅓ Schwarzhaarig und ⅓ begabt.«[12] Videos zeigen Willi Sitte, wie er locker-leicht mit Sportschuhen, Hemd und Brille von einer Traube Studierender durch den Burg-Garten begleitet wird, und Ulrich Reimkastens Lehrerin in der Textilklasse und ehemalige Burg-Studentin, Inge Götze, resümiert über seinen Unterricht: »Willi Sitte war als Dozent formal sehr prägend. Er entwickelte eine Gestaltungslehre, brachte Bücher von seinen Westreisen mit, die er dann unter den Studenten kursieren ließ, und inspirierte uns durch sein zeichnerisches Vermögen, das in seiner Ausbildung ganz oben stand. Andererseits war er selten anwesend. Als Studentin habe ich ihn vielleicht einmal im Monat zu Gesicht bekommen.«[13] Trotzdem hat er sich für Schüler wie Reimkasten Zeit genommen, denke ich.

»Ja, und meistens hat er dann versucht, mich in die SED zu bekommen«, sagt Reimkasten. »Wir haben dann über Dürer und die alten Meister gesprochen und …«

»Moment, er hat was?«, unterbreche ich ihn.

»Wir haben über Dürer gesprochen … Jetzt sag mir nicht, dass du Dürer nicht kennst?«

»Doch, doch!«, sage ich. »Aber – er hat versucht, dich in die SED zu bringen?«

Reimkasten nickt.

»Irgendwann hat mir Willi dann die Pistole auf die Brust gehalten.«

Stille. »*Sinnbildlich* gesprochen, meine Güte …«, sagt Reimkasten.

»Natürlich, natürlich.«

Die SED inszenierte sich trotz ihrer elitären Oberhäupter fortwährend als Arbeiter- und Bauernpartei. So waren Plätze für »die Intelligenz« begrenzt, diese versprachen aber, gerade an Hochschulen, Privilegien.

»Es gab genügend Arschlöcher, die nichts draufhatten und die Partei ausschließlich als Karriereleiter nutzen wollten«, sagt Reimkasten. »Willi wusste das und sagte zu mir, er brauche jetzt eine Antwort, ob ich beitreten würde. Er hätte noch einen freien Platz. Wenn ich den nehmen würde, könnte er sich in den nächsten Jahren um eine Professur kümmern, das würde schon gehen, hatte er gesagt. Nur müsste ich beitreten. Da habe ich ihm gesagt, dass ich bereits in einer Partei bin.«

»Und in welcher?«

»Genau das hat er mich auch gefragt!«

»Also?«

»Ich sagte ihm, dass ich in der Künstlerpartei wäre.« Reimkasten beugt sich nach vorn und tippt mir auf die Brust: »Da hat mich Willi einfach rausgeschmissen.«

Ich frage gar nicht nach, was diese »Künstlerpartei« ist, sondern frage mich, was das Eigenartigste an dieser Geschichte ist: dass Willi Sitte als Hochschullehrer seine Studenten zu sich zitiert, um über Politik zu sprechen – meinetwegen. Für einen politischen Maler wie Willi Sitte eigentlich selbstverständlich. Aber was sollte diese ständige SED-Agitation?

Zu der Zeit, in der Willi Sitte Reimkasten wieder und wieder darum bat, in die Partei einzutreten, gab es dort immerhin über zwei Millionen Mitglieder und Kandidaten.[14]

»Aber Sie sind nie in die SED eingetreten …«

»Nein, nie!«

»Wie ging das dann mit Willi Sitte weiter?«

»Ach!«, sagt Reimkasten. »Er hat dann nicht mehr so oft gefragt, aber selbst als ich Meisterschüler in Berlin wurde, hat er sich noch hinter meinem Rücken erkundigt, ob ich endlich der Partei beigetreten wäre.«

Er legt den Kopf schief, als er sieht, dass ich nichts sage. »Ist was?«, fragt er.

»Das klingt schon alles etwas schräg«, sage ich monoton. Reimkasten beginnt zu lachen. »Wieso? Das ist doch bemerkenswert: Dieser eifrige Sozialist, der sich seine Partei zurechtbauen will und um jeden einzelnen Mann kämpft. Ich fand das gleichermaßen skurril wie lustig.«

»Aber wie entwickelte sich Ihre und Willi Sittes Beziehung ab diesem Punkt?«

»Irgendwann vorher war ich in diese Arbeitsgruppe *Junge Künstler* hineingeraten. Das war eine Truppe vom Zentralvorstand Bildender Künstler in Berlin, eine kleine künstlerische Eliteeinheit. Die Lieblinge von irgendwelchen Meistern und Professoren. Und wir haben »Wilde Sau« gespielt, also haben gemacht, was wir wollten. Und wenn es Ärger gab, haben wir uns an Willi gewandt, der uns immer aus der Scheiße geholt hat. Er brauchte Mitstreiter. Also er brauchte keine, die gegen die DDR sind. Er brauchte Mitstreiter, die mehr Freiheit in der Kunst erstreiten wollten.«

Genau jetzt denke ich plötzlich an das wohl unangenehmste Mittagessen meines Lebens. Irgendwo in Dresden, noch ganz am Anfang meiner Recherchen.

Anlass gab ein Briefwechsel aus dem Jahr 1984 zwischen einem gewissen Dr. Freiherr Bernhard von Löffelholz und Willi Sitte. Von Löffelholz hatte darum gebeten, den DDR-Künstler Eberhard Göschel für ein Projekt in der BRD zu beauftragen. Eine Anfrage, die zu dieser Zeit über den Tisch des Präsidenten des Verbandes Bildender Künstler, Willi Sitte, gehen musste. Der hatte sich verwundert gezeigt, wieso von Löffelholz nicht einfach einen BRD-Künstler beauftragen wollte, um ihm dann noch mitzuteilen, dass er, Willi Sitte, hinter dieser Anfrage einen ganz und gar politischen Affront gegen die DDR vermute. Zumal er Göschel nicht für sonderlich begabt halten würde. Kurz: Es gab eine Absage. Mir erschien das alles völlig wirr. Ich versuchte also, »dem Göschel« hinterherzutelefonieren. Seine Frau Sonja Zimmermann*, eine ehemalige Tän-

* Es ist einzig und allein Sonja Zimmermanns Engagement und Überzeugungsarbeit zu verdanken, dass ich Eberhard Göschel überhaupt interviewen konnte.

zerin in der DDR und Künstlerin, nennt ihn so. Es kam zum Gespräch mit Wein und Brot. Der Briefwechsel zwischen Willi Sitte und von Löffelholz zog nämlich Konsequenzen nach sich:

Laut Göschels Aussagen hätte Willi Sitte ihn später als unliebsamen Künstler versucht in den Westen zu drängen. Willi Sitte behauptet in seiner Autobiografie etwas ganz anderes. Er hätte sich für eine Reise in den Westen einsetzen wollen. Die Aktenlage verwirrt, und selbst die Stasi gibt sich irritiert, was genau zwischen den beiden abgelaufen ist. Fakt ist: Die Verhinderung des Auftrags wird nach der »Wende« immer wieder zitiert, wenn es um Willi Sittes »Umstrittenheit« geht. Eberhard Göschel, der vor allem abstrakte Kunstwerke schafft, stünde laut Willi Sitte an »der Peripherie« der künstlerischen Auffassung des Verbandes Bildender Künstler. Aber die einzigen zwei Haupterkenntnisse, die ich aus unserem Gespräch mitnahm, weil er mir nicht viel mehr verraten hatte, sind:

1. »Nicht so scheiße« auszusehen wie Willi Sitte.
2. »Nicht so ein Arschloch wie Willi Sitte« zu sein.

So viel dazu.

»Ich hab dir vorhin ja von unserer Zeit an der Akademie der Künste erzählt …«, sagt Reimkasten. »Du kennst doch sicher Trak Wendisch, nicht wahr?«

Der *Mann mit Koffer*, 1983 entstanden. Gut, der *Mann mit Koffer* steht sicher nicht wirklich für die Person Trak Wendisch, aber ja: Ich kenne dieses ikonische Gemälde eines Mannes, der mit aufgeschlagenem Mantelkragen völlig bleich mit einer Hand in den Taschen und einer an einem Lederkoffer auf Asphaltboden steht, hinter ihm die Großstadtsilhouette und ein überschrittener *Streifen*.

»Man fand damals, dass dies einen ganz klaren Aufruf zur

Ausreise in die BRD bedeuten würde«, sagt Reimkasten. »Gerade unter Künstlern war das natürlich gefährlich. Jedenfalls wurde das Bild konfisziert. Also haben wir Willi angerufen. Nach zwanzig Minuten hing es wieder an seinem Platz. Solche Geschichten gibt es auch.«

»Aber …«

»Ich weiß, dass das *ein* Aspekt ist, der manch andere Ungerechtigkeiten nicht ungeschehen machen kann. Aber es ist doch trotzdem ein Aspekt, oder nicht?«

»Ja schon …«, versuche ich es erneut.

»Er hatte mir selbst gesagt, dass unter seiner Leitung kein Künstler abgehängt werden sollte. Das hätte er alles selbst erlebt …«

»Aber, wenn Willi Sitte so viele Schwierigkeiten mal eben mit einem Anruf regeln konnte und keine Bilder verhindern wollte, wieso durften dann manche Künstler, die wirklich was draufhatten, gar nicht erst in den Verband, also offiziell auch gar keine Künstler sein?«, frage ich.

»Du meinst Leute wie Penck?«

A. R. Penck, mit bürgerlichem Namen Ralf Winkler, geboren 1939, Gallionsfigur der DDR-Dissidentenszene, Veranstalter von inoffiziellen Kulturveranstaltungen, Verfechter einer autonomen Kunstszene, die sich, wie seine Arbeit, vom Realismus lösen können soll. Genau deswegen wurde er dann auch in Dresden von der Hochschule exmatrikuliert. Trotz seines Talents. Heute ist er besonders für seine metaphorischen Strichmännchen-Zeichnungen berühmt. Oder wie die Stasi es nennt: »Apologetik der primitiven Höhlenmalerei, ein Gemisch von abstrakten Zeichen und fast ›kindlich‹ wirkenden Figurendarstellungen.«[15]

Darstellungen, die ein IM fast schon feuilletonistisch zu analysieren weiß: »Winkler (entwickelt) […]eine reaktionäre Kulturphilosophie, nach der er das Heute als Eiszeit darstellt […]

ein zeitloses Hoffen ohne jegliche menschlich verstellbare Kontur, worüber auch keine Verständigung möglich sei.«[16]

Auch mit anderen Arbeiten wurde er bereits im Westen zum Star und von mehreren Galeristen vertreten, während ihn die Führung seines eigenen Staates weiterhin ablehnte. Mehrmals versuchte er dennoch, in den Verband Bildender Künstler einzutreten. Auch weil ihm eigentlich nichts anderes übrig blieb, um in der DDR offiziell Kunst zu betreiben. Aber auch weil er Visionen hatte. Vor allem aber wollte er die Kunst in der DDR verändern, im Dialog und Streitgespräch mit den Verbands-VIPs stehen, wenngleich auf etwas eigenartige Weise. So hatte er mehrmals Willi Sittes Bilder in Zeitschriften mit Fettstift korrigiert – »damit es wenigstens etwas mit Kunst zu tun habe« – und Willi Sitte persönlich zugeschickt.[17]

Im Stasi-Unterlagen-Archiv habe ich einen krakligen Brief von ihm gefunden. Aus dem spricht geradezu die Verzweiflung, nachdem er immer und immer wieder gegen Mauern gelaufen war, um doch bitte in der DDR nicht mehr als »illegaler Künstler« zu gelten, während er überall bereits Weltniveau erreicht hatte. Zumal diese Unterlagen deswegen im Stasi-Archiv liegen, weil er aufs Schärfste überwacht und bearbeitet wurde.

»Ich bin im Frühjahr dieses Jahres total ausgeraubt worden und ich kann, weil meine Existenz illegal und im Untergrund ist, gegen den Täter, der mir bekannt ist, nicht mit staatsrechtlichen Mitteln vorgehen«[18], schreibt er am 5. September 1979 an den Verband Bildender Künstler und bittet erneut um seine Aufnahme:

»Ich schreibe Euch diesen Brief in der Erwartung, daß Ihr ihn mit der vertrauten Mischung aus Neugier und Feindseligkeit aufnehmt, um mit Euch doch noch im Gespräch zu bleiben. […]

Ich stehe jetzt an einer Grenze meiner Entwicklung, von der aus ich verschiedene Wege einschlagen kann. Das hängt natürlich auch und wesentlich vo(n) Eurer Haltung ab. Das werdet Ihr einsehen.

1.) Ich kann bei bestehender Stabilität der Verhältnisse das Negative verschärfen, was letztlich dazu führen würde, daß ich die Position von Biermann allerdings im Untergrund rekonstruiere, um meine Ausbürgerung zu erzwingen!

2.) Ich kann mich aber auch erneut mit euch auseinandersetzen und eine Art theoretisches Zentrum bilden, das nicht nur negativ ist. Das hängt allerdings auch wieder von euch ab.

Hochachtungsvoll Ralf Winkler«[19]

Natürlich wird dieser Brief von der Stasi abgefangen. Zwei Monate später, im November 1979, schlägt ein IM in einem Auskunftsbericht über Ralf Winkler vor zu prüfen, ob »Winkler an einer legalen Übersiedlung interessiert ist, wenn er merkt, dass wir uns nicht erpressen lassen und gegen ihn gesetzlich vorgehen.«[20]

Ein Jahr später wird er ausgebürgert.

Wie viel Willi Sitte von der ›Zersetzungstaktik‹ gegen Penck alias Ralf Winkler gewusst hat, bleibt unklar. Immerhin notiert die Stasi diese Kunstaktivitäten Pencks als »negativ feindliche Wirksamkeit«[21] und »gegen die DDR gerichtete politische Untergrundtätigkeiten«.[22] Es ist heute kaum möglich, ein längeres Gespräch über Willi Sitte und den Verband Bildender Künstler zu führen, ohne irgendwann auf den Namen A. R. Penck zu stoßen.

»Ja, ich frage mich, wieso Willi Sitte Künstlern wie Penck nicht helfen *konnte*«, sage ich zu Ulrich Reimkasten. Oder vielleicht nicht wollte, denke ich.

»Viele stellen sich das so leicht vor …«, sagt Reimkasten. »Willi hat ja selbst ganz schön zwischen Baum und Borke gesessen. Wenn er jetzt allen geholfen hätte, die damals Ärger erregt haben zwischen Staat und Parteiführung, dann hätte er den Job nicht mehr lang gemacht. Dann hätte gar niemand mehr was machen können.«

»Und viele kritische Stimmen durften im Verband von vornherein gar nichts machen«, sage ich.

»Ja, aber denkst du, Willi hätte das ändern können?«

Ich überlege eine Weile.

»Aber Menschen, die zum Beispiel Lust hatten, Aktionskunst oder avantgardistische Installationen zu schaffen, durften gar nicht erst hinein in den Verband!«

»Er hat diese Kunst schon toleriert …«, sagt Reimkasten.

»Aber sich geweigert, diese Kunst in den Verband mit aufzunehmen – was ja in der DDR schon irgendwie witzlos ist, oder?«, denke ich seinen Satz laut zu Ende.

Reimkasten kramt in einer der Atelierkisten und überreicht mir einen Brief. Willi Sitte hatte ihm geschrieben, nachdem der 1991, ein Jahr nach der Wiedervereinigung, eine Ausstellung von Ulrich Reimkasten besucht hatte. »Nebenbei gesagt, entgegen dem Kunstpropheten Flügge* finde ich deine Tierzeichnungen mit Abstand besser als manche Arbeiten von Beuys. Ein Glück für Dich – und auch für die Kunst, wie ich meine –, daß Du Dir ein eigenes künstlerisches Fundament bewahrst«[23], schreibt er ihm.

---

* Gemeint ist vermutlich der Kunsthistoriker und Kurator Matthias Flügge. Flügge war ab 1990 Chefredakteur der Zeitschrift *Bildende Kunst*, bis diese 1991 eingestellt wurde. Die *Bildende Kunst* war einst die Zeitschrift des Verbandes Bildender Künstler der DDR, aus dem Willi Sitte 1989 ausgetreten war. Flügge wurde 1991 Chefredakteur der Zeitschrift *neue bildende kunst*.

Willi Sitte hat wohl kaum einen Künstler so sehr abgelehnt wie Joseph Beuys.

Die beiden hatten sich mindestens einmal getroffen. Das war 1977 auf der documenta 6* in Kassel. Das erste und letzte Mal, dass sechs DDR-Künstler dort ausstellen konnten. Dass sie das dort überhaupt durften, zog Konsequenzen nach sich. Andere westdeutsche Künstler wie Georg Baselitz, Gerhard Richter, Markus Lüpertz, aber auch der damals noch in der DDR lebende A. R. Penck ließen ihre Arbeiten einen Tag vor der Eröffnung aus Protest gegen die Künstler der DDR abhängen.

Joseph Beuys und Willi Sitte haben einige Gemeinsamkeiten: Beide wurden 1921 geboren, beide haben – wenn auch zeitversetzt – kurz in Nordrhein-Westfalen studiert, und beide haben ihre Kriegslegenden in ihre Karrieren einfließen lassen. Und dennoch standen sie sich zu diesem Zeitpunkt als unausgesprochene Antagonisten gegenüber. Neben der Tatsache, dass Willi Sitte Joseph Beuys‘ vorangetriebene Avantgarde und überhaupt seine Filz- und Fettarbeiten kategorisch ablehnte und nicht als Kunst verstand, dürfte Beuys' so bekanntes Mantra »Jeder Mensch ist ein Künstler« für den pedantischen Zeichenlehrer Willi Sitte unheimlich nervig gewesen sein.

Joseph Beuys hatte damals auf der documenta 6 gerade seine Installation »Honigpumpe am Arbeitsplatz«, die 150 Kilogramm Honig durch ein umlaufendes Schlauchsystem pumpte, gezeigt und bei einer Veranstaltung vermutlich etwas über direkte Demokratie als Staatsmodell vorgetragen.[24] Und ich bin mir ziemlich sicher, dass Willi Sitte beides mit Argwohn beäugt hatte.

---

* Die documenta 6 fand vom 24. Juni bis 2. Oktober 1977 traditionell in Kassel statt. Sie war zu diesem Zeitpunkt mit insgesamt 655 teilnehmenden Künstlern und über 340.000 Besuchern die größte je veranstaltete westdeutsche Kunstausstellung.

»Man muss dazu sagen, dass Willi bei all dem politischen Feuer, in dem er sich befand, trotzdem vor allem eins hatte: eine Meinung!«, sagt Reimkasten und faltet den Brief zusammen.

»Das kann ich mir vorstellen«, sage ich.

»So viele Kollegen haben mir immer gesagt, Willi für seinen Einsatz für die Künstler und Kulturpolitik zu bewundern, für das, was er alles geleistet hatte …«, sagt Reimkasten.

»Das stand bei ihnen immer parallel zu dieser kritischen Sicht auf seine Malereien … diese großartigen Aktbilder.« Während Reimkasten spricht, scheint er sich durch irgendeinen imaginären Stoff zu graben. »Diese Hintern, das Fleisch, die bewegten Körper!«, sagt er. »Er hat ja unglaublich viel ausprobiert. Willi war auf der Suche nach sich selbst und musste sich austoben, um überhaupt erst zu *dem* Willi Sitte der 1970er- und 1980er zu werden.«

Er sagt nicht Maler, denke ich. Er sagt *der* Willi Sitte, der erst ›Willi Sitte‹ werden musste.

»Und ich will dir eine Sache sagen … Wenn's dem Esel zu gut geht, geht er irgendwann aufs Eis!«

»Was soll denn das jetzt schon wieder heißen?«

»Diesen rasenden Erfolg, den Willi irgendwann ab den 1970ern hatte, der muss ihm doch zu Kopf gestiegen sein. Es wird Zeit, dass sich jemand auch mal diesem Aspekt wirklich widmet. Das ist eine menschliche Dimension, die ganz schnell ausgeklammert wird, wenn man nur über diese DDR-Scheiße redet.«

Ein grüner Volvo in der DDR

In den nächsten Tagen gehe ich sämtliche Stasi-Akten, Selbstzeugnisse und Briefe des literarischen Fonds Willi Sittes durch. Außerdem lese ich ein Kapitel der zur Sitte-Retrospektive veröffentlichten »biografischen Recherche«*, die sich detailliert Willi Sittes Umgang mit seinen Privilegien in der DDR widmet, welche ihm aufgrund seines Machtzuwachses zuteilwurden. Und allmählich bekomme ich eine Ahnung davon, was Ulrich Reimkasten meinen könnte, wenn er Willi Sittes rasanten Erfolgsanstieg mit den Worten »Wenn's dem Esel zu gut, geht er irgendwann aufs Eis« kommentiert.

1976, im Jahr seiner Ernennung zum Mitglied der Volkskammer der DDR, besucht Willi Sitte eine Ausstellung in Suhl (Thüringen), für die er einen Toast verfassen soll. Wie so häufig kommt er auf *seine* Burg Giebichenstein zu sprechen und fordert das Publikum auf, auf alle diejenigen zu trinken, die es an dieser »beschissenen Hochschule so lange ausgehalten haben«.[25] Kurz darauf nutzt er die Gelegenheit, allen nicht kunsterfahrenen Parteigenossen vor Ort – also allen außer ihm – deutlich zu machen, dass sie die Kunst, die Künstler und vor allem ihn fortwährend in Ruhe zu lassen haben. Ein IM stellt in einem anderen Bericht fest, dass die Hochschule die Anweisung des Ministeriums für Kultur befolgen müsste, »Prof. Sitte nicht zu verärgern«.[26]

Aber eigentlich ist er zu dieser Zeit selten längere Zeit in der

---

* Konkret handelt es sich hierbei um Inhalte aus dem Kapitel »Ambivalenz der Privilegien«. (Thomas Bauer-Friedrich/Paul Kaiser, *Willi Sitte – Künstler und Funktionär*, Dresden/Halle 2021, S. 141–153.)

Burg Giebichenstein. Er hat zu tun, muss Lobbyarbeit betreiben. Vornehmlich auf dem Anwesen des Verbandes Bildender Künstler Haus Sonneneck, einer Jugendstilvilla in Kleinjena bei Naumburg, in der er extra einen böhmischen Koch eingestellt hat.

Einer der wenigen, der neben meiner Urgroßmutter den typischen Sauerbraten so zubereiten kann, wie er ihn aus seiner Heimat kennt. Ein Ort, wo »die Hälfte des Weinkellers mit irgendwelchen italienischen und spanischen Weinen gefüllt ist, die nur für Sitte und seine Gäste zur Verfügung stehen«[27], wie die IME* »Born« bemängelt.

Genau dort empfängt er hochrangige Gäste und Kollegen und vor allem Politiker, um über die Zukunft der DDR-Kunstpolitik zu verhandeln.

Die IME »Born« kritisiert, neben dem hedonistischen Weinverzehr, die Ausweitung dieser ›diplomatischen Verpflichtungen‹ und dass es nun wirklich nicht akzeptabel sei, »daß der Verbandspräsident sich seine Zähne beim Zahnarzt in der Schweiz reparieren läßt, wo es auf der anderen Seite Kollegen gibt, die nicht wüßten, wie sie ihre Lichtrechnung begleichen sollten«.[28]

Doch Willi Sitte hat weitaus größere Sorgen: Da im Haus Sonneneck neben den zwanzig Dauerbeschäftigten des Hauses allein schon aus nationalen Reihen das halbe Politbüro ein und aus geht, braucht es vor Ort die modernste Ausstattung. Und dazu gehört nun einmal auch eine astreine Telefonanlage, auf die man in der DDR leider unangenehm lange warten muss. Also wendet er sich mit seinem Wunsch nicht an einen Betrieb, sondern direkt an einen General des Ministeriums für Staatssicherheit. »Wie Sie wissen, halten sich häufig im Gästehaus führende Persönlichkeiten unserer Republik auf und übernachten auch dort. Beispielsweise wird am 13. November eine

* IME = Inoffizieller Mitarbeiter im besonderen Einsatz.

ganztägige Beratung des Präsidiums des Verbandes [...] stattfinden. Im Dezember 1984 erwarte ich auf Sonneneck den Besuch des Mitglieds des Politbüros und Sekretärs des ZK der SED Prof. Kurt Hager und des Ministers für Kultur der DDR sowie weiterer ZK-Mitglieder. [...] Das sind nur die allernächsten Termine.«[29]

Nur stört ihn eine Sache in seinem Refugium: die Nachbarschaft. Genauer gesagt ein hölzerner Spielturm des Nachbarhauses, den der Hausherr für seinen Sohn gebaut hatte. Der verdeckt aber nun leider die traumhafte Sicht von Haus Sonneneck. Also bittet Willi Sitte den Bürgermeister der Gemeinde Kleinjena im Jahr 1979 um die sofortige Beseitigung dieses Turmes. Er denke dabei an möglicherweise aufkommende Traumata seiner ausländisch antifaschistischen Gäste und nicht zuletzt an sich selbst, der von diesem Anblick eines »Wachturms« an die »unheilvoll nazistische Ära«[30] erinnert würde.

Zudem störe dieser Turm die lockere Stimmung seiner zu erwartenden hohen Besuche, nämlich »bedeutende Persönlichkeiten unserer Partei- und Staatsführung, hervorragende Persönlichkeiten aus dem sozialistischen und kapitalistischen Ausland und aus unserem Geistes- und Kulturleben«[31], deren Sicherheit gefährdet werde, würde sein Nachbar ihn weiterhin mit diesem Turm bewachen.

Das Freizeit- und Ferienhaus in Kleinjena wird zur Legende und ein grüner Volvo zu Willi Sittes Markenzeichen. Sogar der Komiker Helge Schneider erinnert sich daran:

»Wir hatten nur einen Auftritt in der DDR, hochoffiziell. Ich habe zu Kuros* Vernissage Klavier und Saxofon gespielt – bei

---

* Gemeint ist der Künstler, Karikaturist und Jazz-Musiker Walter Kurowski (1939–2017).

einer Probeausstellung in einem Dorf in Thüringen. Im Anschluss saßen wir mit dem Bürgermeister und dem VBK-Präsidenten der DDR, Willi Sitte, in einer Kneipe zusammen. Willi kam mit einem Volvo aus Italien oder Kroatien angereist, braun gebrannt. Dabei wurde entschieden, dass Kuro in der DDR nicht ausstellen darf, sonst käme es zu einem Affront mit der BRD. Kuro war einfach zu provokant. Er hat zum Beispiel Helmut Schmidt mit Raketen-Zähnen gezeichnet. Und Helmut Kohl, wie er Franz Josef Strauß im Arsch leckt. Dann mussten wir die Ausstellung wieder abbauen und mit nach Hause nehmen.«[32]

Die Rücksitzbank des Volvos entwickelt sich schnell zu Willi Sittes neuem Büro. Gleichzeitig ist sein »exotisches« Auto auch Grund für die eine oder andere Schererei.

Mindestens drei Mal richtete er sich aus diesem Grund direkt und persönlich an die Polizeichefs aus Halle, Gera und Potsdam, weil er »leider gezwungen« war, Anzeige gegen die Fahrer jener Pkws zu erstatten, die seine Dienstfahrten »zur Wahrnehmung diplomatischer Verpflichtungen«[33] unnötig verlängert hatten*, ein »Fahrzeugführer eines Ladas etwa legte es eindeutig darauf an«, seinen »Dienst-Pkw nicht überholen zu lassen«.[34]

In seinem Volvo liegt eine Dienstplakette, die es ihm gewährt, so schnell zu fahren, wie er will, und zudem in jedem Halteverbot zu stehen. Das scheint auch nötig, schließlich fürchtet Willi Sitte das eigenständige Einparken. Zumindest wenn man den Erzählungen seiner Frau Ingrid oder den Beschreibungen seines Schülers und Freundes Ulrich Reimkasten traut: »Ich hab

* Ein Volvo galt auf den Straßen der DDR als eindeutiges Funktionärsfahrzeug.

mir die Scheiße mal durch das Atelierfenster angesehen, das war gruselig. Die Reifen knirschten, und Willi ist schweißgebadet und mit zitternden Händen aus dem Auto gestiegen.« Sein Fahrer wird sich später als IM der Stasi entpuppen. Jedenfalls ist Willi Sitte während seiner Zeit als Präsident und Funktionär vermutlich vor allem einer der reisefreudigsten Kulturarbeiter der DDR-Geschichte. Ständig unterwegs – auch im Westen –, was Willi Sitte nicht müde wird, auf offiziellen Veranstaltungen zu betonen.

So fordert Willi Sitte auf dem bereits erwähnten Event in Thüringen etwa zum einen, abstrakte Kunst auf Ausstellungen zu zeigen, um, wie es aus den Stasi-Akten hervorgeht, »im Westen zu dokumentieren, daß in der DDR nicht nur Werke des sozialistischen Realismus existieren«, und um zum anderen anzumerken, dass die Besuche von West-Ausstellungen und »nur (die) Originalbetrachtung der Werke […] wirkliche Eindrücke übermitteln können und daß dies jedem Künstler zu empfehlen ist […]« – und er müsse es wissen, schließlich käme er ja gerade erst von einer zurück, Corinth habe er sich angesehen in der Kunsthalle Köln. »Sitte unterstützte und provozierte somit indirekt die immer wieder auftretenden Forderungen nach unbeschränkter Reisemöglichkeit.« Nur »vergesse« Prof. Sitte, laut des IM der Stasi, darüber, dass dies nicht möglich sei.[35]

Die Umerziehung der Vögel

Auch wenn Willi Sitte offensichtlich Reformen und bessere Verhältnisse erkämpfte, bekamen einige Künstler von dem Segen nichts ab.

Und während es zeitgleich mit dem Künstlerverband immer

weiter bergauf ging, bildeten sich überall in der DDR immer mehr oppositionelle Künstlergruppen, gerade in den 1980er-Jahren. Auch innerhalb des Verbands. Einer dieser »Oppositionellen« ist der damalige Leipziger Künstler Hans-Hendrik Grimmling. Wir sind in seinem Atelier in Berlin-Wedding verabredet. Klar ist bereits, dass ich keine Zitate von ihm verwenden darf, aber ihn treffen, seine Literatur verwenden – das geht. Immerhin eine Spur, denke ich.

Mit jedem Jahr, das näher an das Ende der DDR rückte, kochte die Stimmung im Verband Bildender Künstler weiter hoch.

Und darüber können nur die berichten, die damals noch nicht als Dissidenten galten und nicht von vornherein abgelehnt wurden. Grimmling ist einer von denen, die im Verband bleiben und rebellieren und dafür unter Repressalien leiden. Nur was *genau* hat Willi Sitte damit zu tun?

Orientierung bietet eine Beckmann-Ausstellung im Jahr 1984 in West-Berlin, die einige Mitglieder des Verbandes Bildender Künstler besuchen dürfen, während ein Großteil der Antragsteller abgelehnt wird. Daraufhin schreiben einige von ihnen einen Brief an den Verband, in dem sie die Darstellung der Kriterien für einen zulässigen Antrag fordern, zu denen auch Hans-Hendrik Grimmling gehört.

»Die Mehrzahl der Kollegen ist nicht mehr bereit, die bislang geübten Praktiken der Reiseantragsbearbeitung hinzunehmen. Aktuelle Belege sind die letzten Entscheidungen über die Anträge zum Besuch der Beckmann-Ausstellung in West-Berlin. Wir fordern, daß auf schriftliche Anträge verbindliche schriftliche Antworten erteilt werden. Und wir fordern, daß klare Kriterien der Antragsgewährung fixiert und im Mitteilungsblatt des ZV bekanntgegeben werden.«[36]

Willi Sitte selbst erinnert sich später an diese Zeit:

»Das Verbot ›Ihr dürft nicht reisen‹ war nicht hinzunehmen. Mit Recht protestierten die Künstler dagegen, nur war nicht die Verbandsleitung die richtige Adresse für ihren Ärger. Nicht wir haben die Beschränkungen verfügt, sondern wir haben alles getan, um Verbote aufzuheben oder zu lockern.« Er hätte sich mit seinem Vizepräsidenten Bernhard Heisig »leidenschaftlich dafür eingesetzt, als Kollegen 1984 eine Beckmann-Ausstellung in West-Berlin besuchen wollten. Wir waren der Meinung, der ganze Verband sollte diese Ausstellung sehen können, schließlich war es nur ein Tagesausflug und kostete keine Devisen. Es war ein Politikum, das zu harten Diskussionen führte. Zwar konnten etwa achtzig Künstler fahren, doch der Anlaß brachte besonders in den Leipziger Bezirksverband heftige Spannungen.«[37]

Zur wirklichen Klärung dieser Spannungen kommt es nicht. Im Gegenteil: Es wird noch schlimmer. Die Staatssicherheit ist bereits bestens über die aus ihrer Sicht konterrevolutionären Machenschaften der Künstler informiert und reagiert mit Repressionen und operativen Maßnahmen.

Ob Willi Sitte sich darüber im Klaren ist?

»Soweit es meine Möglichkeiten zuließen, ging ich immer gegen politische Dummheiten der Staatssicherheit vor«[38], schreibt er später. Aber trotzdem arbeitet die Stasi während seiner Präsidentschaft gegen unliebsame Künstler weiterhin systematisch mit Druck und Überwachung.

1984, nach dem gescheiterten Versuch, die Beckmann-Ausstellung in West-Berlin zu sehen, veranstaltet ein Kollektiv von sechs Verbandskünstlern, inklusive Hans-Hendrik Grimmling, die wohl größte inoffizielle Ausstellung der DDR: den 1. Leipziger Herbstsalon. Die Künstler organisieren unter dem vermeintlichen Deckmantel des Verbandes, jedoch ohne Absprache Ausstellungsräume und zeigen um die zehntausend begeisterten DDR-Bürgern avantgardistische Bild-, Aktions- und Videokunst.

Eine zweite Veranstaltung dieser Art wird es nicht geben. Grimmling wird inzwischen längst von der Stasi überwacht. Kurz nach den Ereignissen rund um den Herbstsalon verlässt er die DDR. Sein berühmtestes Werk heißt *Die Umerziehung der Vögel* (1977). Ein Triptychon, das auf zwei der drei Tafeln einen Vogel zeigt, der von belustigten Menschen vom Fliegen abgehalten wird, auf der dritten Tafel scheinen zwei ineinander verschlungene Menschen mit verkümmerten Flügeln in die Tiefe zu stürzen und sich dabei gegenseitig vom Fliegen abzuhalten. Überhaupt hatte Grimmling in der DDR hauptsächlich Vögel gemalt. Geknebelte, gefesselte und abstürzende Tiere, denen die Freiheit verwehrt wird und deren SED-kritische Botschaft auch noch dem kunstfernsten Funktionär einleuchten dürfte – nein, der Mann ist alles andere als ein Freund des sozialistischen Realismus.

In seinem Atelier redeten wir über den Herbstsalon, die Zeit weit davor, sein kritisches Anecken an der Kunsthochschule in Leipzig und über seine zahlreichen Versuche und Anträge, ins Ausland reisen zu dürfen. Wir sprachen über die Repressalien, die er im Gegensatz zu anderen Verbandskünstlern erfuhr, weil er nonkonforme Kunst schaffen wollte. Aber keine Zitate, nur Bücher.

Er hatte mir zwei geschenkt. Seine Autobiografie *Die Umerziehung der Vögel* und das Buch *Ein Piratenstück* von Doris Liebermann, welches die Geschichte des Herbstsalons erzählt. Darin gibt es eine Tabelle: Auf der einen Seite werden Willi Sittes Reiseaktivitäten im Jahr 1984, dem Jahr des Herbstsalons, aufgezeigt. Tatsächlich: jeden Monat mindestens eine Reise für

Verhandlungen, Ausstellungen, Parteibeziehungen und Studienreisen in die BRD, nach Italien, in die Schweiz – in den Westen. In einer weiteren Tabelle im Buch ist Grimmlings »Reisestatistik« von 1978 bis1984 zu sehen. Damals war er gerade in seinen Dreißigern und stellte acht Anträge auf Studienaufenthalte, Pleinairs, Tagungen, Einladungen zu Symposien in Sérgute, Toulon, Lyon; er bekam einen Antrag genehmigt und doch nie ein Visum ausgestellt, reiste also nie nach Frankreich.

»Die Auslandsreisen der Mitglieder wurden von den Bezirksvorständen des Verbandes vorbereitet und im Sekretariat des Zentralvorstands weiterbearbeitet. Ich war dafür nicht zuständig und mischte mich nur ein, wenn mir mitgeteilt wurde, dass es von der Staatssicherheit ein Veto gab. Meistens habe ich erreicht, daß es zurückgenommen wurde. […] Mit Recht kann man freilich einwenden, wie übel es war, daß nicht jeder reisen konnte, wie er wollte. Wir konnten nur innerhalb der bestehenden Bedingungen Freiräume schaffen und haben Schlupflöcher gesucht«[39], schreibt Willi Sitte in seiner Autobiografie. Für Grimmling gab es offensichtlich keine. Im Gegenteil: Nach der »Wende« hat er erfahren, dass gegen ihn ein Operativer Vorgang (OV) eingeleitet worden war und ihm, rot unterstrichen, »landesverräterischer Treuebruch« vorgeworfen wurde, was eine Haftstrafe von bis zu zehn Jahren hätte bedeuten können.

Grimmling dürfte es damals ziemlich egal gewesen sein, wer nun für sein erfahrenes Unrecht verantwortlich war. Laut seiner Autobiografie *Die Umerziehung der Vögel* hat Grimmling Willi Sitte einmal live erlebt. Noch vor dem Herbstsalon. Willi Sitte sollte Anfang der 1980er dafür sorgen, dass ein Verbot seiner Ausstellungen in Merseburg, unweit von Leipzig, aufgehoben wurde. Er wäre persönlich vorbeigekommen, hätte schließlich grünes Licht gegeben, nur blieb es am Ende beim

Verbot.[40] Irgendwie ist das alles seltsam, denke ich. Solche Geschichten erwecken den Anschein, als wären die Wege des Möglichen und der Kunstfreiheit ausschließlich über Willi Sittes Schreibtisch gegangen. Und noch mehr, wenn er direkt kontaktiert, angerufen und bei ihm vorbeigefahren wird und er mit einem Daumen nach oben oder unten und einer gehörigen Portion Funktionärsenergie die Dinge regelt und abgehangene Bilder wieder aufhängen lässt, Ateliers organisiert und Wohnungen klarmacht. »Eigentlich gehörten solche Dinge nicht zu meinen Aufgaben …«, schreibt er dazu in seiner Autobiografie und klingt in seinen weiteren Ausführungen wie der einzig fest angestellte, kettenrauchend-gestresste und nie freundliche Kellner im Eiscafé meiner Heimatstadt, der wirklich immer arbeitet und zwischen all den unfähigen Aushilfskräften herumwuselt, »… aber vieles hätte sonst nicht funktioniert«.[41]

Wie viel Macht Willi Sitte wirklich hatte? Ich weiß es nicht. Einerseits standen über ihm die Partei und die dazugehörigen Ministerien und natürlich die Stasi – andererseits liest es sich dann doch in deren Akten ziemlich mafiös, wenn sich etwa der gerade aufstrebende Maler Uwe Pfeifer gegenüber dem Präsidenten weigert, weiteren Verbandspflichten nachzugehen, solange er kein geeignetes Atelier zur Verfügung gestellt bekomme, und Willi Sitte dann bei einer Aussprache in Marlon-Brando-Manier klarstellt:

»Nicht der Verband braucht Pf.[eifer], Pf.[eifer] braucht den Verband.«[42]

Ja, seltsam.

Genau wie die Tatsache, dass Grimmling in seiner heiklen Lage trotz mangelnder Sympathie sofort Willi Sitte persönlich anruft. Und dass dieser auch sofort vorbeikommt und vor den

Augen Grimmlings in einem Hinterzimmer verhandelt, der Ausstellung dann vermeintlich grünes Licht gibt und es am nächsten Tag doch beim Verbot bleibt.

Es gibt nicht wenige Künstler, die sich »einfach nicht mehr öffentlich über Willi Sitte äußern« wollen. Nur tappe ich auf der Suche nach Erklärungen dafür zusätzlich in den Wirren bereits erzählter und jahrelang liegen gelassener Geschichten der DDR und Willi Sittes. Als wäre man ein Typ, der gerade sein erstes Wochenende in Berlin wohnt und gleich einem Haufen Freunden »seine Stadt zeigen soll«, dabei aber doch nur völlig überfordert über den Alexanderplatz irrt und es für eine gute Idee hält, stundenlang vorm Berghain anzustehen, um am Ende natürlich doch nicht reinzukommen.

Zu Hause am Laptop klicke ich mich durch Grimmlings Website, lese alte Artikel über ihn und schaue Videos seines YouTube-Kanals »Der Käfig ist offen«. Ich sehe Bilder, die rote Hände und Beine auf schwarzem Grund zeigen. Seine Vogelbilder, die während seiner Zeit als Künstler in der DDR entstanden sind, male er aber schon eine Weile nicht mehr.

»Der Konflikt zwischen Neuem und Altem ist in unserer Gesellschaft nicht verschwunden, und es wäre eine Illusion, etwas Anderes anzunehmen. Es liegt an uns, diese Konflikte nicht zu krisenhaften Zuspitzungen treiben zu lassen, sondern den Wettbewerb der verschiedenen künstlerischen Möglichkeiten auf der Grundlage unseres gemeinsam sozialistisch-realistischen Standpunktes nach Kräften zu fördern«[43], hatte Willi Sitte noch bei seinem Amtsantritt 1974 als Präsident gesagt. Doch genau zu einer derartigen Krise sollte es zum Ende seiner Amtszeit kommen. Und Personen wie Hans-Hendrik Grimmling spielen dabei eine entscheidende Rolle.

Aktionen wie der Herbstsalon, der plötzlich der DDR-Bevölkerung surrealistische, avantgardistische Kunst am Verband vorbei zeigt, entsprechen ebenso wenig Willi Sittes Vorstellungen wie die westliche Aktionskunst. Offensichtlich dürfe sie nicht den Realismus verdrängen, von dem er immer betont, als »Waffe« fungieren zu können. Es entspricht nicht seiner Vision.

Nur wie genau diese aussah und worauf sie konkret abzielte, weiß ich nicht, noch nicht. Nur ziemlich deutlich, was Willi Sitte überhaupt nicht wollte und was er in den 1980er-Jahren auch seinem Verband nach einer anderen inoffiziellen bzw. illegalen Kunstaktion noch einmal einschärfte:

»Von uns (aus) kann man irgendwelche Dummheiten, irgendwelchen Rummel machen, was man als Happening, Environment oder sonst etwas bezeichnet. Wir werden es nie verbieten und wir sind auch dagegen, dass solche Dinge verboten werden. Aber wir werden sie nicht mit der Verbandsfahne und mit unserem Verbandsprädikat unters Dach nehmen.

Wenn welche das Bedürfnis haben, in den Wald zu gehen und irgendwelchen Sand zu verstreuen, bitte schön, sollen sie es machen und sich darüber freuen. Wir haben nichts dagegen. Oder wenn welche irgendwelchen Müll aus den Ablagerungsplätzen heraussuchen, sollen sie es machen. Wir haben auch dagegen nichts. Aber wir haben etwas dagegen, wenn daraus Programme entwickelt werden und wenn dann Leute kommen – und damit meine ich auch Kunstwissenschaftler – die dies alles als neu, progressiv, als avantgardistisch bezeichnen [...]«

Und am Ende wird erst wirklich klar, was ihn eigentlich beunruhigt:

»Solche avantgardistischen Eskapaden werden dann entgegengestellt den angeblich veralteten, den tradierten Kunstauffassungen, das sind dann immer wir, obwohl das nicht so direkt ausgesprochen wird. Aber sehr direkt ausgesprochen wird, wo die Reise hingehen soll, nämlich dorthin, wo wir am Ende nichts mehr zu sagen haben.«[44]

V. 1987

Geschwisterbriefe

1987 ist Franz Sitte bereits fast zehn Jahre altersbedingt aus seiner Funktion als Glaswerkdirektor ausgestiegen, hatte aber kurz danach erfolgreich ein eigenes Gewerbe angemeldet und sich zwei Jahre zuvor durch die Hilfe seines Bruders Willi Sitte eine lebenslange Lizenz zum »Gestalter« in der DDR zugelegt. Einerseits will er seinen eigenen Glasdesignbetrieb mit dem simplen Namen *Glaswerkstatt* weiterführen. Andererseits will er mit aller Kraft das vermeiden, was er nur drei Jahre später resigniert notieren wird: »Martl & ich führen nun nach der ›Wende‹ ein reines Rentnerleben.«

Die Arbeit in seinem Betrieb läuft gut. Finanziell ist er abgesichert, aber es gibt ein Problem: Die Stille begegnet ihm immer häufiger in diesen Tagen.

Besonders in diesem Januar 1987:

In diesen Tagen ist er allein in seiner Wohnung im Neubaugebiet Burgbreite in Wernigerode. Es ist die Zeit seines geliebten Wintersports. Nur hat einer der kältesten Winter der DDR, den die Arbeiter hierzulande auch »General Winter« nennen, das Land so sehr im Griff, dass bei zeitweise minus 24 Grad an Skilanglauf kaum zu denken ist, selbst wenn er dafür mit gesunden Knien noch in der Lage wäre. Außerdem sind plötzlich alle in Wernigerode ganz wild auf Abfahrtski, eigentlich ein Sport für die Alpen und nicht für den Harz. Er selbst hatte noch vor einigen Jahren versucht seine Enkelkinder von seiner Leidenschaft zu überzeugen – aber keine Chance. Der Reiz dieses Sports liegt in der Anstrengung, schnell und ausdauernd gerade Strecken zu laufen und nicht wie beim Abfahrtski einen Berg hinunterzufahren. Ihm macht es nichts aus, wenn das schwer zu verstehen ist – er versteht es. Das Haus nahe des Skihangs in Wernigerode hatte er längst an seine jüngste Tochter Bärbel, meine Großmutter, verkauft. Und die ist zu dieser Zeit das erste Mal mit seiner Frau in der Bundesrepublik in Bonn, anlässlich des achtzigsten Geburtstages der Schwester.

Er war selbst ein paar Mal dort, und am meisten haben ihm da die durchgehend asphaltierten Straßen gefallen. Jedenfalls hatte er das gegenüber seiner Schwester Liesl zugegeben, als sie ihn einmal fragte, was er denn am Westen möge. Liesl ist als Einzige der Sitte-Geschwister nach der Aussiedlung in die Westzone gegangen. Über den Besuch seiner Frau und Tochter schreibt sie ihm noch währenddessen im Januar: »Marta kennt's ja, wie es bei uns ist, aber für Bärbel war's was Neues. Es ist ja so, kaufen kann man sich alles, wenn man das nötige Geld für hat. Für so junge Leute ist es ja was Besonderes, aber wir Alten kaufen ja doch nur das, was man benötigt.«

Und als sie ihn darauf hinweist, dass ihre Eltern nun schon seit über zehn Jahren verstorben waren, erinnert sich Franz Sitte daran, dass sie es doch waren, die die Familie für gewöhnlich zusammenführten und sie mindestens einmal im Monat in versammelter Runde dazu brachten, sich auszutauschen, zu informieren.

Während er dann darüber nachdenkt, dass seine eigene Tochter Ulli in Ost-Berlin mit ihren Kindern lebt und seine Frau Marta und seine jüngste Tochter in Bonn Kaffee trinken, fällt ihm etwas auf: Da ist seine Grube im Oberharz, deren Rohstoffproduktion längst erschöpft ist, und das Glaswerk, das er fünfzehn Jahre an die Spitze seiner Branche geführt hatte. Heute produziert es tagein, tagaus – ohne ihn. Vermutlich sind die Arbeiter dort an diesen kalten Ausnahmetagen, wie so viele im Land, zum Schneeschippen aufgerufen worden; er muss sich um seine eigene Einfahrt kümmern und sitzt allein zu Hause. Doch die damit verbundene Stille bringt ihm keine Einsamkeit oder Langeweile, vielmehr eine Idee:

All die Jahre war er so sehr in der Gegenwart gewesen, dass er kaum einen Blick zurückgeworfen und die Vergangenheit unaufgeräumt hinter sich liegen gelassen hatte. Es war ja immer weitergegangen, denkt er, und man muss aufpassen, dass man nicht selbst zurückbleibt. In diesem Jahr steht sein fünfundsiebzigster Geburtstag an, und er schreibt drei weitere Briefe an seine anderen Geschwister. Es wird Zeit, sich um seine Zukunft zu kümmern.

Wildes Bonn

Meine Urgroßmutter hatte meine Großmutter regelrecht zwingen müssen, sie in den Westen zu begleiten. »Was soll ich denn da?«, hatte sie gefragt.

Sie verbringt die Tage hauptsächlich mit ihrem Cousin und dessen Frau, während ihre Mutter mit ihrer Schwester zusammen ist. Vor ihrem Cousin verschweigt meine Großmutter, dass sie es doch ziemlich beeindruckend fand, wie er ihrer Tante Tulpen zum Geburtstag geschenkt hat – im Januar! Und auch, wie sie fasziniert davon war, als sie die Schule seiner Frau besucht hatte: Wie locker der Umgang zwischen Lehrern und Schülern gewesen ist. Wie man sich hier mit einem kollegialen »Morgen« begrüßte, anstatt zu Beginn der Stunde aufzustehen, und wie interessant es war, dass in der Aula ein Getränkeautomat stand, in dem man einfach eine Mark reinwarf und sich bedienen konnte – mit Coca-Cola und Sinalco-Limonade. Aber nein, das sagt sie ihm alles nicht.

Mit solchen Steilvorlagen würde sie noch Öl ins Feuer der Diskussionen gießen, die sie seit ihrer Anreise fast eine Woche über sich und *ihr* Land, die DDR, ergehen lassen musste. Eines, das sie seit Tagen gegenüber ihren westdeutschen Familienmitgliedern verteidigte. Und das, wie ihre Tante Liesl in ihrem Brief über die Konsumbegeisterung der jüngeren Generation urteilt, bewahrheitet sich nur bedingt. Als der Cousin meiner Großmutter ihr an ihrem letzten gemeinsamen Tag in Bonn anbietet, ihr etwas für ihre zwei Töchter daheim zu kaufen, bittet meine Großmutter lediglich um zwei Haarspangen, die ihr im Schaufenster einer Bonner Boutique aufgefallen waren. *Solche* gäbe es in der DDR nicht. Ansonsten würde es ihr daheim an nichts fehlen, und die Schokolade oder die Jeans, die ihr empfohlen wurden, könne sie genauso gut im Intershop* kaufen, sagt sie ihm, bevor sie Bonn Ende Januar 1987 verlässt.

Dass dort zu dieser Zeit die letzten Tage des Bundestagswahlkampfes anstehen, fällt ihr nicht auf. »Halt mich für verrückt, mich hat das nicht die Bohne interessiert«, hatte sie mir gesagt.

---

* Die staatliche Handelsorganisation Intershop wird 1962 geschaffen und soll es vor allem Gästen aus dem »kapitalistischen Ausland« möglich machen, an Grenzen, Bahnhöfen und Transitstrecken gegen Westwährung Waren zu kaufen. Das ist nicht zuletzt auf den ständigen Devisenmangel der DDR seit den 1960ern zurückzuführen. Durch einen Erlass des Ministerrates dürfen ab Februar 1974 dann auch Bürger der DDR, die über D-Mark verfügen, damit in den Intershops einkaufen. Um das Angebot der Intershops nutzen zu können, war es jedoch wichtig, Westkontakte zu haben, die Westgeld zur Verfügung stellen konnten, was zwangsläufig zu Neid innerhalb der Gesellschaft führte (vgl. Andreas Grau, Intershop, in: Lebendiges Museum Online, Stiftung Haus der Geschichte der Bundesrepublik Deutschland, https://www.hdg.de/lemo/kapitel/geteiltes-deutschland-modernisierung/reformversuche-im-osten/intershop.html). Meine Großeltern waren beide mit Westkontakten versorgt. Ihre Kinder bekamen Westkleidung und westdeutsche Süßigkeiten. Nur sollten sie davon nichts in der Schule erzählen, also sagten sie ihnen nicht, dass es sich um Westware handelte. Ihre Töchter sollten schließlich nicht glauben, dass dies »etwas Besonderes« bedeutete, wie meine Großmutter mir sagte.

Glasnost, Perestroika und Honecker

Kurz nachdem meine Großmutter den ersten Aufenthalt ihres Lebens in der BRD beendet, wird Helmut Kohl die zweite Legislaturperiode seiner Amtszeit antreten und im September Erich Honecker als Gast empfangen. Es wird das einzige Mal sein, dass ein Generalsekretär der SED die Bundesrepublik besucht.

Währenddessen ist der in der Sowjetunion inzwischen amtierende Generalsekretär der KPdSU Michail Gorbatschow längst dabei, seine eigene Reformpolitik auszubauen und mit seiner Strategie der Glasnost (Offenheit) und Perestroika (Umgestaltung) auf die wirtschaftlichen und gesellschaftlichen Probleme und überhaupt die Unzufriedenheit der Menschen in den sozialistischen Staaten einzugehen.[1] In diesem Jahr erklärt er, »Offenheit in allen öffentlichen Angelegenheiten und in allen Bereichen des Lebens«[2] zu wollen. Neuerungen, welche die Regierungen in Polen und Ungarn alsbald in die Tat umsetzen, die aber vom SED-Regime der DDR unter Leitung Erich Honeckers gänzlich abgelehnt werden. Zu groß ist die Angst vor freien Wahlen und Oppositionen. Als der Chefideologe der SED, Kurt Hager, im April von der westdeutschen Zeitschrift *Stern* auf die sozialistischen Reformen angesprochen wird, fragt der nur: »Würden Sie, nebenbei gesagt, wenn Ihr Nachbar seine Wohnung neu tapeziert, sich verpflichtet fühlen, Ihre Wohnung ebenfalls neu zu tapezieren?«[3] Sein Generalsekretär Erich Honecker lehnt, ebenfalls im April, eine Einladung nach West-Berlin anlässlich der Feier zum 750-jährigen Jubiläum der Stadt ab. Ein gemeinsames Berlin gebe es für ihn nicht. Er wolle davon nichts hören. Und schon gar nichts von dem, was US-Präsident Ronald Reagan zwei Monate später am Reichstagsgebäude fordern wird: »Mr. Gorbatschow, tear down this wall!«[4] Reißen Sie diese Mauer nieder! – Ein Satz, der von seinen Beratern eigentlich aus dem Manuskript gestrichen worden war. Ein Satz, den die Stasi so selbstverständlich nicht vermutet hatte. Auch wenn sie bereits seit Wochen Informationen über Reagans Besuch sammelte, IM und Beobachter aktiviert hatte und erst ein paar Tage zuvor gemeinsam mit Volkspolizisten gegen DDR-Demonstranten vorgegangen war, die von der Westseite herübertönenden Klänge eines Bowie-Konzerts gefolgt waren, und, davon angefixt, »Die Mauer muss weg!« und »Gorbi, Gorbi!« gerufen hatten.

Im Kreml heißt es in einer Sitzung aus diesem Jahr: »In der SED hat man sich von der Losung ›Von der Sowjetunion lernen, heißt siegen lernen!‹ losgesagt.«[5]

Sie wollten nur Lesen und Schreiben lehren

Ob die Sitte-Brüder auch nur den Hauch einer Ahnung hatten, dass sich die Welt, in der sie sich ihren Platz geschaffen hatten, in kürzester Zeit von Grund auf verändern würde?

An Franz Sittes fünfundsiebzigstem Geburtstag, dem 3. Oktober 1987, entsteht das erste Foto, das ich je von Willi Sitte zu sehen bekomme. Wieder ist Erich Honecker im Spiel. Er schüttelt seine Hand auf der Eröffnung der X. Kunstausstellung der DDR in Dresden. Es wird die letzte sein. Willi Sitte schickt wie in einer Vorahnung noch einmal eine Warnung vor den von ihm ausgemachten Gefahren für den Kommunismus los. Sein Großgemälde *Sie wollen nur Lesen und Schreiben lehren* (1985/86) wird auf der X. ausgestellt. Im Katalog zur Sitte-Retrospektive heißt es, dass dieses Gemälde zu einem der offiziellen Höhepunkte auf der X. Kunstausstellung der DDR in Dresden (1987/88) wurde und laut einer Besucherbefragung den dritten Platz der Bilder belegte, die das Publikum am »meisten beeindruckt« hatten.

Das Zweitafelbild thematisiert den teils durch die CIA geförderten Guerilla-Terror im sozialistischen Nicaragua und den damit verbundenen blutig niedergeschlagenen Reformversuch der linken Regierung des Landes. Im oberen Teil des Bildes liegen zwei erschossene Lehrer, bedeckt mit einem blutverschmierten Leinentuch, auf einem Holzboden. In der unteren Tafel steht ein Schreibtisch mit aufgeschlagenem Notizbuch, brennender Kerze und einem Foto des nicaraguanischen Bauerngenerals Augusto César Sandino (1895–1934), der vor dem Zweiten Weltkrieg mit einem Freiwilligenheer erfolgreich gegen die Besetzung seines Landes durch US-Truppen gekämpft hatte.

Nicaragua galt in der DDR als Sehnsuchtsland, als Fortleben der globalen kommunistischen Idee, die in der Realität eine der höchsten Inflationsraten in der Geschichte des Landes hervorbringt und 1990 mit der Abwahl der Regierung endet.[6]

Das Bild wurde zum Motiv einer DDR-Briefmarke.

Was die Sitte-Brüder in dieser Zeit eint, ist ihr Aktionismus. Das ist nicht ungewöhnlich in ihrem Leben, nur wirkt es in den Jahren 1986 und 1987 so, als müssten sie sich tatsächlich beeilen:

Rudolf Sitte erreicht zu diesem Zeitpunkt als letzter Sitte-Bruder das Rentenalter. Aber keiner von ihnen denkt daran, sich zur Ruhe zu setzen.

Rudolf Sitte muss als freischaffender Künstler keine staatlich verordnete Pension fürchten und hat gerade den nächsten großen Auftrag zur Wandgestaltung einer ganzen Feierhalle im sächsischen Freiberg angenommen. Willi Sitte wurde bereits 1986 als Professor der Burg Giebichenstein emeritiert, darf aber weiterhin Meisterschüler unterrichten und kommt in das ZK der SED. Außerdem steht ihm sein 14. Amtsjahr als Präsident des Verbandes Bildender Künstler bevor. Und Franz Sitte hat zu seinem Geburtstag endlich alle Informationen aus den

Briefen seiner Geschwister beisammen, um mit seinem neuen Großprojekt zu beginnen.

Willi Sitte schreibt:

»Lieber Franz, [...] Du kannst dir denken, daß mich die Nachricht von Deinem Übertritt zu den Schreibenden überrascht hat. Interessiert verfolge ich nun das Werden Deiner Memoiren, die Dir hoffentlich gut gelingen.«

Seine Schwester Liesl findet, er hätte das »alles früher anlegen sollen, als unsere Eltern noch lebten. Die hatten beide einen guten Merks*, den ich nicht geerbt habe. Ich bin wohl auch sehr interessiert, was früher war, aber zu dieser Erkenntnis bin ich ein bissl sehr spät gekommen.«

Ihr Bruder, der Bauer und LPG-Chef Ernstl aus Oberorschel hat im Kampf gegen drohende Altersstagnation seinen ganz eigenen Weg gefunden.

»Nur gut, daß einem die Tierhaltung ein gewisses ›Muß‹ aufzwingt, so bleibt man in ständiger Bewegung«, schreibt er meinem Urgroßvater. »Will nun Deinen lieben Brief beantworten, um Dir so bei deinen schriftstellerischen Arbeiten zu helfen. [...] Ich habe ja seit dem Tag unserer Aussiedlung Tagebuch geführt bis heute [...] Ich selbst wollte ja auch schon mal dran, doch habe ich noch keine Lust.«

Von Rudolf Sitte findet sich kein Brief. Und vielleicht erklärt das, warum von ihm im Gegensatz zu allen anderen in der Zeit von 1941 bis 1946, nämlich dem Zeitpunkt, an dem er wie alle anderen nicht bei der Familie war, nichts in den Memoiren mei-

---

* Unter Sudetendeutschen im böhmisch-mährischen Raum war dies ein anderes Wort für Gedächtnis.

nes Urgroßvaters zu lesen ist. Die Erlebnisse seiner Geschwister aus dieser Zeit sind es nämlich, die Franz Sitte für seine Aufzeichnungen fehlen. Den Rest schreibt mein Urgroßvater aus seiner Erinnerung und beginnt über zehn Jahre lang an seinen Memoiren zu arbeiten, die mich jetzt begleiten.

»Ich schlage Dir vor, daß wir uns gelegentlich in Halle treffen und ausführlich über all' das sprechen, was Du für eine Lebensgeschichte wissen willst und mußt«, schreibt Willi Sitte meinem Urgroßvater, seinem Bruder, 1987. »Im Dialog macht sich das viel besser, und alle richtigen Schriftsteller, in deren Reihen Du ja jetzt eingetreten bist, arbeiten heute mit der Form des Tonbandinterviews. Laß' uns bald einen Termin für das Treffen vereinbaren.«

Ernstl schreibt ihm daraufhin:

»Ich glaube, daß Dir diese Angaben helfen, wenn Du noch mehr wissen willst, dann schreibe nur.«

Und Schwester Liesl bemerkt noch: »Es ist schon besser, man erinnert sich nicht so spät. Für Memoiren hatte man doch früher gar kein Interesse. So das erstmal für heute.

Umarme Euch alle«

VI. DER MEISTERLEHRER

Die Meisterklasse

Die gegenwärtige Recherche- und Interviewlage ist mehr als verzwickt: Willi Sittes Name schwebt irgendwann wie ein Geist über der gesamten Kunstszene der damaligen DDR. Während er gefühlt mit jedem Jahr einflussreicher wurde oder diesen Einfluss sicherte, war er für die meisten Künstler selten wirklich länger persönlich zu erleben. Als Kulturfunktionär auf Mission, als Maler im Rampenlicht. Im selben Jahr, als er Präsident des Verbandes Bildender Künstler wurde, wurden überall in der DDR künstlerische Meisterklassen eingerichtet. Und bis 1986 haben sich zehn Künstler ganz bewusst dazu entschieden, sich ihm anzunähern und bei ihm als Meisterschüler zu lernen. Allerdings haben gleich drei von diesen zehn Personen die DDR verlassen. Dabei warteten auf sie die Fürsorge des Präsidenten und Privilegien, wie die besonders begehrten Westreisen – also all das, was »gescholtenen« Künstlern wie Grimmling verwehrt blieb. Und doch wollten sie weg. Und Willi Sitte wäre nicht Willi Sitte, wenn er auch in diese Episode seines Lebens nicht noch ein kleines Rätsel eingebaut hätte: Er schreibt in seiner Autobiografie nämlich von einem Meisterschüler, der ihn »enttäuscht« habe.[1] Mindestens ihm dürfte er sich zumindest gezeigt haben, vielleicht etwas verraten haben, vielleicht sogar etwas über sich selbst.

Phrasen und Partei

Ein angenehmer Nebeneffekt dieser Recherchen ist mein intensives Kennenlernen der Stadt Halle. Das beste Lokal hier ist die *Bastian Bahnhofslounge* im Hauptbahnhof, ein 24-Stunden-Café, oberhalb der Gleise, in dem es sogar Raucherkabinen gibt. Immer wenn ich die Sitte-Ausstellung besuche, arbeite ich hier, und das ist in letzter Zeit so häufig passiert, dass ich mich vorhin ernsthaft den Satz »Oh, der Toilettencode hat sich wieder nicht geändert« sagen hörte. Auch heute sitze ich wieder hier, als mich die Mail von Henri Deparade erreicht. Dem letzten der drei Meisterschüler von Willi Sitte, der neben dem Maler Frank Schult und Dieter Weidenbach die DDR verließ. Er schreibt mir, dass wir sofort reden könnten.

Ich hatte erst vor ein paar Minuten alle drei kontaktiert, mit der Bitte um ein Gespräch oder Telefoninterview, um etwas über Willi Sitte zu erfahren. Heute leben sie in der ganzen Bundesrepublik verstreut. Henri Deparade hatte seine Ausreise direkt nach Beendigung der Meisterschülerschaft beantragt. Das war 1988. Erst drei Wochen vor dem Mauerfall im Jahr 1989 durfte er die DDR schließlich verlassen.

Als ich ihn anrufe, sagt er: »Ich wollte Ihnen nur sagen, dass ich nicht mit Ihnen darüber sprechen möchte.« So etwas erwartet man natürlich nicht, denke ich.

»Wenn es Sie wirklich interessiert, dann können Sie Paul Kaiser sprechen.«

Paul Kaisers und Thomas Bauer-Friedrichs *biografische Recherche* über Willi Sitte ist inzwischen tatsächlich erschienen. Offensichtlich hat Henri Deparade also mit ihnen gesprochen. Dennoch steht nirgends im Buch irgendein Wort über dessen wirkliches Verhältnis zu Willi Sitte. Dafür aber ein Auszug aus *Katzengold*, einem autobiografischen Buch des zweiten Meisterschülers, der die DDR verließ: Frank Schult (* 1948). Schults künstlerische Wurzeln liegen in der damals einflussreichen Leipziger Schule, im Realismus der DDR, und zwar im »expressiv-leidenschaftlichen« Stil, also künstlerisch ein überaus passender Schüler für Willi Sitte. »1982, trotz aller Bedenken, bin ich Meisterschüler bei Professor Willi Sitte geworden. Nach nur wenigen Begegnungen mit ihm wurde mir aber klar, dass diese Meisterschülerschaft für mich aus verschiedenen Gründen eine Sackgasse war. Nicht die künstlerische Arbeit stand bei Sitte im Vordergrund, sondern ein gesellschaftliches Engagement wurde von ihm gefordert. So drängte er mich mehrmals, Mitglied in der SED zu werden. Ich bekam einen Reisepass. Er versprach mir Reisen in das nichtsozialistische Ausland. Auch ein neues Auto, in diesem Fall war es ein Volvo, stand zur Debatte. Eine gewaltige Verlockung! Nun siegte die – manche würden sagen – Dummheit, andere …, na ja. Ich hatte einfach kein Verständnis für sein Angebot und wollte frei bleiben.«

Das klingt ganz anders als das, was mir Ulrich Reimkasten fast schon jovial von den Begebenheiten erzählt hatte, in denen Willi ihn »fragte«, ob er nicht der Partei beitreten wolle, als wäre die SED eine Amateurtheatergruppe. Frank Schult hatte bei Bernhard Heisig in Leipzig studiert. Einem der alten »großen Vier« der damals prominentesten Maler der DDR. Neben Willi Sitte und Bernhard Heisig, der Willi Sittes Vizepräsident im Verband Bildender Künstler ist, waren das Wolfgang Mattheuer und Werner Tübke. Sie alle verbindet die figürliche Malerei. Aber während sie alle irgendwie der allzu offensichtlichen Repräsentation der Arbeiterklasse und der Zukunftskraft des Sozialismus in ihren Bildern geschickt ausweichen, erlebt Frank Schult in Willi Sitte einen Präsidenten, den er, wie so viele in der DDR, sehr früh durch den *Chemiearbeiter am Schaltpult* (1968) zu seiner Studienzeit mit dem Monumentalwerk

Die Rote Fahne – Kampf, Leid und Sieg (1975/76) und wenige Jahre vor seiner Bewerbung als Meisterschüler durch das Monumentalwerk *Proletarier aller Länder vereinigt euch* (1979), das Karl Marx in Zeusgestalt mit Blitzen zeigt, kennengelernt hatte. Und zudem hört er auf seinem ersten Kongress des Verbandes Bildender Künstler, wie Willi Sitte 1978 in seinem Referat zu verstehen gibt: »Ich erkläre: nichts und niemand vermag unsere Verbundenheit mit der Arbeiterklasse und ihrer Partei, mit ihrer Politik und ihren Zielen, mit dem realen Sozialismus jetzt und in Zukunft zu stören. Dieses Bündnis werden wir unablässig festigen; aus ihm schöpfen wir Mut und Kraft zur Lösung unserer Aufgaben.«[2]

Frank Schult muss also wissen, mit welcher Art von Mentor er es zu tun haben wird. Er entscheidet sich trotzdem, bei ihm Meisterschüler zu werden, und gibt Willi Sitte einmal und endgültig zu verstehen, nicht in die SED eintreten zu wollen.

Die nächsten Tage verbringe ich in Archiven und am Schreibtisch. In Willi Sittes literarischem Fonds findet sich ein Schreiben, in dem steht, wieso Frank Schult seine Meisterschülerschaft schließlich beendet.

»Halle/ S., den 18.07.85
Betrifft: Aufhebung der Meisterschülerschaft

1982 habe ich mich bei Ihnen als Meisterschüler beworben, und habe mich über den positiven Bescheid gefreut.

Die Weiterbildungsveranstaltungen in diesem Zusammenhang, wurden von mir regelmäßig besucht; sie machten mir manch' neue Einblicke auf unterschiedlichen Gebieten möglich. So glaubte ich fest, daß die Zusammenarbeit mit Ihnen, mich in meiner weiteren Arbeit stark beeinflussen könnte. Bei Konsultationen wurde jedoch über Fachprobleme in einer sehr oberflächlichen Weise gesprochen! Mehrfach habe ich den

Wunsch geäußert, mich über Ausstellungen zu informieren, oder um Ausstellungsbeteiligungen gebeten.

Nachdem ich im Februar 1985 den Wunsch bzw. den Antrag für eine Studienreise nach Wien gestellt habe, und Sie diesbezüglich zuversichtlich waren, äußerten Sie sich einige Monate später bei einer Aussprache, die zwischen Ihnen und mir stattfand, wie folgt:

Ich habe Sie hintergangen und Sie haben kein Vertrauen zu mir!

Auf meine Frage, wodurch ich Sie hintergangen hätte, antworteten Sie mir Folgendes: »Sie haben Kontakt zur Kirche und zwar zu Kreisen der Kirche, die man nicht für gutheißt!«

Dieses Argument kann ich keinesfalls akzeptieren! Ich besuche die Kirche und interessiere mich für ihre Probleme. Ich sehe also absolut kein Fehlverhalten meinerseits, im Gegenteil, ich hätte mich gern mit Ihnen über alle diese Probleme unterhalten! Daß ich an gesellschaftlichen Problemen teilhaben möchte, habe ich häufig bewiesen. Gesellschaftliche Aufträge habe ich gern übernommen. Als Maler habe ich versucht, stets beste Arbeit zu leisten! Aufgrund der Tatsache, daß sie mir Ihr Vertrauen entzogen haben, läßt sich eine Meisterschülerschaft zwischen Ihnen und mir nicht weiter fortsetzen. Ich hoffe, daß Sie das Wort ›Vertrauen‹ in Zukunft nicht zu leichtfertig benutzen.

Frank Schult«[3]

Angesichts der atomaren Bedrohung des Wettrüstens zwischen Ost und West im Kalten Krieg formiert sich auch in der DDR eine unabhängige oppositionelle Friedensbewegung, die vor allem von der evangelischen Kirche unterstützt wird und Christen und Nicht-Christen ein Dach bietet. Etwas, worin die SED-Führung schon Anfang der 1980er-Jahre Staatsfeindlichkeit vermutet.[4]

Frank Schult stellt 1985 einen Antrag auf Ausreise. Die Bearbeitung wird sich drei Jahre hinziehen. Bis kurz vor der »Wende« zieht so ein Antrag massive Konsequenzen nach sich. Menschen, die etwa in Betrieben angestellt sind, werden zur Rede gestellt und meist, wenn sie ihr Vorhaben nicht zurücknehmen, fristlos gekündigt und dann zum Warten gezwungen. Überhaupt rückt das Vorgehen gegen »Antragsteller auf ständige Ausreise aus der DDR in die BRD bzw. nach Berlin (West)« ab den 1970er-Jahren in das Hauptaufgabengebiet der Stasi. So auch Frank Schult, der in den drei Jahren nach Antragstellung dauerhaft bespitzelt und unterdrückt wird. Die Titel seiner damaligen Werke skizzieren diese Zeit des Wartens. Angefangen mit *Rückblick* (1985) über *Trauer und Feuer* (1985) und 1987 schließlich *Gedemütigt.*

Ihm wird der Personalausweis entzogen, er bekommt »Berlin-Verbot«, später sogar »Bahnhofsverbot«, welches ihm selbst den Zugang zum Hauptbahnhof von Halle verwehrt. Ich finde ein Bild einer angefertigten Collage seiner Stasi-Akten. In den Papieren wird er der »Mitgestaltung an dem feindlich-negativen Pamphlet ›Nachtgebete. Informationen – Meinungen – Tatsachen‹« bezichtigt.

Weiterhin wird vermerkt:

»hartnäckiger ÜE* / ablehnende Haltung zu den gesellschaftlichen Verhältnissen in der DDR

Wandte sich im Februar 1988 mit einem Schreiben an zentrale staatliche Organe der DDR mit seiner persönlichen Schlussfolgerung

ich werde diese Dinge in Zukunft nicht mehr so einfach hinnehmen«.

* ÜE = Übersiedlungsersuch

Als ich daraufhin zu ihm Kontakt aufnehme, schickt er mir ein Foto seines Gemäldes. *Die, die die Macht haben,* 1988 entstanden, im Jahr seiner Ausreise.

Ein abstraktes Bild voller gelber und roter Figuren in scharfen dunklen Kanten vor ebenso rotem Hintergrund. Nur eine Person hat ein Gesicht, sieht frontal blass und müde zum Betrachter, wird dabei unterbrochen von einer schwarzen Linie, die wie ein Stück Maschendrahtzaun vor dem breiten Mund liegt. Die Figuren trampeln auf einem bunten Teppich mit Papierfetzen herum. Als ich es vergrößere, erkenne ich darauf einen Text:

»Die, die die Macht haben, haben keine Gesichter
Die, die die Macht tragen
Haben die Sprache verloren
Und das übrige Volk zertritt sein Antlitz
So entsteht Dunkelheit.

Frank Schult.«

Ich sehe auf Schults Bild *Die, die die Macht haben.* War Willi Sitte zu einer der Figuren geworden – einer der Mächtigen, die die Sprache verloren hatten? Dabei redete er doch die ganze Zeit in der Öffentlichkeit. Glaubte er, eine eigene Sprache zu sprechen, die aber in Wirklichkeit kaum noch jemand außerhalb des Machtkaders verstand? Oder vielmehr: War er einer, der glaubte, die richtige Sprache zu sprechen, während er die der anderen nicht verstand – nicht verstehen, nicht akzeptieren wollte?

Ich schreibe Frank Schult in einer E-Mail immer wieder meine Gedanken zu diesem Bild, lösche das Geschriebene wieder, und als mir nichts einfällt außer: »Ihr Bild beeindruckt mich«, schicke ich es los.

Kurz darauf teilt mir Frank Schult schlussfolgernd mit:

»Wie viele, wie auch Bärbel Bohley*, so glaubte ich anfangs an Veränderungen in der DDR; musste aber feststellen, dass es keinen Weg gab, dieses Land zu reformieren. So blieb für mich und meine Familie nur der Weg nach draußen.«

»Reaktion stieß auf Unverständnis«

Gut zwanzig Jahre zuvor war Willi Sitte selbst noch in einer ganz anderen Situation gewesen: Man hatte ihm aufgrund seiner Kritik nicht getraut und als nationalen und vor allem parteilichen Feind angeprangert – obwohl er immer wieder das Gegenteil betonte. Schult bewegt sich durch seine Aktivitäten in der Kirchenbewegung im Kreis von Oppositionellen. Künstler wie er werden für die SED zu bedrohlichen Kräften, die vor allem in den 1980er-Jahren überall in der DDR lauter und lauter werden, in den Augen der Staatssicherheit an den Stühlen der Mächtigen zu sägen drohen und genau deswegen im Verband Bildender Künstler zur Vernunft, also zum Schweigen gebracht werden sollen. 1983 entwirft der damalige Leiter der Abteilung XX** in der Bezirksverwaltung Halle der Staatssicherheit einen Plan zur Zurückdrängung »operativ in Erscheinung getretener Mitglieder des Verbandes Bildender Künstler«. Darin wird Willi Sitte mitgeteilt, welche Künstler besonders nega-

* Die Künstlerin und Bürgerrechtlerin Bärbel Bohley (1945–2010) ist von 1979 bis 1983 Mitglied der Sektionsleitung Malerei und des Bezirksvorstandes Berlin des Verbandes Bildender Künstler der DDR (VBK), aus dem sie 1983 wegen ihres Engagements in der Friedensarbeit ausgeschlossen wird. 1989 wird sie Mitbegründerin der Bürgerbewegung Neues Forum (NF).

** Die HA XX bildete den Kernbereich der politischen Repression und Überwachung der Staatssicherheit.

tiv in Erscheinung getreten waren. Er wird gedrängt, »offensive Auseinandersetzungen« zu führen, um sie von ihren »negativ-feindlichen Aktivitäten unter dem Deckmantel der Friedensbewegung« abzubringen.[5] Vielleicht wirkt Willi Sitte in dem Kündigungsschreiben an Schult deshalb so seltsam ferngesteuert, wenn er sagt: »Sie haben Kontakt zur Kirche und zwar zu Kreisen der Kirche, die man nicht für gutheißt!« Andererseits bezeichnet er auch die Familie um die Bürgerrechtlerin Bärbel Bohley als »eine bekannte staatsfeindliche Sippe«.[6]

Immer mehr Künstler können in den 1980er-Jahren dem Beispiel ihres Verbandspräsidenten folgen und Ausstellungen im Westen ansehen, nur eben nicht diejenigen, die als »problematisch« gelten. Künstler wie Hans-Hendrik Grimmling, den ich bereits besucht habe. Der hat zwar inoffizielle Ausstellungen veranstaltet, war aber schon zuvor in das Visier der Stasi geraten, nur weil er öffentlich Ungerechtigkeiten innerhalb der DDR anprangerte. Wie so viele andere Künstler. Vermutlich ist es das, was Ulrich Reimkasten meinte, als er sagte, Willi Sitte hätte »zwischen Baum und Borke« gesessen. Sieht er sich gezwungen, der Stasi gegenüber manchen Künstlern freies Spiel zu lassen? Um vielleicht nicht seine eigene Macht zu riskieren und um, wie Reimkasten es formulierte, zu verhindern, selbst abgesägt zu werden und »am Ende gar nichts mehr machen zu können?«

Wenn man einen Bericht der Stasi mit dem Betreff »Zu einigen Problemen im Verband Bildender Künstler der DDR« im November 1984 liest, entsteht die Vermutung,, dass Willi Sitte zumindest eine Ahnung davon hatte, was diese Künstler eigentlich bewegte:

»Die Aufnahme von Kandidaten und Mitgliedern in den VBK, die die DDR verlassen wollen, stünde […] im krassen Widerspruch zum Statut des VBK, insbesondere zur Präambel.«

»Bei den anwesenden Vorsitzenden und Sekretären bestand in dieser Auffassung weitestgehend Übereinstimmung. Nicht so beim Präsidenten Gen. Prof. SITTE, der sich dafür aussprach auch solche Kandidaten und Mitglieder aufzunehmen. Er wandte sich strikt dagegen, solche Leute nicht in den VBK aufzunehmen, weil dadurch, so erklärte er, der Arbeit der Genossen in den Abteilungen Innere Angelegenheiten entgegengewirkt werde. Diese Frage hätte nichts mit dem Statut zu tun, erklärte er. Seine heftige und eigenartige Reaktion stieß auf Unverständnis, zumal sie nicht näher erläutert wurde.

Wenn man versucht sich in die Gedanken von Gen. SITTE zu versetzen, kommt man zu der Überlegung, daß wir diese Leute offensichtlich aufnehmen sollen, um sie so zu bearbeiten, daß sie ihre Anträge zurücknehmen. Diese Überlegung ist vom Ansatz her gut, bei dem ideologisch desolaten Zustand des VBK jedoch nicht realisierbar.«[7]

Willi Sitte wirkt wie ein Schwankender zwischen Empathie und Erbostheit. Als würde er sich beobachtet fühlen, wie er herumirrt zwischen Pflicht, Überzeugung und Emotionalität.

Schon klar, in solchen Momenten der Beobachtung beginnt meine Spekulation.

VII. 1988

Dekoration: BRD

In den Kaufhäusern von Bonn und Köln treiben sich Anfang des Jahres 1988 zwei besonders eigenartige Kunden herum. Stundenlang halten sie sich in den hiesigen Leuchten- und Möbelgeschäften auf, stellen dem Personal unangenehm explizite Fragen zum Bau der einzelnen Ausstellungsmodelle und kaufen doch nie etwas, sondern bedienen sich nach stundenlangen Rundgängen lediglich der Kataloge. Sie fallen durch ihr Hochdeutsch und ihren Golf kaum auf. Eigentlich sind es zwei Gäste aus der DDR, die eine lupenreine Betriebsspionage durchführen: meine Großeltern.

Ihre Mission: Der Durchbruch ihres Betriebs *Bültemann Leuchtenbau & Dekorationsglas* in der DDR, indem sie den Standard des Westens studieren und in ihre eigenen Entwürfe integrieren. Ihr mit der Westreise verbundener Antrag musste in den Augen der Behörden eigentlich wie ein schlechter Witz wirken. Schließlich handelte es sich zwar um einen Besuch bei Verwandten, der jedoch keinesfalls eine Dringlichkeit aufwies. Jedenfalls keine, die es notwendig machte, dass ein Ehepaar gemeinsam in die Bundesrepublik fährt. Es ist lediglich der einundachtzigste Geburtstag der Tante meiner Großmutter, die sie bereits im Vorjahr besucht hatten. Doch sie dürfen fahren. Laut meiner Großmutter hatte es der Chef der Staatssicherheit von Wernigerode auf ihr damaliges Haus abgesehen, weswegen er es begrüßt hätte, wenn sie und mein Großvater, statt von ihrer Reise zurückzukehren, im Westen geblieben wären.

Doch meine Großeltern denken nicht daran. Die von ihnen gerade gründlichst analysierten Lampen und Leuchtgestelle, überhaupt Designs dieser Art, hat es in ihrem Betrieb und in der ganzen DDR noch nicht gegeben. Voller Optimismus verabschieden sie sich nach einer Woche von der Tante und sehen dabei so eigenartig glücklich aus, dass sie sich wundern, dass niemand auf die Idee kommt, an der Grenze ihre Reisetaschen voll mit ihren westlichen Zukunftsplänen zu kontrollieren.

Optimismus und Realität

Der in jedem Haus der Familie Sitte wohnende Optimismus wird in diesem Jahr 1988 auf die Probe gestellt. Die X. Kunstausstellung der DDR unter Willi Sittes Federführung läuft. Noch weiß er nicht, dass es die letzte sein wird. Die Besucherzahlen erreichen ein Rekordhoch, und sogar die Westpresse lobt die Ausstellung. Und trotzdem gibt Willi Sitte im Februar 1988 auf einer Präsidiumssitzung des Verbandes zu Protokoll: »Ich bekomme eine Gänsehaut, wenn ich an die Zukunft denke.«[1]

Hatte er doch unter größtem Aufwand mit Hilfe von Auftragswerken und längst veralteten Kunstwerken aus den Depots der DDR-Museen versucht, den Anteil realistischer Kunst mehr Aufmerksamkeit zu schenken, wird die Ausstellung von westlichen Kritikern vor allem deswegen gelobt, weil der Gesamteindruck der gezeigten Exponate eine spürbare Abkehr vom Realismus in der DDR beweisen würde. Als ihn seine Nichte, meine Großmutter, zu diesem wohl unpassendsten Zeitpunkt anruft, um ihn um eine persönliche Mappenvorbereitung meiner Mutter zur Aufnahmeprüfung an der Burg Giebichenstein in Halle im nächsten Jahr zu erfragen, verspricht er ihr seine Unterstützung. »Natürlich Bärbel, kein Problem.«

Vorsicht Westkontakt

Meine Großeltern hatten sich nach ihrer Westreise unter Zuhilfenahme dort erhältlicher Kataloge mit neuen Entwürfen für den DDR-Markt bei einem Designwettbewerb beworben. Sie wurden zwar sofort disqualifiziert, da keiner von beiden den Beruf eines Designers ausübe, aber ihre Entwürfe erregten Aufsehen. Man stellte ihnen den Kontakt zur Zeitschrift *Kultur im Heim* her. Diese verspricht nun eine DDR-weite Werbung für ihren Betrieb und ist an einem Fototermin interessiert. Meine Großmutter muss an den Erfolg ihres Vaters denken, der jetzt schon wegen eines Katalogbeitrags mit Aufträgen für die nächsten kommenden Jahre versorgt ist, und sagt zu. Dass ihr Mann, mein Großvater, lediglich die Westleuchten aus den Katalogen nachgebaut hatte und gerade diese in der DDR auf Interesse stoßen, überrascht sie genauso wenig, wie es sie verärgert. Sie hatte ihren Glauben an den Sozialismus in einem hell erleuchteten Kaufhaus im Westen verloren und dachte nicht daran, sich dafür schlecht zu fühlen.

Auch bei einem damit verbundenen Streit mit ihrer Schwester Ulli sieht sie keine Veranlassung zu Schuldgefühlen. Meine Großmutter kann nicht verstehen, wieso ihre Schwester immer verbohrter wird und ihren Besuch absagt, nachdem meine Großmutter »Westkontakt hatte«* – als ginge es dabei um eine ansteckende Krankheit.

* Sowohl in höheren Positionen der Volkspolizei (VP) als auch in Ministerien, besonders dem für Staatssicherheit, war es für die Mitarbeiter Pflicht, einerseits konsequente Linientreue vorzuweisen und andererseits jeglichen Westkontakt zu unterbinden.

Aus der Ferne nennt meine Großmutter ihre Schwester eine vollends verbohrte Dogmatikerin. Sie hingegen beweist sich in den Augen meiner Großtante Ulli einmal mehr als Egoistin. Dass ihre älteste Schwester Burgi als Mitarbeiterin im Ministerium für Nationale Verteidigung die Sache mit den Westkontakten nicht ganz so ernst nimmt, sei dahingestellt. Ulli ist im Gegensatz zu meiner Großmutter erst seit einem Jahr in der SED. Und doch wisse sie im Gegensatz zu meiner Großmutter, dass ihr persönliches Kontaktverbot nicht von ungefähr komme. Gerade jetzt, wo die Zeichen auf Veränderung, aber keinesfalls auf Entspannung stehen. Das erfährt sie ständig aus erster Hand, und zwar von ihrem Ehemann Achim. Ehemals stellvertretender Polizeipräsident von Ost-Berlin, inzwischen Leiter der Polizeiinspektion von Berlin-Hellersdorf. Er hatte ihr die Bilder seines Einsatzes auf der »Luxemburg-Liebknecht-Demonstration«* vom Januar in Ost-Berlin eindrücklich beschrieben. Dort waren Demonstranten und Bürgerrechtler mit Bannern herumgelaufen, darauf Sprüche wie: »Die Freiheit ist immer die Freiheit des Andersdenkenden«, »Artikel 27: Jeder Bürger hat das Recht seine Meinung frei zu äußern« und »Wer sich nicht bewegt, spürt die Fesseln nicht. R. L.«.[2] Ulli wird schlecht, wenn sie daran denkt. Ihr gemeinsamer Sohn Uwe arbeitet inzwischen als Grenzsoldat, sitzt mit hundert weiteren Wehrdienstleistern seine NVA-Zeit ab. Achtzehn Monate muss er eine Grenze bewachen, die seine Eltern alles andere als überflüssig finden. Wenn die Menschen in Berlin nach westlicher Freiheit rufen, reihenweise Ausreiseanträge stellen, selbstgefäl-

* Die Großdemonstration findet jedes Jahr im Januar in Berlin statt und gedenkt Rosa Luxemburg und Karl Liebknecht, die am 15. Januar 1919 ermordet wurden. 120 Menschen werden bei der Demonstration 1988 verhaftet. Unter ihnen ist auch die Bürgerrechtlerin Bärbel Bohley, welche anschließend aus der DDR abgeschoben wird und ein sechsmonatiges Visum in Großbritannien erhält. Sie wird 1989 in die DDR zurückreisen.

lig aus Habsucht mit den Kapitalisten auf der Gegenseite liebäugeln und damit früher oder später dem Klassenfeind die Tür öffnen, gilt für sie: höchste Alarmbereitschaft.

Smog

Tatsächlich ist Ullis Ehemann Achim als ranghoher Polizist jede Form von Westkontakt strikt untersagt. Demzufolge sind die beiden selbstverständlich nicht anwesend, als der Cousin meiner Großmutter, immerhin auch der von Ulli, in diesem Jahr zu Besuch in Wernigerode eintrifft. Sie hatten sich erst ein paar Monate zuvor in Bonn gesehen, und privat gibt es kaum Neues zu berichten.

»Hier stinkt's«, sagt die Frau ihres Cousins kurz nach der Anreise. Meine Großmutter schweigt. Sie hat ihre erste Westreise noch gut in Erinnerung und schämt sich ein wenig für die Vehemenz, mit der sie die Verhältnisse im Osten in ein positives Licht rücken wollte. Dass der DDR in der gegenwärtigen Form eigentlich bereits vor sieben Jahren das Ende attestiert worden war, wusste sie damals natürlich nicht. Als Moskau der SED, aufgrund von eigenen Versorgungsengpässen, nämlich 1981, erklärte, die jährliche Rohöllieferung um zwei Millionen Tonnen kürzen zu müssen, reagierte der Generalsekretär Erich Honecker panisch, indem er klarstellte, dass diese Kürzung wirtschaftliche Probleme schüren würde, die »die Grundpfeiler der Existenz der Deutschen Demokratischen Republik untergraben«. Der DDR blieb nichts anderes übrig, als verstärkt auf die Verbrennung von Braunkohle als größtem Energieträger zurückzugreifen.

Eine Notmaßnahme, im Zuge derer Erich Honecker sich noch verzweifelter an Moskau wandte und 1981 offen fragte, »ob es 2 Millionen Tonnen Erdöl Wert sind, die DDR zu destabilisieren und das Vertrauen unserer Menschen in die Partei – und Staatsführung zu erschüttern.«[3] Sieben Jahre später, 1988, ist das längst geschehen. Auf allen Ebenen.

Jeder hat mitbekommen, wie Gorbatschow in der Sowjetunion Reformen durchbrachte und wie starr die SED dagegenhält, wie absurd die Konsumversorgung der Bevölkerung im Vergleich zum Westen ist, wenn man auf einen Waschvollautomaten gut drei, auf den beliebten Trabant oft über zehn Jahre warten muss.[4] Und wer, sofern das überhaupt möglich ist, die sozialen, wirtschaftlichen und politischen Probleme der DDR auf der Straße wirklich nicht bemerken sollte, spürt auch an der Luft, dass etwas nicht stimmt. Die Belastung durch die Kraftwerke der DDR ist so stark, dass viele Menschen in Industrieregionen wie zum Beispiel in Halle, Karl-Marx-Stadt und Dresden überdurchschnittlich oft an Atemwegserkrankungen und Ekzemen leiden.[5] Und 1988 ist Wernigerode nach der Kreisstadt Magdeburg die Stadt mit der schlechtesten Luftemission in der Umgebung. Der dortige Geruch wird noch durch den biologisch toten Stadtfluss, die Holtemme, verschlimmert, der wie eine Leiche an den Rändern der Stadt verwest.[6]

Also sagt mein Großvater schließlich: »Ja! Hier stinkt's.«

Und ihr Besuch erklärt bei seiner Abreise nach Ostern erfreut, in der DDR nicht, wie zunächst befürchtet, ausschließlich von Fanatikern umgeben gewesen zu sein.

Die letzte Kunstausstellung der DDR

Nach Ostern endet auch die X. Kunstausstellung der DDR, 1988. In etwas mehr als einem halben Jahr wird der X. Kongress des Verbandes Bildender Künstler der DDR stattfinden. Und obwohl Willi Sitte seine Verantwortung als Präsident des Verbandes dort abgeben will und die gerade noch unter seiner Leitung abgehaltene Kunstausstellung mit über einer Million Zuschauern und Zuschauerinnen die erfolgreichste ihrer Art wird, nimmt seine Anspannung von Beginn des Jahres an nicht ab. Im Gegenteil.

Denn das, was die Stasi bereits drei Jahre zuvor vermerkt hatte, wird im Stimmungsbild der Künstler jeden Tag spürbarer und in der Öffentlichkeit lauter:

»Inoffiziell wurden [...] nachfolgende Hinweise bekannt:

Folgende Angriffe gegen Grundpositionen des sozialistischen Realismus und die Kunstpolitik von Partei und Regierung [wurden] vorgetragen:

- Der sozialistische Realismus sei eine Forderung »von oben«
- Als Künstler müsse man malen, was man selbst wolle
- Der Realismusbegriff sei überholt«[7]

Willi Sittes ständige Kontaktperson ist der Chefideologe der SED, Kurt Hager, der bereits von der DDR-Bevölkerung für seine Starrköpfigkeit gegenüber den in der Sowjetunion greifenden Reformen verspottet wird.*

»Kurt Hager hatte eine kaum entwickelte Beziehung zur bildenden Kunst«, wird sich Willi Sitte später erinnern. »Die sich verschärfende Atmosphäre, in der sich die allgemeine Kritik an den verkrusteten Strukturen der DDR mit der Ablehnung der realistischen Kunst verband, machte Leute wie ihn unsicher. Mußte ich früher vor Eröffnung der Dresdner Ausstellungen Werke, die den engen Vorstellungen des sozialistischen Realismus nicht entsprachen, gegen seine Eingriffe verteidigen, und

* Nach seinem Kommentar gegenüber Gorbatschows Reformen, die er als »Tapetenwechsel« eines Nachbarn bezeichnete, den man nicht mitmachen müsse, wurde Kurt Hager in der Bevölkerung bald »Tapetenkutte« genannt.

immer wieder betonen, daß die Menschen das Recht haben müssten, darüber zu diskutieren, schwankte er jetzt und zog sich zurück.«[8]

Um dafür zu sorgen »daß uns das, was wir in Jahrzehnten geschaffen hatten, nicht unter den Fingern zerbröselte«, schreibt Willi Sitte Kurt Hager im April schließlich einen Brief: »Gegenwärtig ist mir nicht klar, welche tatsächlichen Kräfte im Hintergrund wirken, die sich dieser weiteren Entwicklung entgegenstellen. Ich sehe nur eine ernste Gefahr. Immerhin wird jetzt eine ›neue Kunst‹ proklamiert, die für unsere DDR künftig richtig und notwendig sei. Diese Kunst aber unterscheidet sich in nichts von dem, was wir in den letzten Jahrzehnten auf dem kapitalistischen Kunstmarkt verfolgen konnten.«[9] Und bittet ihn vor allem um Hilfe auf »materieller Basis [...] um die noch offenen Probleme zu lösen«.[10]

Willi Sitte sieht nichts Geringeres als den Realismus als solchen in Gefahr und schmiedet zusammen mit westdeutschen Kollegen wie zum Beispiel den Professoren und Künstlern Jürgen Weber aus Braunschweig und Manfred Bluth aus Kassel einen Plan, der möglicherweise in den wachsamen Ohren eines Chefideologen 1988 als »gemeinsames öffentliches« Auftreten der Realisten »aus Ost und West« konterrevolutionär klingen mag. Zumindest lehnt Kurt Hager kategorisch ab.

Willi Sitte will sicher nicht an den Satz des Schriftstellers Heiner Müller denken, den dieser schon vor über zehn Jahren gegenüber dem *Spiegel* äußerte: »Die Generation der heute Dreißigjährigen in der DDR hat den Sozialismus nicht als Hoffnung auf das andere Erfahren, sondern als deformierte Realität.«[11] 1975 äußerte sich Willi Sitte demselben Magazin gegenüber auf ganz andere Weise: »Ich möchte, knapp gesagt, aus der Gesellschaft heraus mit meiner Kunst in die Gesellschaft hineinwirken. Wir Künstler in der DDR haben nicht nur das

Gefühl, sondern wir haben die Beweise, daß wir gebraucht werden.«

Auch sagte er im gleichen Interview noch ziemlich ausdrücklich: »Ich wäre zum Beispiel nicht an einer Ausstellung von Beuys bei uns interessiert. Das wäre eine Information, die uns höchstens zeigen könnte: So denken wir uns unsere weitere Entwicklung nicht.«[12]

Nur findet genau das zu Beginn des Jahres 1988 statt. In Ost-Berlin. Ausgerechnet eine riesige Retrospektive seines künstlerischen Antipoden. Eine Ausstellung, die die Zeitschrift *Kunstforum* als »das Ereignis, mit dem sich der Ruf der Kunstmetropole Berlin mal wieder retten läßt«,[13] beschreibt. Und das gerade jetzt, wo es um den Realismus in der DDR schwieriger denn je steht. Und da er sich natürlich nicht mit seiner ablehnenden Meinung zurückhalten hatte können, wird ihm diese jetzt als gestrig vorgeworfen. »Die Atmosphäre wurde jedoch für eine lebendige Auseinandersetzung mit realistischer Kunst immer ungünstiger«, schreibt er. »Die sogenannte Avantgarde begann uns an die Wand zu drücken, und es war klar, daß die Bundesrepublik über kurz oder lang auch die Kunstszene bei uns bestimmen würde.«[14]

Willi Sitte stürzt sich in die Arbeit.

Gorbatschows Reformkurse schlagen im Künstlerverband noch größere Wellen als im Rest der Republik. Es scheint als ein Armutszeugnis der schöpferischen Kulturpolitik des Staats, dass inzwischen selbst Spielfilme und Zeitschriften aus der Sowjetunion in der DDR verboten sind. Im Vorfeld des anstehenden Kongresses äußern sich sieben Kunstwissenschaftler in einem gemeinsamen Schreiben an das Präsidium des Künstlerverbandes der DDR, in dem sie Reformen im Verband und der Kunstpolitik ihres Landes fordern und die gegenwärtigen Verhältnisse anklagen.

»Engagement handelte Mißtrauen ein«, schreiben sie, »Kräfte versandeten oder wanderten ab. Das wissenschaftliche Niveau nahm Schaden. [...] Das Kritik-Tabu anführenden Künstlern und Programm-Werken haben die Kunstwissenschaftler in zwei unnatürliche Teile gespalten. [...] Für Denker wie Macher gilt, das Einssein mit sich selbst (es kann auch Kampf sein) macht den Einsatz für andere erst glaubhaft. Andersherum produzieren wir Schablonen, Schirmbilder, Scheinbücher.«[15]

Willi Sitte erklärt sich dialogbereit. Doch irgendwie scheint er nicht zu verstehen, was die Reformer eigentlich wollen. Selbst 2003 scheint er das noch nicht zu tun, wenn er in seiner Autobiografie folgende Sätze miteinander verknüpft:

»Es ging ihnen um bessere Forschungsbedingungen und Publikationsmöglichkeiten, um eine Experimentalwerkstatt für junge Kunst und anderes. Ich sagte ihnen zu, mich für ausgereiste Verbandskollegen einsetzen zu wollen, die den Wunsch hatten, in die DDR zurückzukehren«, schreibt er und stellt direkt danach geradezu verwundert fest: »Eine offene Diskussion ergab sich mit ihnen allerdings nicht.«[16]

Er wird immer nervöser, so kurz vor dem Verbandskongress, auch wenn seine Nervosität weniger an der Abgabe des Amts liegt, das er nicht mehr bekleiden würde. Eigentlich ist ihm schon seit der IX. Kunstausstellung 1982/83 klar, dass diese Position jüngeren Kollegen gehören.

Er hatte dafür sorgen können, seine Meisterklasse an der Burg fortzuführen, und hat immer noch seine Position im ZK der SED inne.

Schließlich will er nicht »die Ereignisse dem Selbstlauf [...] überlassen«.[17]

Trotzdem wird er vom ZK, nicht zuletzt durch Kurt Hager, immer wieder gebeten, noch für eine weitere Amtszeit als Präsident des Verbandes herzuhalten. Um Stabilität zu schaffen – vor allem nach außen. Gerade in diesen unruhigen Zeiten. Ein Kompromiss wird gefunden, auch wenn Willi Sitte mehr als verständlich klarmacht, unter keinen Umständen noch einmal zu kandidieren. »Konflikte zwischen Jungen und Alten begannen«, schreibt Willi Sitte. »Die Partei versuchte mich bei der Stange zu halten, dann haben sie mich zum Ehrenpräsidenten* gemacht. Ich habe noch an den Leitungssitzungen teilgenommen und fand es widerlich, wie sie anfingen, sich zu zerfleischen.«[18]

An das Ende des Sozialismus zu denken liegt ihm fern. Aber den Realismus gilt es zu retten. Egal wie, gern mit jungen und ideenreichen Kräften, nur müsse etwas passieren. Denn für ihn gilt die Meinung, die er noch dreizehn Jahre nach der Wiedervereinigung vertreten wird: »Ein Sandhaufen bleibt ein Sandhaufen, und eine Klamotte wird auch dann kein Kunstwerk, wenn ich sie in einer Plexiglasvitrine ins Museum stelle. Ich glaube nicht, daß die Menschheit sich so verblöden läßt, um auf Dauer derartiges als Kunst zu akzeptieren. Es sind Dinge, die niemandem schaden, die beliebig sind und auch niemanden provozieren.«[19]

Die DDR-Kunst sollte sich im Allgemeinen bei der jetzt spürbaren Atmosphäre raumgreifender Veränderung nach all den Jahren ihrer eigenständigen Entwicklung nicht einfach von »uniformierenden Modetrends« einnehmen lassen:

»Erst als wir uns in heftigen Meinungskämpfen Ende der sechziger Jahre darüber verständigen konnten, daß wir gemeinsam besser vorankommen, wenn wir tatsächlich mitbe-

* Neuer Verbandspräsident wurde1986 der Formgestalter Karl Clauss Dietel (1934–2022). Willi Sittes Ehrenpräsidentschaft bedeutete ein eher repräsentatives Amt.

stimmen können über die Bedingungen für die Entstehung von Kunst und ihr öffentliches Wirksamwerden, entwickelte sich der Verband zu einer wirklichen gesellschaftlichen Kraft.«[20] So lässt er es im Referat als scheidender Präsident im November 1988 verlauten. Es ist der Tag des mysteriösen Blumenwurf-Fotos, in dem er einen Strauß Nelken in das Kongresspublikum wirft, kurz nachdem er die Ernennung »Ehrenvorsitzender auf Lebenszeit« entgegengenommen hatte.

Die Stasi hatte die Gespräche mit den Kunstwissenschaftlern, die Willi Sitte noch im Vorfeld geführt hatte, ebenfalls zur Kenntnis genommen. Wenn auch im Geheimen und auf ihre Weise. Noch vor Beginn des Kongresses wurde ein ausführlicher Lagebericht hinsichtlich der »reformatorischen Kräfte« innerhalb des Verbandes vorgelegt.

Dass für das »Gemeinsame« andere unterdrückt werden müssen, scheint stillschweigend hingenommen zu werden, wenn es vielleicht auch kein Einvernehmen darüber geben mag. Zwei der sieben Kunstwissenschaftler wird der Eintritt zum Kongress verwehrt. Und Willi Sitte bleibt zumindest nach außen bei seinem Optimismus für die sozialistische Sache, wenn er in seinem Referat weiter ausführt: »Man spürt in den Werken der DDR-Kunst – gleich, ob sie sich expressiv oder sachlich, figürlich oder ungegenständlich artikulieren –, daß unsere Künstler das Kunstwerk noch ernst nehmen als Mittel, sich mit ihren Empfindungen und Gedanken dem Betrachter mitzuteilen.«[21]

VIII. AUSGEREIST

Aus Gründen der Moral

Ich sehe wieder in die Akten von Willi Sittes Meisterschülern, die ich im Archiv finden konnte.

Außer Henri Deparade und Frank Schult bleibt noch Dieter Weidenbach als Meisterschüler von Willi Sitte übrig, der die DDR verlassen hat. Und vermutlich ist er derjenige, von dem Willi Sitte tatsächlich *enttäuscht* war. Schließlich stieß ich auf einen Brief von 1984, den er an Dieter Weidenbach geschrieben hatte:

»Verband Bildender Künstler der Deutschen Demokratischen Republik

Zentralvorstand
DER PRÄSIDENT 1. November 1984

Werter Dieter Weidenbach!

Der Inhalt Deines Briefes vom 26. Oktober, den ich in seiner ganzen Tragweite und Tragik zur Kenntnis genommen habe, berührt mich höchst unangenehm.

Deine Haltung enttäuscht mich sehr, wenn sie mich in der Endkonsequenz auch im Verfolg mancher Deiner eigenartigen Reaktionen und Handlungen nach dem Weggang Deiner Frau nicht völlig überrascht. Jedenfalls bin ich um eine bittere Lehre reicher, was das Ergebnis meiner vielfältigen Bemühungen um Deine künstlerische Weiterentwicklung betrifft.

Bei aller auf Rührung bedachten und formvollendeten Abfassung Deines Briefes, muß ich Dir dennoch ganz offen schreiben: Du scheinst mich für politisch reichlich naiv zu halten, wenn ich Dir abnehmen soll, daß Deine Abkehr von unserer Deutschen Demokratischen Republik ausschließlich auf eine Familienzusammenführung hinauslaufen soll. Schließlich war es Helga, die vorsätzlich und rücksichtslos ihr Kind und ihren Mann verließ und sich nicht darum scherte, was aus ihnen wird. Die wahren Gründe für Deinen bedauerlichen jetzigen Ausreiseantrag weißt Du sehr genau, ich ahne sie nur.

Du kannst jetzt nicht so tun, als hätten Dich sozialistischer Staat, gesellschaftliche Auftraggeber und nicht zuletzt unser Verband Bildender Künstler der DDR daran gehindert, in unserem Lande Position zu beziehen und Dich künstlerisch frei zu entfalten. Du hast kein juristisches und moralisches Recht, den verkannten und verfolgten Maler zu spielen. Wie wolltest Du das beispielsweise mit den Tatsachen vereinbaren, daß Deine Ansiedlung – Deinen Wünschen gemäß – unterstützt und erreicht wurde und die dortigen staatlichen Kunstsammlungen Dir eine repräsentative Ausstellung deiner Werke ermöglichten? War es nicht die Deutsche Demokratische Republik, die Dich in diesem Jahr ohne jeden Vorbehalt in ihre nationale Abteilung bei der Biennale in Venedig aufnahm und Dich damit auch international bekannt machte, nachdem Du selbstverständlich zwei Arbeiten auf der IX. Kunstausstellung der DDR in Dresden zeigen konntest? Alle Wege für Deine Entwicklung als Künstler standen Dir bei uns offen, wie es in unsrem Verband üblich ist. Du schreibst, daß ich Dich immer, auch in schwierigen Situationen unterstützt habe. Bitte faß' das nicht so auf, als könnte ich auch im vorliegenden Falle Verständnis aufbringen und Dir helfend zur Seite stehen.

Ich werde vielmehr den zuständigen staatlichen Organen mitteilen, daß sie Deinem Ersuchen so schnell wie möglich stattgeben sollten, und zwar aus Gründen unserer Moral und humanitären Haltung, nachdem Du Dich selbst nachdrücklich als Künstler der Deutschen Demokratischen Republik disqualifiziert hast und aus Ihrer Gemeinschaft ausgetreten bist.

Um Deine Zukunft in der BRD brauche ich mir sicher keine Gedanken mehr zu machen.

Ich grüße Dich,
Willi Sitte«[1]

Willi Sitte hatte mit ihm sehr wahrscheinlich einen intensiveren Kontakt als mit Frank Schult, mit dem er nicht ehrlich sprechen konnte, wollte oder es schlichtweg nicht tat.

Immerhin teilt Willi Sitte Dieter Weidenbach 1984 persönlich mit, dass er eine Personalausstellung für ihn in der Galerie Moritzburg organisieren konnte. Während er in einem viel distanzierteren Ton mit seinem Meisterschüler Henri Deparade kommuniziert hatte. Der hatte sich in einem Brief verwundert gezeigt, nicht bei einer Meisterschülerausstellung eingeladen worden zu sein, die bereits auch mit dessen Namen angekündigt worden war. Willi Sitte hatte ihm daraufhin höflich geraten, nicht so »mimosenhaft« zu reagieren. Schließlich würde keiner von ihm eine Extraeinladung erhalten.[2]

Bei Dieter Weidenbach kümmert sich Willi Sitte um geeignete Arbeitsräume, indem er 1979 dem Kreisbauamt von Weißenfels

»die Dringlichkeit des termingerechten Baus des Atelierhauses« zum Ausdruck bringt, das ihm gegenüber sofort versichert, »die planmäßige Realisierung des Projekts zielstrebig« zu betreiben.[3] Zudem schreibt er dem Reclam Verlag, bei einem Atelierbesuch das Schaffen eines jungen Malers und Grafikers näher kennengelernt zu haben, und schlägt ihm vor, diesen jungen Maler, Dieter Weidenbach, als Illustrator zu beschäftigen.[4]

Dazu formuliert er den Antrag für eine Studienreise nach Frankreich für Dieter Weidenbach ausdrücklich mit den Worten: »Ich halte Dieter Weidenbach für einen ernsthaften, qualifizierten und ehrlich nach den ihm gemäßen künstlerischen Gegenstand und Ausdrucksmitteln suchenden jungen Künstler, der eine aktive Förderung verdient. [...] Ich bitte es möglich zu machen, daß Dieter Weidenbach die beantragte Reise in die Republik Frankreich genehmigt bekommt.«[5]

Und noch drei Jahre nach Beendigung der Meisterschülerschaft schreibt ihm Dieter Weidenbach 1982 über »den glücklichen Ausgang meiner bescheidenen 4-Zimmer Wohnung« und bedankt sich »ganz herzlich« für Willi Sittes Hilfe.[6]

Auch ihn rufe ich an.

»Das, was ich Ihnen erzählen möchte, kann ich nicht am Telefon erklären«, sagt er.

Also verabreden wir uns.

Es braucht ein gutes Wort

Kurz nach der »Wende« ist Dieter Weidenbach wieder nach Ostdeutschland gezogen. Wir treffen uns in seinem Atelier. Einem stallartigen Mauergebäude in einem kleinen Dorf bei Weimar. Sein dunkles Haar ist nicht mehr ganz so lang wie auf den Schwarz-Weiß-Fotos der damaligen Zeit, nur noch halblang. Dazu trägt er eine runde Brille, eine Cordhose und Cordjacke, und sein rustikales Outfit passt zu seiner rauchigen Stimme. Hier in diesem kalten Raum verwandelt sich jedes seiner Worte in einen einzigen langen und zähen DDR-Winter. Besonders während er von politischen Problemen spricht, die schon weit vor seiner Ausreise eingesetzt hätten.

»Die DDR war ja immer so ein Sorgenstaat, wie ein Kindergarten«, sagt Weidenbach und schiebt mir einen Stuhl in seiner Atelierküche zu. »Man war böse – man bekam Rüge – und musste eine Lösung finden.« Ich setze mich.

Seine Frau war ebenfalls Künstlerin, kam nach einer Ausstellung 1980 aus Wien nicht zurück, und er wurde der Mitschuld verdächtigt. Da ihn die Stasi sowieso schon seit längerer Zeit im Visier hatte, spitzte sich seine Lage zu diesem Zeitpunkt zu. Wie es schon oft passiert war. Und wie immer, wenn es ganz brenzlig wurde, habe ihm der Präsident Willi Sitte höchstpersönlich seine Hilfe angeboten. Offenbar ging es bei Dieter Weidenbach nie darum, ihn in die Partei zu bekommen, denke ich, während er mir davon erzählt, nur bleibt dieser Brief Willi Sittes an ihn trotzdem fragwürdig. Ich öffne ihn auf meinem Handy und zeige Weidenbach ein Foto davon.

»Was hatte Willi Sitte mit den Privilegien, die er ihnen eingestand, bezwecken wollen?«

»Wovon reden Sie denn?«

»Dieser harsche, erboste Ton in seinem Brief …«, sage ich und sehe auf das Foto. »Willi Sitte schreibt zuerst davon, dass er ›um eine bittere Lehre reicher‹ sei, was das Ergebnis seiner ›vielfältigen Bemühungen‹ um Ihre ›künstlerische Weiterentwicklung betrifft‹. Und außerdem …«, sage ich noch lauter, »außerdem schreibt er, dass Sie sich als Künstler der DDR ›disqualifiziert‹ hätten und ›aus ihrer Gemeinschaft‹ ausgetreten seien. Das ist doch mehr als eindeutig …«

»Glauben Sie ernsthaft, dass nur ich diesen Brief gelesen habe?«, unterbricht mich Weidenbach. »Und glauben Sie, dass ich so schnell hätte ausreisen können, hätte er nicht solche Sätze verwendet.«

Er nimmt das Handy in die Hand und liest einen Abschnitt des Briefes:

»Ich werde vielmehr den zuständigen staatlichen Organen mitteilen, dass sie Deinem Ersuchen so schnell wie möglich stattgeben sollten, und zwar aus Gründen unserer Moral und humanitären Haltung [...]«

Erst jetzt fällt mir auf, dass Dieter Weidenbach als einziger der drei Meisterschüler noch im selben Jahr seines Antrags ausreisen durfte, während die anderen beiden – Frank Schult und Henri Deparade – mindestens ein Jahr warten mussten und systematisch von der Stasi schikaniert wurden.

»Willi wusste doch, dass die Stasi mitliest ... Und das ist der Punkt: Ich wollte die DDR nicht sofort verlassen. Ich wollte zu einer Ausstellung, in der Werke von mir gezeigt wurden, nach Venedig fahren. Er wollte mir helfen und sagte, dass er das schon regeln würde.«

»Aber er schreibt doch in diesem Brief von dieser Ausstellung, von der Biennale in Venedig!«*, sage ich.

Weidenbach schüttelt den Kopf. »Meine Bilder wurden dort ausgestellt, aber ich durfte nicht mit«, sagt er. »Willi konnte mich nicht durchbringen. Und als er scheiterte und ich spürte, dass selbst Menschen in so hohen Posten wie Willi Sitte machtlos gegen die Stasi waren – war das für mich der Punkt, an dem ich verstand, dass ich hier wegmusste. Wir hatten ja keine Ahnung, dass die Stasi so eine Macht hatte, dass sie selbst Willis Entscheidungen unterwandern konnte!«

Fast alle Künstler, mit denen ich in der letzten Zeit gesprochen hatte, einte dieser Wunsch, ihre eigenen Ausstellungen

---

* Gemeint ist die 41. Biennale in Venedig. Ab 1982 nahm auch die DDR an dem alle zwei Jahre stattfindenden Kunstfestival teil.

auch besuchen zu dürfen. Egal wo sie stattfanden. Und vielleicht hat Willi Sitte auch einfach nicht glauben können, dass das MfS tatsächlich so vehement dagegenwirken würde, dagegenwirken konnte. Oder er wollte es nicht glauben, denke ich. Immerhin wusste er, dass seine Briefe gelesen wurden. Dass er besondere Formulierungen wählen musste, dass auch er – in seiner Position als linientreuer Parteisoldat – aufpassen musste. Und doch beharrt er, nicht gewusst zu haben, wie weit diese tägliche und alle Lebensbereiche umfassende Bespitzlung reichte.

»Von dem Ausmaß der Überwachung war ich völlig überrascht, und es schockierte mich, daß man geglaubt hatte, den Staat mit solchen Methoden aufrechterhalten zu müssen. Auch wenn es mir heute niemand abnimmt, wiederhole ich, daß ich von dem durchorganisierten System der Beobachtung nichts wußte.«[7]

Dabei war selbst ein Großteil seiner persönlichen Mitarbeiter Inoffizielle Mitarbeiter der Stasi, die als der sogenannte Schild und das Schwert seiner Partei gegen die »eigenen Leute« arbeiteten und versuchten, die Bevölkerung zu kontrollieren, während er offensichtlich glaubte, mit einer ganz normalen Behörde zu telefonieren, wie er es sonst auch als Präsident des Verbandes tat. »Manchmal hatten mir Studenten von Versuchen des MfS berichtet, sie zur Mitarbeit zu gewinnen. Mit einem Anruf verlangte ich, sie in Ruhe zu lassen. Ich wußte nicht, was für Informationen man von ihnen erwartete, verurteilte aber, daß man sie unter Druck setzte.«[8]

Wie viele andere auch ist Dieter Weidenbach geradezu entsetzt über die Willkür, mit der Entscheidungen über Westreisen getroffen werden. Und das, was den Meisterschülern und auch anderen Verbandsmitgliedern an Rechten eingeräumt wurde, war für den Großteil der DDR-Bürger »ohne Beziehungen«

lange Zeit undenkbar: Ausstellungen im Westen zu besuchen, überhaupt in den Westen zu reisen, unkompliziert Ateliers und begehrten Wohnraum gestellt zu bekommen. Mit Hilfe eines Mannes, der viel Macht hatte, der diese Macht auszuüben wusste. Über dem dennoch immer Menschen saßen, die mächtiger waren und am Ende immer das Sagen haben würden. Weidenbach war sich des tatsächlichen Einflusses der Stasi ebenfalls nicht bewusst. Erst mit Öffnung der Stasi-Unterlagen-Archive* liest auch er seine Akten und erfährt das Ausmaß seiner Überwachung, wer tatsächlich gegen ihn gearbeitet hatte und wer nicht. Er fährt auf direktem Wege, zum ersten Mal seit seiner Ausreise, zu Willi Sitte nach Halle, um sich mit ihm zu versöhnen. Es braucht vier Flaschen Wein und vier Zigarren, aber es hat geklappt.

»In diesem Brief steckt so vieles«, sagt Dieter Weidenbach. »Tragik, sein tiefes Bekenntnis zur DDR und trotz allem auch eine gewisse Komik, so komisch, wie er eben auch war. Und man merkt, dass er mich gemocht hat. Ich mochte ihn ja eh. Aber ich glaube, er mochte mich auch.«

»Haben Sie Willi Sitte später gefragt, wieso er gerade von Ihnen so enttäuscht war?«, sage ich.

»Das war mir doch schon von Anfang an klar«, sagt er, »dazu muss man wissen, dass ich bereits vor meiner Meisterschülerschaft unter Beobachtung stand. Das fing alles mit diesem Gemälde an … 1976, da habe ich *Unterwegs* fertiggestellt. Damit begann der Stress mit der Partei.«

Unterwegs zeigt einen Mann, der ziemlich genauso aussieht, wie Dieter Weidenbach und auf einem Hügel einen Zirkus ne-

---

* Ab dem 02.01.1992 war das Stasi-Unterlagen-Archiv der Öffentlichkeit zugänglich.

ben einem sozialistischen Plattenbau hinter sich lässt und der Sonne (im Westen) entgegengeht.

Als Dieter Weidenbach das Bild fertigstellt, wird er von der Partei vorgeladen.

Als er auf die Frage »Wo es denn hingehen solle« antwortete, dass ebendiese Frage, die dargestellte Orientierungslosigkeit und Suche, die Botschaft des Bildes sei, schien das in den Augen der SED eine billige Ausrede. Schließlich entspräche dies nicht der sozialistischen Mentalität, die nicht auf das *Suchen*, sondern *Ankommen* aus sei.

»Man verhörte mich daraufhin regelrecht. Ich wurde mit diesem Bild beschuldigt, die Bevölkerung zur Republikflucht zu ermutigen! Willi hatte von meinen Problemen erfahren und mich deswegen in meinem Atelier, zusammen mit ein paar Funktionären von der SED, absichtlich repräsentativ besucht. Dabei wusste er von der Schwierigkeit um das Gemälde, und später brachte er diese Meisterschülerschaft ins Spiel.«

»Aber man musste sich doch bei ihm bewerben«, sage ich irritiert.

Weidenbach schüttelt den Kopf.

»Nein, nein, das ist bei mir etwas anders abgelaufen. Ja, natürlich musste ich einen Antrag schreiben. Aber Willi hat mir das alles in meinem Atelier unter vier Augen vorgeschlagen. Die Lage war offenbar ziemlich ernst. Dann habe ich den Antrag geschrieben. Einen Meisterschüler nahm die Partei nicht so hart ran. Und vor allem hatte er damit die Stasi auf Abstand gehalten!«

Und doch wollte Weidenbach endgültig weg.

»Willi Sitte schreibt von *Tragweite* und *Tragik* in seinem Brief«, sage ich. »Haben Sie angegeben, wegen Ihrer Frau ausreisen zu wollen?«

»Ja, das war natürlich *ein* Grund. Aber Willi hatte das schon richtig erkannt. Ich war ja zu diesem Zeitpunkt gar nicht mehr mit ihr zusammen. Der Knackpunkt war, wie gesagt, diese verbotene Reise nach Venedig. Und überhaupt konnte man es hier eigentlich nicht mehr aushalten«, sagt Weidenbach.

Da halfen alle Bemühungen nicht. Ja, das ist enttäuschend. Vor allem, wenn ein Meisterschüler nach dem anderen einen Antrag auf Ausreise stellt, so wie Dieter Weidenbach, der keine weiteren Bemühungen wollte, sondern Freiheit. Willi Sitte war das eigentlich bekannt, nachdem damals in den 1950er-Jahren seine Mitstreiter und Freunde reihenweise in die BRD gegangen waren. Aber damals waren sie alle ohne Einfluss, ohne Macht und ohne wirkliches Mitbestimmungsrecht – fern von der Realität, in der er sich Mitte der 1980er-Jahre befand, in der er doch fast alles hatte und viel vermochte. Immer wieder betont er nachträglich, demokratisch gewählt worden zu sein, sich für künstlerische Freiheiten eingesetzt zu haben, wofür er stets und ständig mit jenen Berufspolitikern korrespondieren musste, die sonst fern davon waren, anderen Teilen der Bevölkerung große Freiheiten zu gewähren.

»Kein anderer gesellschaftlicher Bereich verfügt über diese Privilegien, die wir euch Künstlern zugebilligt haben, und nun seid ihr auch noch unzufrieden«, soll Kurt Hager zu Willi Sitte gesagt haben. »Ich komme ständig in Schwierigkeiten, wenn ich gegenüber anderen Organisationen die Zugeständnisse für euch rechtfertigen muß.«[9]

Ein Grundkonflikt politischer Natur, der Willi Sitte von seinen Schülern immer wieder – Weidenbach wird nicht der letzte sein – vor Augen geführt wird. Vielleicht hatte er doch mehr damit gemeint, als er ihm schrieb, »um eine bittere Lehre reicher« zu sein.

Pflastersteine werfen

Weidenbach und ich rauchen eine Weile selbst gedrehte Zigaretten in seiner Atelierküche. Er zeigt auf ein paar seiner Gemälde, die nach einer Ausstellung in St. Petersburg noch verpackt an den Wänden lehnen. »Willi hatte meine Arbeiten auf einer Bezirksausstellung gesehen und gesagt, damit könne man arbeiten«, sagt Weidenbach. »Aber ich war natürlich ganz anders strukturiert als er.«

Anscheinend hat Willi Sitte mit Dieter Weidenbach im Gegensatz zu anderen Meisterschülern tatsächlich viel intensiver gearbeitet. In dem Meisterschülervertrag, den die beiden ausgehandelt haben, heißt es gleich im ersten Punkt:

»1) Der Meisterschüler Dieter Weidenbach arbeitet unter Betreuung von Prof. Willi Sitte langfristig an einem Auftragswerk des VEB Leuna-Werke mit dem Arbeitstitel ›Feuer, Erde, Wasser, Luft‹, mehrteiliges Tafelbild, bestimmt für die Meßwarte des Kraftwerks-Neubaus.«[10]

Das fertige Gemälde *Industriewerk (Nach Arnold Böcklin – Toteninsel)* (1978/79) befindet sich heute in Weidenbachs Atelier.

»Anders strukturiert« wäre noch vorsichtig ausgedrückt, wenn man dieses Leuna-Bild mit dem sozialistisch progressiven Simultanbild *Leuna 1969* vergleicht, auf dem die Protagonisten lachend einer großartigen Zukunft entgegenblicken.

Weidenbachs Bild liefert das Gegenprogramm: ein gespenstisches Werk, umgeben von Dunkelheit, geradezu spürbarer Verwesung – eine Leicheninsel.

»Dieses Bild war in der DDR nun ja …«, sagt er.

»Lassen Sie mich raten – es war *schwierig damit?*«

»Genau, aber es zeigt eben die Wahrheit: Ich wollte damit auf diese wahnsinnige Umweltzerstörung in der DDR anspielen … und natürlich habe ich mit Willi darüber diskutiert.«

»Was hat er gesagt?«

»Er sagte, wenn ich glauben würde, dass ich ›weiterhin Pflastersteine in unsere sozialistische Gesellschaft werfen‹ könne, dann hätte ich mich aber getäuscht! Dann hatte er mich ernst angesehen und gesagt: ›Wir werden das schon alles in den Griff bekommen …‹«

Dieses Anklagebild war sicher nicht das, was sich Willi Sitte als »schöpferisches« Auftragswerk für seine geliebten Leuna-Werke vorgestellt hatte.

»Aber gut gemalt ist es«, sagt Weidenbach.

»Ja, das stimmt.«

»Nein, das hat Willi gesagt«, sagt Weidenbach. »Er hatte mein Talent gesehen und gefördert. Aber trotzdem gingen unsere Meinungen auseinander. Meine Arbeiten waren ja Gegenentwürfe zu all dem, was er gemalt hat. Zu diesen hoffnungsvollen Chemiearbeiter-Bildern. Zu all seinen positiven Figuren … Und trotzdem kann er es ja gut finden. Er war ja im Grundkonflikt zwischen den Betonköpfen der Partei, die noch mehr Einfluss auf die Kunst nehmen wollten, und andererseits mit Künstlern wie mir, von denen er wusste, was ihnen blühte, wenn sie es übertreiben … Woher er überhaupt die Kraft hernehmen konnte, noch so ein Werk zu schaffen … Unfassbar.«

Die Gewalt des Pinsels

Ich hatte Dieter Weidenbachs Meisterschülervertrag mit Willi Sitte in einem Archiv abfotografiert, auch weil dort das figürliche Malen als einer der Hauptaufgabenpunkte festgeschrieben steht und mir wieder einfiel, was Willi Sitte über den künstlerischen Akt gesagt hatte: »Mit dem Akt beweist man, ob man die Figur beherrscht und ob man darüber hinaus etwas über die Zeit, über sich selbst, über Befindlichkeiten auszudrücken vermag.«[11]

»Wie liefen diese Arbeiten zwischen Ihnen ab?«, frage ich.

»In dem Punkt sind wir richtig aneinandergeraten«, sagt Weidenbach und wirkt dabei unerwartet fröhlich: »Sie kennen doch sicher seine *Paris*-Bilder.«

Ich nicke. Seit den 1950ern bezog sich Willi Sitte immer wieder auf die Geschichte aus der griechischen Mythologie, in dem der Held Paris mit einem Apfel die schönste von drei Göttinnen auswählen soll. Nur dreht Willi Sitte in seinen Bildern den Spieß um, als Kritik an der allgegenwärtigen Geschlechterungerechtigkeit, wie er es später selbst beschreiben wird. In seinen Bildern sind es drei nackte Frauen, die mit einem Apfel um einen devoten Paris stehen.

»Willi hatte mir in dieser Zeit geraten, mehr Gruppenbilder von menschlichen Figuren zu malen«, sagt Weidenbach. »Und man weiß ja, wie Willis Bilder aussehen, diese kräftigen Gestalten, siegesbewusst, lustbetont … Vielleicht wissen Sie, was ich meine.«

»Sicher.«

»Ich bin also zum Bahnhof gegangen und habe ein paar Alkoholikerinnen gefragt, ob sie nicht Modell stehen wollen und … Ja, so ist dieses Bild entstanden«, sagt er und führt mich zu seinem *Urteil des Paris* von 1978, das heute an einer Wand in seinem Atelier hängt. Mit dem Akt verrät man etwas über sich selbst, denke ich wieder. Über die Zeit und Befindlichkeiten. Weidenbachs Bild zeigt ihn selbst als Paris, schelmisch grinsend mit verbundenen Augen. Vor ihm stehen drei Frauen, die, im Gegensatz zu Willi Sittes lustvollen Figuren, krank, abgemagert und geradezu apathisch aussehen. In ihren Händen halten sie den Paris-Apfel und Alkoholflaschen. Und neben der Gruppe steht zu allem Überfluss: ein Totenskelett.

»Nun …«, sage ich langsam, »sozialistische Lebensfreude sieht anders aus.«

Weidenbach beginnt zu lachen. »Willi hat davon Wind bekommen, noch während ich daran gearbeitet habe. Er hat mich richtig am Kragen gepackt, die Frauen aus dem Atelier geschickt und gerufen: ›Ich lasse mich nicht von dir provozieren!‹ Und neben diesen abgemagerten Elendsgestalten hat ihn später vor allem der Tod im Bild richtig gestört.«

Er räuspert sich: »Nach der ›Wende‹ hat er noch ein oder zwei *Paris*-Bilder gemalt. Zum Beispiel *Die Rückgabe des Apfels** – und da ist auch ein Tod zu sehen. Eigenartig, na ja.«

»Ja, eigenartig …«, sage ich. Der Tod spielt in Willi Sittes Werken bis dahin fast gar keine Rolle. Im Gegenteil: Er stellt das Lachen heraus, die Liebe, immer im Spannungsfeld zwischen Gut und Böse, in dem das Lachen überwiegt. Ganz im Gegenteil zu Dieter Weidenbach.

»Hat er mit Ihnen über Ihre offensichtlich unterschiedlichen Malweisen gesprochen?«

»Willi hat mir immer gesagt, dass er erst als Rentner so malen könne wie ich. Erst wenn er sich zur Ruhe setzen würde. *Noch* müsse er anders malen.«

Und nachdem er eine Weile überlegt hatte, sagt er: »*Noch* müsse er den Pinsel gewaltsam anwenden, das war es, was Willi gesagt hat.«

---

* Das Werk stammt aus dem Jahr 1992.

IX. 1989

Realismus der Straße

Den Mauerfall lernte ich in der Schule als das kennen, was für Menschen in den USA die Mondlandung bedeutet haben muss. In meiner Fantasie saßen alle DDR-Bürgerinnen und -Bürger zu Tränen gerührt vor den Fernsehgeräten, als Günter Schabowski, Mitglied des Politbüros der SED, am 9. November 1989 kurz vor 19 Uhr ein neues Reisegesetz* der DDR mit den Worten »Das tritt nach meiner Kenntnis … ist das sofort, unverzüglich«[1] verkündete, sich dabei historisch versprach** und die Grenzöffnung gen Westen einläutete.

In meiner Fantasie war dann die Wiedervereinigung, fast ein Jahr später, ein einziger Freudentanz in den Straßen der nun einheitlichen Bundesrepublik. Und doch stimmte alles und zeitgleich nichts davon in meiner Familie. Auf jeden Fall gehen hier die Geschichten einmal mehr auseinander, während ihre Handlungsstränge immer noch parallel zu verlaufen scheinen.

Ich bin mit einem Koffer voller Dokumente, Zeitungsausschnitte und Tonaufnahmen meiner Familie aus den 1980er-

---

* Unter dem Druck der massiv steigenden Anzahl der Ausreiseanträge aus der DDR und der Fluchtwellen über die Tschechoslowakei und Ungarn beschloss die SED-Regierung ein Gesetz, das es ermöglichen sollte, Privatreisen ins Ausland vorzunehmen, ohne dabei besondere Voraussetzungen erfüllen zu müssen.

** Die neue Reiseverordnung der DDR war ursprünglich auf den 10.11.1989 datiert.

Jahren nach Wernigerode gereist. Genauer gesagt mit Unterlagen zu den letzten Jahren der DDR. Ich hatte mir vorgenommen, meine Großmutter noch einmal zum Ende ihrer erlebten DDR-Zeit zu interviewen und sie zu fragen, wie sie Willi Sitte wahrgenommen hatte – bevor er sich zurückzog. Danach wollte ich all meine Notizen zusammenpacken und nach ein oder zwei Übernachtungen im Haus meiner Eltern wieder fahren. Das war vor mehr als einem Monat.

Meine Eltern haben keinen einzigen Tag gefragt, wann ich wieder abreisen wolle, stattdessen bauten sie, ohne dass ich sie darum gebeten hätte, ihren Keller zu einer Wohnung samt Arbeitszimmer mit Tageslichtleuchte aus.

Ich setze mich an den neuen Schreibtisch und blättere durch meine Notizen:

»Mir wurde erst nach der ›Wende‹ klar, wie wenig unser ganzes System mit Sozialismus zu tun hatte; seine Reform wäre kaum möglich gewesen. Dinge, die mit der sozialistischen Idee nicht vereinbar waren, kamen nun ans Tageslicht und enttäuschten auch mich«[2], schreibt Willi Sitte Jahre später.

1989 ist die wirtschaftliche Lage in der DDR mehr als erdrückend. Erich Honeckers jahrelang heraufbeschworene »Einheit von Wirtschafts- und Sozialpolitik« hält sich nicht. Es fehlen Produktionsmittel, überhaupt steht die Produktion zuweilen still, die Natur ist vergiftet, da es noch weniger Umweltschutz als in der BRD gibt, in der die ökologische Lage nicht sehr viel besser aussieht. Der SED-Führung fehlt das Geld für den Straßenbau, die Städte verkümmern. Die DDR ist nicht einmal in der Lage, die Zinsen der zurückzuzahlenden Kredite zu bedienen, ohne den Lebensstandard der Bevölkerung erheblich zu senken, was ein offener Beweis des Scheiterns wäre. Die DDR braucht Westgeld und verkauft dafür ihre wenigen hochwertigen Waren in den Westen. Als am 7. Mai erstmals Wahlbeobachter die Kommunalwahlen der DDR als Betrug entlarven, kocht die Stimmung weiter hoch. Erich Honecker wird später am 18. Oktober 1989 von der SED zum Rücktritt gezwungen und durch Egon Krenz ersetzt.[3]

Es bilden sich immer mehr Oppositionsgruppen in dieser Zeit. In Leipzig findet am 4. September 1989 die erste Montagsdemonstration mit etwa 1000 Teilnehmern statt. Einen Monat später, am 2. Oktober, sind es 20 000 Menschen, drei Wochen später sind es bereits 300 000, die auf der Straße gegen die bestehenden Verhältnisse demonstrieren.[4]

»Zu Hause im Fernsehen konnte ich den Verlauf verfolgen«[5], schreibt Willi Sitte.

Zehn Tage vor dem Mauerfall schreibt er dem neuen Generalsekretär der SED Egon Krenz: »Gegenwärtig ist es wahrscheinlich leider noch nicht die Mehrheit, die hinter Dir steht; denn noch muß sich erst die Mannschaft formieren, die an Deiner Seite das nunmehr glücklicherweise begonnene Werk der Erneuerung unseres sozialistischen Landes bewirken kann und muß. Du sollst wissen, lieber Egon, daß ich heute schon zu denen gehöre, die, davon bin ich überzeugt, morgen die große Mehrheit bilden werden […]«[6]

Vielleicht sieht Willi Sitte auch am 4. November 1989 fern. Und sieht dann, wie seine einstige Freundin Christa Wolf mit ihrer Rede »Sprache der Wende« vor hunderttausend DDR-Bürgern auf dem Alexanderplatz spricht:

»Bürger, stell die Glotze ab, setz dich jetzt mit uns in Trab! Ja: Die Sprache springt aus dem Ämter- und Zeitungsdeutsch heraus, in das sie eingewickelt war, und erinnert sich ihrer Gefühlswörter. Eines davon ist ›Traum‹. Also träumen wir mit hellwacher Vernunft. Stell dir vor, es ist Sozialismus und keiner geht weg! Sehen aber die Bilder der immer noch Weggehenden, fragen uns: Was tun? Und hören als Echo die Antwort: Was tun! Das fängt jetzt an, wenn aus den Forderungen Rechte, also Pflichten werden: Untersuchungskommission, Verfassungsgericht. Verwaltungsreform. Viel zu tun, […]. Das ›Staatsvolk der DDR‹ geht auf die Straße, um sich als ›Volk‹ zu erkennen. Und dies ist für mich der wichtigste Satz dieser letzten Wochen – der tausendfache Ruf: Wir sind das Volk! Eine schlichte Feststellung. Die wollen wir nicht vergessen.«[7]

Den Mauerfall hat Willi Sitte später tatsächlich im Fernsehen beobachtet. Das weiß ich von Willi Sittes Tochter Sarah und ihrer Mutter Ingrid. Mit Sarah hatte ich während meiner Recherchen bisher kaum Austausch, weil sie fast immer damit beschäftigt war, sich um den Verbleib des Nachlasses ihres Vaters zu kümmern und mit seinem Galeristen zu verhandeln, während die Preise für »Sittes« wieder stiegen.

Sarah wurde 1966 geboren und feierte jedes Jahr aufs Neue zusammen mit der DDR Geburtstag. Ich weiß ehrlich gesagt nicht, wie Willi Sitte das hinbekommen hat und warum in keinem der wissenschaftlichen Texte, die noch jeden Pinselstrich von ihm als Teil eines berechnenden Geniestreichs deuten, nicht erwähnt wird, dass sein Sohn Volkmar genau einen Tag vor der Gründung der DDR und seine Tochter auf den Jahrestag genau, am 7. Oktober, geboren wurde. Am 40. Jahrestag der DDR wurde Sarah dreiundzwanzig. Direkt zwischen zwei großen Montagsdemonstrationen, auf denen sie damals hochschwanger mitlief, wie sie sagt.

Und eigenartigerweise hätte ihr Bruder Volkmar, der noch vor seinem Vater 2004 verstarb, genau in dieser Zeit nach jahrelanger Distanz wieder verstärkt Kontakt zu Willi Sitte gesucht und gefunden.

Ich hatte Sarah gefragt, ob sie bei den Demonstrationen nicht auch an das Ende der Vision ihres Vaters dachte. »Darum ging es doch gar nicht«, hatte sie gesagt, »wir haben für eine bessere DDR demonstriert.« So viele, mit denen ich gesprochen habe, haben genau dasselbe gesagt. Auch Sarahs Mutter Ingrid. »Eine bessere DDR.« Und ja natürlich, wie auch Willi wären Sarah und Ingrid Sitte doch froh gewesen, dass endlich dieses unsägliche Reiseverbot aufgehoben worden war. In der Familie sei das ein Thema gewesen. Selbst Willi Sitte wäre es untersagt gewesen, seine Tochter mit auf Westreisen zu nehmen. Dass Ingrid ohne Weiteres mitkommen durfte, sei schon besonders gewesen. Willi hätte diese Grenze doch gar nicht gewollt.

Was hatte ich erwartet, was die beiden mir über Willi Sittes damalige Stimmung verraten würden? »Er war extrem angefasst«, sagten sie. Mehr wüssten sie nicht. »Man sollte wenigstens die Studenten in den Semesterferien legal reisen lassen«, sagte er später selbst. »Ich war der Überzeugung, daß die jungen Leute nicht im Westen bleiben würden, wenn sie die Gelegenheit bekämen, die kapitalistischen Verhältnisse hautnah zu erleben.«[8]

Ob Willi Sitte die Tage zuvor Christa Wolfs* Worten zugestimmt hatte? »Stell dir vor, es ist Sozialismus und keiner geht weg!«

Trotzdem geschieht das Gegenteil, und die Tage vergehen nach diesem Novembertag plötzlich sehr schnell. Besonders in

* Christa Wolf hatte die Endfassung des Aufrufs »Für unser Land« vorgenommen, welcher von insgesamt einunddreißig Personen verfasst wurde und 200 000 Unterschriften fand. Der Aufruf positionierte sich gegen ein wiedervereinigtes Deutschland und für eine eigenständige DDR als »sozialistischen Gegenentwurf zur Bundesrepublik.« Der Aufruf wurde am 28. November auf einer internationalen Pressekonferenz vorgestellt. Am selben Tag stellte Bundeskanzler Helmut Kohl in einer Rede seinen Zehn-Punkte-Plan vor, in dem er die Wiedervereinigung Deutschlands thematisierte.

der Kunstszene. Willi Sitte tritt, bevor er den Verband Bildender Künstler der DDR grußlos verlässt, Anfang Dezember 1989 mit dem gesamten ZK zurück und beobachtet mit Argwohn, was sich in seinem Kollegenkreis abspielt. Immer schon gelten die Künstler Werner Tübke, Wolfgang Mattheuer und Bernhard Heisig mit Willi Sitte als »die Viererbande.« Egal wie fragwürdig die »Verbundenheit« zwischen ihnen gewesen ist, sie verbessert sich nicht unbedingt, als im Dezember 1989 plötzlich drei von ihnen auffällt, wie korrupt und ungerecht die SED über Jahre gehandelt hatte, weswegen sie rasch beschließen, ihre DDR-Preise mittels breiter Presseerklärung zurückzugeben. Willi Sitte ist zwar ebenfalls »zutiefst erschüttert über die jüngsten Ereignisse, die aus der ehemaligen Partei- und Staatsführung bekannt werden, über den Betrug und Verrat, die Angehörige dieser Führung begingen«[9], schreibt das aber privat an das Präsidium der Akademie der Künste in Ost-Berlin und nicht an eine Zeitung. Überhaupt weigert er sich, seine DDR-Preise und Orden abzugeben und sich für irgendetwas zu entschuldigen. Er wüsste nicht, wofür. Stattdessen ist er mit jedem Tag enttäuschter und informiert noch vor Silvester des Jahres 1989 die Akademie, »daß ich im Zusammenhang mit der neuen politischen Situation in unserem Lande, die ich begrüße und mit Genugtuung nach Kräften fördere, alle meine Ämter abgegeben habe und mich aus dem öffentlichen Leben zurückziehe«.[10]

Es sieht 1989 nicht danach aus, dass es irgendjemanden interessieren würde, wie komplex er seine Macht tatsächlich eingesetzt hat. Und schon gar nicht in dieser Schnelllebigkeit, in der sich alles plötzlich verändert. Politiker werden abgesetzt, die Demonstrationen gegen das System werden immer lauter. Der Verband Bildender Künstler, sein Heimathafen, entwickelte sich ohne seine Leitung konträr zu seiner Kunstvorstellung.

Im Januar 1989 nimmt meine Mutter noch Zeichenunterricht bei »Onkel Willi«. Im Februar besteht sie die Prüfungen, spricht mit den künftigen Kommilitonen und fasst nach drei Tagen den Entschluss, auf keinen Fall Künstlerin werden zu wollen. »Willi wirkte damals so wie immer. Keiner hatte zu diesem Zeitpunkt geahnt, dass die Welt in ein paar Monaten eine andere sein würde«, hatte meine Mutter gesagt.

Noch im Mai 1989 schreibt er einen Brief an Kurt Hager: »Nach meinen Erfahrungen wachsen zunehmend Widersprüche in unserer Kunstpraxis, die nicht ungelöst bleiben dürfen, wenn wir die Einmaligkeit und Spezifik unserer DDR-Kunst erhalten wollen. [...] Mir geht es nicht darum, daß mit administrativen Maßnahmen auf zerstörende und aufweichende Erscheinungen im Kunstbereich einiger Bezirke unserer Republik reagiert wird, jede formale Administration ist nach meiner Meinung im Kunstbereich schädlich. Dennoch beunruhigt es mich, daß zunehmend Kräfte die Oberhand zu gewinnen scheinen, die auf eine Auflösung der DDR-Kunst hinarbeiten, ohne daß wir darauf politisch offensiv reagieren [...] Mir geht es um den Dialog, um das schöpferische Streitgespräch, die klären helfen, die aber zur Zeit nicht mehr stattfinden.«[11]

Er flüchtet sich in Aktionismus, wirkt dabei immer fahriger und kontaktiert gleichgesinnte Künstler, bildet eine »Sezession der Realisten« im Verband Bildender Künstler und bittet die Leiterin des ZKs der Abteilung Kultur, Ursula Ragwitz, namhafte Künstler und Kulturwissenschaftler der DDR, »leidenschaftliche Fürsprecher eines Zusammenschlusses der Realisten« im Oktober ’89 zu einem Meinungsaustausch einzuladen, um »ein Gegengewicht zu einer Reihe Chaoismen« zu schaffen.[12] Vielleicht wird ihm erst ganz zuletzt klar, dass er seine ganz eigene Form des Realismus brauchte, um an die Utopie des Kommunismus zu glauben. Eine Utopie, die er malte und sie dadurch lebte. Es hatte funktioniert bis zu diesen schnellen Wochen und Monaten des Jahres 1989.

Willi Sitte hatte etwas bewirken wollen, etwas verändern. Immer wieder höre ich das. Dafür brauchte er Macht. Auch das höre ich immer wieder. Willi Sitte war sich dessen bewusst, natürlich. Und er malte sich in die Illusion mit diesen hoffnungsbeladenen Bildern, deren implizite Warnungen immer das Außen und nie das Innere der DDR anprangerten.

Als er 1996 von Günter Gaus in der legendären Show *Zur Person* interviewt wird und die Frage gestellt bekommt, ob er sich gräme, sich Illusionen gemacht zu haben, antwortet Willi Sitte: »Auch wenn ich später erkennen musste, dass es Illusionen waren: Das hat mir Kraft gegeben, ich habe Impulse gewonnen. Was ich aus dieser Situation heraus geschaffen habe, habe ich mit Überzeugung getan. Ich stehe auch heute noch dazu. Ich kann nichts wegnehmen. Es ist ein Teil meines Lebens, meiner Lebensauffassung gewesen. Auch, wenn sie sich im Laufe der Zeit dann verändert hat. Aber diese Periode kann ich nicht einfach streichen, will sie auch nicht streichen.«[13]

Die Illusion verabschiedet sich von der Realität. Verändert das nicht alles in einem Menschen?

Der Glanz der Kopien

Im Sommer 1989 bekommen meine Großeltern Besuch von der Fotoredaktion der Zeitschrift *Kultur im Heim*. Zu einem Zeitpunkt, an dem es immer weniger Menschen in der DDR, so wie sie war, aushalten. Aber gerade in dieser Zeit will die Redaktion ihre innovativen Leuchtgeräte groß rausbringen. Die Prototypen sind gebaut, und die Lampen sehen gut aus. Die Redaktion fotografiert alles: Lampen mit glatten Glaskappen in Grün, Blau und Rot. Eine Lampe mit Samtschirm, eine mit Troddeln. Das gleiche Modell als Wandleuchte, Stehleuchte und Tischleuchte. Hochmodern und innovativ. Jetzt liegen die Fotos vor mir und meiner Großmutter ausgebreitet auf ihrem Wohnzimmertisch.

»Wieso bist du auf jedem dieser Bilder zu sehen?«, frage ich.

»Der Fotograf fand mich wohl ziemlich gut«, sagt sie.

Meine Großmutter ist zu dieser Zeit siebenunddreißig, hat strahlend blondes Haar, und ihr Mund ist blutrot geschminkt. Sie trägt einen hellrosafarbenen Pullover, während sie geradezu verliebt auf eine ihrer blau-bauchigen Tischleuchten schaut. *Kultur im Heim* gibt der DDR-Bevölkerung seit 1957 Tipps zur eigenen Inneneinrichtung, und an diesem Sommertag im Jahr 1989 sind sich alle einig, dass auf die beeindruckenden Leuchten von *Bültemann Leuchtenbau & Dekorationsglas* eine große Zukunft wartet. Meine Großmutter schiebt die Fotos an den obersten Rand des Tisches.

»Aber wir hätten es ja eigentlich wissen müssen, dass es anders kommt«, sagt sie. »Wir haben die Leuchten im Westen gesehen, und da sind wir ja eigentlich schon aufgewacht. Das hängt ja alles mit den Leuchten zusammen«, sagt sie. »Als wir im Jahr zuvor im Westen waren, wussten wir auf einmal Bescheid: Stell dir vor, Aron, du bist gut situiert in der DDR. Du hast nicht nur dein Einkommen, du hast deine Privilegien, deine Vorteile …«

»Meinst du damit Willi?«

»Ich meine unsere gesamte Familie. Du kommst in den Westen und merkst, dass das in der DDR alles Mist ist. Stückwerk. Nichts wert. Genau wie Rudls Kunst am Bau. Aber was das für Bauwerke waren … Das wirkte doch alles primitiv.«

»Die Kunst?«

»Nein, nicht die Kunst als solche. Wie sie präsentiert wurde: zum Beispiel eine Skulptur im Park. Die Skulptur war Kunst, doch der Park war eben Mist.«

Offene Grenzen

Ich hatte mit den Schwestern meiner Großmutter ebenfalls über diesen Herbst '89 gesprochen. Ihre älteste noch lebende Schwester Hanne erfährt die Nachricht der offenen Grenze am 9. November 1989, als sie gerade einen Cola-Weinbrand mixt. Ein aufgeregter Bargast schreit es ihr ins Gesicht. Normalerweise hätte sie an diesem Tag noch bis spät am Abend in ihrem Schwimmbad arbeiten müssen. Von Donnerstag bis Sonntag dient das Schwimmbad in Döbern, Brandenburg, auch als Kneipe. Heute dürfen sie ausnahmsweise früher schließen. Ein befreundeter Grenzsoldat aus Ost-Berlin lotst sie und ihre Freundinnen verteilt in drei Autos zu einem Grenzübergang, den die meisten der tausend anderen DDR-Bürger und -Bürgerinnen in den Staus vor der Grenze nicht kennen. Stundenlang feiern sie in West-Berlin. Am nächsten Morgen fährt sie sehr früh wieder zurück in das kleine Groß Kölzig im südöstlichen Brandenburg. Ihre Schicht im Schwimmbad steht schließlich an.

»Aber Euphorie war gar kein Ausdruck in diesen Tagen, Aron«, sagte sie.

Bei meiner Großtante Ulli war das etwas anders.

Ausgerechnet im Herbst des Jahres 1989 wandelt sie ein paar ihrer Überstunden in Urlaubstage um, um mit ihren Eltern in die Tschechoslowakei zu fahren und zum ersten Mal die ehemalige Heimat ihrer Familie kennenzulernen. Und es gibt vermutlich keinen unpassenderen Zeitpunkt an einem dieser Abende, genauer gesagt dem 30. September, den Fernseher anzuschalten und Nachrichten zu sehen. Umgeben von der alten Heimat, die sie alle vor mehr als vierzig Jahren verlassen hatten. Als sie also gemeinsam in einem Hotelzimmer im Riesengebirge sitzen, sehen sie im Fernsehen, wie Tausende DDR-Bürger vor der besetzten Deutschen Botschaft in Prag stehen. Später werden diese mit ihren Jubelschreien die Worte des Außenministers der BRD Hans-Dietrich Genscher übertönen, während der von einem Balkon der Botschaft aus die Nachricht über ihre genehmigte Ausreise überbringt.*

»Das ist überhaupt nicht gut«, sagt meine Urgroßmutter. Mein Urgroßvater starrt auf den Fernseher: »Nein, Marta, wir kennen das hier. Das ist nichts anderes, als was 1937 geschah.« Die Flucht der DDR-Bürger in die Bundesrepublik mit der »Heim ins Reich«-Aktion der Nationalsozialisten zu vergleichen, ist aus heutiger Sicht zugegeben ziemlich unglücklich, aber die beiden reden noch etwas weiter, bevor sie der Zeit den Verlauf der Geschichte überlassen und bald gar nichts mehr kommentieren. »Das war's mit der DDR«, sind sie sich einig.

Ulli und ihr Mann Achim finden im Herbst '89 deutlich schärfere Worte, besonders als sie wieder zu Hause sind und im Fernseher die Demonstrationen sehen. »Gruselig!«, sagt Achim.

»Ekelhaft, wie sie da von ›Freiheit‹ sprechen und sich anbiedern«, sagt Ulli.

Als ich sie vor Kurzem noch einmal angerufen hatte, erklärte sie mir all das noch einmal: »Ich habe mich geschämt damals. Für die Menschen. Das war entwürdigend, wie die jubelnden

---

* Am 30. September befinden sich etwa 4000 DDR-Flüchtlinge in der Botschaft, die aufgrund dieser Genehmigung in den Westen ausreisen. »Wir sind zu Ihnen gekommen, um Ihnen mitzuteilen, dass heute Ihre Ausreise … ist das Einzige, was von den Worten des Außenministers Hans-Dietrich-Genscher zu hören ist. Zu laut ist der Jubel der Bürger. Bereits wenige Tage später, am 3. Oktober, erreichen erneut mehr als 5000 Menschen die Deutsche Botschaft und weitere 2000 den Vorplatz. Ihnen wird die Ausreise gewährt. Die SED-Führung reagiert zunächst mit Visumspflichten für Reisen in die Tschechoslowakei, hebt die Regelung aber nach einem Monat auf und gestattet DDR-Bürgern die direkte Ausreise über die Tschechoslowakei. (Vgl. https://www.prag.diplo.de/cz-de/botschaft/-/1305548.de)

Massen die von einem Lkw geworfenen Bananen auffingen, als wären die DDR-Bürger Affen. Wie plötzlich alle hysterisch wurden. Es ging doch gar nicht mehr um Inhalte, sondern darum, Massen aufzuhetzen. Da ging es nur noch darum, losgelassen zu werden! Das ist nichts anderes als die Stürmung des Kapitols in den USA oder wie hierzulande die Pegida-Demos ablaufen«, sagte sie mir.

»Warte mal, damit würdest du die Proteste in der DDR vergleichen?«

»Aron, wenn du die Massen mobilisierst, kannst du sie zu allem bringen!«, sagte sie. »Ich halte das mit Einstein: ›Zwei Dinge sind unendlich, das Universum und die menschliche Dummheit, aber bei dem Universum bin ich mir noch nicht ganz sicher‹.«

Und als ich eine Weile nichts antwortete, sagte sie unvermittelt: »Aron, wir waren nicht gegen eine Veränderung. Wir wollten eine neue DDR.«

Achim und seinen Polizisten ist es von der SED-Führung untersagt, während der Demonstrationen zu schießen.* Es werden Achims letzte Arbeitswochen in seiner Uniform sein. Seine Position muss er abgeben. Danach versucht er sich als Versicherungsberater und geht schließlich mit etwas über fünfzig Jahren in den Ruhestand. Die älteste und inzwischen verstorbene Schwester meiner Großmutter, Burgi, und ihr Mann Manfred werden beide in den 1990ern als ehemalige IM der Stasi »enttarnt«. Burgi sei durch ihre Arbeit im Ministerium für Nationale Verteidigung in die Arme der Stasi hineingeraten,

---

* Als am 9. Oktober 1989 eine der geschichtsträchtigsten Montagsdemonstrationen in Leipzig stattfand, hatte der Chef der Staatssicherheit Erich Mielke zwar vorbereitet, diese nach dem Beispiel der Proteste auf dem Platz des Himmlischen Friedens in Peking 1989 zu zerschlagen. Der Schießbefehl blieb aus. (Vgl. https://www.slpb.de/zeitenwende/ddr-die-friedliche-revolution)

Manfred wurde vor einer Schottlandreise als IM angeworben, die er als Englischlehrer antreten wollte. Sie werden nach der »Wende« aus dem öffentlichen Dienst suspendiert. Burgi wird Buchhalterin, und Manfred darf auf Honorarbasis weiter unterrichten. Ulli hingegen wird nur noch für eines ihrer beiden Lehrfächer bezahlt. Das Fach »Arbeitslehre« wird an den Schulen, in denen sie nach der »Wende« unterrichtet, »nicht anerkannt«. Aber eigentlich sind es ihre Funktionen, die nicht mehr benötigt werden, weil sie ein altes System am Leben gehalten hatten, das abgeschafft worden war.

Vielleicht hatte Willi Sitte Angst, in dieser Kausalkette zu enden, denke ich.

Meine Großmutter hat sich mehr oder weniger bewusst von der Verantwortung des Sozialismus losgelöst, als sie ihre Arbeit beim Rat des Kreises der SED kündigt. Weniger aus Protest gegenüber der Politik ihres Landes als aus der Lust auf Eigenständigkeit heraus, dem Ich im Sozialismus, das dem Sozialismus eigentlich widersprach. Und mein Großvater ist davon begeistert. Mit der »Wende« sind sie, wie zuvor, für sich selbst verantwortlich, und keiner kommt auf die Idee, sie für das Schicksal eines Landes, eines Unrechtsstaats zur Verantwortung zu ziehen. Mein Großvater kauft sich kurz nach dem Mauerfall den ersten richtigen Werkzeugkoffer seines Lebens im Westen, und meine Großmutter führt, bis sie die Bürogeschäfte seiner neuen Firma übernimmt, ein kleines Elektronikgeschäft, das keine Zeit für kreative Arbeit lässt. Hanne arbeitet weiterhin als Schwimmlehrerin und Bademeisterin. Aber nein, auch sie stehen damals kaum in Kontakt. Wie keine der Sitte-Schwestern. In jedem von mir geführten Gespräch mit ihnen fiel der Satz: »Wir haben uns aus den Augen verloren, wir hatten ja zu viel mit uns zu tun.«

Das Gestern im Spiegel

Als ich mich wieder zu meiner Großmutter und den Leuchtenfotos setze, erzählt sie mir ihre Geschichte vom Herbst '89 und besonders dem berühmten 4. November. Der Ruf der Demonstrationen aus Berlin hallt zu dieser Zeit bis nach Wernigerode.

Um 15 Uhr laufen 5000 Bürgerinnen und Bürger der Stadt über den Wernigeröder Markt und schwenken Transparente wie »Gleichheit, Demokratie, Freiheit«, »Neues Forum zulassen«, »Freie Wahlen« oder »Wir fordern Reisefreiheit«.[14]

Meine Großmutter ist unter ihnen, mein Großvater nicht. Er fürchtet immer noch den Chef des Wehrkreiskommandos von Wernigerode, der ihn jedes Jahr wieder mit der Drohung auf Linie bringt, ihn »in die Reserve« zu stecken. Damit wäre sein Geschäft dahin. Meine Großmutter wird ihm später erzählen, wie unfassbar dieser Tag gewesen war. Sie seien alle an der Stasi-Zentrale von Wernigerode vorbeigelaufen – »ohne Probleme, ganz im Ernst« – und hätten gerufen: »Stasi in die Produktion!«*

Die Polizei sei nicht eingeschritten, sondern habe den Verkehr für sie alle geregelt. Es sei unglaublich gewesen, mein Großvater hätte dabei sein müssen.

Ein paar Tage später wird sich der Chef des Wehrkreiskommandos von Wernigerode erschießen. Ungefähr dann, als meine Großeltern wie ihre Nachbarn voller Spannung vier Stunden lang in ihrem Auto warten, um über die nur gut zwanzig Kilometer entfernt von ihnen gelegene Grenze zu fahren.

---

* Eine Anspielung auf das über Jahrzehnte angewendete Parteiverfahren, bei dem DDR-Bürger nach einem Fehlverhalten oder einer allzu kritisch geäußerten Meinung von der SED zur Besserung in einen Betrieb oder Tagebau geschickt wurden.

»Aber hattest du bei aller Freude nicht damals bereits die Sorge, dass mit der DDR auch euer Geschäft enden würde?«, frage ich sie.

»Das war damals doch alles unwirklich, Aron«, sagt sie, »aber als die Mauer offen war, haben wir beschlossen, das Geschäft aufzugeben. Opa war ja so ein Perfektionist, und wir wussten, dass wir mit unserem Betrieb nicht mithalten könnten bei dem, was im Westen Standard war.«

Sie lächelt. Ich sehe wieder auf die Fotos der Leuchtenmodelle.

»Ist daraus noch irgendetwas geworden?«

»Nichts. Davon rede ich doch die ganze Zeit«, sagt sie und zuckt die Schultern.

»Mit der ›Wende‹ war unser Geschäft erledigt«, fügt sie im gleichen Ton, als hätte ich sie gefragt, ob sie noch was trinken wolle, hinzu. Und doch klingt das, was sie sagt, ein bisschen wie die Worte, mit denen mein Urgroßvater die Wiedervereinigung in seinem Tagebuch beschreibt, die ausgerechnet fortan jedes Jahr mit seinem Geburtstag gefeiert werden wird: »Durch die ›Wende‹ mit ihren negativen strukturellen Veränderungen waren auch unsere Auftragsrealisierungen illusorisch.«

Sein Bruder Rudolf Sitte ist dabei etwas ausführlicher: »Ich bin in meinem Leben drei Mal befreit worden. Immer von oben und nie durch Klassenkampf von unten, wie er in unseren Büchern stand. Mit kapitalem Geldsystem und faschistischem Hass auf die Menschen, die vor die Gewehrläufe und in die Gaskammern getrieben wurden. Mit humanistischem Gedankengut und Visionen von einer befreiten Menschheit, die von Immer-Rechthabern und Antidemokraten mit feudalen Attitüden schließlich in den Orkus der Geschichte verbannt wurden. Mit ungehörten Bürgerrechtsgesängen, Kohl'schem Diktat in günstigster Weltstunde, welkend-blühender Landschaftsgestaltung und freiheitlich-demokratischer Unordnung. Das reicht für ein langes Leben ab 1922 bis heute, Ende 2008.«[15]

Ansonsten ist das Dokumentationsmaterial zum Herbst '89 der Älteren aus meiner Familie, ausgenommen von Willi Sitte, ziemlich sachlich.

»Grenze zur BRD ist offen!« – schreibt Ernst Sitte.

»Grenzübergang Bad Harzburg offen!« – schreibt meine Urgroßmutter Marta Sitte wenigstens etwas ausführlicher. Sie hatte erst 1989 damit angefangen, ihre täglichen Gedanken und Aufgaben in die kleinen Taschenkalender zu schreiben, die jetzt verstaut in einer Plastiktüte vor mir liegen. In keiner Aufzeichnung schwingt theatralisches Bedauern, aber auch keine Euphorie. Stattdessen kurze knappe Stichpunkte in den letzten Wochen und Monaten der DDR:

Marta Sitte: *»2. Juli 1990: Wäsche! Währungsreform! ›DM‹ auf Anzahlungsschein!«*

Und knapp drei Monate später, am 3. Oktober 1990, wacht Franz Sitte auf und weiß drei Dinge: Er ist heute 78 Jahre alt geworden und lebt ab sofort in der Bundesrepublik. Und er wird wohl mit diesem Land bis zu seinem Tod Geburtstag feiern müssen, was er auch nicht müde wird, immer wieder auf Familienfeiern zu betonen.

Während meine Großeltern kurz nach dem Mauerfall am 9. November 1989 in einem der kilometerlangen Staus vor den Grenzübergängen der DDR ausharren, wird meine Mutter, damals siebzehn, aus dem Auto gelassen. Sie hatte ihren Reisepass vergessen, und meine Großeltern »wollen jetzt rüber«. Und mein Großvater entsorgt wenig später in Windeseile sämtliche Leuchten des Betriebes meiner Großeltern eigenhändig. Es gilt sich schnell umzuorientieren. Meine Großeltern beginnen einen Neuanfang, indem sie sich auf ihre Ursprünge zurückbesinnen, und aus *Bültemann Leuchtenbau & Dekorationsglas* wird *Bültemann Elektroinstallation.*

Sie alle wollten sich beeilen, denke ich. Nicht im Ungefähren schweben.

Es ist bemerkenswert, wie abrupt meine Großeltern ihre Geschäftspläne verwarfen und mein Urgroßvater, der sein Leben lang arbeiten wollte, all seine Glasbestände weggab und beschloss, nur noch Rentner zu sein – und Willi Sitte in Interviews plötzlich verkündete:

»Solange ich lebe, wird es von mir hier im Osten keine Ausstellungen mehr geben. Das will ich nicht. Da sind mir zu viele, ehemals geschätzte Kollegen aus DDR-Zeiten, Kunstwissenschaftler, die sich inzwischen als teilweise so moralisch fies gezeigt haben bei der Bewertung von DDR-Kunst, daß ich eine Besprechung meiner Expositionen von denen auf jeden Fall vermeiden möchte.«[16] Und obwohl er nach der »Wende« doch wieder im Osten ausstellen wird, in kleinen Ausstellungen, die keinen Vergleich zu denen vor 1989 bedeuten, sagt er:

»Für die DDR bin ich mehrfach gestorben. Ich existiere überhaupt nicht mehr.«[17]

In immer mehr Presseartikeln wird er »Staatsmaler« und Vertreter des Unrechts genannt – er selbst sieht sich als »Sündenbock«.[18] Aber in seinen Worten steckt keine Unsicherheit und keine Angst. Nur Enttäuschung. Enttäuschung über die sich wendende Arbeiterklasse. Dabei scheint es absurd, da diese doch selbst sicher mehr als enttäuscht war: von ihrer Regierung und Obrigkeit, in die auch Willi Sitte sich eingebracht hatte. Oder hatte er geglaubt, mehr zur Arbeiterklasse als zur Obrigkeit zu gehören? War auch das Teil seiner Illusion?

Mit jedem Satz, mit dem ich denke, meine Gedanken zu Ende zu bringen, entstehen neue Fragen. Ingrid hatte mir erzählt, dass Willi Sitte am Tag des Mauerfalls, wie jeden Wochentag, im Atelier stand. Ab 14 Uhr zu klassischer Musik, wie Ingrid mir sagte. Ich denke an die Post-Wendebilder der Ausstellung, die ich bereits gesehen hatte. An *Die Erdgeister*, jenes Bild, in dem er die Arbeiterklasse in den Boden rammt – sein letztes Bild zu diesem Thema. Woran hat er an diesem Tag wohl gearbeitet? Nach der »Wende« konzentriert er sich auf die Bildreihe des *Herrn Mittelmaß*, dieser bösen Satire der Opportunisten, die ihre Meinung von einem Tag auf den anderen ändern. Bevor er 2005, nach über zehn Hüftoperationen, dann endgültig aufhört zu malen. Bildern, denen die Kraft der 1970er- und 1980er-Jahre fehlt.

Vielleicht arbeitete er damals an einem Selbstbildnis. Zu dieser Zeit entstehen immer mehr davon: Gesichter eines gealterten Mannes, der immer aussieht, als würde er sich selbst fragend im Spiegel ansehen, und manchmal wirft der ihm in seinen Bildern viele Gesichter, mehre Köpfe zurück. So, als wüsste er in diesen Jahren selbst nicht mehr genau, wer er ist und wer er war und für wen man ihn hält.

X. WIE FIGUREN SICH BEWEGEN

Orientierungssuche

Meine Großmutter führt mich in ihre Küche. Sie hat Willi Sittes frühes Gemälde *Die Heilige Familie* genau dort platziert, wo wir es zum ersten Mal gesehen und begutachtet hatten: auf ihrem Küchentisch.

Günter Gaus hatte mit Willi Sitte in seinem Interview von 1996 natürlich auch über dessen Werk gesprochen und ihn gefragt, ob er »ohne den Kalten Krieg zu unseren Lebzeiten« andere Bilder gemalt hätte. Willi Sitte antwortete ihm:

»Herr Gaus, der ist halt dagewesen. Ich kann das jetzt schlecht beantworten. Wahrscheinlich wäre es mir lieber gewesen, man hätte in der Zeit des Kalten Krieges Kontakte gehabt, die Menschen hätten reisen können. Sie hätten sich vielleicht besser als in der jetzigen Nachfolgezeit verstanden. Das wäre sicherlich angenehmer, sympathischer gewesen. Vielleicht wären dadurch andere Bilder entstanden. Aber das war halt nicht so.«[1]

Und während ich die altmeisterlichen Figuren betrachte, die im Vergleich zu denen, die mich durch sein späteres Leben geführt haben, geradezu in Langeweile erstarren, überlege ich, kurz etwas wie »Kaum zu glauben, dass das ein Sitte ist« zu sagen – wie Ingrid bei unserem ersten Treffen. Doch ich sage nichts, während meine Großmutter ohnehin schon längst wieder im Wohnzimmer verschwunden ist.

Als hätten sie und ich in stillem Einvernehmen das Ende dieser Recherche mit dem Ende der DDR beschlossen. Sie, indem sie das Bild noch einmal hervorgeholt hat, und ich, indem ich nichts mehr hinzuzufügen habe.

»Wie haben du und deine Schwestern eigentlich wieder zusammengefunden, damals?«, frage ich sie trotzdem.

»Gar nicht«, sagt meine Großmutter schnell. »Wir mussten uns doch erst einmal alle orientieren, so schnell, wie das damals ablief.«

Die »Orientierungsphase« meiner Familie dauerte auf der Beziehungsebene ziemlich lang. Erst etwas mehr als zehn Jahre nach dem Mauerfall begegneten sie sich wieder: auf der Diamantenen Hochzeit meiner Urgroßeltern im Jahre 2000. Zur Sicherheit war ein DJ angeheuert worden, der drohende peinliche Stille oder Streitigkeiten mit treibender Tanzmusik bekämpfen sollte. Doch nach einer Stunde packte er seine Sachen. Keiner wollte tanzen, nur reden, beieinander sein.

Und irgendwie geht mir *das* jetzt alles viel zu schnell, denke ich.

»Ihr habt nicht darüber geredet nach der ›Wende‹?«, frage ich. »All die Streitigkeiten über den Sozialismus, die Partei, überhaupt wie alles gelaufen ist, das war doch alles …«

»Aron«, unterbricht mich meine Großmutter. »Man hatte sich auf das Jetzt zu konzentrieren. Was willst du denn da für alte Dinge aufwärmen?«

Ich sehe auf das Gemälde. Dieses Gemälde – *Die Heilige Familie* –, so schrecklich passend, denke ich. Wie die Figuren sich bewegen, als wollten auch sie sich »neu orientieren«. Ich schüttle mich.

»Alles okay?«, fragt meine Großmutter. Ich nicke. Als dieses Gemälde seinen sechzigsten Geburtstag feierte, feierten meine Urgroßeltern ihren sechzigsten Hochzeitstag, an dem Willi Sitte ihnen dieses Bild geschenkt hatte, und an diesem sechzigsten Jubiläum feierte fast die ganze Familie meiner Großmutter im Jahre 2000 ihr erstes Beisammensein nach dem Mauerfall.

»Aber wie hast du Willi damals erlebt?«, frage ich sie.

»Der verschwand für uns. Er wollte auch keinen Kontakt mehr.«

»Mit euch?«

»Mit der Welt!«

»Aber er hat doch noch gelebt, hatte Ausstellungen und …«

»Dein Ur-Opi hatte noch Verbindung zu ihm«, unterbricht sie mich, »für ihn war das schlimm, wie Willi plötzlich diffamiert wurde. Als Ausstellungen nicht mehr stattfanden und diese ganzen Geschichten. Dein Ur-Opi hat ihn noch angerufen, Nähe gesucht.«

»Aber wieso habt ihr das nicht gemacht, du und Opa? Irgendwann ist er dann ja wiederaufgetaucht. Er ist doch erst 2013 gestorben.«

»Ich weiß es nicht. Das war nicht mehr das Gleiche«, sagt meine Großmutter, »wir hatten so viel mit uns selbst zu tun.«

»Ja, das hast du schon gesagt«, sage ich. »Aber all die Jahre?«

Sie schüttelt den Kopf.

»Das war irgendwann zu entfernt, zu lange her, es war zu viel passiert«, sagt sie. »Natürlich hätte man sich melden müssen. *Ich* hätte mich melden können. Und nein, ich weiß nicht, wieso ich es nicht gemacht habe.« Sie sieht auf das Bild und lässt ihre Finger über die Figuren auf der Leinwand schweben.

»Aron, dieses Bild …«, sagt sie langsam. »Ich hatte dir damals gesagt, dass es ganz wichtig war für mich. Aber nie, warum …«

»Ich hatte ja auch nicht gefragt.«

»Jetzt ist auch mal gut. Du kannst doch auch nicht immer nur Fragen stellen!«

Ich sage nichts.

»Also«, sagt sie, »immer wenn ich als Kind auf dem Sofa meiner Eltern lag, habe ich dieses Bild angesehen. Egal wie anders Willi später gemalt hat. Er hat hier schon eine klare Absicht verfolgt, die ich gespürt habe. Schau dir diese Generationen an: die Alten, die Erwachsenen, die jungen Leute – eine Familie. Immer wenn ich dann vor mich hingedöst habe, hat sich das Bild bewegt. Aber ich wusste, dass diese Generationen immer bleiben und zu mir gehören werden. Egal was passiert. Dieses Bild gehört ganz einfach zu mir. Da kann ich nichts machen, selbst wenn ich es weggeben würde, was ich nicht will«, sagt sie. »Du kannst es ansehen oder nicht. Aber es gehört zu mir und damit auch zu dir.«

Heimweg

Ich laufe vom Haus meiner Großmutter zum Haus meiner Eltern. Ein Haus, das ich erst kenne, seitdem meine Eltern das Haus meiner Kindheit vor zwei Jahren verkauft haben, um aus einer Stadt, zu der sie nie wirklich einen Bezug hatten, wegzuziehen: nach Wernigerode. Die Stadt, in der der Großteil meiner Familie ihr ganzes Leben verbracht hat, in der ich geboren bin, die ich immer wieder besucht, in der ich aber nie gelebt habe. Bis zum Zeitpunkt meiner Recherchen. Bis heute. Der Weg vom Haus meiner Großmutter zu meinen Eltern wird ab der Hälfte zu einem einzigen Steilhang, der sich aus dem Altstadtkern von Wernigerode hinauf an den Fuß eines Waldes, vorbei an Neubauten, schlängelt. Ich drehe mich um, sehe von dem Hügel, auf dem ich stehe, hinunter auf das Stadtbild mit rauchenden Schornsteinen und bilde mir ein, an den emporsteigenden Rauchwolken das Haus meiner Großmutter zu erkennen. Ich hatte ihr über die ganze Zeit der Recherche so viele Fragen gestellt. Und doch sah sie erst heute zum ersten Mal erschöpft dabei aus, denke ich. Vielleicht hat sie wirklich gespürt, dass ich die Fäden dieser Geschichte mit dem Ende der DDR verknüpfen wollte.

EPILOG

Eine Sache steht bei dieser Suche noch aus. Deswegen stehe ich nun am Strand von Ahrenshoop, an der Ostsee. Vorsichtig tapse ich in den Bereich, in dem eine Badehose in Ostdeutschland fast so viel Empörung erregt wie ein Telefonat im ICE-Ruhebereich: den FKK-Strand.

Ich denke an die vielen Strandbilder von Willi Sitte, die hier entstanden sind.

»Als Künstler konnte ich mir nichts Besseres wünschen als die kilometerlangen FKK-Strände. Hier studierte ich den nackten Menschen in jedem Lebensalter, in unterschiedlicher Bewegung und Beschaffenheit.«[1]

Und ich denke an meinen Großvater. Einer Erzählung meiner Großmutter zufolge konnte er gegenüber Willi Sitte seinen anfänglich schlechten Ruf als »der Elektriker«, einem Mann ohne Potenzial für dessen Lieblingsnichte, in regelrechte Achtung und eine spätere Freundschaft umwandeln. Erstens, weil er im Sommer 1972, ein knappes Jahr nach seiner Hochzeit, aus dem Stand wusste, wie Willi Sitte seinen Pool im eigenen Garten zu reparieren hatte – und zweitens, weil er seine Kinder, also meine Mutter und meine Tante, dort nackt herumlaufen ließ und auch kein Problem damit hatte, selbst nackt in Willi Sittes Garten zu stehen.

»Das war das Normalste der Welt. Und Willi war es wichtig,

dass man dafür offen war«, hatte mir meine Großmutter gesagt.

Ich erinnere mich an eine Meinungsverschiedenheit, die ich mit ihr zu diesem Thema hatte. *Meinungsverschiedenheit* – nun ja, vielmehr handelte es sich dabei um einen verzweifelten Heulkrampf meinerseits im Alter von acht Jahren, da ich es doch sehr unangenehm fand, wie sie sich im Freibad Wernigerode weigerte, sich wie alle anderen auch in den Umkleidekabinen umzuziehen und das, obwohl uns alle meine Schulkameraden sehen konnten.

»Oma, das war extrem peinlich!«, habe ich ihr jetzt, sechzehn Jahre später, gesagt.

»Aron, du bist bescheuert«, hat sie nur geantwortet. Ende der Diskussion.

Ich fand diesen ostdeutschen FKK-Kult schon immer eigenartig.

Es ist egal, ob ich jetzt im hippen Berlin-Neukölln lebe, Teil einer Bubble bin, die über ihre psychischen Probleme und sexuellen Vorlieben so unbekümmert am Abendbrottisch sprechen kann wie über vegane Kochrezepte – ich geniere mich davor, nackt am Strand zu stehen. »Das passt nicht zur Familie Sitte«, so meine Großmutter.

Vor über einem halben Jahrhundert lief hier an diesem Strand von Ahrenshoop, an dem ich heute stehe, der Dichter, Kulturminister und Verfasser der DDR-Nationalhymne Johannes R. Becher bei einem Spaziergang durch die Dünen und erspähte eine nackte Frau, die lediglich ihr Gesicht mit einer Ausgabe des *Neuen Deutschlands* verhüllte. Er ging auf sie zu und fragte sie ehrlich empört: »Schämen Sie sich nicht, Sie alte Sau?«[2]

Die Frau senkte irritiert die Zeitung. Es war die Schriftstellerin Anna Seghers. Becher verurteilte Nacktbader zum Schutz der Bevölkerung vor dem Anblick »deformierter Körper« und war sich auch nicht zu schade, das immer wieder zu betonen. So auch nicht hier. Aber damit hatte er sicher nicht gerechnet.

Auch nicht damit, dass zwanzig Jahre später eine breite Auswahl völlig »deformierter«, also ganz gewöhnlicher Körper, die nicht in sein Schönheitsideal passten und die er mit einem Nacktbadeverbot verstecken würde, in Willi Sittes Retrospektive 1971 aushängen würden. Gut zehn Jahre später hatte sich der Spruch »Lieber vom Leben gezeichnet als von Sitte gemalt« längst etabliert und wurde 2021 in Feuilletonartikeln über Willi Sittes hundertsten Geburtstag en masse zitiert.

Und jetzt sitze ich an diesem legendären FKK-Strand und habe so meine Probleme, mich auszuziehen. Sorry, Familie Sitte.

»Willi hatte die Menschen auf seinen Bildern halt so darstellen wollen, wie sie waren«, hatte Ingrid Sitte mir gesagt.

»Mit diesen Aktbildern?«

»Ja. Diese Bilder zeigen eben seinen Blick auf die Welt!«

Und um hier überhaupt irgendetwas zu verstehen, muss ich mich jetzt einfach mal lockermachen. Ich muss nackt in die DDR. Wenn Willi Sitte die Welt so gesehen hat, dann bitte schön: hinein in die Wellen, mit nichts am Leibe – ab in die Ostsee. Gleich geht's los. Ich sehe mich um, sehe auf die nackten Körper, die aus dem Wasser steigen, sich schütteln, durch die Haare fahren oder einfach auf ihren Handtüchern liegen. Sie alle scheinen völlig unbekümmert und frei. Sie liegen breitbeinig auf dem Sand, während ebenso nackte Spaziergänger an ihnen vorbeigehen. Ich sollte mich allmählich mal ins Geschehen einbringen, anstatt hier so seltsam herumzustehen und zu starren, denke ich, und ziehe meine Badehose aus. Mit gesenktem Kopf renne ich aus der Deckung einer Düne hervor und springe auf direktem Wege in die viel zu seichten Wellen der Ostsee.

DANK

Zuerst möchte ich mich bei André, Heike, Enno und Nele und vor allem Barbara Maria bedanken, die mich durch diese Geschichte geführt haben und immer wieder ausgiebig mit mir über die DDR gesprochen haben.

Darüber hinaus danke ich euch für die Wärme, Nähe, Unterstützung und das Arbeitszimmer mit Tageslichtleuchte. Ihr seid die Größten.

Und ich danke dir, Ria, für die Zeit, in der du diesen Text immer wieder redigiert hast und mitverantwortlich warst, dass ich das Buch überhaupt zu Ende schreiben konnte. Für die Tage und Nächte, in denen ich mich auch theatralisch und anstrengend aufführen durfte, ohne dabei deine Loyalität in den schwierigsten Phasen meiner Arbeit zu verlieren. Danke für die Liebe, die Geduld und deinen unschlagbaren Humor.

Ich danke Ulli für die Zeit, das Material und die Gespräche – und Hanne ebenso und Dagmar, Kathrin … Die Liste ist lang, danke den vielen anderen Familienmitgliedern, die mir bei meiner Arbeit halfen!

Dabei möchte ich aber an dieser Stelle noch die erwähnen, die ich erst durch die Arbeit an diesem Buch kennengelernt habe. Besonders Ingrid Sitte. Vielen Dank für das Vertrauen und die Offenheit, die mir sehr viel bedeuten.

Das Gleiche gilt auch Sarah – und Johannes Rohrberg!

Dann richte ich mich hier natürlich an die Menschen, die dieses Buch vom Anfang bis zum Ende begleitet haben:

Dank an Gisela Schirmer für die Geduld und die Herzlichkeit, mit der sie mich ganz zu Beginn meiner Recherchen als sehr naiven Reporter empfing und bewirtete.

Danke Christian Fuchs, der mich als Erster zu diesem Text motiviert hatte, und Christof Meueler, der mir ebenso half.

Imke Rösing, die an dieses Projekt vom ersten Tag an geglaubt und mir dabei geholfen hat, es möglich zu machen. Genauso wie Nannette Elke! Danke für die verständnisvollen Telefonate, danke Imke für das Abfangen der Dutzend nervösen E-Mails meinerseits. Nicht zu vergessen die Dritte in der Literaturcrew: Toplektorin Judith Schneiberg!

Danke auch Reinhold, ohne den meine Tour durch Europa A) nicht möglich und B) weniger lustig ausgefallen wäre und sowieso für alles Weitere. Danke, Pawel, für die vielen schönen Stunden Autofahrt auf ebendieser Tour und dieses schrecklich schöne traurige polnische Lied, in dem es um arme Künstler und Brot geht, welches bald zu unserem Reisehit wurde.

Ich danke den Kuratoren der Sitte-Retrospektive Thomas Bauer-Friedrich, Paul Kaiser, Eckhart Gillen und Doris Litt, die stets ein offenes Ohr für Fragen und Diskussionsanstöße hatten. Es hat sehr viel Spaß gemacht.

Ich danke außerdem dem gesamten Personal des Archivs der Bildenden Künste in Berlin, des Stadtarchivs Halle und des Kunstarchivs des Deutschen Germanischen Nationalmuseums in Nürnberg und Julie Guttierez und dem Team des Musée Fernand Léger.

Persönlich danke ich vor allem: Konny Gellenbeck, Ulla Martinson, Stephan Bachtejeff-Mentzel, Philip Ursprung, Inna Skrialska, Gunnar Decker, Karsten Krampitz, Gerd Dietrich, Leonardo Salemi, Heinz Bude, Karin Wieland, Sonja Zimmermann, Saskia Düsedau, Jana und Annette Simon, Sabine Wolf, Carl Boos, Ekkhehardt Kumbier, Moritz Götze, Holger Steinberg, Bettina Salzhuber, Reinhard Kärbsch, Jana – und Jonas Lueth, Ondřej Kundra, Jitka Marxová, Karin Cinibulková, Luciano Chilese, Michele Santuliana, Andrea Volo, Franco La Calce, Thomas und Eric Sindermann, Ingeborg Ruthe, Peter Michel, Udo Grashoff, Christine Schoenemakers, Robert Grünbaum, Eduard Stehlik und Sascha Ilko Kowalczuk und vielen mehr für die Unterstützung!

Mein Dank gilt Christine Gohsmann für die archivarische Hilfe, und dem Mann, der für mich die alten Schriften entziffert hat – ohne euch wäre das nichts geworden.

Und ich danke natürlich sämtlichen Interviewpartnern und Zeitzeugen, mit denen ich sprechen durfte und die mir ihr Vertrauen entgegengebracht haben.

Und vielen, vielen, vielen Weiteren, die mich auf den Recherchen und der Arbeit begleitet haben. Danke.

LITERATURVERZEICHNIS

Arnold, Klaus & Classen, Christoph, Zwischen Pop und Propaganda. Radio in der DDR, Ch. Links Verlag, Berlin 2004

Bartsch, Kurt & Götze, Wasja, »In all dem herrlichen Chaos«: Briefe von 1982 bis 1989, Mitteldeutscher Verlag, Halle (Saale) 2017

Batthyany, Sacha, Und was hat das mit mir zu tun?: Ein Verbrechen im März 1945. Die Geschichte meiner Familie, Kiepenheuer & Witsch Verlag, Köln 2016

Bauer-Friedrich, Thomas & Kaiser, Paul, Willi Sitte – Künstler und Funktionär: eine biografische Recherche, Kulturstiftung Sachsen-Anhalt, Dresden/Halle (Saale) 2021

Bauer-Friedrich, Thomas, Kaiser, Paul & Philipsen, Christian, Sittes Welt: Willi Sitte: Die Retrospektive, E. A. Seemann Verlag in der E.A. Seemann Henschel, Leipzig 2021

Bauerkämper, Arnd, Ländliche Gesellschaft in der kommunistischen Diktatur: Zwangsmodernisierung und Tradition in Brandenburg 1945–1963, Böhlau Verlag, Köln/Weimar/Wien 2002

Becker, Stephanie & Studt, Christoph, »Und sie werden nicht mehr frei sein ihr ganzes Leben«. Funktion und Stellenwert der NSDAP, ihrer Gliederungen und angeschlossenen Verbände im »Dritten Reich«, Lit Verlag, Münster 2013

Berger, John, Ways of Seeing: John Berger, Penguin Books Ltd, London 2008

Berger, John & Schenck, Axel, Sehen: Das Bild der Welt in der Bilderwelt, Fischer Taschenbuch Verlag, Frankfurt a. M. 2016

Beutin, Wolfgang, Beilein, Matthias, Emmerich, Wolfgang, Kanz, Christine, Lutz, Bernd, Meid, Volker, Opitz, Matthias, Opitz-Wiemers, Carola, Schnell, Ralf, Stein, Peter & Stephan, Deutsche Literaturgeschichte: Von den Anfängen bis zur Gegenwart, J. B. Metzler Verlag, Stuttgart 2013

Biermann, Wolf, Warte nicht auf bessre Zeiten!, Propyläen Verlag, Berlin 2016

Biermann, Wolf, Mensch Gott! (Bibliothek Suhrkamp), Suhrkamp Verlag, Frankfurt a. M. 2021

Böthig, Peter, Wolf, Christa, Wolf, Gerhard & Messmer, Arwed (1995), Christa Wolf. Gerhard Wolf. Unsere Freunde, die Maler: Bilder. Essays. Dokumente, Gerhard Wolf Janus Press, Berlin 1996

Braun, Volker, Vorläufiges, Suhrkamp Verlag, Frankfurt a. M. 1966

Breitenborn, Konrad, Tage zwischen Hoffnung und Angst. Der 17. Juni im Kreis Wernigerode, Verlag Janos Stekovics, Dößel/Wettin-Löbejün 2013

Decker, Gunnar, 1965: Der kurze Sommer der DDR, Carl Hanser Verlag, München 2015

Dietrich, Gerd, Kulturgeschichte der DDR (3 Bände), Vandenhoeck & Ruprecht Verlag, Göttingen 2018

Engelmann, Roger, Florath, Bernd, Heidemeyer, Helge, Münkel, Daniela, Polzin, Arno & Süß, Walter, Das MfS-Lexikon: Begriffe, Personen und Strukturen der Staatssicherheit der DDR (3., aktualisierte Ausgabe 2016), Ch. Links Verlag, Berlin 2016

Finke, Klaus, Politik und Film in der DDR, BIS-Verlag der Carl von Ossietzky Universität Oldenburg, Oldenburg 2007

Franzen, Erik K. & Lemberg, Hans, Die Vertriebenen – Hitlers letzte Opfer, Propyläen Verlag, Berlin/München 2001

Galkin, Aleksandr & Tschernjajew, Anatolij, Michail Gorbatschow und die deutsche Frage: Sowjetische Dokumente 1986–1991 (Quellen und Darstellungen zur Zeitgeschichte, 83, Band 83), De Gruyter Oldenbourg Verlag, Berlin 2011

Gillen, Eckhart & Haarmann, Rainer, Kunst in der DDR, Kiepenheuer & Witsch Verlag, Köln 1990

Gotschlich, Helga, Links und links und Schritt gehalten …: Die FDJ: Konzepte – Abläufe – Grenzen (Die Freie Deutsche Jugend: Beiträge zur Geschichte einer Massenorganisation), Metropol-Verlag, Berlin 1994

Grashoff, Udo, »In einem Anfall von Depression …« Selbsttötungen in der DDR (Forschungen zur DDR-Gesellschaft), Ch. Links Verlag, Berlin 2006

Grimm, Thomas, Was von den Träumen blieb. Eine Bilanz der sozialistischen Utopie, Siedler Verlag, Berlin 1993

Grimmling, Hans-Hendrik & Liebermann, Doris, Die Umerziehung der Vögel: Ein Malerleben, Mitteldeutscher Verlag, Halle (Saale) 2008

Grossmann, G. Ulrich, Politik und Kunst in der DDR: Der Fonds Willi Sitte im Germanischen Nationalmuseum (Wissenschaftliche Beibände zum Anzeiger des Germanischen Nationalmuseums), Germanisches Nationalmuseum Abt. Verlag, Nürnberg 2003

Herbst, Andreas, Stephan, Gerd-Rüdiger, Winkler, Jürgen, Die SED, Dietz Verlag, Berlin 1997

Hütt, Wolfgang, Gefördert. Überwacht. Reformdruck bildender Künstler der DDR – Das Beispiel Halle, Verlag Janos Stekovics, Dößel/Wettin-Löbejün 2005

Jäger, Manfred, Kultur und Politik in der DDR 1945–1990, Verlag Wissenschaft und Politik – Edition Deutschland Archiv, Köln 1995

Kaiser, Monika, Machtwechsel von Ulbricht zu Honecker. Funktionsmechanismen der SED-Diktatur in Konfliktsituationen 1962–1972, Akademie-Verlag Berlin, Berlin 1997

Kaiser, Paul & Lindner, Rolf, Boheme in der DDR, Dresdner Institut für Kulturstudien, Dresden 2016

Kaiser, Paul, Rehberg, Karl S. & Elk, Margita, Enge und Vielfalt – Auftragskunst und Kunstförderung in der DDR: Analysen und Meinungen, Junius Verlag, Hamburg 1999

Kaiser, Paul, Tannert, Christoph & Weidinger, Alfred, Point of no Return: Wende und Umbruch in der ostdeutschen Kunst, Hirmer Verlag, München 2019

Kowalczuk, Ilko-Sascha, Mitter, Armin & Wolle, Stefan, Der Tag X – 17. Juni 1953: Die »Innere Staatsgründung« der DDR als Ergebnis der Krise 1952/54, Ch. Links Verlag, Berlin 1995

Krampitz, Karsten (2016), 1976: Die DDR in der Krise, Verbrecher Verlag, Berlin 2016

Kühn, Cornelia, Die Kunst gehört dem Volke?: Volkskunst in der frühen DDR zwischen politischer Lenkung und ästhetischer Praxis. Lit Verlag, Münster 2015

Lexikonredaktion des Bibliographischen Instituts, *Meyers Universal-Lexikon Band 4*, Bibliographisches Institut Leipzig, Leipzig 1980

Liebermann, Doris, Ein Piratenstück. Der 1. Leipziger Herbstsalon 1984, seine Vorgeschichte und seine Protagonisten, Mitteldeutscher Verlag, Halle (Saale) 2014

Lindner, Bernd, Verstellter, offener Blick: Eine Rezeptionsgeschichte bildender Kunst im Osten Deutschlands 1945–1995, Böhlau Verlag, Köln/Weimar/Wien 1998

Marx, Karl & Engels, Friedrich, Manifest der Kommunistischen Partei, Nikol Verlag, Hamburg 2020

Marxen, Klaus & Werle, Gerhard, Strafjustiz und DDR-Unrecht: Gewalttaten an der deutsch-deutschen Grenze, De Gruyter Verlag, Berlin 2002

Meuschel, Sigrid, Legitimation und Parteiherrschaft: Zum Paradox von Stabilität und Revolution in der DDR 1945–1989, Suhrkamp Verlag, Frankfurt a. M. 1992

Mieder, Eckhard, Die Geschichte Deutschlands nach 1945, erzählt von Eckhard Mieder, Campus Verlag, Frankfurt a. M. 2002

Neumann, Jörg-Uwe & Neumann, Elke, Palast der Republik: Utopie, Inspiration und Politikum, Mitteldeutscher Verlag, Halle (Saale) 2019

Oemler, Hermann D., Wernigerode: 1949 bis 1989, Sutton Verlag, Erfurt 2016

Offner, Hannelore & Schroeder, Klaus, Eingegrenzt – Ausgegrenzt. Bildende Kunst und Parteiherrschaft in der DDR 1961–1989, Akademie-Verlag, Berlin 2000

Petrillo, Paolo Emilio, Der Riss: 1915–1943. Die ungelösten Verflechtungen zwischen Italien und Deutschland, Drava Verlag, Meran/Klagenfurt 2016

Püschel, Walter & Sandberg, Herbert, Spiegel eines Lebens: Erinnerungen, Aufsätze, Notizen und Anekdoten, Aufbau-Verlag, Berlin/Weimar 1988

Richter, Angelika, Das Gesetz der Szene: Genderkritik, Performance Art und zweite Öffentlichkeit in der späten DDR (Studien zur visuellen Kultur, Bd. 26). transcript Verlag, Bielefeld 2019

Rietzschel, Lukas, Raumfahrer, Roman, dtv Verlag, München 2021

Schirmer, Gisela, Willi Sitte – Lidice: Historienbild und Kunstpolitik in der DDR, Dietrich Reimer Verlag, Berlin 2011

Schirmer, Gisela & Sitte, Willi, Willi Sitte. Farben und Folgen. Eine Autobiographie, Faber & Faber Verlag, Leipzig 2002

Schnabl, Siegfried, Mann und Frau intim – Fragen des gesunden und des gestörten Geschlechtslebens, VEB Verlag Volk und Gesundheit, Berlin 1977

Schroeder, Klaus, Kompaktwissen Geschichte. Die DDR: Geschichte und Strukturen (Reclams Universal-Bibliothek), Philipp Reclam jun. Verlag, Ditzingen 2019

Schult, Frank, Katzengold: Ein dichterischer Spaziergang des Malers und Grafikers. MatrixMedia Verlag, Göttingen 2021

Schulze Wessel, Martin, Der Prager Frühling: Aufbruch in eine neue Welt, Philipp Reclam jun. Verlag, Ditzingen 2019

Simon, Jana, Sei dennoch unverzagt: Gespräche mit meinen Großeltern Christa und Gerhard Wolf, Fischer Taschenbuch Verlag, Frankfurt a. M. 2021

Sitte, Rudolf & Kärbsch, Reinhard, *Über Kunst, Katzen und Keramik*, Reinhard Kärbsch, Kamenz 2021

Stehlík, Eduard, Kurfürst, Petr & Památník Lidice, *Memories of Lidice*, The Lidice Memorial, Prag 2007

Ursprung, Philip, Joseph Beuys: Kunst Kapital Revolution, C. H. Beck Verlag, München 2021

Wassermann, Sarah, Textilzirkel in der DDR, Logos Verlag, Berlin 2021

Wolf, Christa (1963). Der geteilte Himmel: Erzählung, Mitteldeutscher Verlag, Halle (Saale) 1963

Wolf, Christa, Kein Ort. Nirgends, Suhrkamp Verlag, Frankfurt a. M. 2007

Wolf, Christa, Ein Tag im Jahr: 1960–2000, Suhrkamp Verlag, Frankfurt a. M. 2008

Wolf, Sabine, Kirsch, Sarah, Wolf, Christa & Wolf, Heiner, Sarah Kirsch/Christa Wolf »Wir haben uns wirklich an allerhand gewöhnt«: Der Briefwechsel, Suhrkamp Verlag, Frankfurt a. M. 2019

Wolf, Sabine & Wolf, Christa, Man steht sehr bequem zwischen allen Fronten: Briefe 1952–2011, Suhrkamp Verlag, Frankfurt a. M. 2016

Wolle, Stefan, Die heile Welt der Diktatur: Alltag und Herrschaft in der DDR 1971–1989 (Sonderausgabe für das DDR Museum), Ch. Links Verlag, Berlin 2009

ANMERKUNGEN

TEIL 1
III. ROTE STRASSEN

1 DKA, GNM, Bestand 829, Brief von Willi Sitte an »Margit« vom 25.09.1942
2 Ebd., Brief von Willi Sitte an »Margit« vom 08.09.1942
3 Ebd., Brief von Willi Sitte an »Margit« vom 21.09.1942
4 Passierschein des CLN vom 18.05.1945, ausgestellt vom Präsidenten des CLN, Giuseppe Muraro und dem Bürgermeister von Montecchio Maggiore, Giovanni Giuliari
5 Transkribierter Brief von Willi Sitte an seine Eltern in Kratzau vom 23.10.1946, Privatbesitz Ingrid Sitte
6 Gisela Schirmer, *Willi Sitte. Farben und Folgen. Eine Autobiographie. Mit Skizzen und Zeichnungen des Künstlers, Leipzig 2003*, S. 28
7 Vgl. Thomas Bauer-Friedrich, Paul Kaiser: *Willi Sitte – Künstler und Funktionär: eine biografische Recherche*, Dresden/Halle 2021, S. 34
8 Die Aktion der versuchten Befreiung des Partisanen Teuere aus dem Krankenhaus von Montecchio M. war das Werk einer Patrouille der Stella und einer Pasubiana (Abteilung »Lampo«), da der Verwundete der Stella (Abteilung »Diavolo«) angehörte, seine Verwundung aber von Partisanen der Pasubiana provoziert worden war. Zorzanello G. II S. 225., zit. n. Arbeitsmanuskript Luciano Chilese
9 Aus Sorge vor möglichen Repressalien gegen die Bevölkerung »ließen sie den deutschen Gefangenen frei und gaben ihm sogar seine Waffe zurück und erklärten über den deutschen Partisanen [Anmerkung: Name hier nicht näher genannt], dass die Tötung des Kollegen auf einen zufälligen und unvorhergesehenen Umstand zurückzuführen sei. In der Tat gab es keine Repressalien.« (A. Galeotto, *Brigitta Pasubiana des Gruppo Forazioni A. Garemi*, Fara Vicentino 2016, S. 383.), zit. n. Arbeitsmanuskript Luciano Chilese
10 Vgl. Paolo Emilio Petrillo: *Der Riss. 1915–1943. Die ungelösten Verflechtungen zwischen Italien und Deutschland,* Meran/Klagenfurt 2016, S. 316, Anm. 294, zit. n. Thomas Bauer-Friedrich, Paul Kaiser, *Willi Sitte – Künstler und Funktionär, S. 35*
11 DKA, GNM, Bestand 829, Nr. 272, Brief von Willi Sitte an seine Eltern in Kratzau vom 11.07.1946
12 DKA, GNM, Bestand 829, Nr. 272, Brief von Willi Sitte an seine Eltern in Kratzau vom 12.07.1946
13 DKA, GNM, Bestand 829, Nr. 272, Brief von Willi Sitte an seine Eltern in Kratzau vom 20.04.1946

14 Jürgen W. Falter, Cornelia Weins, »Die Wahlen in der Sowjetisch Besetzten Zone von 1946: eine wahlhistorische Analyse (1999)«, *Historical Social Research, Supplement* Nr. 25/2023, S. 333–354, https://www.nbn-resolving.org/urn:nbn:de:0168- ssoar-379891

15 Ebd.

IV. KULTURKAMPF

1 DKA, GNM, Bestand 829, Nr. 33, »Sitte« oder »Wo es keine leeren Flächen gibt«, in: *Menschen in diesem Land*, Halle 1974, S. 219

2 Ebd.

3 Ebd.

4 Willi Sitte (Originalton), zit. n. Marina Farschid, »Auf weißem Grund, Hörfunkfeature über Willi Sitte«, *MDR*, 2001

5 Willi Sitte zit. n. Thomas Grimm (Hrsg.), Was von den Träumen blieb. Eine Bilanz der sozialistischen Utopie, Berlin 1993, S. 160

6 Vgl. Natalie Kreisz, »Neubeginn mit Altlasten. Die westdeutsche Kunstszene nach 1945 (Feature)«, *Deutschlandfunk Kultur*, 20.04.2022

7 Gesetzblatt (GBl.) DDR 1951, S. 683

8 Aus: *Neues Deutschland*, 06.07.1951, S. 5

9 Aus: *Freiheit*, 2. Oktober 1951

10 Vgl. Barbara Lehmann, »Streit um die Beutekunst«, *Deutschlandfunk Kultur* vom 27.10.2008

11 Aus: *Neues Deutschland*, 23.09.1951

12 Vgl. Wolfgang Hütt, *Gefördert. Überwacht. Reformdruck bildender Künstler der DDR – Das Beispiel Halle*, Wettin-Löbejün OT Dößel 2005, S. 99–116

13 Treffbericht »Asta« vom 21.09.1953. BArch, MfS, AIM Halle 939/72 Teil II, Film, MfS- Nummerierung, Bl. 36

14 BArch, MfS, AOP 5149/70, Bd. 1, Bericht des Gen. Brosche vom 04.01.1958, Bl. 118

15 https://www.hdg.de/lemo/kapitel/geteiltes-deutschland-gruenderjahre/weg-nach-osten/17-juni-1953-volksaufstand.html

16 https://www.stasi-mediathek.de/medien/belegschaftsversammlung-im-elektromotorenwerk-wernigerode-am-18-juni-1953/

17 Vgl. Konrad Breitenberg, *Tage zwischen Hoffnung und Angst: Der 17. Juni 1953 im Kreis Wernigerode*, Wettin-Löbejün OT Dößel 2013

18 Vgl. Ilko-Sascha Kowalczuk et al., *Der Tag X – 17. Juni 1953 – Die »Innere Staatsgründung« der DDR als Ergebnis der Krise 1952/54*, Berlin 1995

V. DER GEIST DER ARBEITERKLASSE

1 Aus: *Sonntag* (Berlin), Nr. 45/1971, S. 6

2 Ebd.

3 Aus: *Die Zeit*, Nr. 46/1980

4 DKA, GNM, Bestand 829, Nr. 239, Herbert Sandberg an Willi Sitte, 20.04.1961

5 DKA, GNM, Bestand 829, Nr. 202, Lothar Lang an Willi Sitte, 21.04.1961

6 Aus: *Neues Deutschland*, 07.01.1958, S. 4

7 Ebd.

8 Ebd.

9 Aus: *Freiheit*, 28.01.1958

10 Sarah Wassermann, Textilzirkel in der DDR, Berlin 2021, S. 39 (Anmerkung der Autorin: Siehe hierzu u. a. Ernst, Anna-Sabine, Erbe und Hypothek. (Alltags-) kulturelle Leitbilder in der SBZ/DDR 1945–1961, in: Stiftung Mitteldeutscher Kulturrat (Hrsg.), *Kultur und Kulturträger in der DDR. Analysen aus Deutschlands Mitte, Bd. 24)*, Berlin 1993, S. 9–72

11 Aus: *Freiheit*, 28.01.1958

12 Ebd.

13 Aus: *Neues Deutschland* vom 07.01.1958, S. 4

14 Gisela Schirmer, *Willi Sitte – Lidice. Historienbild und Kunstpolitik in der DDR*, Berlin 2011, S. 34

15 SAPMO-BArch, DY 30/IV 2/906/53, Bl. 217 ff.

16 Ebd.

17 Aus: *Neues Deutschland*, 04./05.11.1978

18 Aus: *Neues Deutschland*, 03.11.1953

19 Ausgeschnittener Zeitungsartikel zum 90. Geburtstag von Josef Sitte, 01.03.1973, Medium unbekannt, Privatarchiv Elisabeth Trockau

VI. ZEITEN DER KRISE

1 BStU, AIM 939/72, Teil II, Bd. 3, Bl. 11, Treffbericht IM »Asta«, ohne Datum, aufgrund des Kontextes jedoch 1958, zit. n. Auszüge aus Akten der Bundesbehörde für die Unterlagen des Staatssicherheitsdienstes der DDR in Berlin und in der Außenstelle Halle (Saale) den Maler Willi Sitte betreffend, in vorläufiger Fassung, bearbeitet von Dr. Wolfgang Hütt, Halle (Saale), S. 3, in: DKA, GNM, Bestand 829, Nr. 47.2., zit. n. Christian Philipsen (Hrsg.) in Verbindung mit Thomas Bauer-Friedrich und Paul Kaiser, *Sittes Welt. Willi Sitte: Die Retrospektive*, Leipzig 2021, S. 282

2 Wolfgang Beutin et al., *Deutsche Literaturgeschichte. Von den Anfängen bis zur Gegenwart*, Stuttgart/Weimar, 2013, S. 530

3 Vgl. Hartmut Pätzke, Von »Auftragskunst« bis »Zentrum für Kunstausstellungen«. Lexikon zur Kunst und Kunstpolitik in der DDR, in: Eugen Blume, Roland März (Hrsg.), *Kunst in der DDR. Eine Retrospektive der Nationalgalerie*, Berlin 2003, S. 317 f.

4 Ebd.

5 Vgl. Simone Barck, *Bitterfelder Nachlese. Ein Kulturpalast, seine Konferenzen und Wirkungen*, Berlin 2007

6 Aus: *Der Spiegel*, Nr. 10/1958

7 Gisela Schirmer, *Willi Sitte. Farben und Folgen*, S. 90

8 Ebd., S. 92

9 Ebd., S. 90

10 Archiv Jutta Harnisch, Berlin: Brief von Willi Sitte, Bezirkskrankenhaus Halle-Dölau, an Jutta Harnisch, undatiert (Zeitraum 13.05.–15.05.1961)

11 Vgl. Gisela Schirmer, *Willi Sitte. Farben und Folgen*, S. 92

12 Klaus Marxen/Gerhard Werle, *Strafjustiz und DDR-Unrecht: Gewalttaten an der deutsch-deutschen Grenze*, Berlin 2002, S. 505

13 Ebd.

14 Ebd.

15 Willi Sitte an Ingrid Dreßler, 20.09.1963, Privatbesitz

16 Thomas Bauer-Friedrich / Paul Kaiser, Aufstrebende Konstruktion. Herkunft und Widerstand als Momente einer kommunistischen Musterbiografie, in: Christian Philipsen (Hrsg.) in Verbindung mit Thomas Bauer-Friedrich und Paul Kaiser, *Sittes Welt. Willi Sitte: Die Retrospektive*, Leipzig 2021, S. 103

17 Ebd., S. 107–108

18 DKA, GNM, Bestand 829, Nr. 269, Brief von Christa Wolf an Willi Sitte vom 19.12.1962

19 DKA, GNM, Bestand 829, Nr. 269, Brief von Christa Wolf an Willi Sitte von 1963

20 Archiv der Akademie der Künste, Bestand Christa-Wolf-Archiv, Brief von Willi Sitte an Christa Wolf vom 12.04.1963

21 Gisela Schirmer, *Willi Sitte. Farben und Folgen*, S. 94

22 Archiv der Akademie der Künste, Bestand Christa-Wolf-Archiv, Brief von Willi Sitte an Christa Wolf vom 12.04.1963

23 Ebd., Bestand Gerhard-Wolf-Archiv, Wolf-Gerhard 266

24 Ebd.

25 Willi Sitte (Originalton), zit. aus Tonmitschnitt (Audio CD): *Veranstaltung »Junge Lyrik – unbekannt und unveröffentlicht« am 11.12.1962*, Archiv Akademie der Künste, Bestand Akademie der Künste (Ost), AVM-31 1617. Eine Transkription des Audiomitschnittes ist im Archiv der Akademie der Künste ebenfalls unter der Signatur AdK-O 0312 einsehbar.

26 Ebd., zit.: Wolf Biermann (Originalton)

27 Ebd., zit.: Willi Sitte (Originalton)

28 Bericht IME »Händel« vom 11. Dezember 1962. BArch, MfS AIM 5541/86, Bl. 36f.

29 Archiv der Akademie der Künste, Bestand Christa-Wolf-Archiv, Brief von Willi Sitte an Christa Wolf vom 13.12.1962

30 Sabine Wolf (Hrsg.) unter Mitarbeit von Heiner Wolf, *Christa Wolf/Sarah Kirsch. »Wir haben uns wirklich an allerhand gewöhnt«. Der Briefwechsel*, Frankfurt a. M. 2019, S. 16

31 Ebd., S. 12

32 Aus der Eröffnungsrede Walter Ulbrichts auf dem VI. Parteitag der SED in Ost-Berlin (15.–21.01.1963), aus: *Neues Deutschland*, 16.01.1963, zit. n. Sabine Wolf (Hrsg.), *Christa Wolf/Sarah Kirsch. »Wir haben uns wirklich an allerhand gewöhnt«*, S. 16, Anm. 9

33 DKA, GNM, Bestand 829, Nr. 269, Christa Wolf an Willi Sitte vom 19.12.1962

34 Brief von Christa Wolf an Sarah und Rainer Kirsch vom 23.01.1963, aus: Sabine Wolf (Hrsg.), *Christa Wolf/Sarah Kirsch. »Wir haben uns wirklich an allerhand gewöhnt«*, S. 18

35 Vgl. LASA, P 520–199, Nr. 14, Protokoll der SED-Parteileitungssitzung Burg Giebichenstein vom 13.07.1962, Bl. 152

36 LASA, P 516, Nr. 5413, SED-Bezirksleitung, Sekretariat, 1. Sekretär, Protokoll über die Aussprache mit Künstlern des Bezirks, 9. Januar 1963, 36 Bl., unpag.

37 Aus: *Freiheit*, 02.02.1963

38 Bericht der KP »Paul« vom 05.12.62, BArch, MfS AOP 5149/70 Bd. 5/Bl. 118

39 Bericht »David Friedrich« vom 23. Januar 1963, Willi Sitte betreffend, BArch, MfS, ASt.,Halle (Saale), AIM 1269/69, Teil II, Bd. 1, Bl. 234

40 Vgl. *Der Spiegel*, Nr. 30/1992
41 Bericht »David Friedrich« vom 23. Januar 1963, Willi Sitte betreffend, BArch, MfS, ASt. Halle (Saale), AIM 1269/69, Teil II, Bd. 1, Bl. 234
42 BArch, MfS, AIM 5541/86, Bd. 1, Bl. 34
43 BArch, MfS, BV.Hle, AIM 1269/69, Bd. 2, Bl. 32
44 Ebd.
45 Ebd., Bl. 65
46 BArch, MfS, BV.Hle, AIM 1269/69, Bd. 2, Bl. 36
47 Ebd., Bl. 65
48 BArch, MfS, BV.Hle, AIM 1269/69, Bd. 1, Bl. 196
49 BArch, MfS, BV.Hle, AIM 1269/69, Bd. 1, Bl. 200
50 Vgl. Klaus Schroeder, *Die DDR. Geschichte und Strukturen*, Ditzingen 2011, S. 55–58
51 Gisela Schirmer, *Willi Sitte. Farben und Folgen*, S. 352
52 Vgl. Thomas Bauer-Friedrich/Paul Kaiser, *Willi Sitte – Künstler und Funktionär*, S. 211–212
53 Bericht »David Friedrich«, BArch, Mfs, ASt. Halle (Saale), AIM 1269/69, Teil II, Bd. II, Bl. 33–34
54 »Treff mit dem GI ›David Friedrich‹ am 28.1.64«, BArch, Mfs, ASt. Halle (Saale), AIM 1269/69, Teil II, Bd. II, Bl. 31
55 Monika Kaiser, *Machtwechsel von Ulbricht zu Honecker. Funktionsmechanismen der SED-Diktatur in Konfliktsituationen 1962–1972*, Berlin 1997, S. 157
56 DKA, GNM, Bestand 829, Nr. 128, Brief von Wolf Biermann an Willi Sitte vom Dezember 1963
57 Sabine Wolf (Hrsg.), *Christa Wolf/Sarah Kirsch. »Wir haben uns wirklich an allerhand gewöhnt«*, S. 20
58 Wolf Biermann, »An die alten Genossen« (1962)
59 Gisela Schirmer, *Willi Sitte. Farben und Folgen*, S. 110
60 Ebd.
61 Archiv der Akademie der Künste, Bestand Christa-Wolf-Archiv, Brief von Willi Sitte vom 26.12.1965
62 Christa Wolf, *Ein Tag im Jahr. Tagebücher 1960–2000*, Frankfurt a. M. 2008, S. 88
63 BArch, MfS, AOP 5149/70, Bd. 6, Abt. XX/1, Berlin, 13.12.1967, Operative Information Nr. 965/67. Herbert Sandberg – VI. Deutsche Kunstausstellung, Bl. 26
64 Archiv der Akademie der Künste, Bestand Christa-Wolf-Archiv, Brief von Willi Sitte an Christa Wolf vom 12.4.1963
65 BArch, MfS, BV.Hle, AIM 939/72, Bl. 339–340
66 BArch, MfS, AIM 5541/86, Teil II, Bd. 1, Bl. 38–39
67 *Sitte in Halle*, Buch und Regie: Ursula Dutschmann, Hochschule für Film und Fernsehen der DDR, 09.04.1971
68 Rainer Kirsch (Originalton), zit. n. Marina Farschid, »Auf weißem Grund, Hörfunkfeature über Willi Sitte«, *MDR*, 2001
69 Archiv der Akademie der Künste, Bestand Christa-Wolf-Archiv, Brief von Willi Sitte an Christa Wolf vom 10.03.1969
70 Ebd.
71 Aus: *Bildende Kunst*, H.5/1976, S. 251

72 Aus: *Neues Deutschland,* 09.05.1966, S. 4

73 Vgl. Gisela Schirmer, *Willi Sitte. Farben und Folgen*, S. 145

74 BArch NY 4143/Bestand Alfred Kurella/Schriftgut, Nachlass/Kurella Korrespondenz über »Leuna 1921«, Brief von Alfred Kurella an Kurt Hager vom 13.12.1966

75 Ebd.

76 Reinhard Kärbsch, *Über Kunst, Katzen und Keramik. Fiktive Gespräche mit Rudolf Sitte zum 100. Geburtstag. Nach seinen biografischen Skizzen »Ein Leben für die Katz' – Splitter der Erinnerung und des Nachdenkens«*, Kamenz 2021, S. 81

77 Vgl. Reinhard Kärbsch, *Über Kunst, Katzen und Keramik*, S. 217

78 Ebd., S. 80

79 Vgl. Gisela Schirmer, *Willi Sitte. Farben und Folgen*, S. 168

80 Ebd.

81 Privatarchiv Ulrike Neumann, Franz Sitte Korrespondenzen, Brief von Prof. Erwin Andrä an Franz Sitte vom 02.05.1967

GEGENWART
II. ZUKUNFT IM LAND DER FRÜHAUFSTEHER

1 Ebd., Schreiben von Prof. Erwin Andrä an Franz Sitte vom 15. Dezember 1967

2 https://www.bpb.de/themen/zeit-kulturgeschichte/deutschland-chronik/131514/1-oktober-1959/

3 Privatarchiv Ulrike Neumann, Franz Sitte Auszeichnung, Schreiben der Hochschule Burg Giebichenstein an Franz Sitte vom 03.10.1969

4 DKA, GNM, Bestand 829, Nr. 1

5 Eckhart Gillen, Aus Märtyrern werden Sieger der Geschichte: *Leuna 1921* und *Leuna 1969*, in: Christian Philipsen (Hrsg.) in Verbindung mit Thomas Bauer-Friedrich und Paul Kaiser, *Sittes Welt. Willi Sitte: Die Retrospektive*, Leipzig 2021, S. 408

6 Gisela Schirmer, *Willi Sitte. Farben und Folgen*, S. 146

7 Ebd., S. 150

8 Walter Ulbricht, zit. n. Sylvia Conradt: *Im Wettstreit der Systeme*, Deutschlandfunk vom 29.09.2005

9 Lukas Rietzschel, Raumfahrer, München 2021, S. 196

III. FAMILIENAUSSTELLUNG

1 Aus: *mdr.de*, 01.10.2021

2 Aus: *Frankfurter Allgemeine Zeitung* vom 02.10.2021

3 Aus: *Süddeutsche Zeitung*, 09.11.2021

4 Thomas Bauer-Friedrich/Paul Kaiser, *Willi Sitte – Künstler und Funktionär*, S. 9–10

5 Paul Kaiser, »Immer kampfbereit. Zum Tod von Willi Sitte«, *Spiegel Online*, https://www.spiegel.de/kultur/gesellschaft/nachruf-auf-ddr-maler-willi-sitte-von-paul-kaiser-a-904559.html, 08.06.2013

6 Aus den Aufzeichnungen Roald Amundsens, zit. n. *DNF Magazin*, Ausgabe 2.2011, S. 1

7 Inna Skliarska, Zwischen FKK und Erotik-Tabu: Geschlechterkonstruktion im Schaffen Willi Sittes, in: Christian Philipsen (Hrsg.) in Verbindung mit

Thomas Bauer-Friedrich und Paul Kaiser, *Sittes Welt. Willi Sitte: Die Retrospektive*, Leipzig, 2021, S. 459

8 Jan Sprenger, Malerischer Kampf dem Imperialismus, in: ebd., S. 365

TEIL II
I. ZEIT DER FREIZÜGIGKEIT

1 Privatarchiv Ulrike Neumann, Franz Sitte Auszeichnung, Ehrenurkunde der SED anlässlich des 25. Jahrestag der Gründung der Partei 1971 (21.04.1971)

2 Bildnachweis: Mahn- und Gedenkstättenarchiv Wernigerode, http://www.wernigerode-in-jahreszahlen.de/content.php?description_id=2667&data-id=666&datum=1971.00&request=entry

3 Vgl. Stefan Wolle, *Die heile Welt der Diktatur. Alltag und Herrschaft in der DDR 1971–1989*, Berlin 2009, S. 40–41

4 (Interview: Reinhard Delau) »Willi Sitte: Gewachsenes Kunstinteresse – Ermutigung und Verpflichtung. Freiheit sprach mit Nationalpreisträger Prof. Willi Sitte, Delegierter des VIII. Parteitages«, *Freiheit*, 21.07.1971, S. 5

5 Protokoll des VIII. Parteitages der SED, Berlin (Ost) 1971, S. 61/62

6 https://www.bpb.de/themen/deutsche-einheit/deutsche-teilung-deutsche-einheit/52979/das-ende-der-aera-ulbricht/

7 Vgl. https://www.hdg.de/lemo/kapitel/geteiltes-deutschland-krisenmanagement/niedergang-der-ddr/wirtschaftspolitik.html

8 Vgl. Sigrid Meuschel, *Legitimation und Parteiherrschaft in der DDR. Zum Paradox von Stabilität und Revolution in der DDR 1945–1989*, Frankfurt a. M., 1992, S. 222

9 Bildnachweis: Stiftung Haus der Geschichte, EB-Nr. 1996/09/0854

10 Entwurf einer Arbeitsvereinbarung zwischen Rudolf Sittes Produktionsgenossenschaft Bildender Künstler aus Dresden und Franz Sittes Glaswerk aus Derenburg im Harz: *Betreff: Vorschlag einer Vereinbarung über Lieferung und Finanzierung von farbigen Glaskappen als Abfall Ihrer laufenden Produktion*, Schreiben vom 22.08.1971, Privatarchiv Ulrike Neumann

11 Vgl. https://www.mdr.de/kultur/ausstellungen/ddr-kunst-womacka-am-strand-revival-100.html

12 Erich Honecker am 17. Dezember 1971 auf der 4. Tagung des Zentralkomitees der SED, zit. n. Manfred Jäger, *Kultur und Politik in der DDR 1945–1990*, Köln 1995, S. 140.

13 Aus: *Neues Deutschland*, 26.07.1971, S. 4

14 Gisela Schirmer, *Willi Sitte. Farben und Folgen*, S. 179

15 Ebd.

II. DIE SPUR DER NACKTEN

1 Aus: *Neues Deutschland* vom 19.05.1974, S. 4

2 DKA, GNM, Bestand 829, Brief von Waltraud Koelbel an Willi Sitte vom 20.11.1981

3 O-Ton in: »Der nackte Osten – Zwischen Oben und Unten«, *MDR*, 1994

4 Ebd., Siegfried Schnabl zit. n. Livegespräch in »DDR-Fernsehen – Kulturmagazin« von 1976

5 Dr. sc. Siegfried Schnabl, *Mann und Frau intim. Fragen des gesunden Geschlechtslebens, 9.,* überarbeitete Auflage, Berlin 1977, S. 18

6 Vgl. Christoph Gunkel, »Wo geht's hier bitte zum Koitus? Deutschlands erster Sexualkunde-Atlas«, *Spiegel Online*, 12.06.2019, https://www.spiegel.de/geschichte/aufklaerung-1969-erster-sexualkunde-atlas-der-aufreger-von-kaete-strobel-a-1271764.html

7 Gisela Schirmer, *Willi Sitte. Farben und Folgen*, S. 112. Vgl. ebd., S. 176: Willi Sitte erinnert sich an seine Ausstellung 1971: »Erstmals waren meine Liebespaare in großer Auswahl zu sehen. Das war ein Tabubruch, denn der Akt war noch ein heikles Thema.«

8 Inna Skliarska, Zwischen FKK und Erotik-Tabu: Geschlechterkonstruktion im Schaffen Willi Sittes, in: Christian Philipsen (Hrsg.) in Verbindung mit Thomas Bauer-Friedrich und Paul Kaiser, *Sittes Welt. Willi Sitte: Die Retrospektive*, Leipzig 2021, S. 456

9 Willi Sitte (Originalton), zit. n. Marina Farschid, »Auf weißem Grund, Hörfunkfeature über Willi Sitte«, *MDR*, 2001

10 Aus: *Junge Welt*, 21.12.1973

11 Gisela Schirmer, *Willi Sitte. Farben und Folgen*, S. 179

12 Vgl. »Der Maler Willi Sitte im Gespräch über Selbsterkenntnis, Liebeskampf und Liebeslust, Marktkunst und das Trauma der Welt«, *Lausitzer Rundschau*, 14.02.2004.

13 Aus: *Neues Deutschland*, 28.10.1987

14 Wolfgang Hütt, Über die Wirklichkeit der Geschichte und die Wirklichkeit der Bilder im Werk des Malers und Zeichners Willi Sitte, in: *Ausst.-Kat. Berlin*, Berlin 1986, S. 14–19, hier: S. 19

15 DKA, GNM, Bestand 829, Brief von Dirk Manzke an Willi Sitte vom 14.11.1981

16 Ebd.

17 DKA, GNM, Bestand 829, Brief von Willi Sitte an Dirk Manzke vom 09.11.1981

III. EIN ZU KURZER SOMMER

1 Vgl. Holger Kulick, *»Der Anfang vom Ende der DDR: Die Biermann-Ausbürgerung vor 45 Jahren«*, Deutschland Archiv, 15.11.2021, https://www.bpb.de/themen/deutschlandarchiv/343310/der-anfang-vom-ende-der-ddr-die-biermann-ausbuergerung-1976/

2 Vgl. Klaus Schroeder, *Die DDR. Geschichte und Strukturen*, Ditzingen 2019, S.115–116

3 Vgl. Stefan Wolle, *Die heile Welt der Diktatur. Alltag und Herrschaft in der DDR 1971–1989*. Sonderausgabe für das DDR-Museum, 2009, S. 43–46

4 Vgl. https://www.mdr.de/geschichte/ddr/wirtschaft/honecker-sozialismus-auf-pump-wohlstand-100.html

5 Klemens Vogel, »Die Weltfestspiele damals und heute«, 16.07.2003, https://www.bpb.de/themen/deutsche-teilung/weltfestspiele-73/65342/die-weltfestspiele-damals-und-heute/

6 Bundesarchiv, Tondokumentensammlung der Freien Deutschen Jugend, *»Wir treffen uns auf jeden Fall«*, TonY 3 Freie Deutsche Jugend, TonY 3/1062, 22 Lieder zu den 10. Weltfestspielen

7 Vgl. Erste Maßnahmen zur Sicherung des Wohnungsbauprogramms im Fünfjahresplan 1971–1975 und Schlußfolgerungen für die Wohnungspolitik. Beschluß des Politbüros des ZK der SED, 3/213 16/71 vom 05.10.1971

8 Vgl. Klaus Schroeder, *Die DDR. Geschichte und Strukturen*, S. 110, zit. n. Zur Ausstattung der Haushalte mit langlebigen Konsumgütern, vgl. Susanne Müller, *Von der Mangel- zur Marktwirtschaft. Analyse der Konsumbedingungen und des Konsumverhaltens in der DDR*, Leipzig 2000
9 Vgl. Klaus Schroeder, *Der SED-Staat. Geschichte und Strukturen der DDR*, München 1998, S. 120 f.
10 Aus: *Neues Deutschland*, 21.09.1976, S. 1
11 Vgl. Karsten Krampitz, *1976: Die DDR in der Krise*, Berlin 2016, S. 52–54
12 Gisela Schirmer, *Willi Sitte. Farben und Folgen.*, S. 226
13 Ebd.
14 Aus: *Neues Deutschland*, 21.09.1976, S. 1
15 Vgl. Karsten Krampitz, *1976*, S. 125–126
16 Ebd., S. 125
17 *Aus: Neues Deutschland*, 17.11.1976
18 https://www.jugendopposition.de/node/150112?guid=322
19 Aus: *Die Zeit*, Nr. 40/2013
20 Ebd.
21 Aus: *Neues Deutschland*, 20./21.11.1976
22 Gisela Schirmer, *Willi Sitte. Farben und Folgen*, S. 257
23 Aus einem Brief Willi Sittes an die westdeutsche Kunstwissenschaftlerin Freya Mühlhaupt vom 16.12.1976, in: DKA, GNM, NL Sitte, Wilhelm, Bestand 829 zit. n. Thomas Bauer-Friedrich, Paul Kaiser, *Willi Sitte – Künstler und Funktionär*, S. 185
24 Wolf Biermann, *Warte nicht auf bessre Zeiten! Die Autobiographie*, Berlin 2016, S. 437
25 Gisela Schirmer, *Willi Sitte. Farben und Folgen*, S. 135
26 Willi Sitte (Originalton), zit. n. Marina Farschid, »Auf weißem Grund, Hörfunkfeature über Willi Sitte«, *MDR*, 2001
27 Wolf Biermann, *Du, laß dich nicht verhärten* (1968)

IV. UMSTRITTENE ZEITEN

1 Willi Sitte (Originalton), zit. n. Marina Farschid, »Auf weißem Grund, Hörfunkfeature über Willi Sitte«, *MDR*, 2001
2 »Porträt zum 100. Geburtstag. Willi Sitte: Der »Staatsmaler« der DDR«, *MDR*, https://www.mdr.de/geschichte/ddr/politik-gesellschaft/kultur/willi-sitte-portraet-102.html
3 Aus: VII. Kongreß des VBK-DDR, Karl-Marx-Stadt 1974, S. 23
4 Aus: VIII. Kongreß des Verbandes Bildender Künstler der Deutschen Demokratischen Republik, 21. bis 23.11.1978 in Berlin.
5 BArch, MfS, BV Bln., AIM 6245/91 Bd. 3, Bl. 76
6 Vgl. Günter Feist, Künstlergilde VBK. Eine Organisation in der Wende, in: Eckhart Gillen/Rainer Haarmann (Hrsg.), *Kunst in der DDR*, Köln 1990, S. 53
7 Vgl. Datenblatt in: Paul Kaiser/Karl-Siegbert Rehberg (Hrsg.), *Enge und Vielfalt. Auftragskunst und Kunstförderung in der DDR*, Hamburg 1999, S. 666 f.
8 Paul Kaiser, »Die Spur der Seinen. Der Maler Willi Sitte als SED-Funktionär«, in: Christian Philipsen (Hrsg.) in Verbindung mit Thomas Bauer-Friedrich und Paul Kaiser, *Sittes Welt. Willi Sitte: Die Retrospektive*, Leipzig 2021, S. 134

9 Willi Sitte (Originalton), zit. n. Marina Farschid, »Auf weißem Grund, Hörfunkfeature über Willi Sitte«, *MDR*, 2001
10 Ebd.
11 Marek Jagusch, *Ich habe 216 Tage mit Dürer verbracht*, undatiert und unveröffentlicht, S. 2
12 Gespräch mit »David Friedrich« vom 01.11.2021
13 Thomas Bauer-Friedrich / Paul Kaiser, *Willi Sitte – Künstler und Funktionär*, S. 192–193
14 *Meyers Universal-Lexikon*, Band 4, VEB Bibliographisches Institut Leipzig, 1980, S. 132
15 BArch, MfS, AIM 6245 / 91 Bd. 4, Bl. 328
16 Ebd.
17 Vgl. Gisela Schirmer, *Willi Sitte. Farben und Folgen*, S. 257
18 BArch, MfS, AIM 6245 / 91 Bd. 4, Bl. 275–284
19 Ebd.
20 Ebd., Bl. 331
21 Ebd.
22 BArch, MfS, AIM 6245 / 91 Bd. 4, Bl. 328
23 Privatarchiv Ulrich Reimkasten, Brief von Willi Sitte an Ulrich Reimkasten vom 14.02.1991
24 Vgl. Philip Ursprung, *Joseph Beuys. Kunst Kapital Revolution*, München 2021 (Mit dem Autor fand zudem ein reger Mailaustausch sowie ein Gespräch zur *documenta 6* statt, wofür ich sehr dankbar bin)
25 BArch, MfS, Abt. XX Sachakte Nr. 1482, Bl. 3
26 Ebd.
27 BArch, MfS, BV Halle, Abt. XX, Reg.-Nr. VIII 945 / 50, Abt. XX / 7, Tonbandabschrift, IM »Born«, Halle, 30.03.1983, Bl. 102–104, hier: Bl. 102, zit. n. Thomas Bauer-Friedrich, Paul Kaiser, *Willi Sitte – Künstler und Funktionär*, S. 147
28 Ebd.
29 DKA, GNM, Bestand 821, Willi Sitte an das MfS, Leiter der Bezirksverwaltung Halle, Generalmajor Dr. Heinz Schmidt, 05.11.1984, zit. n. Thomas Bauer-Friedrich / Paul Kaiser, *Willi Sitte – Künstler und Funktionär*, S. 151
30 DKA, GNM, Bestand 829, Willi Sitte an Genosse Alfred Koch, Bürgermeister der Gemeinde Kleinjena, 22.08.1979, zit. n. Thomas Bauer-Friedrich / Paul Kaiser, *Willi Sitte – Künstler und Funktionär*, S. 170
31 Ebd.
32 Olaf Neumann, »Helge Schneider kommt nach Halle: Leute im Osten sind so schön frech«, *Mitteldeutsche Zeitung*, 19.02.2020, https://www.mz.de/kultur/helge-schneider-kommt-nach-halle-leute-im-osten-sind-so-schon-frech-1649194?reduced=true
33 DKA, GNM, Bestand 821, Willi Sitte an den Chef der Bezirksbehörde der Volkspolizei Gera, 13.07.1987
34 DKA, GNM, Bestand 821, Willi Sitte an Generalmajor Engelmann, Bezirksbehörde der Deutschen Volkspolizei, Halle, 26.03.1979
35 BArch, MfS BV Halle, Abt. XX, Sachakte Nr. 1482, Bl. 3
36 BArch, MfS, HA XX / 12851, Bl. 40
37 Gisela Schirmer, *Willi Sitte. Farben und Folgen*, S. 273

38 Ebd., S. 211
39 Ebd.
40 Vgl. Hans-Hendrik Grimmling, *Die Umerziehung der Vögel: ein Malerleben*, Halle 2008, S. 160
41 Gisela Schirmer, *Willi Sitte. Farben und Folgen*, S. 213
42 BArch, MfS, Abt. XX/7, BV Halle, Bericht 03.04.1981, Bll. 140 f.
43 Aus: VII. Kongreß des VBK-DDR, Karl-Marx-Stadt 1974, S. 30
44 DKA, GNM, Bestand 829, Protokoll des Redebeitrages von Willi Sitte auf der Sitzung des Zentralvorstandes des VBK vom 13.03.1980, unpaginiert

V. 1987

1 Vgl. Stefan Wolle, *Die heile Welt der Diktatur. Alltag und Herrschaft in der DDR 1971–1989*, S. 292 f.
2 Michail Gorbatschow 1987 in der Ankündigung seines umfassenden Reformprogramms, Aus: »Perestroika und Glasnost«, IzpB Nr. 323/2014
3 Aus: *Stern*, 09.04.1987
4 https://www.stasi-unterlagen-archiv.de/informationen-zur-stasi/themen/beitrag/mister-gorbachev-tear-down-this-wall/
5 Protokoll der Sitzung des Politbüros vom 29.01.1987, Alexandr Galkin/Anatolij Tschernjajew (Hrsg.), *Michail Gorbatschow und die deutsche Frage. Sowjetische Dokumente 1986–1991*, München 2011, S. 24
6 Vgl. Paul Kaiser, Sandistisches Requiem, in: Christian Philipsen (Hrsg.) in Verbindung mit Thomas Bauer-Friedrich und Paul Kaiser, *Sittes Welt. Willi Sitte: Die Retrospektive*, Leipzig 2021, S. 378. Quelle zum erwähnten dritten Platz der Besucherbefragung: Bernd Lindner, *Verstellter, offener Blick. Eine Rezeptionsgeschichte bildender Kunst im Osten Deutschlands,* 1945–1995, Köln/Weimar/Wien 1998, S. 225

VI. DER MEISTERLEHRER

1 Gisela Schirmer, *Willi Sitte. Farben und Folgen*, Leipzig 2003, S. 191
2 Aus: VIII. Kongreß des VBK-DDR, Berlin 1978, S. 22
3 DKA, GNM, Bestand 829, Schreiben von Frank Schult an Willi Sitte vom 18.07.1985
4 Vgl. Ehrhart Neubert, *Geschichte der Opposition in der DDR 1949–1989*, Bonn 1997, S. 690 ff., Axel Noack, »Die Einstellung der Kirchen zu Militarismus und Pazifismus«, in: Günther Heydemann/Lothar Kettenacker (Hrsg.), *Kirchen in der Diktatur. Drittes Reich und SED-Staat*, Göttingen 1993, S. 321–344, S. 335 f.
5 BArch, MfS, BV Halle, Abt. XX, Sachakte 4481, unpaginiert
6 BArch, MfS, ZMA 1904, BV Berlin, Abt. XX/7, Einschätzung der aktuellen Situation im VBK der DDR, Bezirk Berlin, Berlin, 22.11.1982
7 BArch, MfS, HA XX/12851, Bl. 91

VII. 1988

1 Gisela Schirmer, *Willi Sitte. Farben und Folgen*, S. 338
2 Stasi Mediathek/Beschlagnahmte Transparente von der Liebknecht-Luxemburg-Demonstration 1988
3 Niederschrift des Gesprächs Honecker – Russakow, 21.10.1981 (Auszug), in: Herbst, Stephan, Winkler, *Die SED*, S. 752–755
4 Vgl. https://d-d-r.de/ddr-geschichte-krise-und-ende-1981–1990.html

5 Vgl. https://deutsche-einheit-1990.de/ministerien/muner/verschmutzung/
6 Vgl. Einträge aus dem Jahr 1988, in: *Wernigerode in Jahreszahlen*, http://www.wernigerode-in-jahreszahlen.de/jahr-1988/artikel-683.html
7 BArch, MfS, HA XX/12851, Bl. 35
8 Gisela Schirmer, *Willi Sitte. Farben und Folgen*, S. 339–340
9 AdK, VBK-Archiv, ZV 53, Willi Sitte an Kurt Hager, Mitglied des Politbüros und Sekretär des ZK der SED, 18.04.1988
10 Gisela Schirmer, *Willi Sitte. Farben und Folgen*, S. 340
11 Aus: *Der Spiegel*, Nr. 38/1977
12 Aus: *Der Spiegel*, Nr. 16/1975
13 Aus: *Kunstforum*, Bd. 94, 1988
14 Gisela Schirmer, *Willi Sitte. Farben und Folgen*, S. 338–339
15 BArch, MfS, HA XX, AKG 5620, Bl. 55
16 Gisela Schirmer, *Willi Sitte. Farben und Folgen*, S. 341
17 DKA, GNM, Bestand 829, Willi Sitte an Kurt Hager, 03.05.1989
18 Fritz-Jochen Kopka, »Der geladene Mann. Willi Sitte im Interview«, in: Joachim Jahns (Hrsg.), *Willi Sitte. Herr Mittelmaß 1949–1995*, Querfurt 1995, S.89–93, hier: S. 89
19 Gisela Schirmer, *Willi Sitte. Farben und Folgen*, S. 267–268
20 Ebd., S. 342
21 Ebd.

VIII. AUSGEREIST

1 DKA, GNM, Bestand 829, Willi Sitte an Dieter Weidenbach, 01.11.1984
2 Ebd., Willi Sitte an Henri Deparade, 06.01.1986
3 Ebd., Willi Sitte an Helga und Dieter Weidenbach, 08.10.1979
4 Ebd., Willi Sitte an Hans Marquardt, Leiter des Verlages Philip Reclam jun., 07.03.1977
5 Ebd., Prof. Willi Sitte: »Befürwortung des Antrages des Diplom-Malers und Grafikers Dieter Weidenbach – VBK-DDR – für eine Studienreise in die Republik Frankreich« vom 12.06.1978
6 Ebd., Dieter Weidenbach an Willi Sitte, 29.06.1982
7 Gisela Schirmer, *Willi Sitte. Farben und Folgen*, S. 352
8 Ebd.
9 Ebd., S. 273
10 DKA, GNM, Bestand 829, Unterschriebener »Individueller Arbeitsplan zum Studium des Meisterschülers Dieter Weidenbach, Diplom-Maler und Grafiker VBK-DDR« zwischen Prof. Willi Sitte (Leiter der Meisterklasse) und Dieter Weidenbach VBK-DDR (Meisterschüler) – Halle, Februar 1978
11 Gisela Schirmer, *Willi Sitte. Farben und Folgen*, S. 179

IX. 1989

1 https://www.hdg.de/lemo/bestand/objekt/dokument-notizzettel-schabowski.html
2 Gisela Schirmer, *Willi Sitte. Farben und Folgen*, S. 351
3 Vgl. Mr. Wissen2go Geschichte: »Der Untergang der DDR«, https://www.youtube.com/watch?v=-59FHUnwKvU

4 Vgl. Annabelle Petschow, Montagsdemonstrationen, in: *Lebendiges Museum Online, Stiftung Haus der Geschichte der Bundesrepublik Deutschland*, http://www.hdg.de/lemo/kapitel/deutsche-einheit/friedliche-revolution/montagsdemonstrationen.html

5 Gisela Schirmer, *Willi Sitte. Farben und Folgen*, S. 348

6 DKA, GNM, Bestand 829, Willi Sitte an Egon Krenz, 30.10.1989

7 https://www.dhm.de/archiv/ausstellungen/4november1989/cwolf.html

8 Gisela Schirmer, *Willi Sitte. Farben und Folgen*, S. 273

9 DKA, GNM, Bestand 829, Willi Sitte an den Präsidenten und die Mitglieder des Präsidiums der Akademie der Künste der DDR sowie an Dietmar Keller, beide vom 08.12.1989

10 Ebd., Willi Sitte an Friedbert Ficker, 29.12.1989

11 Ebd., Willi Sitte an Kurt Hager, 03.05.1989

12 Ebd., Willi Sitte an Ursula Ragwitz, Leiterin Abteilung Kultur im ZK der SED, 05.10.1989, zit. n. Thomas Bauer-Friedrich/Paul Kaiser, *Willi Sitte – Künstler und Funktionär*, S. 236

13 Günter Gaus im Gespräch mit Willi Sitte, ORB, *Zur Person: Günter Gaus im Gespräch*, Sendung vom 14.09.1994

14 Vgl. »Erinnerungen an die friedliche Revolution vor 20 Jahren – Demonstrationen auch in Wernigerode«, *Wernigeröder Amtsblatt, Jahrgang 17/Nr. 10*, 30.10.2009

15 Reinhard Kärbsch, *Über Kunst, Katzen und Keramik*, S. 147

16 Wolfgang Kohrt, »Die zwei Seelen in der Brust des Willi Sitte. Enttäuschungen und Illusionen eines Mannes, der einst einer der größten Maler der DDR war«, *Süddeutsche Zeitung*, 14./15.05.1994

17 *Süddeutsche Zeitung*, 16.07.1990

18 Vgl. Karl-Siegbert Rehberg: »Formalist«, Verbandspräsident, »Sündenbock«: Willi Sitte als »Staatskünstler« in der »Konsensdiktatur«, in: *Tagungsband Nürnberg*, 2001, S. 76–89

X. WIE FIGUREN SICH BEWEGEN

1 Günter Gaus im Gespräch mit Willi Sitte, ORB, *Zur Person: Günter Gaus im Gespräch*, Sendung vom 14.09.1994

EPILOG

1 Gisela Schirmer, *Willi Sitte. Farben und Folgen*, S. 110

2 Vgl. Paul Müller, »Ahrenshoop: Der FKK-Skandal im Sehnsuchtsort der Künstler«, *Hamburger Morgenpost*, 23.07.2016